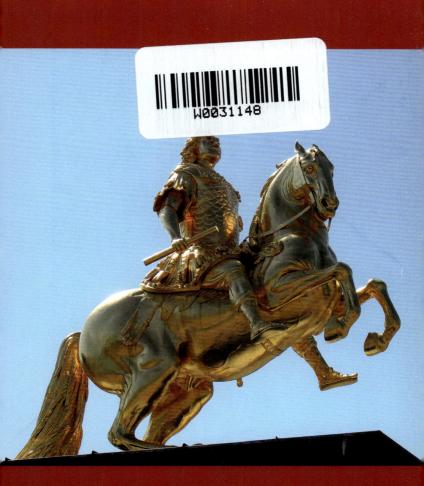

DRESDEN

DIETRICH HÖLLHUBER | ANGELA NITSCHE

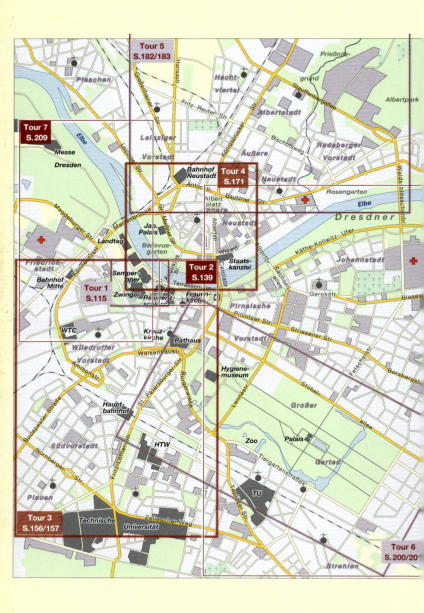

Hintergründe & Infos

Tour 1
Rund um den Theaterplatz

Tour 2
Brühlsche Terrasse, Neumarkt und Frauenkirche

Tour 3
Vom Altmarkt zum Wiener Platz

Tour 4
Die barocke Innere Neustadt

Tour 5
Äußere Neustadt, Dresdner Heide und Hellerau

Tour 6
Rund um den Großen Garten

Tour 7
Wilsdruffer Vorstadt und Friedrichstadt

Tour 8
Der Elbhang zwischen der Neustadt und Pillnitz

Tour 9
Entlang der Elbe von der Altstadt bis zur Pillnitzer Fähre

Ausflüge
Radebeul und Weinberge • Moritzburg Meißen • Sächsische Schweiz

Impressum

Text und Recherche: Dietrich Höllhuber, Angela Nitsche (Überarbeitung) **Lektorat:** Silke Möller, Steffen Fietze, Ute Fuchs (Überarbeitung) **Redaktion:** Angela Nitsche **Layout:** Steffen Fietze **Karten:** Judit Ladik, Janina Baumbauer, Torsten Böhm, Carlos Borrell **Fotos:** siehe Fotonachweis S. 8 **Covergestaltung:** Karl Serwotka **Covermotive:** oben: Fürstenzug (Dietrich Höllhuber), unten: Glockenspielpavillon im Zwinger (Angela Nitsche); Innentitel: Goldener Reiter (Angela Nitsche), diese Seite: Leonhardi-Museum (Angela Nitsche)

4. KOMPLETT ÜBERARBEITETE UND AKTUALISIERTE AUFLAGE 2016

Inhalt

Dresden – Hintergründe & Infos

Dresden: Untergang und Auferstehung	12
Orientierung in der Stadt	18
Stadtgeschichte	21
Architektur und Kunst	30
Ankommen in Dresden	37

Unterwegs in Dresden — 40

Mit Bahn, Bus und Straßenbahn	40
Mit dem eigenen Fahrzeug	42
Mit dem Taxi	43
Mit dem Velotaxi	43
Mit dem Fahrrad	43
Stadtrundfahrten, Stadtführungen	44
Mit den Schiffen der „Sächsischen Dampfschiffahrt"	45
Mit der Elbfähre	46
Mit dem Sportboot	46

Übernachten	47
Essen und Trinken	59

Kulturszene Dresden — 67

Oper, Operette, Ballett	67
Orchester und Chöre	69
Theater	71
Weitere Veranstaltungsorte und Konzertreihen	76
Kinos	77

Nachtleben — 80

Standorte für größere Musikveranstaltungen	81
Diskotheken, Clubs, Musikkneipen und Tanzen	82
Szenekneipen	84
Bars	85
Open Air	86
Stadtstrände	86
Schwul-lesbische Bars und Discos	87
Shows, Zocken, Spiele	87

Einkaufen — 88

Einkaufsstraßen	89
Einkaufszentren und Warenhäuser	90
Märkte	91

Sport, Freizeit und Wellness	92
Feste, Feiertage und Events	97

Wissenswertes von A bis Z — 102

Apotheken	102
Ärztliche Versorgung	102
Behinderte	102
Bibliotheken	103
Dresden Welcome Card	103
Fundbüro	103
Information	103
Klima und Reisezeit	104
Literaturtipps	104
Museumseintritte	106
Notruf	106
Rauchen	106
Schwule und Lesben	106
Stadtmagazine	107
Tageszeitungen	107
Telefonvorwahl	107

Inhalt

Dresden – Stadttouren und Ausflüge

		Seite	Karte
Tour 1	Rund um den Theaterplatz	110	115
Tour 2	Brühlsche Terrasse, Neumarkt und Frauenkirche	134	139
Tour 3	Vom Altmarkt zum Wiener Platz	152	156/157
Tour 4	Die barocke Innere Neustadt	166	171
Tour 5	Äußere Neustadt, Dresdner Heide und Hellerau	178	182/183
Tour 6	Rund um den Großen Garten	196	200/201
Tour 7	Wilsdruffer Vorstadt und Friedrichstadt	206	209
Tour 8	Der Elbhang zwischen der Neustadt und Pillnitz	218	222/223
Tour 9	Entlang der Elbe von der Altstadt bis zur Pillnitzer Fähre	238	222/223

Ausflüge in die Umgebung

	Seite	Karte
	246	
Radebeul und Weinberge	246	248/249
Moritzburg	253	255
Meißen	260	263
Sächsische Schweiz	270	275
Barockgarten Großsedlitz	271	272
Pirna	253	
Burg Stolpen	273	
Stadt Wehlen	274	
Die Bastei	275	
Hohnstein	276	
Pfaffenstein, Lilienstein und Königstein	276	
Bad Schandau, Schrammsteine und Kirnitzschtal	277	

Register _____ 281

Inhalt

Alles im Kasten

Der Dresdner Stollen®	61
Dresden setzt Zeichen! – gegen Fremdenhass und Ausländerfeindlichkeit	72
Wo Erich Kästner ein kleiner Junge war	186
Elberadweg	239
Die Villen von Blasewitz	241
Böttger, Tschirnhaus und die Erfindung des europäischen Porzellans	267

Zeichenerklärung für die Karten und Pläne

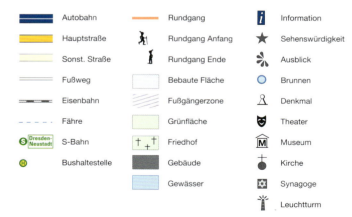

 Mit dem grünen Blatt haben unsere Autoren Betriebe hervorgehoben, die sich bemühen, regionalen und nachhaltig erzeugten Produkten den Vorzug zu geben.

Inhalt

Vielen Dank! Die Überarbeiterin dieser Auflage bedankt sich bei Dr. Angelika Höllhuber für die selbstlose Unterstützung, bei Karla Kallauch vom Dresden Marketing für die wertvollen Informationen und bei Juliane Neutsch-Hebeis und Dr. Michael Hebeis für Rückenstärkung und zahllose Tipps.

Was haben Sie entdeckt? Haben Sie ein gemütliches Café, ein neues Off-Theater oder ein nettes Hotel entdeckt? Wenn Sie Ergänzungen, Verbesserungen oder neue Tipps zum Buch haben, lassen Sie es uns bitte wissen!

Schreiben Sie an: Angela Nitsche, Stichwort „Dresden" | c/o Michael Müller Verlag GmbH | Gerberei 19, D – 91054 Erlangen | angela.nitsche@michael-mueller-verlag.de

---

Fotonachweis

Angela Nitsche: S. 7, 8, 10/11, 12/13, 14/15, 16, 34, 35, 38, 40, 41, 44, 46, 47, 49, 52, 56, 57, 59, 63, 64, 65, 67, 72, 75, 77, 80, 83, 84, 86, 88, 89, 90, 92, 97, 100, 102, 104, 107, 108/109, 112, 118, 123, 130, 134, 135, 138, 145, 150, 152, 153, 165, 170, 172, 174, 176, 178, 179, 181, 184, 185, 186, 190, 191, 192, 195, 206, 207, 210, 211, 212, 214, 215, 216, 217, 218/219, 224, 225, 226, 227, 229, 230, 235, 237, 261, 264, 265, 266 (rechts), 268, 270, 274, 276, 277 | Dietrich Höllhuber: S. 18/19, 21, 22, 24, 25, 26, 28, 30, 31, 33, 36, 50, 68, 71, 78, 98/99, 101, 110/111, 114, 116, 125, 129, 131, 137, 141, 142, 143, 146, 148, 154, 155, 158, 162, 166/167, 169, 173, 188, 196/197, 199, 221, 228, 232, 233, 238, 242, 246, 247, 250, 252, 253, 256, 257, 260, 266 (links), 267, 273, 279 | Steffen Fietze: S. 37, 53 | Annette Melber: S. 202 | Gemäldegalerie Alte Meister, Staatliche Kunstsammlungen Dresden (Estel/Klut): S. 127 | Grünes Gewölbe, Staatliche Kunstsammlungen Dresden (Jürgen Karpinski): S. 120

Die Highlights auf einen Blick

Aussichtspunkte

Canalettoblick	→ S. 170
Elbschlösser	→ S. 220
Ernemannturm	→ S. 242
Hausmannsturm	→ S. 117
Rathausturm	→ S. 158
Schwebebahn	→ S. 226

Bauwerke

Renaissance, Barock

Barockviertel	→ S. 170
Coselpalais	→ S. 142
Zwinger	→ S. 123

Klassizismus, Gründerzeit

Blaues Wunder	→ S. 228
Pfund's Molkerei	→ S. 187
Leonhardi-Museum	→ S. 229
Rathaus	→ S. 158
Schinkelwache	→ S. 113
Villenviertel Blasewitz	→ S. 241

Jugendstil, Neue Sachlichkeit

Deutsches Hygiene-Museum	→ S. 199
Hellerau	→ S. 190
Krematorium	→ S. 241
Yenidze	→ S. 211

DDR und nach der Wende

Gläserne Manufaktur	→ S. 203
Kulturpalast	→ S. 155
Militärhistorisches Museum	→ S. 187
Prager Straße	→ S. 159
Sächsischer Landtag	→ S. 210
Universitäts-bibliothek	→ S. 161

Kinder

Erich Kästner Museum	→ S. 181
Karl-May-Museum und Indianermuseum	→ S. 247
Hochseilgärten	→ S. 95 und S. 259
Kindermuseum im Hygiene-Museum	→ S. 200
„Lößnitzdackel"	→ S. 258
Parkeisenbahn	→ S. 202
Puppentheater-sammlung	→ S. 174
Schwebebahn	→ S. 226
Technische Sammlungen	→ S. 242
Verkehrsmuseum	→ S. 147
Zoologischer Garten	→ S. 203

Kirchen, Synagoge

Dom (Meißen)	→ S. 264
Dreikönigskirche	→ S. 172
Frauenkirche	→ S. 142
Hofkirche	→ S. 114
Kreuzkirche	→ S. 159
Neue Synagoge	→ S. 141

Museen, Sammlungen

Albertinum	→ S. 138
Albrechtsburg (Meißen)	→ S. 262
Asisi-Panometer	→ S. 204
Deutsches Hygiene-Museum	→ S. 199
Gemäldegalerie Alte Meister	→ S. 126
Grünes Gewölbe	→ S. 119
Militärhistorisches Museum	→ S. 187
Museum für Sächsische Volkskunst	→ S. 174
Porzellansammlung	→ S. 128
Porzellanmanufaktur (Meißen)	→ S. 265
Türckische Cammer	→ S. 121

Oper, Theater, Konzert

Festspielhaus Hellerau	→ S. 191
Kulturpalast	→ S. 155
Schauspielhaus	→ S. 208
Semperoper	→ S. 130

Parks, Gärten, Natur

Barockgarten Großsedlitz	→ S. 271
Brühlscher Garten	→ S. 136
Bürgerwiese	→ S. 198
Dresdner Heide	→ S. 189
Großer Garten	→ S. 200
Nationalpark Sächsische Schweiz	→ S. 270
Schlosspark Moritzburg	→ S. 253
Schlosspark Pillnitz	→ S. 230

Plätze, Promenaden

Albertplatz	→ S. 184
Altmarkt	→ S. 154
Brühlsche Terrasse	→ S. 136
Neumarkt	→ S. 146
Neustädter Markt	→ S. 169
Postplatz	→ S. 208
Schillerplatz	→ S. 241
Schlossplatz	→ S. 112
Theaterplatz	→ S. 113

Schlösser und Burgen

Albrechtsburg (Meißen)	→ S. 262
Elbschlösser	→ S. 220
Moritzburg	→ S. 253
Palais im Großen Garten	→ S. 202
Pillnitz	→ S. 230
Residenzschloss	→ S. 116

Für ein weltoffenes Dresden – die Semperoper zeigt Flagge!

Hintergründe & Infos

Dresden: Untergang und Auferstehung	→ S. 12	Essen und Trinken	→ S. 59
		Kulturszene Dresden	→ S. 67
Orientierung in der Stadt	→ S. 18	Nachtleben	→ S. 80
Stadtgeschichte	→ S. 21	Einkaufen	→ S. 88
Architektur und Kunst	→ S. 30	Sport, Freizeit und Wellness	→ S. 92
Ankommen in Dresden	→ S. 37	Feste, Feiertage und Events	→ S. 97
Unterwegs in Dresden	→ S. 40		
Übernachten	→ S. 47	Wissenswertes von A bis Z	→ S. 102

Dresden:
Untergang und Auferstehung

Niemand hätte es für möglich gehalten, dass die 1945 fast gänzlich zerstörte Stadt je aus ihren Trümmern auferstehen könnte. Aber das Wunder ist geschehen: Wie eine Vision hängt die Kuppel der Frauenkirche heute wieder über der alt-neuen Silhouette Dresdens. Die Elbresidenz des Barock, die Kulturmetropole oder das „Schmuckkästchen", wie es Victor Klemperer nannte, strahlt in neuem Glanz und bezaubert Besucher aus aller Welt.

Noch immer wird an allen Ecken und Enden gegraben und gebaut, die freien Stellen in der Altstadt schwinden jedoch in atemberaubendem Tempo. Das Residenzschloss wurde 2013 ganz fertig, Sammlungen von Weltrang wie das „Historische Grüne Gewölbe", die „Türckische Cammer" oder – seit Sommer 2015 – das Münzkabinett haben endlich ein festes neues Zuhause. Gegenüber der seit 2006 komplett rekonstruierten Frauenkirche wuchsen und wachsen am Neumarkt die alten Barockfassaden empor, hinter ihnen entstanden und stehen Büros, Läden, Restaurants und schicke, teure Wohnungen. Nicht jeder ist mit dieser barocken Maske der Neubauten einverstanden,

Der Zwinger im Sommer: Museen und Muße

man hätte sich auch für moderne Architektur entscheiden können. Auch um andere Neubauten wurde gestritten: Der Kampf um die im August 2013 eröffnete Waldschlösschenbrücke ging um die ganze Welt. Dieser Neubau kostete – so wichtig war das ideale Panorama selbst in New York – die Stadt schließlich den UNESCO-Welterbe-Status. Jüngstes öffentliches Großprojekt ist die Neue Mitte. Aus dem früheren Kraftwerk Mitte – ein im Wesentlichen aus rotem Backstein errichteter Industriekomplex – soll in Sahnelage im Westen der Altstadt ein neuer, kreativer Stadtteil werden. Im Dezember 2016 soll bereits die Staatsoperette hier einziehen.

Im Detail und grundsätzlich beschäftigen diese Neubauten alle Dresdner, wie die Leserzuschriften der Stadtzeitungen belegen. Wobei eine „Bewahrung des Alten" zumindest im Zentrum dieser Stadt oft eine Wiederherstellung eines Niemals-genau-so-Gewesenen bedeutet.

Bei allem Barock-Hype – jeder will in der Semperoper gewesen sein, die Sixtinische Madonna und die Frauenkirche bewundert haben sowie durch den Park um Schloss Pillnitz flaniert sein – ist Dresden eine Stadt geblieben, deren Bürger anderes zu tun haben, als ständig in die Oper zu laufen oder sich die chinesischen Vasen in der Porzellansammlung anzusehen. Dresden ist die Hauptstadt Sachsens mit einem großen politischen und administrativen Apparat, beherbergt – trotz Krise – Europas wichtigsten Standort der Mikro- und Nano-Elektronik („Silicon-Saxony"), hat eine bedeutende Technische Universität und mehrere international anerkannte Forschungsinstitute wie das Fraunhofer-Institut für Photonische Mikrosysteme. Die Arbeitslosigkeit ist dank zahlreicher Firmenneugründungen trotz des Kahlschlags nach der Wende gesunken – im Juli 2015 betrug sie 8,1 %, die niedrigste Quote im Freistaat. Die Stadt verfügt zudem über ein hervorragendes modernes öffentliches Verkehrsnetz, sieht man vom fehlenden Ausbau auch wichtiger Straßen ab (wie der Königsbrücker Straße). Große Teile des ausgedehnten Stadtgebietes wurden renoviert, restauriert oder komplett neu gebaut, obwohl es nach wie vor auch noch Plattenbauviertel gibt, deren Zustand und Infrastruktur sehr fragwürdig sind.

Mythos Dresden

Unter dem sächsischen Kurfürsten und polnischen König, den man wegen seiner außergewöhnlichen Körperkräfte August den Starken nannte, begann Ende des 17. Jh. der Mythos Dresden. Die berühmte Silhouette der Stadt zwischen Frauenkirche und Zwinger (noch ohne die heutigen Gebäude der Brühlschen Terrasse und die Semperoper) entstand in dieser Zeit und wurde durch den Hofmaler Bernardo Bellotto (nach seinem Lehrer genannt Canaletto) verewigt. Der Blickwinkel, von dem aus seine berühmte Ansicht Dresdens in der Gemäldegalerie Alte Meister entstand, ist wie das Bild selbst als „Canalettoblick" ein Ziel für Kunstpilger. Ende des 18. Jh. als „Elbflorenz" apostrophiert – als ob Dresden etwas anderes wäre als Dresden, oder sollte man Florenz als „Arno-Dresden" bezeichnen? – verstärkte sich der Mythos unter dem Einfluss der von Dresden

Der berühmte „Canalettoblick" aus jugendlicher Perspektive

ausgehenden Romantik (Theodor Körner, E. T. A. Hoffmann, Carl Maria von Weber, Richard Wagner, Caspar David Friedrich, Adrian Ludwig Richter lebten und arbeiteten zumindest zeitweise in Dresden), als einer in Kunst und Kultur getränkten Stadt, die in eine besonders reizvolle – eben romantische – Landschaft gebettet ist: das Elbtal zwischen Meißen und den Felsenburgen der Sächsischen Schweiz.

Kulturstadt Dresden

Eines der ältesten Theater des deutschen Sprachraums, die Hofoper, öffnete 1667 in Dresden seine Pforten und fand in der Semperoper einen weltberühmten Nachfolger. Heute leistet sich die Stadt zwei international renommierte Orchester: die Sächsische Staatskapelle (mit dem international gefeierten Christian Thielemann als Chefdirigent) und die Dresdner Philharmonie. Darüber hinaus haben zwei bedeutende Ballettensembles hier ihren Sitz, jenes der Staatsoper und die Forsythe Company (seit 2015 Dresden Frankfurt Dance Company), Letztere in Hellerau, einer in der Zeit vor dem Ersten Weltkrieg richtungweisenden Gartenstadt. Neben dem Schauspielhaus gibt es mehrere andere Theater bis hin zur alternativen Szene in der Äußeren Neustadt. Im Kreuzchor hat Dresden einen der weltweit ältesten Knabenchöre, und nicht nur an der Silbermannorgel in der Hofkirche kann man Orgelmusik hören. Kein Tag vergeht ohne kulturelle Veranstaltungen, Aufführungen, Festwochen oder Festivals. Mit der Gemäldegalerie Alte Meister besitzt Dresden eine der bedeutendsten Kunstsammlungen der Welt (die hier zu bewundernde „Sixtinische Madonna", 1512 von Raffael gemalt, ist seit 1754 in Dresden), das Grüne Gewölbe bietet eine Pretiosensammlung, mit der sich kaum eine andere vergleichen kann, und die Porzellansammlung verfügt über einen Bestand chinesischer und japanischer (und früher europäischer) Porzellankunst, der weltweit nur von jenem des Topkapı-Palastes in Istanbul übertroffen wird. Dutzende weitere Museen und Galerien laden zur Besichtigung ein, darunter das Deutsche Hygiene-Museum und die nach Umbau und Einbau einer „Arche" 2010 wieder eröffnete Gemäldegalerie Neue Meister im Albertinum, u. a. mit Bildern der Künstlergemeinschaft „Die Brücke", die in Dresden ihre Wurzeln hatte, sowie des gebürtigen Dresdners Gerhard Richter. Das Militärhistorische Museum der Bundesrepublik Deutschland, ein durch seinen die alte Front durchbrechenden „Keil" ikonischer Libeskind-Bau, war 2011 ein besonders willkommener Zugang für die Museenszene und nimmt am kulturellen Leben

Heftig umstritten, architektonisch zurückhaltend: die Waldschlösschenbrücke

der Stadt regen Anteil. Überhaupt übernehmen die wichtigsten kulturellen Institutionen der Stadt gesellschaftspolitische Verantwortung und arbeiten zusammen in der „Initiative für ein weltoffenes Dresden".

Untergang und Auferstehung

Am 13./14. Februar 1945 wurde Dresden durch einen alliierten Bombenangriff zerstört, die Altstadt durch einen Feuersturm vollständig in Schutt und Asche gelegt. Seither war es nie klar, ob man die Reste der barocken Stadt wegräumen sollte wie bei der Sprengung der Fassaden der Rampischen Straße zu DDR-Zeiten oder sie erhalten, restaurieren oder gar wiedererrichten sollte wie beim Zwinger und der Semperoper (1985). Die Frauenkirche blieb Ruine – als Mahnmal, hieß es. Die Silhouette der Stadt ebenfalls. Nach der deutschen Wiedervereinigung 1989/90 setzten sich dann die Stimmen durch, die einen Wiederaufbau des alten Stadtzentrums forderten. Mit Hilfe aus aller Welt entstand die Frauenkirche 2006 neu, das Schloss wurde fast komplett restauriert und zum Museen-Schloss ausgebaut, und auch der gesamte Neumarkt entsteht wieder – auch wenn's nur die Fassaden sind. Ein Wunder – dank reichlichen Investitionsgeldern aus dem In- und Ausland.

Szene Neustadt

Wenn Dresdner an Clubs und Discos, an Kneipen und Biergärten in Hinterhöfen denken, an Ska und Techno, Trödelläden und Boutiquen, Orientshops und jede Menge anderer Läden vom Vinyl-Spezialisten bis zum Senflädchen, dann fällt ihnen unweigerlich die Äußere Neustadt ein. Abends weggehen heißt ganz einfach zum Albertplatz fahren oder laufen und dann auf ins Vergnügen, denn in den nahen Straßenzügen Alaunstraße, Louisenstraße, Rothenburger Straße und Görlitzer Straße ist Tag und Nacht was los. Sicher, man kann auch anderswo einkaufen und bummeln, in Cafés und Kneipen sitzen, tanzen, abhängen, sich draußen oder drinnen von allen möglichen Sounds beschallen lassen, die neuesten Cocktails schlürfen und sich abweisen lassen, weil man dem Türsteher nicht gefällt. Aber hier in der Äußeren Neustadt (im Gegensatz zur barocken Neustadt ein Stadtviertel der Gründerzeit, in dem übrigens Erich Kästner geboren wurde und aufgewachsen ist) ist das alles ganz dicht gedrängt, Szene satt auf 1 km². Im Sommer treibt es die Dresdner allerdings auch an ihre Strände, Stadtstrände natürlich mit echtem Sand, und in jedem Hinterhof stehen Liegestühle und coole Drinks bereit, nicht nur in der Neustadt. Einmal im Jahr kocht die Äußere Neustadt über, dann stellt die „Bunte Republik Neustadt" ihre eigenen Regeln auf und hält sie auch ein, weil die Hauptregel ist, dass es keine Regeln gibt.

Grünes Dresden

Wer will, kann von der Innenstadt aus durch Grüngürtel in die wunderschöne Umgebung der Stadt wandern, denn Dresden ist eine grüne Stadt. Blüherpark und Großer Garten verbinden die Altstadt nahtlos mit Striesen. Von der Äußeren Neustadt aus muss man nur einen Park queren, um in das riesige Schutzgebiet der Dresdner Heide zu gelangen, die man auch von den Ortsteilen Weißer Hirsch und Bühlau im Nu erreicht. Aber der Trumpf der Stadt ist die Elbe, ist das Elbtal mit seinen grünen Wiesen sowie den steilen Hängen zwischen dem Waldschlösschen und Pillnitz, die von der anderen Elbseite aus mit ihren Villen, Schlössern, Weinbergen und Spazierwegen ein ständig wechselndes Panorama bilden. Wen wundert es, dass die Dresdner beim ersten Sonnenstrahl den Picknickkorb packen oder sich aufs Rad schwingen, sodass die Dresdner Heide an schönen Wochenenden von wandernden Familiengruppen belebt und auf dem Elberadweg Blech an Blech gefahren wird? Und dabei haben die Dresdner auch noch ein Naturschauspiel und Frei-

zeitparadies ersten Ranges vor der Tür, die Sächsische Schweiz mit ihren pittoresken und zum Freiklettern verlockenden Sandsteinfelsen.

Don't miss …

Das ist das Schwierigste an Dresden, zu beschreiben, was man keinesfalls versäumen sollte. Vom Canalettoblick über die Augustusbrücke schlendern und die über der Brühlschen Terrasse schwebende „Glocke" der Frauenkirche bewundern. Klar, fünf Sterne. Das begeistert auch die Dresdner selbst immer wieder. Ein weiterer Höhepunkt: die Besichtigung der Frauenkirche mit Kuppelaufstieg. Außerdem: einmal in die Semperoper, nicht nur eine Führung mitmachen, sondern eine abendliche Opernaufführung besuchen. Im Gegensatz zu geltender Meinung gibt es Karten oft bis zum Tag der Aufführung. Und nachher durch die beleuchtete Altstadt bummeln, über die Augustusbrücke zum Goldenen Reiter schlendern und durch die barocke Neustadt auf einen Drink in die Kneipenzone der Äußeren Neustadt. Open end, wie das dort so üblich ist. In schönen Sommernächten wird man schon in den Elbwiesen hängenbleiben, viele Liebespaare und die Dresdner Jugend sind schon da. Sixtinische Madonna, die beiden Vermeer-Bilder, Tizian und Rubens in der Gemäldegalerie Alte Meister, durch den Zwingerhof zur Porzellansammlung, Neues Grünes Gewölbe und Historisches Grünes Gewölbe, zu den Gerhard-Richter-Räumen ins Albertinum … Jetzt sind wir schon bei mindestens drei Tagen und waren noch nicht im Panometer, wo in einem früheren Gasometer ein absolut faszinierendes Panorama des alten Dresden gezeigt wird, nicht im Großen Garten mit seinem Barockschloss, nicht in den Weinbergen beim Winzerausschank, nicht in Moritzburg, Pillnitz, Meißen, nicht in der Sächsischen Schweiz. Dann eben beim nächsten Mal!

Stadtmodell mit Blick von der Altstadt über die Elbe auf die Neustadt

Orientierung in der Stadt

Dresden liegt nicht in der Mitte des Bundeslandes Sachsen, dessen Hauptstadt es ist, sondern etwas südöstlich versetzt unweit der tschechischen Grenze. Die Elbe fließt mitten durch die Stadt, ist einer ihrer wichtigsten Bestandteile und gliedert sie in einen südlichen und einen nördlichen Teil.

Der Elbefluss entspringt in Tschechien und verbindet Dresden mit Hamburg, das unweit seiner Mündung in die Nordsee liegt. Von großer Bedeutung für die Frachtschifffahrt ist der Fluss dennoch nicht, in Dresden sichtet man nur die Ausflugsboote der „Sächsischen Dampfschifffahrt" und ein kleines exotisch-hanseatisch wirkendes Eckchen am Alberthafen. Das für klassische Touristen interessante Dresden ist von der Fläche her relativ klein und überschaubar: Südlich (also links) der Elbe befindet sich die Altstadt, nördlich (rechtselbisch) liegt die Neustadt, beide Teile sind durch die historische Augustusbrücke und weitere Brücken miteinander verbunden.

Die Altstadt

Die Altstadt erstreckte sich bis 1945 von der Elbe nach Süden bis zum Hauptbahnhof. Doch nur der an die Elbe grenzende obere Bereich mit Zwinger, Schloss, Frauenkirche, Semperoper, Taschenbergpalais u. a. wurde wieder aufgebaut. Südlich davon wurden nur wenige Gebäude wie die Kreuzkirche rekonstruiert.

Aus Gründen der Übersichtlichkeit wird der wieder aufgebaute Teil der Altstadt in drei getrennten Kapiteln vorgestellt. Im ersten wird der Bereich um den Theaterplatz behandelt (→ **Tour 1**). Heute locken dort Residenzschloss, Taschenbergpalais, Zwinger, Semperoper

Orientierung in der Stadt 19

und die Hofkirche. Im zweiten Kapitel bildet der Neumarkt, der Platz vor der Frauenkirche, der bis in die Neuzeit nicht zu Dresden gehörte, den Mittelpunkt (→ **Tour 2**). Nicht nur die Frauenkirche, auch die Brühlsche Terrasse, Johanneum und Albertinum sowie die neue Synagoge werden in diesem Abschnitt beschrieben. Alles was südlich des Neumarkts liegt und vor allem südlich der elbparallelen Schneise der Wilsdruffer Straße, wird im dritten Kapitel vorgestellt (→ **Tour 3**). Die vom Schloss nach Süden laufende Achse, von der Schlossstraße über die Prager Straße bis zum Hauptbahnhof, bildet die Hauptachse dieses Bereichs.

Zu Zeiten der DDR wurden durch die Altstadt zwei verkehrstechnisch als wichtig erachtete Breschen geschlagen, die Achse Freiberger Straße – Wilsdruffer Straße und die Achse Budapester Straße – Dr.-Külz-Ring. Sie zertrennen die Altstadt in drei Teile. Heute sind sie durch alternative Verkehrsführung und relativ lange Ampelphasen für Fußgänger einigermaßen entschärft, doch zu DDR-Zeiten bildeten sie echte Trennlinien.

Die Neustadt und der Elbhang

Jenseits der Augustusbrücke am anderen Ufer der Elbe befindet sich die barocke Neustadt (→ **Tour 4**), in der wie durch ein Wunder Teile der Originalstraßenzüge erhalten blieben. Durchquert man sie, erreicht man die Gründerzeitstraßen der Äußeren Neustadt (→ **Tour 5**), früher Antonstadt genannt. Der vielachsige Albertplatz verbindet die beiden Stadtteile. Von hier führen drei Hauptachsen aus der Stadt hinaus, die (Anton- und) Hansastraße zur Autobahnauffahrt Dresden-Hellerau, die Königsbrücker Straße zum Flughafen und die Bautzner Straße nach Bautzen und Görlitz. Leipziger Vorstadt nennt sich der gründerzeitliche Vorort an der Hansastraße, während man auf der Königsbrücker Straße die Mikroelektronik-Betriebe von Klotzsche passiert und auf der Bautzner Straße die Elbschlösser und den Stadtteil Weißer Hirsch erreicht. Folgt man dieser Linie weiter an der Elbe, kommt man nach Loschwitz mit seinen beiden Bergbahnen sowie nach Pillnitz (→ **Tour 8**).

Vorstädte und Nachbarorte im Süden

Der Westteil der Altstadt, den man vom Postplatz aus erreicht, war fast völlig zerstört, er wird **Wilsdruffer Vorstadt** genannt. Jenseits der Schienen der Bahnlinie Leipzig/Berlin – Dresden – Prag liegen die **Friedrichstadt** (→ **Tour 7**), eine barocke Vorstadtgründung, und das **Ostragehege** mit seinen Sporteinrichtungen. Interessant und sehenswert ist vor allem der Bereich südöstlich der Altstadt, wo mit dem **Großen Garten** ein riesiger Barockgarten samt Palais erhalten ist (→ **Tour 6**). In der **Johannstadt** und in Striesen können alte Villenviertel besichtigt werden, und noch weiter östlich befindet sich **Blasewitz**, wo die Brücke mit dem seltsamen Namen „Blaues Wunder" lange von Dresden aus die erste Möglichkeit bot, die Elbe zu überqueren (→ **Tour 9**).

Elbbrücken und Fähren

Autofahrer haben derzeit zwischen Meißen flussabwärts und Pirna flussaufwärts mit Ausnahme des engeren Stadtbereichs von Dresden nur wenige Brücken zur Verfügung. Im Stadtzentrum gibt es die Marienbrücke, die für Pkws gesperrte Augustusbrücke, die Carolabrücke und die bis 2016 immer mal wieder wegen Sanierungsmaßnahmen nur teilweise befahrbare Albertbrücke. In Richtung Meißen kann man noch auf der Flügelwegbrücke, der Autobahnbrücke A 4 und auf der Brücke bei Niederwartha die Elbe queren. In Richtung Osten hat seit 2013 die stark umstrittene Waldschlösschenbrücke tatsächlich für eine Entlastung der anderen Brücken gesorgt, insbesondere

der Loschwitzer Brücke, meist Blaues Wunder genannt, bei der es nur eine Frage der Zeit sein wird, bis sie wenigstens teilweise für den Verkehr gesperrt werden muss. Und dann kommt bis nach Pirna mit der Brücke der Umfahrungsstraße und einer alten Elbbrücke nur noch die Autofähre Pillnitz für eine Überquerung der Elbe in Frage. Staus kann man kaum aus dem Wege gehen, wenn man zu Stoßzeiten per Pkw über die Elbe will.

3-D-Modelle real und virtuell

Im Rathaus-Innenhof bzw. im WTC oder im Infocontainer der Gesellschaft Historischer Neumarkt befindet sich ein eindrucksvolles plastisches Modell der Stadt. Ein virtuelles 3-D-Modell bietet Google Earth, zu sehen auf www. dresden.de, Suchwort „Virtuelles 3D-Stadtmodell" eingeben, mit 2 Min. Video-Flug über die Stadt.

Dresden in Zahlen

Einwohner (2014): 541.986, unter den deutschen Großstädten an 12. Stelle.

Höhe über dem Meeresspiegel: Elbpegel an der Augustusbrücke auf 102,73 m über NN.

Fläche: 328,3 km^2, davon sind 37 km^2 verbaut. Flächenmäßig ist es damit die viertgrößte deutsche Stadt. Dresden hat im 20. Jh. viele umgebende Orte eingemeindet, jedoch nicht die beiden mit Dresden verwachsenen Städte Radebeul und Radeberg.

Politisch-administrativer Status: Dresden ist die Landeshauptstadt des Freistaates Sachsen und Kreisfreie Stadt sowie Verwaltungsstandort des Regierungsbezirkes Dresden.

Stadtwappen: Goldener Schild mit schwarzem Löwen (links) und zwei schwarzen, senkrechten Balken (rechts).

Religion: Traditionell dominiert in Sachsen und damit in Dresden die evangelisch-lutherische Kirche, aber nur 20 % der Dresdner gehören einer offiziellen Religionsgemeinschaft an – die Mehrheit ist zu DDR-Zeiten aus der Kirche aus- oder erst gar nicht eingetreten.

Arbeitslosenquote (Juli 2015): 8,1 % (Deutschland gleicher Monat 6,4 %, Ostdeutschland 9,7 %).

Ausländeranteil: 4,7 %.

Wohnungsleerstand: 6,8 % (2011 noch 9,7 %).

Tourismus: Jährlich 12 Mio. Besucher, knapp 2 Mio. Übernachtungsgäste mit durchschnittlichem Aufenthalt von 2,1 Nächten. Knapp 20 % der Gäste sind aus dem Ausland.

Geschichte „live": Fechten lernen vor der Semperoper

Stadtgeschichte

Mehr als tausend Jahre reicht Dresdens Geschichte zurück. Die Stadt begann als slawisches Dorf und markgräfliche Befestigung, wurde Markgrafensitz, Sitz des Kurfürsten, Königsresidenz, Gauhauptstadt, zu DDR-Zeiten Bezirkshauptstadt und schließlich Hauptstadt des Freistaates Sachsen.

Slawen, Deutsche und erste Wettiner

Seit dem 6. Jh. war das Gebiet östlich der Elbe slawisch besiedelt. Ab dem 10. Jh. erreichte dann die deutsche Ostkolonisation Schritt für Schritt das heutige Sachsen. Damals bildete Meißen das Zentrum der Region, seine Burg wurde im Jahr 929 von König Heinrich I. gegründet. 968 kam noch der Bischofssitz dazu, sodass sich auf dem Meißner Burgberg die geistliche und weltliche Gewalt konzentrierten. Die Reichsmacht setzte auf dem Meißner Burghügel schließlich einen Markgrafen ein, zu dessen Amtsbereich auch die Mark *Nisan* mit dem Gebiet rund um das heutige Dresden gehörte. Wo sich heute auf einer leichten Anhöhe über der Überschwemmungsebene der Elbe der Dresdner Neumarkt befindet, lag damals ein slawisches Dorf. Bald wurde auf dem benachbarten Taschenberghügel – heute Residenzschloss und Taschenbergpalais – eine bescheidene markgräfliche Befestigung errichtet. Seit 1089 regierte ein Wettiner als Markgraf die Region: **Heinrich von Eilenburg,** Stammvater der bis 1918 in Sachsen regierenden Wettiner.

Dresden besaß ab Mitte des 12. Jh. eine der Gottesmutter geweihte Kirche, Vorläufer der heutigen Frauenkirche. Das 1206 erstmals urkundlich erwähnte „Dresden" umfasste aber vor allem die Siedlung mit der etwas später deutlich vergrößerten Burg am Taschenberg.

Dieses Dresden dehnte sich eher nach Süden aus – nach Norden und zur Elbe war ja die Burg im Wege – und gruppierte sich um den später so genannten Altmarkt. Dort wurde 1295 ein „Kaufhaus" errichtet, was Dresdens wachsende Bedeutung als Handelsplatz unterstreicht, die aber bis in die Neuzeit von Pirna übertroffen wurde, wo sich das Niederlagerecht befand (die Ware musste am Ort drei Tage lang angeboten werden).

Als der Luxemburgerkaiser Karl IV. das Machtzentrum des Römischen Reiches plötzlich südlich der Grenzen nach Prag verlegte und die Markgrafschaft auch noch in einen Krieg verwickelte, wurden die Stadtmauern vergrößert und verbessert. Das Glück war auf Seiten der Wettiner: Das Herrschaftsgebiet konnte auf Kosten der böhmischen Krone erweitert werden. Elbaufwärts kam der Bereich der Sächsischen Schweiz zu Meißen. 1403 erhielt der Ort auf der anderen Elbseite, heute Neustadt, ein eigenes Stadtrecht (das Dresden schon seit dem 13. Jh. besaß): Dieses „Altendresden" bekam nun auch eine Pfarrkirche, die heutige Dreikönigskirche (Dresdens Pfarrkirche war die Kreuzkirche).

Im Jahr 1423 konnte Markgraf **Friedrich der Streitbare,** der sich durch Heerfolge den Kaiser Sigismund verpflichtet hatte, die Kurwürde und das Herzogtum Sachsen erlangen. Das war ein enorm wichtiger Schritt für die Wettiner, die ab diesem Zeitpunkt ganz oben im politischen Spiel um Deutschland mitmischten. Aber noch wichtiger für Dresden wurde ein Vertrag von 1485, die Leipziger Teilung. Damals einigten sich die Wettiner **Brüder Ernst und Albrecht,** ihren Besitz zu teilen und getrennt zu regieren. Ernst, der die Kurwürde erhielt, nahm den thüringischen Teil und gründete die ernestinische Linie, Albrecht, Stammvater der albertinischen Linie, übernahm den südöstlichen Teil Sachsens mit Meißen. Dresden brachte ihm am 4. Dezember 1485 die Erbhuldigung dar und wurde sein neuer Regierungssitz.

Renaissancefürsten verändern die Stadt

Der Start ins 16. Jh. begann in Dresden mit einer Tabula rasa – der große Brand von 1491 hatte die halbe Stadt samt der Kreuzkirche zerstört. Der Herzog konnte also eine neue Stadt errichten lassen, eine Stadt im Renaissancestil. Dabei wurde auch das Dorf mit der Frauenkirche in den Mauerkranz einbezogen. Dresdens Ausdehnung entsprach nun dem, was bis 1945 seine Altstadt bildete. Seit Herzog **Georg** († 1539) durften Neubauten nur noch Ziegeldächer haben (wegen der Brandgefahr durch Strohdächer), und bei aneinandergebauten Häusern musste die Trennwand über die Traufe hinausgeführt werden (aus dem gleichen Grund). Außerdem wurde eine Röhrenwasserleitung installiert und das Vieh-

Wettiner Markgraf im Meißner Dom

August der Starke und der Mythos Dresden   23

halten auf öffentlichen Plätzen und Straßen verboten. Georgs Bruder **Heinrich der Fromme** (1539–1541) regierte nur kurz, aber doch lange genug, um die Reformation in Sachsen einzuführen, als erstem Flächenstaat Deutschlands. Sein Sohn **Moritz** (1541–1553) führte zwar den Reformationsprozess weiter, kämpfte jedoch an der Seite Kaiser Karls V. (1519–1556) gegen den protestantischen Schmalkaldischen Bund und damit seinen ernestinischen Vetter Kurfürst Johann Friedrich. Nach Sieg der kaiserlichen Truppen verlieh Karl V. Moritz im Jahr 1547 die Kurwürde, die von da an bei der albertinischen Linie blieb. Der Reichsfürst und Kurfürst Moritz von Sachsen war zu diesem Zeitpunkt gerade 26 Jahre alt.

Es folgte eine umfassende Erneuerung und komplette Modernisierung der Stadtbefestigung, heute nur noch in den Kasematten zu sehen. Auch die Burg wurde modernisiert, durch Umbau und Erweiterung entstand ein Renaissanceschloss. Um 1550 war Dresden auf etwa 8000 Einwohner angewachsen. 1553 trat Kurfürst **August I.**, Moritz' jüngerer Bruder, die Regierung an (1553–1586). Während seiner Regierungszeit herrschte in Dresden neunmal die Pest, doch August hatte trotzdem die Zeit und das Geld, eine Kunstkammer zu gründen (1560), auf die sowohl die Gemäldegalerien als auch das Grüne Gewölbe zurückgehen. Fast gleichzeitig gab er eine Verordnung gegen den Luxus bei den Bürgern heraus (1562), irgendwo musste ja schließlich gespart werden. Unter den folgenden Kurfürsten **Christian I.** (1586–1591), **Christian II.** (1591–1611) und **Johann Georg I.** (1611–1656) verstärkte sich der Kampf zwischen der katholischen Gegenreformation und den protestantischen Staaten, an deren Spitze im Reich weiterhin Sachsen stand.

Eine frühe kulturelle Blüte brachte der Hofkantor Heinrich Schütz nach Dres-

den. 1627 wurde seine „Dafne" anlässlich des Besuchs von Kaiser Matthias als erste deutsche Oper (in Torgau) uraufgeführt. Aber die unruhige Zeit ab 1600 und vor allem der Dreißigjährige Krieg 1618 bis 1648 schwächten Sachsen und brachten Münzverschlechterung, Teuerung und Elend über das Land. Erst unter **Johann Georg II.** (1656–1680) gab es wieder eine längere Friedensperiode und wirtschaftlichen Aufschwung. Der Kurfürst förderte Manufakturen, gründete die Friedrichstadt und ließ – man hatte das Gröbste überstanden – das Residenzschloss (durch Wolf Caspar von Klengel) erneuern, ein Komödienhaus errichten und das Palais im Großen Garten bauen (durch Johann Georg Starcke). In der ganzen Stadt ließ er Holzbauten verbieten, wieder ein Gesetz gegen die Brandgefahr, das Dresden auch bis 1945 geholfen hat. Nur Altendresden (Neustadt) brannte 1685 gänzlich ab und wurde in barocken Formen neu gebaut, wie Königstraße und Hauptstraße heute noch zeigen.

August der Starke und der Mythos Dresden

Sachsens bekanntester Herrscher (nach Biedenkopf natürlich) war der Kurfürst **Friedrich August I.** (als sächsischer Kurfürst August II. 1697–1706 und 1709–1733), seiner Körperkräfte wegen als August der Starke bezeichnet. Wie sein französisches Vorbild Ludwig XIV. wollte er eine prunkvolle Residenzstadt schaffen – ohne Rücksicht auf die Kosten, die würde man durch immer höhere Steuern schon eintreiben. Als rein repräsentativer Bau entstand der Zwinger, für die später in Ungnade gefallene *Gräfin Cosel* ließ er das Taschenbergpalais errichten. Gemälde wurden gekauft und eine Kollektion von Preziosen angelegt, die ihresgleichen suchte. Darüber hinaus begründete er eine Porzellansammlung mit Importen aus China und Japan sowie Stücken aus der neuen landeseigenen Manufaktur in Meißen, wo man auf europäischem Boden das Porzellan erfunden hatte. Außenpolitisch war Friedrich August I. wenig erfolgreich, auch wenn es ihm gelang, die polnische Krone zu erwerben. Die Kosten für Bestechungsgelder, die doppelte Hofhaltung und die zwei Regierungssitze waren jedoch enorm, und wirtschaftlich brachte die Union Sachsen ebenfalls nur Unkosten ein. Die Krone Polens hatte der sächsische Kurfürst erst bekommen, nachdem er 1697 zum katholischen Glauben übergetreten war, was ihn seinem protestantischen Volk entfremdete. Auch das Kriegsglück Augusts des Starken war mehr als mäßig, während des Nordischen Krieges war Dresden sogar eine Zeitlang von Schweden besetzt. Immerhin, seiner Gier nach Gold und seiner unbegrenzten Repräsentationswut hat die Welt das europäische Porzellan zu verdanken und die zum Weltwunder gewordene barocke Ausgestaltung Dresdens.

Sein Sohn und Nachfolger **Friedrich August II.** (1733–1763, als polnischer König August III.), den er mit der habsburgischen Erzherzogin Maria Josepha verheiratet hatte, verwickelte Sachsen unnötig in die beiden Schlesischen Kriege sowie den Siebenjährigen Krieg. Sachsen ging daraus geschwächt und im Frieden von Hubertusburg (1763) wesentlich verkleinert hervor. Die Preußen brachten Dresden – inzwischen eine Stadt mit 36.500 Einwohnern – während einer Belagerung schwere Schäden bei, wobei auch die Kreuzkirche zerstört wurde. 1763 war schließlich die Personalunion mit Polen de facto zu Ende. Friedrich August II. kann ebenfalls nicht unbedingt als sparsamer Herrscher bezeichnet werden. Als ihm seine protestantischen Dresdner Bürger die Frauenkirche vor die Tür setzten, konnte er nicht zurückstehen und ließ von einem Italiener die bombastische Hofkirche errichten. Für seine Gemäldesammlung ließ er in ganz Europa für viel Geld Kunstwerke erwerben (wie die Sixtinische Madonna, die damals nach Dresden kam). Als er 1763 starb, stand Sachsen vor dem Staatsbankrott.

Napoleon und die Königswürde für Sachsen

Nach wenigen Regierungsmonaten starb Kurfürst Friedrich Christian, dem **Friedrich August III.,** der Gerechte (1763–1806 Kurfürst, 1806–1827 König Friedrich August I.), auf den Thron folgte. Kein Verschwender wie seine Vorgänger, führte er nach Erreichung

Elegante Pracht im Innenraum der Hofkirche

der Volljährigkeit (1768) pedantisch und gewissenhaft die während der kurzen Regierungszeit seines Vaters begonnenen Reformen weiter: Zentralisation der Verwaltung, Rechtsreform (1770 Abschaffung der Folter), neue Schulordnung, Papiergeld, Brandversicherung. 1806 hatte die preußisch-sächsische Armee jedoch keine Chance gegen Napoleon, aber die Auflösung des Heiligen Römischen Reiches Deutscher Nation im selben Jahr brachte dem sächsischen Herrscher den sehr willkommenen Königstitel. Dresden wurde im Zuge der Napoleonischen Kriege vorübergehend von österreichischen, 1813 dann von napoleonischen Truppen besetzt. Ende des Jahres rückten schließlich die Russen ein – Sachsen hatte im letzten Moment auf der falschen Seite gekämpft. 1815 beim Wiener Kongress bedeutete das wieder Gebietsverluste für Sachsen, das damit auf die uns heute bekannte Größe schrumpfte.

Die Stadt Dresden entwickelte sich nach 1815 nur langsam, denn die Industrialisierung Sachsens ging zunächst vor allem von Leipzig aus. Unter den Königen **Anton** (1827–1836) und **Friedrich August II.** (1836–1854) schaffte es Dresden dann aufzuholen. 1839 wurde die erste deutsche Fernbahnverbindung in Betrieb genommen, sie verband Leipzig und Dresden miteinander. Im Jahr vorher eröffnete in Dresden die erste „Dampfbieraktienbrauerei" neben dem Waldschlösschen. Die Wälle und Gräben der Stadt waren 1829 abgerissen und zugeschüttet worden, nun entstanden neue Stadtteile wie die erweiterte Friedrichstadt, die Antonstadt (Äußere Neustadt) und die Leipziger Vorstadt. Auch das Bild der Innenstadt veränderte sich: Das Italienische Dörfchen verschwand und die erste Semperoper wurde errichtet, Sempers Synagogenbau und die (1945 zerstörte) Villa Rosa für Martin Wilhelm Oppenheim zeugen vom Willen

Napoleon machte Sachsen zum Königreich

der jüdischen Bevölkerung zur endlich möglichen Integration. Um die Mitte des 19. Jh. wohnten in Dresden insgesamt 94.000 Menschen.

Revolution und Gründerzeit

Die Revolutionsjahre 1848 und 1849 erreichten ihren Höhepunkt in Dresden vom 3. bis zum 9. Mai 1849. König und Hofstaat flohen vor dem aufständischen Bürgertum auf einem Dampfer ins sichere Königstein, wo sie sich in der Festung verbarrikadierten. Bis zum 9. Mai war der Aufstand jedoch blutig niedergeschlagen. Die Sympathiebekundungen des Hofkapellmeisters Richard Wagner oder der Kampfaufruf der Hofsängerin Wilhelmine Schröder-Devrient (dem ersten Dresdner Ännchen im „Freischütz") halfen da nichts. Es folgte eine lange Periode der Unterdrückung jeder freiheitlichen Bewegung. Wagner musste wie viele andere fliehen und wurde steckbrieflich gesucht (die neutrale Schweiz lieferte ihn aber nicht aus). Der Industrialisierung tat das keinen Abbruch. Bis zur Jahrhundertwende wurde Dresden ein wichtiger Standort der Schokoladen- und Süßwarenindustrie, der Fotoindustrie, des Nähmaschinenbaus (Singer) und der Brauereien (Feldschlösschen). Die Stadt wuchs in alle Richtungen, und die Einwohnerzahl stieg kontinuierlich an. 1875 betrug sie knapp 200.000, um 1900 dann schon gut 500.000. Der neue König **Johann** (1854–1873) war einigermaßen populär, sein Nachfolger **Albert** (1873–1902) erfreute sich sogar großer Beliebtheit. Dass er wenig zu sagen hatte, weil Sachsen 1871 im Deutschen Kaiserreich aufgegangen war, tat nichts zur Sache. Nun konnte man zusätzlich über die militärischen Erfolge des Kaisers jubeln.

Zwei Weltkriege und eine Zwischenkriegszeit

Die Jahre vor dem Ersten Weltkrieg waren in Dresden wie in vielen anderen deutschen Großstädten von einer zunehmenden Kulturkritik geprägt, die sich in vielen Bereichen niederschlug. In der Architektur entstanden Bauten wie die Christuskirche in Strehlen und das Festspielhaus Hellerau, in der Malerei führte die 1905 gegründete Gruppe „Die Brücke" (Kirchner, Schmidt-Rottluff, Heckel u. a.) in gänzlich neue Richtungen. In der Musik ließen Uraufführungen wie Richard Strauss' „Salome", „Elektra" und „Rosenkavalier" neue Töne hören. Das Kriegsende 1918 brachte dann den Zusammenbruch des Königreichs. König **Friedrich August III.** (1904–1918) erklärte am 13. November seinen Thronverzicht. Wie in Berlin folgte eine Periode der Experimente in allen sozialen und kulturellen Bereichen, die aber bereits 1927 endete. Ab etwa diesem Jahr wagten die meisten Theater nicht mehr, jene Stücke aufzuführen, die den Nazis ein Dorn im Auge waren, da sie um ihre Einrichtungen fürchteten. Die Machtergreifung der Nazis 1933 brachte die kulturelle Vielfalt Dresdens endgültig zum Erliegen. Die Verfemung unerwünschter Künstler, die reichsweit beginnende Verfolgung der deutschen Juden sowie die

Bahnhof Neustadt: Der Stern erinnert an die 20.000 ermordeten jüdischen Dresdner

Brandmarkung „Entartete Kunst" legten bis zum Ende des Jahres den gesamten künstlerischen Rahmen der Stadt in Trümmer. 1938 wurde die Semper-Synagoge im Pogrom der „Reichskristallnacht" zerstört. Die Dresdner Juden – 1933 waren es etwa 20.000 gewesen, davon 4397 Glaubensjuden – wurden deportiert und in die Gaskammern gebracht. Nur wenigen gelang die Flucht in die Emigration, die sie sich mit dem Verlust ihrer ganzen Habe erkaufen mussten. Die Verbliebenen wurden in 32 Judenhäuser (1940) gequetscht, darunter der ehemalige Romanistik-Professor an der TU Victor Klemperer – er und nur 173 weitere jüdische Dresdner haben in der Stadt bis zum Kriegende am 8. Mai 1945 überlebt.

Untergang und Wiederaufbau

In der Nacht vom 13. auf den 14. Februar 1945 zwischen 22 Uhr und 1.30 Uhr früh wurde die ungeschützte Stadt durch zwei alliierte Bombenangriffe zerstört. Ein Geschwader von 250 britischen Halifax-Bombern deckte die Innenstadt mit Brandbomben ein. Die Altstadt und der größte Teil der Neustadt, fast alles was Dresden so berühmt gemacht hatte, war tagelang ein Flammenmeer. Ein Feuersturm von bis zu 1000 °C fegte durch die Straßen, 35.000 Menschen starben in dieser und der folgenden Bombennacht. Von den 220.000 Wohnungen der Stadt waren 93.500 zerstört. Kirchen, Schloss, Oper, Zwinger, Verwaltungsbauten, Bürgerhäuser, ganze Wohnviertel, Brücken, Straßen und Schienenstränge blieben als ausgebrannte Ruinen zurück. Der alte Gerhart Hauptmann, dessen Stücke am Schauspielhaus uraufgeführt worden waren, verfolgte die Vernichtung der Stadt vom Vorort Weißer Hirsch aus und trauerte um sie wie Millionen andere.

Schon am 14. Mai konnte Dresden wieder Strom aus einem Kraftwerk beziehen, das Gaswerk Reick (→ Asisi-Panometer) wurde wiedereröffnet, und auch die Wasserwerke gingen bereits wenige Tage nach Kriegsende in Betrieb. An Wiederaufbau war aber nicht zu denken, die Verwaltung begnügte sich jahrelang mit der Enttrümmerung. Man war unentschlossen, was man mit den Ruinen der Innenstadt anfangen sollte. Nur der Wiederaufbau des Schauspielhauses, das über Jahre auch die Oper aufnehmen musste, wurde noch im selben Jahr begonnen. Zwinger und katholische Hofkirche folgten – die verantwortlichen Denkmalschützer und städtischen Architekten schufen hier Fakten, bevor die Regierenden entscheiden konnten. Das Institut für Denkmalpflege hat sich im Kampf gegen die Zerstörung des wenigen Verbliebenen unvergessliche Verdienste erworben. Doch die grundsätzliche Frage stand mindestens ein Jahrzehnt lang im Raum: Sollte man die zerstörte Innenstadt komplett wegrasieren und eine neue, sozialistische Stadt errichten oder zumindest teilweise wiederaufbauen?

Nach dem Krieg entstand in Teilen der Altstadt ein sozialistisches Dresden. Dazu gehören beispielsweise die überbreite, schonungslos von lang gestreckten Plattenbauten flankierte Prager Straße und der im Vergleich zum historischen Platz stark vergrößerte Altmarkt mit dem heute noch existierenden Kulturpalast. Doch am Altmarkt kam gleichzeitig auch ein historisierendes Element zum Zuge: Er wurde in Anlehnung an neobarocke Formen wieder aufgebaut. Das Alberttheater, das Palais Oppenheim, die Sophienkirche wurden gesprengt (Ulbricht bestand auf dieser von der Bevölkerung abgelehnten Sprengung), andere Bauten wie der Zwinger wurden dagegen weiter restauriert (bis 1963). Die Semperoper wurde sogar – zumindest äußerlich – in den alten Formen wieder-

Sowjetischer Militärfriedhof in der Dresdner Heide

errichtet (1985), im Bühnenhaus aber auf neuen technischen Stand gebracht. Der Schwerpunkt der Bemühungen der Stadt lag jedoch immer auf dem Wohnungsbau. Plattenbauviertel entstanden ab 1962 vor allem im Süden und Südwesten von Dresden (Prohlis, Gorbitz). In der Folge wuchs die Einwohnerzahl wieder auf knapp 500.000 an.

Wie in Berlin gingen am 17. Juni 1953 auch in Dresden viele Menschen auf die Straße. Die Demonstration auf dem Postplatz, an der mindestens 1500 Dresdner teilnahmen, wurde gewaltsam aufgelöst, es kam zu brutalen Gerichtsurteilen. Zwei Jahre später kamen die von der Roten Armee „geretteten" Gemälde der Sempergalerie nach Dresden zurück und konnten 1956 in der wiedereröffneten Sempergalerie öffentlich gezeigt werden. 1967 erhielt die Stadt ein erstes modernes Hotel (im Gewandhaus), 1969 wurden der Kulturpalast sowie ein Teil der Prager Straße fertiggestellt. 1971 kamen die Autobahn zwischen Leipzig und Dresden sowie der Fernsehturm dazu, 1972 – schon in der Ära Honecker – die Eissporthalle und das Rundkino. Es ging aufwärts in Dresden. Zumindest glaubte man das im „Tal der Ahnungslosen", denn im Gegensatz zum Rest der DDR konnte man in Dresden und Umgebung keine West-Fernsehprogramme empfangen.

Am 4. Oktober 1989 fuhr der Zug mit den Prager Botschaftsflüchtlingen durch Dresden in die Bundesrepublik – die Polizei hatte große Mühe, die Demonstranten und Ausreisewilligen am Hauptbahnhof im Zaum zu halten. Am 6. Oktober gab es Kundgebungen in den Staatstheatern, die Schauspieler traten vor den Vorhang mit den Worten „Wir treten aus unseren Rollen heraus". In vier Kirchen wurde für den Frieden gebetet und für eine neue Ordnung. Zum 40. Jahrestag der DDR, am 7. Oktober 1989, war ihr Untergang besiegelt.

Dresden nach der Wende

Bei den ersten freien Kommunalwahlen nach dem Krieg im Mai 1990 konnte sich die CDU als stärkste Partei durchsetzen. Das galt auch für das Land Sachsen, das sich am 3. Oktober als Bundesland konstituierte (in der DDR waren die Länder aufgelöst worden). Der Ausverkauf – wie die Dresdner ziemlich einhellig die Phase der Aufkäufe durch Westunternehmen und die Stilllegung ganzer Branchen sahen und sehen – konnte beginnen.

Seit der Wende wurde Dresden durch die Ansiedlung neuer mikro- und nanoelektronischer sowie biotechnologischer Betriebe vor allem im Norden der Stadt im Ortsteil Klotzsche und damit in Flughafennähe zu einem bedeutenden Standort der Halbleiterindustrie. Bereits zu DDR-Zeiten war Dresdens Zentrum für Mikroelektronik landesweit führend gewesen. Heute ist Dresden (trotz Krise und Qimonda-Debakel) das größte Halbleiterzentrum Europas und das fünftgrößte im globalen Maßstab. Global Foundries hat in Dresden für den Ausbau der 28-Nanometer-Technologie den größten Chip-Reinraum Europas errichtet (52.000 m^2).

Die Stadt hat sich seit 1989 stark verändert: Die baufällige barocke Neustadt wurde fast komplett restauriert und ist heute ein Nobelviertel – zu DDR-Zeiten hatte man sie noch abreißen wollen. Die Baulücken in der Altstadt sind fast alle gefüllt, das Residenzschloss ist fertig und prunkt mit seinen Museen. Die seit 2006 wiederaufgebaute Frauenkirche, dieser gigantische internationale Willens- und Kraftakt, fängt allmählich an, selbst Patina anzusetzen, und wird von Jahr zu Jahr überzeugender.

Zum Großprojekt wurde auch der Hochwasserschutz: Bei der Jahrhundertflut von Elbe und Weißeritz vom 13. bis 17. August 2002 stieg der Dresdner Elbpegel auf 9,40 Meter, 34.000 Menschen mussten ihre Häuser verlassen. Die Weißeritz, die in Dresden in die Elbe mündet, überflutete den gesamten Bahnhofsbereich mit dem Hauptbahnhof, die Friedrichstadt, den westlichen Vorort Löbtau und Teile der Innenstadt. Zwinger und Semperoper wurden von der Elbflut erreicht, die auch noch bis in den Hof des Residenzschlosses, in den Innenhof des Taschenbergpalais und auf den Postplatz vordrang. Aus der Gemäldegalerie Alte Meister wurden 2690 Gemälde durch eine Notbergung gerettet. Ein 20 Mio. Euro teurer Wall mit mobilen Schutzwänden (die bei Bedarf von Kränen auf feste Basen gehoben werden können, eine „Mauer aus dem Baukasten" sozusagen) schützt heute die gesamte Innenstadt vor einer Jahrhundertflut und hat sich bereits beim Hochwasser 2013 bewährt.

Noch kein probates Mittel hat man gegen ein anderes Ärgernis gefunden: Pegida. Seit 2014 protestieren die „Patriotischen Europäer gegen die Islamisierung des Abendlandes" mehr oder weniger regelmäßig in Dresden und sorgen in der Stadt für alle möglichen Reaktionen, die von Lachanfällen bis zu Gegendemonstrationen, leider aber auch zu Beifall und Reisestornierungen aus der ganzen Welt reichen. Bei der vorgezogenen Oberbürgermeisterwahl im Sommer 2015 kam die Pegida-Kandidatin auf 9,6 %. Oberbürgermeister wurde der FDP-Mann Dirk Hilbert, der mit einer Koreanerin verheiratet ist und sich für Integration starkmacht. Wir sind überzeugt, dass das gelingt und Dresden bunt, lebendig und offen bleibt.

Mehr über die Initiativen gegen Ausländerfeindlichkeit finden Sie im Kasten „Dresden setzt Zeichen ..." auf S. 72. Ein guter Beitrag zur Auseinandersetzung ist auch der FAZ-Artikel von Joachim Klose und Werner Patzelt unter dem Titel „Die Ursachen des Pegida-Phänomens", der im Internet abrufbar ist (www.faz.net).

„Dresdner Totentanz" in der Dreikönigskirche

Architektur und Kunst

Dresden ist eine barock geprägte Stadt, fast alle künstlerisch bedeutenden Bauten stammen aus dieser historisch gesehen relativ kurzen Periode. Daneben gibt es Glanzlichter aus allen anderen Stilepochen seit dem Mittelalter, einige davon in der Umgebung, beispielsweise in Meißen und Pirna.

Gotik (vor ca. 1530)

Dresden besaß im Mittelalter insgesamt vier Kirchen. Davon wurden drei durch barocke Kirchen ersetzt (Frauenkirche, Kreuzkirche, Dreikönigskirche). Die vierte, die Sophienkirche, wurde, obwohl sie den Feuersturm 1945 – wenn auch als Ruine – überstanden hatte, 1962 gesprengt. Walter Ulbricht wollte es so. Wenige Elemente dieser gotischen Kirche haben sich erhalten und können heute im Stadtmuseum besichtigt werden, die Rekonstruktion der Busmannkapelle am Postplatz verwendet weitere erhaltene Reste. Auch vom Residenzschloss sind nur geringe Reste aus dem Mittelalter erhalten geblieben, unter anderem der um 1450 entstandene Hausmannsturm. In der Umgebung von Dresden kann man jedoch auf dem Land kleinere Kirchen im gotischen Stil besichtigen, beispielsweise in Hosterwitz (die romantische Kirche Maria am Wasser) und in Pillnitz (Weinbergkirche). Um ein gotisches Meisterwerk kennenzulernen, braucht man nur einen Ausflug nach Meißen machen. Der dortige Dom gilt als bedeutendstes Bauwerk des späten 13. Jh. in Sachsen. Darüber hinaus sind große Teile der Albrechtsburg spätgotisch. Und in Pirna hat sich schließlich noch die Stadtkirche St. Marien aus der Zeit der Spätgotik erhalten.

Renaissance (ca. 1530–1650)

Kurwürde und Verlegung der Hauptstadt nach Dresden durch die albertinische Linie der Wettiner waren der Anlass für große Bauvorhaben am neuen

Regierungssitz. Dazu gehörten vor allem der Ausbau des Residenzschlosses, das um das Doppelte vergrößert wurde (u. a. Georgenbau und Stallhof), sowie der Bau des Albertinums und des Jägerhofs. Charakteristisch für den damaligen Außendekor sind die durch italienische Künstler ausgeführten Sgraffiti, wie sie im Schlosshof wiederhergestellt wurden. Das Jagdschloss Moritzburg entstand in seiner ursprünglichen Form ebenfalls in dieser Zeit (1542–1546). Dass sich nach der Jahrhundertwende und während des Dreißigjährigen Krieges baulich wenig tat, kann man gut nachvollziehen, wenn man sich die Liste der kriegerischen Auseinandersetzungen der Zeit ansieht.

Ein Meisterwerk der Renaissance ist heute in der Dreikönigskirche zu bewundern, das über 12 Meter lange Sandsteinrelief des „Dresdner Totentanzes" (um 1535). Der aus der gleichen Zeit stammende Sandsteinaltar der Sophienkirche befindet sich heute in der Loschwitzer Kirche. Etwas später (1560) entstand die Kunstkammer, ursprünglich im Dachgeschoss des Schlosses untergebracht und unter August dem Starken ins Gewölbe des Erdgeschosses verlegt („Grünes Gewölbe"). Die Renaissance-Gemälde deutscher Schule der Galerie Alte Meister (u. a. Cranach, Dürer, Holbein, Grünewald) sind sämtlich nicht in Dresden geschaffen worden.

Frühbarock (ca. 1650–1700)

Vom Glanz des Augusteischen Zeitalters überstrahlt, wird oft übersehen, dass in Dresden bereits vor August dem Starken bedeutende barocke Bauten und Kunstwerke geschaffen wurden. Der Große Garten mit dem Palais sowie den zahlreichen Brunnen und Statuengruppen, die barocke Friedrichstadt als neue Stadtanlage und Schloss Hoflößnitz in Radebeul wurden bereits Jahrzehnte vor Augustus Rex errichtet.

Barock und Rokoko – das Augusteische Zeitalter (ca. 1700–1790)

Die Regierungszeit von Vater und Sohn Friedrich August (August I., „August der Starke", und August II. von Sachsen) gilt als „Augusteisches Zeitalter" Sachsens, wobei die begriffliche Übereinstimmung mit jenem des Alten Rom unter Augustus nicht zufällig ist. Die Bezeichnung verweist auf die Machtentfaltung und die künstlerisch-kulturelle Fülle dieser Zeit. Beide Herrscher waren unermüdliche und keine Kosten scheuende Bauherren, Kunstförderer und Sammler. In ihrer Regierungszeit wurde die Malerakademie gegründet (1705), das Porzellan erfunden (1708) und die Meißner Manufaktur errichtet, außerdem das „Grüne Gewölbe" eingerichtet (1721–1724) und durch Aufkäufe in ganz Europa der größte Teil der

Dresdner Porzellan:
Augusts Hofnarr Gottfried Schmiedel

32   Architektur und Kunst

Sammlungen angelegt, mit denen heute die Gemäldegalerie Alte Meister glänzt. So wurde beispielsweise 1754 in Piacenza die „Sixtinische Madonna" Raffaels erworben.

In Dresden wirkten im 18. Jh. zahlreiche bedeutende Architekten und Künstler aus dem In- und Ausland: der Architekt **Matthäus Daniel Pöppelmann** und der Bildhauer **Balthasar Permoser** schufen gemeinsam das vielleicht bedeutendste Bauwerk der Stadt, den Zwinger (Kronentor ab 1714, Wallpavillon ab 1716), einen repräsentativen, überschwänglich dekorierten und dennoch klar gegliederten Prachtbau, der eigentlich als Hintergrund für eine Fürstenhochzeit errichtet wurde (der Kurprinz Friedrich August heiratete Maria Josepha, Tochter Kaiser Josefs II.). Der Stadtbaumeister **George Bähr** entwarf und leitete den Bau der Frauenkirche (1726–1734), die mit ihrer glockenartigen Kuppel unter den barocken Kirchen einzigartig dasteht. Der Italiener **Gaetano Chiaveri** wurde für den Bau der Hofkirche gerufen (1739–1756). Er brachte römisches Hochbarock mit, das dazu beitragen sollte, den Bau der bürgerlichen Frauenkirche zu übertrumpfen, was nicht wirklich gelang. **Johann Benjamin Thomae**, Schüler und Mitarbeiter Balthasar Permosers, **Johann Christian Kirchner** und **Johann Joachim Kaendler**, bekannter als Porzellanmaler, schufen die Ausgestaltung des Grünen Gewölbes im Residenzschloss. Auf dem Sektor der Porzellankunst machte sich neben Kaendler **Johann Gregorius Höroldt** einen Namen. Der Goldschmied **Johann Melchior Dinglinger** schuf für den Hof unschätzbare wertvolle und absolut funktionslose Pretiosen, die heute im Grünen Gewölbe bewundert werden können.

Das Stadtbild von Dresden veränderte sich umfassend: Neben Zwinger, Hofkirche, Frauenkirche und Grünem Gewölbe entstanden das Johanneum (1722–1730), das Japanische Palais (ab 1727), der Goldene Reiter (1736), das Gewandhaus (1768–1770), der Prunkbau von Schloss Pillnitz (1720–1723), das Coselpalais (1744–1764 in zwei Bauphasen) und viele andere Bauten, darunter in der Umgebung das neu ausgestattete Schloss Moritzburg – ein gemeinsames Werk von Pöppelmann und **Zacharias Longuelune** – und der Barockgarten Großsedlitz. Bereits dem Rokoko verpflichtet ist das Fasanenschlösschen im Moritzburger Park (1769–1782). Die Anlage der Brühlschen Terrasse wurde Mitte des 18. Jh. geschaffen (die Bauten darauf haben sich nicht erhalten), und auch die Augustusbrücke wurde in dieser Zeit neu gebaut und von Matthäus Daniel Pöppelmann künstlerisch gestaltet. Darüber hinaus kam ein ganzer neuer Stadtteil hinzu – die Neustadt. Es ist nicht verwunderlich, dass der Staat am Ende dieser Periode praktisch pleite war.

Klassizismus und Biedermeier   (ca. 1790–1850)

Neustädter Bürgerhäuser und die Bauten eines einzigen Architekten, nämlich Gottfried Sempers, charakterisieren die Phase des Klassizismus und des Biedermeier. Aus der Stilepoche sind in Dresden aber fast keine Denkmäler hinterlassen, da die Bürgerbauten in Alt- und Neustadt 1945 zerstört wurden.

Der gebürtige Hamburger **Gottfried Semper** bekleidete 1834 trotz seines jungen Alters von 31 Jahren bereits das Amt eines Vorstandes der Bauschule und lehrte als Professor für Architektur an der Kunstakademie in Dresden. Seine Baugesinnung stützte sich auf die Ideen des französischen und vor allem des englischen Klassizismus, dessen Vorbilder auf Palladio und ganz allgemein die italienische Renaissance zurückgehen.

Ein Zimmermeister erdachte sich die Kuppel der barocken Frauenkirche

Architektur und Kunst

Charakteristische Bauten der Zeit waren Gottfried Sempers erstes, abgebranntes Opernhaus, die klassizistisch strenge Altstädter Wache („Schinkelwache") nach einem Entwurf des Berliner Architekten Schinkel sowie Gottfried Sempers 1938 zerstörte Synagoge. Etwas später, 1850–1854, aber noch in klassizistischen Formen entstanden die Elbschlösser Albrechtsberg und Villa Stockhausen sowie Schloss Eckberg, 1859–1861. Bereits in die historisierende (in diesem Fall gotische) Formen bevorzugende Gründerzeit weist Gottfried Sempers Cholerabrunnen (1843).

Bedeutender als die damals in und um Dresden herum errichteten Bauten ist Dresdens Beitrag zur Malerei der Romantik, der durch Namen wie Caspar David Friedrich, Carl Gustav Carus und Adrian Ludwig Richter geprägt ist. Der Schweizer Maler **Adrian Zingg,** der 1766 nach Dresden kam, entdeckte zusammen mit dem Portraitmaler **Anton Graff** die Landschaft der Sächsischen Schweiz, in der auch **Caspar David Friedrich,** der seit 1798 in Dresden lebte, seine Sujets fand. Dessen berühmtes „Kreuz im Gebirge" in der Gemäldegalerie Neue Meister im Albertinum gilt als eines der bedeutendsten Werke der deutschen Romantik – die Felsengruppe, auf der das Kreuz des Bildes steht, findet man am Aufstieg zur Kaiserkrone bei Schöna in der südlichen Sächsischen Schweiz. **Carl Gustav Carus,** Leibarzt der königlichen Familie, war ein Freund Friedrichs und schuf als Maler bedeutende Landschaftsbilder, die aber vom Ruhm des Freundes überstrahlt wurden und werden. **Adrian Ludwig Richter** wurde 1803 in der Friedrichstadt geboren, seine Werke wie die „Überfahrt am Schreckenstein" (ebenfalls in der Gemäldegalerie Neue Meister) sind der Idee einer idealisierenden Romantik verpflichtet, die uns heute oft ziemlich süßlich vorkommt.

Gründerzeit (ca. 1850–1910)

Im rasch wachsenden Dresden der zweiten Jahrhunderthälfte wurden vor allem Wohnhäuser und Villen gebaut, wobei auch die Mietshäuser nicht ohne

Leitbau des Dresdner Jugendstils: Krematorium auf dem Johannisfriedhof

Schmuck waren, wie die Treppenhäuser in vielen Häusern der Johannstadt und Striesens beweisen. Stilistisch hatte man freie Hand, Neorenaissance und später Neobarock bildeten die Hauptstile in Dresden. Die Neogotik hatte dagegen weniger Chancen in der vom Barock bestimmten Stadt. Ganze Viertel entstanden in dieser Zeit des wirtschaftlichen Aufschwungs: die gesamte Äußere Neustadt, das Kasernenviertel der Albertstadt, aber auch Villenviertel wie Blasewitz, Loschwitz und Wilder Mann. Keine Stilrichtung wurde bei den Villen der späten Gründerzeit ausgelassen. Es wurden klassizistische Bauten im Tempel-Look sowie gotische oder im Tudorstil gestaltete Burgen errichtet, selbst maurische Elemente fehlten nicht. An besonders markanten Bauwerken der Zeit sind zu erwähnen: die zweite Semperoper (in der heutigen perfekt rekonstruiert), der Semperbau des Zwingers für die Gemäldegalerie Alte Meister, das Ständehaus (1901–1906), das Neue Rathaus (1905–1910), die Freitreppe zur Brühlschen Terrasse (1868), die Sekundogenitur (1896/97) sowie die Hochschule für Bildende Künste (1885–1894). Außerdem entstanden die Denkmäler für König Johann (Theaterplatz), Martin Luther und Friedrich August II. (beide Neumarkt).

Jugendstil (ca. 1910–1920)

Die kurze Phase des Jugendstils ist in Dresden nur in wenigen Bauten erhalten, vor allem im Krematorium auf dem Johannisfriedhof in Tolkewitz, in der „Tabakmoschee" Yenidze, der Christuskirche in Strehlen sowie bei einigen Villen in Loschwitz und Striesen. Die Ausmalung der Decke der großen Halle des Bahnhofs Neustadt ist ein besonders prächtiges Beispiel für die Malerei des Jugendstils in Dresden. Und auch die Ausmalung der Kuppel im Treppenhaus des Neuen Rathauses ist dem Jugendstil verpflichtet.

Die Hellerau: eine „Gartenstadt" nach englischem Vorbild

Moderne (ca. 1910 bis heute)

Die Christuskirche in Strehlen (ab 1897) ist nicht nur ein deutlich vom Jugendstil geprägter Bau, sie ist auch in ihrer Formenvereinfachung einer der ersten modernen Bauten in Dresden. Der Erlweinspeicher an der Elbe wurde 1912 als Stahlbaukonstruktion errichtet, damals eine gänzlich neue Technik. In der Hellerau entstanden eine Gartenstadt nach englischem Vorbild und ein sehr früher konstruktivistischer Bau, das Festspielhaus (1910–1912). Bis 1945 folgten nur wenige andere wichtige Bauwerke, darunter vor allem das 1930 fertiggestellte Deutsche Hygiene-Museum und das von den Nazis zerstörte Kugelhaus. Darüber hinaus wurden von den Nationalsozialisten zwischen 1933 und 1945 trotz Verteufelung des Bauhausstils durchaus moderne Bauten geschaffen wie das heute stillgelegte Flughafengebäude in Klotzsche

Architektur und Kunst

oder die Ernemann-Werke der Firma Zeiss-Ikon, heute Technische Sammlungen. Die Kontinuität darf nicht verwundern: Wilhelm Kreis, Architekt des Hygiene-Museums, wurde von den Nazis zunächst kaltgestellt, dann aber für große Pläne nach Berlin gerufen.

Bedeutender als sein Beitrag zur Architektur der Moderne ist Dresdens Beitrag zur Malerei, der vor allem durch die Künstlergemeinschaft **Die Brücke** geprägt wird. Die 1905 gegründete Vereinigung, der Maler wie Erich Heckel, Karl Schmidt-Rottluff und Ernst Ludwig Kirchner angehörten, hatte ihren Sitz bis 1911 in Dresden und begründete den Expressionismus in Deutschland. Die Werke dieser Maler, durch Zerstörung und den Verkauf ins Ausland während des „Dritten Reiches" stark beeinträchtigt, sind in einigen besonders guten Beispielen in der Gemäldegalerie Neue Meister im Albertinum zu sehen.

Bedeutende Vertreter der Neuen Sachlichkeit in Dresden waren Otto Dix, Wilhelm Lachnit und Curt Querner; zeitweise lebte und arbeitete damals in Dresden auch Oskar Kokoschka.

Zu Zeiten der DDR wurden einige Bauvorhaben umgesetzt, die ebenfalls eine moderne Formensprache aufweisen, so u. a. der Kulturpalast. Die Zukunft dieses kühl-funktionalistischen Stahlbetonbaus, dessen großes Mosaik an der Seite im typischen Stil des sozialistischen Realismus den „Weg der Roten Fahne" illustriert, ist inzwischen gesichert. Viele andere Bauwerke wie das Lenin-Denkmal auf der Prager Straße, aber auch künstlerisch wertvolle Denkmäler wurden nach 1989 aus dem Stadtbild entfernt. Nach der Wende hat sich die Stadt mit einigen interessanten Neubauten geschmückt, wirklich Sensationelles ist nicht darunter: Gläserne Manufaktur, Altmarkt und Centrum-Galerie, World Trade Center (WTC) und Sächsischer Landtag sind qualitätsvolle moderne Durchschnittsarchitektur, mehr nicht. Eine Ausnahme bilden vielleicht die Universitätsbibliothek mit ihrem tief unter die Erdoberfläche versenkten und dennoch hellen Lesesaal und die Rekonstruktion des Hauptbahnhofes durch Sir Norman Foster. Beide sind gelungene Beispiele für die Verbindung von Funktionalität und kühler Ästhetik.

Sozialistischer Realismus: „Weg der Roten Fahne" am Kulturpalast

Hauptbahnhof mit Zentralkuppel

Ankommen in Dresden

Dresden ist leicht zu erreichen. Ein Autobahnstern verbindet die Stadt in alle Richtungen, die Bahnhöfe sind Station für einige Fern- sowie zahlreiche Nahverkehrszüge, der Dresdner Flughafen verbindet mit den wichtigsten deutschen und einigen ausländischen Hubs, und neuerdings wird es auch von unzähligen Fernbussen angesteuert.

Ein gut ausgebautes Autobahnnetz verbindet Dresden mit allen deutschen Metropolen, außerdem mit Prag und führt über die polnische Grenze nach Breslau. ICE- und EC-Züge haben die meisten mitteleuropäischen Großstädte näher gebracht – nicht ausreichend, wie in Dresden geklagt wird. Der Flughafen hat eine neue Landebahn verpasst bekommen, weil die alte für den wachsenden Flugverkehr nicht mehr ausreiche. Ach ja, und auf dem Elberadweg geht's von Cuxhaven oder Prag ebenfalls nach Dresden und gemütlicher noch dazu.

Mit der Bahn

Auch wenn der Dresdner Hauptbahnhof in den letzten Jahren schick renoviert wurde und mittlerweile mehr einem Shoppingcenter mit großzügigen Öffnungszeiten ähnelt: Die Deutsche Bahn hat Dresden, wie es vor Ort treffend heißt, „abgehängt". Gerade Berlin, Leipzig, Frankfurt und Köln werden noch direkt erreicht. Auf allen anderen Strecken muss man entweder in Leipzig umsteigen oder einen Regionalzug benutzen (RE von Hof über Chemnitz).

Auskünfte/Fahrkarten: Die kaum zu überblickenden und einander oft ausschließenden Angebote der Bahn findet man eher im Internet als bei einer Beratung am Schalter. Ein Tipp: Erste-Klasse-Angebote mit Sparpreis 50 % gibt es für zwei Personen zu erstaunlich niedrigen Preisen – oft unter dem Zweite-Klasse-Preis für eine Person. Warum das so ist? Keine Ahnung. Da wenige dies wissen, bleiben sie oft länger

Ankommen in Dresden

im Angebot als das Zweite-Klasse-Kontingent, das rasch vergriffen ist, www.bahn.de oder ℡ 01806-996633 (0,20 €/Min.). Speziell für Sachsen kann auf www.bahn.de/sachsen ein Fahrplan heruntergeladen werden.

Mitfahrbörsen für Bahnfahrer gibt es z. B. auf www.mitbahnen.de, dabei werden die günstigen Gruppentarife genutzt.

Fahrradmitnahme: Im ICE darf weiterhin kein Fahrrad befördert werden – auch nicht verpackt. In IC- und EC-Zügen ist die Mitnahme meist nach Anmeldung möglich, in Regionalzügen, also auch im RE Hof – Dresden, generell ohne – dafür wird's oft sehr eng. Infos ebenfalls unter ℡ 01806-996633 (0,20 €/Min.). Weitaus einfacher ist die Fahrradmitnahme mittlerweile mit dem Fernbus (s. u.).

Bahnhöfe: Dresden hat zwei große Stationen, den Hauptbahnhof südlich der Altstadt und den Neustädter Bahnhof in der Neustadt. Fast alle Züge halten an beiden Bahnhöfen. Wer über Berlin und/oder Leipzig anreist, erreicht zuerst den Neustädter Bahnhof. Züge von Chemnitz und Nürnberg enden, ohne den Neustädter Bahnhof zu berühren, am Hauptbahnhof. Züge aus Richtung Prag erreichen zuerst den Hauptbahnhof, dann den Neustädter Bahnhof.

Eine sehr gute Anbindung an den Stadtverkehr hat man von beiden Bahnhöfen.

Mit dem Fernbus

Durch die Liberalisierung des Fernverkehrs im Inland schossen in den letzten Jahren Fernbuslinien aus dem Boden und erzielten exorbitante Fahrgastraten. Auch wenn viele Unternehmen und die Dumpingpreise wieder verschwunden sind, sind die Busse durch das dichte Liniennetz eine ernsthafte Konkurrenz zur Bahn geworden und gerade für eine Reise nach Dresden oft der bessere Tipp für günstiges und umweltfreundliches Reisen. Die aktuelle Situation weiß die Suchmaschine www.busliniensuche.de.

Richtig super: Pro Person werden zwei große Koffer vom Fahrer einfach in den Bauch des Fahrzeugs geschoben, das Fahrrad wird – zwar nach vorheriger Buchung, aber ohne dass es zerlegt oder verpackt werden müsste – auf den Gepäckträger gehoben und festgezurrt, und überdies ist das Fahrzeug mit Toilette und Gratis-WLAN ausgestattet.

Günstig und beliebt: die Dresden-Anreise mit dem Fernbus

Haltepunkte

Bayerische Straße (das ist die Südseite des Dresdner Hauptbahnhofs, vor dem Haupteingang links) sowie hinterm Bahnhof Dresden-Neustadt in der Hansastraße.

Die wichtigsten Unternehmen

MeinFernbus Flixbus: Das fusionierte Unternehmen ist einer der wichtigsten Anbieter für Busfahrten nach Dresden und fährt – mit Zwischenstopps – in Richtung Amsterdam, Hamburg, Berlin, München, Köln, Wien und Zürich. Information und Tickets unter http://meinfernbus.de sowie an vielen Verkaufsstellen und Reisebüros. Kundenservice ☎ 01805-159915 (rund um die Uhr, 0,14 €/Min.).

Postbus: Die etwas großzügigeren (mehr Beinfreiheit!) und teureren gelben Busse fahren von den größeren Städten mit Zwischenstopps Dresden an: u. a. direkt von Düsseldorf, Berlin, Bremen, Dortmund, Essen, Frankfurt, Hamburg, Karlsruhe, Kassel, Köln, München, Nürnberg, Stuttgart und Wien. Verkaufsstellen Tickets online auf www.postbus.de, per Telefon unter ☎ 01806-972797 (0,20 €/Min.), in über 5000 Postfilialen und allen Postbankfilialen der angefahrenen Städte, in allen Geschäftsstellen des ADAC sowie beim Fahrer.

Berlinlinienbus.de: fährt häufig von und nach Berlin sowie Hamburg, Hannover, Bremen und Braunschweig. Aber auch Wien ist von Dresden aus gut und sehr günstig erreichbar. Information und Tickets unter www.berlinlinienbus.de sowie an vielen Verkaufsstellen und Reisebüros.

Mit dem Flugzeug

Der Flughafen „Dresden International" (Code DRS) hat 2007 eine verlängerte und modernisierte Start- und Landebahn erhalten. Ein klares Zeichen für die wachsende Bedeutung dieses Flugzieles, das allerdings etwas im Schatten des nahen Flughafens Leipzig-Halle steht. Mit regelmäßigen Linienflügen von und nach Düsseldorf, Köln-Bonn, Frankfurt, Hamburg, Stuttgart, München, Basel, Zürich und Moskau, Charterverbindungen in Urlaubsgebiete so-

wie guten und kurzen Verbindungen in die Stadt – 9 km vom Stadtzentrum, S-Bahn bis in den Flughafen – kann aber Dresden fast alle Wünsche erfüllen.

Nach Dresden fliegen derzeit u. a. die Linienfluggesellschaften Lufthansa, Germanwings, Air Berlin, Easyjet Switzerland, Austrian Airlines und Swiss.

Flughafentransfer

Die **S 2** fährt im Halbstundentakt ab/nach Dresden Neustadt (12 Min.; hier mit der S 1 weiter nach Radebeul) und Dresden Hbf. (20 Min.) sowie weiter nach Pirna (45–50 Min.). Einzelticket jeweils 2,20 €, am Automaten sowie der Flughafen-Information (weitere Tickets im städtischen Nahverkehr → S. 42).

An- und Abfahrt mit dem **Pkw** über die A-4-Abfahrt Dresden-Flughafen bzw. in die Stadt auf der B 97 (ca. 20 Min.). Am Flughafen gibt es auf der Ankunftsebene die Schalter aller namhaften Autoverleiher; die Wagen werden im Parkhaus auf der Ebene 0 abgeholt.

Taxi (vor den Terminals) zwischen Flughafen und Innenstadt ca. 20 €.

Information

www.dresden-airport.de, Info ☎ 0351-8813360 (tgl. 7–23 Uhr), MDR-Videotext-Tafeln ab Seite 720.

Mit dem eigenen Fahrzeug

Von Westen und aus dem Süden kommend, gelangt man auf der A 4 über Erfurt und Chemnitz nach Dresden. Sie quert das Stadtgebiet im Norden und führt über Bautzen und Görlitz nach Breslau. Von Nordwesten aus fährt man auf der A 14 von Magdeburg über Halle und Leipzig und trifft kurz vor Dresden beim Autobahndreieck Nossen auf die A 4. Die Nord-Süd-Verbindung von Berlin erreicht Dresden über die A 13 und führt im Westbogen über das Dreieck Nossen weiter nach Prag auf der A 17.

An der S-Bahn-Trasse beim Bahnhof Dresden Mitte

Unterwegs in Dresden

Dresden hat ein ausgezeichnetes öffentliches Nahverkehrssystem, was sogar die Dresdner selbst zugeben, wie Umfragen zeigen. Bahn und Straßenbahn erschließen die Stadt und fast alle für Besucher interessanten Ziele. Mit Bahn und/oder Bus erreicht man zudem rasch und bequem Nachbarorte wie Radebeul, Pirna und Meißen sowie die Sächsische Schweiz.

Das Auto, mit dem man vielleicht angereist ist, braucht man in Dresden nicht. Zum einen liegen die zentralen Sehenswürdigkeiten sehr eng beieinander und man ist zu Fuß viel besser unterwegs. Zum anderen sind die etwas außerhalb liegenden Sehenswürdigkeiten wie die Schlösser Pillnitz und Moritzburg sehr gut durch öffentliche Verkehrsmittel mit der Stadtmitte verbunden. Besonders zu Stoßzeiten ist im gesamten Dresdner Stadtgebiet mit Stop-and-go-Verkehr zu rechnen. Nur wer sich für ein außerhalb der eigentlichen Stadt liegendes Hotel abseits der Straßenbahnlinien entschieden hat, benötigt vielleicht ein Auto – oder leiht sich einen Motorroller?

Mit Bahn, Bus und Straßenbahn

Dresdens öffentlicher Nahverkehr ist im **VVO (Verkehrsverbund Oberelbe)** zusammengefasst. Partnerbetriebe sind die Deutsche Bahn (DB), der Regionalverkehr Dresden (RVD) und mehrere weitere regionale Unternehmen. Der Bereich der eigentlichen Stadt wird von den DVB (Dresdner Verkehrsbetriebe) verwaltet. Auf allen Verkehrsmitteln und Linien des Verbunds, der weit über Kern-Dresden hinausgeht und noch so weit entfernte Orte wie Kamenz, Pirna, Bad Schandau, Altenberg, Meißen und Riesa umfasst, gelten ausschließlich

Karten des VVO. Das betrifft u. a. auch die Elbfähren (mit wenigen privaten Ausnahmen, wie die sehr lukrative Fähre über die Elbe in Bad Schandau). Wer in diesem Raum mit der DB fährt, muss (es sei denn, er nutzt ausschließlich IC, EC oder ICE, wofür aber nur die Bahnstrecke Dresden – Bad Schandau in Frage kommt) ebenfalls VVO-Karten erwerben, die Ermäßigungen der DB oder Bahncards gelten nicht! Tickets gibt es bei den Servicestellen (s. u.), vor allem aber am Automaten, der an allen Bahnhöfen sowie vielen Straßenbahnhaltestellen zu finden ist und sogar in den meisten Straßenbahngarnituren selbst.

Das Netz

Die innerstädtischen Knoten sind vor allem Hauptbahnhof und Postplatz, in zweiter Reihe Pirnaischer Platz, Straßburger Platz, Bahnhof Neustadt und Albertplatz. Wer in Dresden aus der Bahn steigt, wird dies entweder am Bahnhof Neustadt oder am Hauptbahnhof tun, wobei der Hauptbahnhof von mehreren **Straßenbahnlinien** bedient wird (nur die Linien 1, 2 und 4 verwenden die Achse Postplatz – Pirnaischer Platz). Sternförmig wird Dresden von Straßenbahnlinien erschlossen (die letzte alte „Tatra"-Garnitur fuhr übrigens im Frühjahr 2010 in die Altersrente): die Neustadt, Radebeul und der gesamte Bereich rechts der Elbe durch die Linien 3, 4, 7, 8, 9, 11 und 13, der Südwesten ab der Altstadt durch die Linien 1, 2, 3, 6, 7, 10 und 12, der Südosten ab der Altstadt und Neustadt durch die Linien 1, 2, 4, 6, 9, 10, 12 und 13.

Drei **S-Bahnen** und mehrere Regionalzüge verbinden Dresden mit seinem Umland. So fährt die S 1 von Meißen – der neue S-Bahnhof Altstadt ist ideal für Besucher – über Neustädter Bahnhof und Hauptbahnhof nach Schöna (an der tschechischen Grenze in der Sächsischen Schweiz), gleichfalls über Neustädter Bahnhof und Hauptbahnhof verkehrt die S 2 zwischen dem Flughafen und Pirna, schließlich verbindet die S 3 noch den Hauptbahnhof mit Freiberg (über DD-Plauen, Freital und Tharandt).

Für das **Busnetz** hat man als Besucher der Stadt wenig Bedarf, die Ausnahmen sind Pillnitz und Moritzburg (dazu jeweils dort). Für Nachtschwärmer sind natürlich die **Nachtbusse** von Interesse, die bis 4 Uhr früh verkehren und ab Mitternacht garantierte Umsteigepunkte aufweisen, sodass man auch um drei Uhr früh ohne lange Wartezeiten rasch von der Bar in der Neustadt zum Quartier in Striesen gelangt: Pläne bei den DVB/VVO-Stellen und an allen betroffenen Haltestellen, Online-Information auf www.vvo-online.de bzw. für Smartphone-Benutzer auf www.vvo-mobil.de (gleich mit Handyticket-Option).

Tarife

Das VVO-Gebiet ist in Zonen aufgeteilt, wobei die innerste Zone **Tarifzone Dresden 10** dem Stadtgebiet von Dresden entspricht. Fast alle Sehenswürdigkeiten befinden sich in dieser Zone,

Der Dresdner Nahverkehr ist spitze

selbst Schloss Pillnitz. Nur Radebeul und Moritzburg liegen außerhalb. Wer sich ausschließlich in diesem Raum bewegen will, muss also eine Fahrkarte für **eine Tarifzone** lösen.

Es gibt Einzelfahrscheine, Mehrfahrtenscheine, Tageskarten und Zeitkarten (Wochen-, Monats-, Jahreskarten). Der Einzelfahrschein für eine Tarifzone kostet 2,20 € (6–14 Jahre 1,50 €), für 2 Zonen 4 € (2,80 €), für den Verbundraum 8 € (5,60 €). 4er-Karten in einer Tarifzone sind für 8 € (5,20 €) zu haben, es gibt auch 4er-Kurzstreckenkarten (4 Haltestellen) zu 5,50 €.

> ### Ticket-Tipps!
> Besonders sinnvoll für Besucher der Stadt sind die **Tageskarten**. Sie gelten bis 4 Uhr des Folgetages und kosten z. B. für eine Tarifzone 6 € (6–14 Jahre sowie ab 60 Jahren 5 €), für den gesamten Verbundraum 13,50 € (11,50 €). **Familien-Tageskarten** (bis 6 Personen, davon max. 2 Personen über 14 Jahre) gibt es für eine Tarifzone zu 9 €, für den Verbundraum zu 19 €. Wer zu mehrt unterwegs ist, greift am besten zur Kleingruppenkarte (bis zu 5 Erwachsene); für eine Tarifzone 15 €, für den Verbundraum 28 €. Der Ausflug in die Sächsische Schweiz ist damit recht preiswert! Die touristischen 1- bis 3-Tages-Fahrkarten der Dresden Information – Dresden City Card für die Stadt und Dresden Regio Card – können da preislich nicht wirklich mithalten (→ Wissenswertes von A bis Z/Kombitickets).

Die verschiedenen Fahrscheine gibt es am VVO-Automaten (an den roten Automaten in den Bahnhöfen, die DB- und VVO-Tickets versprechen, gibt es nicht alle Arten von VVO-Tickets!) und auch in den modernen Straßenbahngarnituren (Zahlung in der Straßenbahn

nur mit Münzen von 5 Cent bis 2 Euro). In den Bussen kann man die Fahrkarte auch beim Fahrer kaufen. Das Ticket muss vor Antritt der Fahrt bzw. sofort im Wagen entwertet werden, sonst zahlt man (häufige Kontrollen!) saftige Strafen.

Bequem ist der Service für Handy-Nutzer, die sich ein **Handyticket** auf ihr Handy schicken lassen können. Nach einer Erstregistrierung auf https://mobil.handyticket.de (mit guter Bedienerführung) kann man dann bequem und noch unmittelbar vor der Fahrt die Fahrkarte für sich oder die mitfahrende Familie bestellen.

Hunde- und Fahrradmitnahme: Für beide „Gepäckstücke" löst man die sogenannte Fahrradtageskarte; für eine Tarifzone zu 2 €, darüber hinaus 3 €. Wer eine Monats- oder Jahreskarte besitzt (was auf Touristen normalerweise nicht zutrifft), zahlt nichts extra.

Infos zum DVB: Servicestellen in Dresden u. a. vorm Hauptbahnhof (auch So 9–18 Uhr), am Albertplatz, Pirnaischen Platz und an der Prager Straße. Am Postplatz 1 (an der Wilsdruffer Straße) liegt das Kundenzentrum; alle ✆ 0351-8571011, www.dvb.de.

VVO Mobilitätszentrale: Elbcenter 2, Leipziger Str. 120; Information im Internet unter www.vvo-online.de, Info-Hotline ✆ 01802-2662266.

Infos der DB im Verbundraum: im Hauptbahnhof und im Bahnhof Neustadt, beide auch sonntags geöffnet; ✆ 01806-996633 (0,20 €/Min.), www.bahn.de/kontakt.

Pläne und Broschüren: Die detaillierte Übersicht „Liniennetz", eine Broschüre zu den Tarifen „VVO-Tarif im Detail" sowie einen Taschenfaltplan „Dresdner Linien" für die Kernstadt (und damit für alle touristischen Ziele) gibt es gratis in den Bahnhöfen, DVB-Kundenbüros und bei der Dresden Information.

Mit dem eigenen Fahrzeug

Wie schon eingangs bemerkt: Ein Auto braucht man für Dresden nicht, und auch die Sehenswürdigkeiten der Umgebung besucht man besser stressarm mit den öffentlichen Verkehrsmitteln. Wer dennoch mit dem Auto oder Motorrad unterwegs ist, wird besonders an den Elbbrücken mit Staus konfrontiert und im Altstadtbereich in den Tiefgaragen gehörig zur Kasse gebeten.

Es gibt mittlerweile einschließlich der umstrittenen Waldschlösschenbrücke fünf Elbbrücken zwischen Alt- und Neustadt. Die Elbbrücke Blaues Wunder im Osten der Stadt zwischen Blasewitz und Loschwitz bietet elbaufwärts wieder einen Übergang, ihr Zustand ist jedoch bedenklich, über Schließung, Reparatur und Alternativen wird diskutiert. Elbabwärts kommen nur die Autobahnbrücke (A 4), die neue Straßenbrücke bei Niederwartha und dann wieder die Elbbrücke in Meißen in Frage. Die Autofähre zwischen Kleinzschachwitz und Pillnitz ist eine weitere Möglichkeit, die Elbe zu überqueren.

Im Internet gibt es unter www.dresden.de einen ausdruckbaren Themenstadtplan, bei dem man sich auch die (behindertengerechten) **Parkmöglichkeiten** anzeigen lassen kann. In der Dresdner Innenstadt lotst einen das hervorragende **dynamische Parkleitsystem** zur nächsten Parkmöglichkeit. Legal gratis parken ist aber in der Alt- und Neustadt praktisch unmöglich. Vielleicht doch mit den Öffentlichen?

Mit dem Taxi

Funktaxi Dresden hat den Ruf ☎ 211211. Taxistände befinden sich u. a. am Hauptbahnhof, am Bahnhof Neustadt, auf dem Theaterplatz (wenn nach Vorstellungsende wieder mal kein Taxi wartet, steht sicher eins vor dem Hotel im Taschenbergpalais), auf Postplatz und Altmarkt, am Albertplatz, Ecke Bautzner Straße/Alaunstraße.

Mit dem Velotaxi

Velotaxis sind amüsant, und wenn man einen gut informierten Fahrer (z. B. ei-

nen Studenten, der in den Semesterferien jobbt) erwischt, hat man von so einem gemütlichen Durch-die-Stadt-Zockeln mehr als von jeder offiziellen Stadtrundfahrt. Mehrere Anbieter, z. B. www.rikschataxi-dresden.de.

Mit dem Fahrrad

Dresden ist keine ideale Fahrradstadt. Die Fahrradwege sind bruchstückhaft, fast überall verlaufen selbst als ausgewiesenen Fahrradwegen Fahrradspur und Fußgängerbereich gemeinsam, kritische Stellen sind nicht gekennzeichnet, Masten stehen mitten auf Fahrradspuren, und die Dresdner Radler fahren, um das Maß voll zu machen, wirklich sehr risikofreudig.

Trotz dieser Vorbehalte ist das Fahrradfahren in Dresden sinnvoll, denn besonders in der Altstadt sowie zwischen Alt- und Neustadt, also im historischen Teil, kommt man einfach mit dem Rad am schnellsten von A nach B. Der Elberadweg ist auf Dresdner Boden linksseitig (also auf der Altstadtseite) komplett und durchgehend ausgebaut, rechtsseitig fehlen Teilstücke beim Blauen Wunder.

Stadtplan für Radfahrer: Der Fahrrad-Stadtplan Dresden 1:20.000 ist zum Preis von 5 € in Buchhandlungen zu erwerben, der Infoteil wurde von der Dresdner Ortsgruppe des ADFC (Allgemeiner Deutscher Fahrrad-Club) betreut.

Elberadweg Handbuch: Die kostenlose Broschüre für (nicht nur) den Dresden-Teil, Bestellung beim Tourismusverband Sächsische Schweiz, ☎ 03501-470141 oder unter www.elberadweg.de/prospekte-service.

ADFC Sachsen in Dresden: Bischofsweg 38, 01099 Dresden, ☎ 5013915, www.adfc-sachsen.de und www.adfc-dresden.de. Büro geöffnet Mo 10–15, Mi 15–19 Uhr.

Leihfahrräder: 3 Standorte (Hauptbahnhof, Altstadt und Elberadweg/Neustadt) unterhält die MietStation. Ab 6 €/Tag bzw. 29 €/Woche; auch Elekroräder ab 19 €. ☎ 0175-4448386, www.mietstation-dresden.de. Die mit Abstand meisten Standorte unterhält sz-bike, eine Kooperation von „Sächsische Zeitung", DVB sowie dem

44   Unterwegs in Dresden

überregionalen Anbieter nextbike. Besonders ideal: In einem definierten Innenstadtbereich kann man das Rad auch an x-beliebigen, einsehbaren Kreuzungen abstellen. Auch der Preis ist gut: 1 €/30 Min., max. 9 €/Tag; im Monatsabo (übertragbar für andere Städte) geht's sogar noch billiger. Die Anmeldung funktioniert über die nextbike-Hotline (030-69205046) oder die nextbike-App oder – falls man eine Kundenkarte besitzt – den Bordcomputer.

Stadtrundfahrten, Stadtführungen

Der Platzhirsch unter den Stadtführern ist das Unternehmen **Stadtrundfahrt Dresden** mit seinen roten Doppeldeckerbussen (es gibt auch kleinere und gelbe DVB-Busse), die alle wichtigen Sehenswürdigkeiten samt Weißem Hirsch, Blauem Wunder, Pillnitz und Großem Garten auf einer Rundtour mit 22 Haltestellen verbinden. Für den Pauschalpreis von 20 € kann einen Tag lang beliebig oft ein- und ausgestiegen werden, von April bis Oktober zwischen 9.30 und 17 Uhr mit viertel- bis halbstündlichen Abfahrten, den Rest des Jahres über von 10 bis 15 Uhr mit halbstündlichen Abfahrten (dann kann es schon mal sein, dass sich das Ticket nicht rentiert). Verschiedene Kombinationen sind gegen Aufpreis möglich (Führung durch die Semperoper, Schifffahrt etc.). Im Normalpreisticket sind Zwingerführung, Führung Fürstenzug, Führung rund um die Frauenkirche, Schlossparkführung Pillnitz und (im Sommer um 21 oder 22 Uhr) die Führung „Dresdner Nachtwächter" inbegriffen.

Stadtrundfahrt Dresden GmbH, 8995650, www.stadtrundfahrt.com. Tickets am Startpunkt am Theaterplatz nahe der Augustusbrücke, direkt im Bus, in den Dresdner Hotels oder online (s. o.).

Mehrere Unternehmen bieten **Stadtrundgänge,** die üblicherweise die engere historische Altstadt umfassen und etwa 1:30 bis 2 Stunden dauern. Im Gegensatz zur Busrundfahrt hat man dabei die Chance, auch mal eine Frage zu stellen, und im besten Fall wird der jeweilige Rundgang sogar auf die persönlichen Interessen des Dresden-Besuchers abgestimmt (wer spezielle Interessen

Für Müller-Leser fast zu bequem ...

hat, sollte immer vorbuchen). Wer Barock-Staffage mag, kann beispielsweise an einer inszenierten Kostümführung teilnehmen (u. a. August der Starke höchstpersönlich). Und seit Neustem kann man sich quer durch die Innenstadt oder die Äußere Neustadt futtern – schließlich geht auch die Liebe zu Dresden durch den Magen.

Klassische Stadtrundgänge der Dresden Information: Die 1- bis 2-stündigen Führungen der Touristeninformation sind immer eine gute Wahl. Max. 15 Pers., 10–12 €, Treffpunkt bei Dresden Information im Untergeschoss der QF-Passage gegenüber der Frauenkirche; Tickets dort oder online auf www.dresden-information.de.

Historischer Stadtrundgang durch Elbflorenz: 1:30 Std., ab Schloss, 3 x tgl., 10 €, mit Semperoper nur 12.15 Uhr, mind. 2:30 Std., 22 €. ☎ 2526158, ☎ 0172-7935566, www.dresden-stadtrundgang.de.

Igeltour Dresden, ein seit der Wende arbeitendes Unternehmen, bietet einen klassischen Stadtrundgang inkl. Synagoge, eine Tour um die Frauenkirche, Literaturtouren (z. B. zu Kästner oder dem Roman „Der Turm") sowie Rundgänge in den (äußeren) Stadtteilen und im nahen Weinland, ca. 8–10 €, Löwenstr. 11 (Eingang Bautzner Str. 46 b), ☎ 8044557, www.igeltour-dresden.de.

Trabi-Safari: Großen Zuspruch findet die Fahrt „mit der Teigschüssel durchs Barock", wie es der Wiener „Standard" ausdrückte, gemeint ist eine selbst gesteuerte Fahrt im Konvoi mit dem Trabi durch Dresden. Eine gewisse Eingewöhnungszeit ist nötig, dann rattert man stilecht durch die Straßen (60 € für 1 Pers., 136 € für 4). Buchung nötig, Start an der TrabiWorld, Bremer Str. 35. ☎ 82120143, www.trabi-safari.de.

Auch ganz nett: Geführte Touren mit dem **Segway** bietet **S&V-Mobility,** Buchung unter ☎ 7957699, www.dresden-roller.de, 2 Std. (inkl. 20 Min. Einweisung) 60 €/Pers., Treffpunkt beim „Fun-Park Dresden", Leipziger Str. 27, Straba 4, 9 Alter Schlachthof. Alternativ **Segway Tour Dresden,** Buchung ☎ 4867171 oder online auf www.seg-tour-dresden.de, 3 Std. (inkl. 20 Min. Einweisung) 75 €/Pers., Treffpunkt vor dem Hotel Pullmann, Prager Straße.

»› Tipp: Eat the World Dresden: Die 3-stündigen Führungen durch den Bauch von Dresden gibt es als Altstadt- und Neustadttour, mit 7 Kostproben (die in der Summe durchaus satt machen), durch das gemeinsame Essen ein besonderer Tipp für Einzelreisende. Sehr lockerer Ton. Buchung ☎ 84725468 oder online auf www.eat-the-world.com/dresden.html. **«‹**

Dass Sie das Buch, in dem Sie gerade lesen, auch als **App für Smartphone & Co.** erwerben können, um dann ganz locker durch die Stadt zu spazieren, ist Ihnen doch bekannt? Mehr unter dem Menüpunkt „Apps" auf www.michaelmueller-verlag.de.

Mit den Schiffen der „Sächsischen Dampfschiffahrt"

Die „älteste und größte Raddampferflotte der Welt" geht auf das Jahr 1836 zurück. Heute sind dreizehn Schiffe der „Sächsischen Dampfschiffahrt" (sorry, nur 2 „f") zwischen Meißen und Dečin unterwegs, neun davon sind restaurierte Raddampfer, das älteste, die „Stadt Wehlen" wurde 1879 gebaut. Besonders die beliebteste Strecke zwischen Pillnitz und der Anlegestelle Terrassenufer bei der Augustusbrücke ist an Sommertagen durch zahlreiche Touristengruppen oft stark frequentiert und überfüllt. Selbst im Niedrigwasser-Jahr 2014 wurden 670.000 Menschen transportiert! Es empfiehlt sich, ein Ticket für ein bestimmtes Schiff im Voraus zu buchen, um der Enttäuschung vorzubeugen, dann doch mit dem Bus zurückfahren zu müssen. Die meisten Schiffe (acht) verkehren im Sommerfahrplan (meist Mai bis Okt.) zwischen Dresden Terrassenufer und Pillnitz. Nach Königstein fahren etwa vier, bis Bad Schandau drei Schiffe pro Tag (eines davon ab Pirna). Auch Rundfahrten zu 1:30 und 3 Std. werden angeboten, sie starten alle am Dresdner Terrassenufer (tagsüber 1:30 Std., als Abendtour 2:30 Std.). Nach Meißen verkehren zwei

Schiffe, weiter nach Diesbar-Seußlitz ein Schiff täglich. Wahnsinnig beliebt sind mittlerweile die Fahrten mit Musik (von Dixieland über Piano bis Depeche-Mode- oder Helene-Fischer-Party). Im Winter sind Fahrten bis Pillnitz und kurze Rundfahrten zum Blauen Wunder im Programm, im Advent und zu Silvester gibt es bei ausreichendem Wasserstand Sonderfahrten.

Information und Ticketverkauf: Sächsische Dampfschiffahrt, Hertha-Lindner-Str. 10, ✆ 866090, www.saechsische-dampfschiffahrt.de (Online-Buchung möglich). Außerdem Kiosk mit Kartenverkauf am Terrassenufer und an den Anlegestellen.

Preise: Das Familientagesticket (2 Erwachsene und 1–5 Kinder unter 14 Jahren) kostet 40 €, die kürzeste Strecke kommt im Linienverkehr auf 7,50 €; Dresden Terrassenufer – Pillnitz einfach 15 €, hin/zurück 20 €; Dresden Terrassenufer – Bad Schandau einfach 20 €, hin/zurück 25 €.

Besonders empfehlenswert ist das **Kombiticket** für Bus, Bahn und Dampfer, das den gesamten Bereich von VVO und SDS einschließt. Die Rückfahrkarte zwischen Dresden und Bad Schandau kostet 23 € (6–14 Jahre 16,10 €). Erhältlich an allen Verkaufsstellen der Schiffslinie, in der VVO-Mobilitätszentrale im Elbcenter 2, im RVD-Kundenzentrum am Hauptbahnhof Dresden, an Bord der Schiffe und beim Einstieg in die Busse 407 und 446!

Mit der Elbfähre

Die Fähren Johannstadt (beim Biergarten) – Neustadt und Niederpoyritz – Laubegast sind reine Fußgängerfähren, die auch Fahrräder mitnehmen. Zwischen Kleinzschachwitz und Pillnitz werden zusätzlich auch Autos und Motorräder befördert. Die Überfahrt ist in den DVB-/VVO-Tageskarten inbegriffen.

Einzelpreise: Fußgänger 1,50 €, hin/zurück 2 €, Pkw bis 5 m inkl. Fahrer 3,50 €, hin/zurück 6 €, Person mit Motor- oder Fahrrad 2 €, hin/zurück 3,50 €.

Mit dem Sportboot

Speedbootfahrten gibt es ab dem Anleger von Elbe Taxi am Fährgarten Johannstadt (→ Tour 9).

Elbe Taxi, Käthe-Kollwitz-Ufer 23 b, ✆ 417242440 und ✆ 0177-1988808, Buchung online auf www.elbe-taxi.de. Ab 25 € für 30 Min. Altstadt-Cruise, Dresden by night für 2 Pers. 90 €.

Immer gut gepflegt: die Raddampfer auf der Elbe

Luxus im Barockbau: Hotel Kempinski im Taschenbergpalais

Übernachten

Dresdens Angebot an Übernachtungsmöglichkeiten ist enorm. Vor Ort gibt es viele hochpreisige Hotels, doch Mittelklasse und Budget-Sektor ziehen kräftig nach.

Nicht jeder, der im Vier- oder Fünfsternehotel absteigt, zahlt jedoch den Vier- oder Fünfsternepreis: Gruppenreisende, Pauschalreisende, Reisende in den weniger beliebten Monaten zahlen weniger, und auch auf den Last-Minute-Seiten im Internet kann man bei den teuren Spitzenreitern schon mal ein Schnäppchen ergattern. Außerdem variieren die Preise in den meisten Hotels über das Jahr. Die teuersten Monate sind im Durchschnitt Juni und Mai, die günstigsten August und Juli. Der optimale Monat, Dresden zu besuchen, ist allerdings der März: bei einer Auslastung von knapp über 50 % ist die Stadt nicht voll, und die Zimmer sind im Durchschnitt relativ günstig.

Ob man direkt über das Hotel oder Hostel bucht, das Internet benutzt oder sich an Dresden Tourismus GmbH. wendet, ist Geschmacksache. **Gästezimmer und Ferienwohnungen** findet man jedoch am ehesten über die Dresden Tourismus (für eine Liste der Zimmer- und Apartmentanbieter wäre in diesem Buch nicht genug Platz).

Zimmervermittlung in der städtischen Tourist-Info **Dresden Information** im Hauptbahnhof sowie in der QF-Passage gegenüber der Frauenkirche (→ Wissenswertes von A bis Z/Information).

Auf **Radler** spezialisiert ist Bett & Bike, ein Service des ADFC mit erstaunlich vielen Adressen für Dresden und den Elberadweg, www.bettundbike.de.

Hotels

Die Sterne in der Liste der von uns ausgewählten Hotels folgen den offiziellen Angaben der Stadt Dresden. Wo keine Sterne angegeben sind, ist die Klassifi-

48 Übernachten

zierung noch nicht erfolgt oder in Veränderung begriffen. Die Preise sind vor allem in den höheren Kategorien nur noch **Tagespreise**, die wesentlich höher und gelegentlich niedriger liegen können als die vom Hotel genannten Preise (nur im Internet erhältlich!). Frühstück geht in den besseren Kategorien extra, und kalkulieren Sie bis zu 20 € fürs Parken ein. Der allgemeine Dresdner Bauboom macht auch vor den Hotels nicht Halt, was sich für uns Besucher angenehm auf die Preise auswirkt. WLAN ist bei den besseren Hotels mittlerweile selbstverständlich, allerdings nicht immer gratis.

Extra-Preis: Seit Juli 2015 berechnet die Stadt Dresden Touristen eine Übernachtungssteuer (ca. 6–8 % des Zimmerpreises), die zusätzlich auf den Zimmerpreis aufgeschlagen wird!

Altstadt

***** S Hotel Taschenbergpalais Kempinski **7** → Karte S. 115. Im barocken Taschenbergpalais gegenüber Schloss und Zwinger residierte schon Barack Obama. 182 Zimmer und 32 Suiten. Restaurants, Kneipe, Bistro, Bar …, die Rezeption hat, was Höflichkeit betrifft, noch zu lernen. DZ ab ca. 160 €, Frühstück extra (31 €). Taschenberg 3, Straba 4, 8, 9 Theaterplatz, ✆ 0351-49120, www.kempinski-dresden.de.

***** Hotel Hilton Dresden **14** → Karte S. 139. Schon vor der Wende entstand das luxuriöse Altstadthotel zwischen Schloss und Frauenkirche, das sich im Rücken an die Brühlsche Terrasse anlehnt. Aufgemöbelt und erweitert präsentiert sich das Hilton heute als zeitgemäße Luxusabsteige mit allem exklusiven Komfort vom „Living Well Health Club" auf 1100 m^2 Fläche bis zu recht großzügig bemessenen Zimmern und einer Vielzahl verschiedener Restaurants. Die Lobby ähnelt dem Duty-Free-Bereich eines Schweizer Flughafens. DZ ab 160 €. An der Frauenkirche 5, Straba 1, 2, 4 Altmarkt oder 4, 8, 9 Theaterplatz, ✆ 0351-86420, www.hilton.de/dresden.

***** Gewandhaus Hotel **20** → Karte S. 156/157. Im barocken Gewandhaus hat sich eines der schönsten Hotels Dresdens etabliert, sowohl was das Ambiente als auch was die Ausstattung anbelangt. Um den barocken Innenhof mit Glaskuppel verteilen sich 97 Zimmer auf die Trakte des Baus von 1770. 2015 gründlich renoviert, modern möblierte Zimmer und Juniorsuiten. Klar: Hallenbad, Sauna, Solarium, Fitnessraum und eine überdurchschnittliche Gastronomie. DZ/FR ab 189 €, dazu Business-Class-Zimmer und Juniorsuiten. Ringstr. 1, Straba 1, 2, 3, 4, 7, 12 Pirnaischer Platz, ✆ 0351-49490, www.gewandhaus-hotel.de (zum Buchen wird man auf die Marriott-Seite weitergeleitet).

QF Hotel Dresden **23** → Karte S. 139. Hotel im neuen, etwas verwaist wirkenden Block QF direkt an der Frauenkirche, zeitgemäßes, eher zurückhaltendes modernes Dekor. Frühstück (23 € extra) eher Mittelklasse. DZ ab 135 €, es gibt auch Suiten. Quartier an der Frauenkirche, Neumarkt 1, Straba 1, 2, 4 Altmarkt oder 4, 8, 9 Theaterplatz, ✆ 0351-5633090, www.qf-hotel.de.

Steigenberger Hôtel de Saxe **25** → Karte S. 139. Was für eine Lage – in Blickachse zur Frauenkirche! Da auch die Ausstattung der Zimmer und Suiten auf hohem Niveau ist, kann man dieses Stadthotel nur empfehlen. Hinter der neuen barocken Fassade herrscht der Komfort der Gegenwart. Klassisch-schmuckarmer Wellness- und Fitnessbereich. WLAN gratis. DZ/FR zum tagesaktuellen Bestpreis ab ca. 159 €. Neumarkt 9, Straba 1, 2, 4 Altmarkt, 4, 8, 9 Theaterplatz, ✆ 0351-8924-9870, kostenlose Reservierungshotline ✆ 0800-72365332, www.desaxe-dresden.steigenberger.de.

Swissôtel **5** → Karte S. 115. Der Newcomer gegenüber dem Haupteingang zum Residenzschloss ist nur an der Fassade barock, drinnen pflegt er zurückhaltende, kühle Eleganz, moderne Ausstattung samt Wellness und Fitness. 235 Zimmer auf Viersterneniveau; WLAN gratis. DZ ab 99–150 €, Frühstück 22 €. Schlossstr. 16, Straba 1, 2, 4 Altmarkt oder 4, 8, 9 Theaterplatz, ✆ 501-200, Reservierungshotline ✆ 0800-63794771, www.swissotel.com.

***** Hotel Suitess an der Frauenkirche **18** → Karte S. 139. Noch ein Luxushotel, auch dieses gegenüber der Frauenkirche und neben dem Coselpalais. Schierer Grand-Hotel-Luxus im 4. und 5. Stock, charmantes Personal. Der – eher kleine – Wellnessbereich

Hotels 49

ist so selbstverständlich wie ein gutes Restaurant (das „Maurice" wurde zum „Moritz", ist aber immer noch den Besuch wert). Tolle Dachterrassen. DZ 154–234 €, Frühstück 23 €, Parken 20 €/Tag, WLAN gratis. An der Frauenkirche, Eingang Rampische Straße, Straba 1, 2, 4 Altmarkt, ℅ 0351-417270, www.suitess-hotel.com.

**** **NH Dresden Altmarkt** 16 → Karte S. 156/157. Den vollen Blick auf die Kreuzkirche hat das NH am Altmarkt leider verdeckt, und es tröstet nicht, dass man die Kirche bis 1945 ebenfalls nicht sehen konnte. Das Hotel ist ein funktionalistischer Bau mit ebensolchem Innenleben und eher drögen öffentlichen Räumen (Frühstücksraum!) und Zimmern (WLAN gratis). Aber die Lage! DZ/FR ab 94 €. An der Kreuzkirche 2, Straba 1, 2, 4 Altmarkt, ℅ 501550, Reservierung ℅ 30-22388599, www.nh-hotels.de.

**** **Pullman Dresden Newa** 34 → Karte S. 156/157. Das mit 319 Zimmern riesige Pullman Newa geht auf einen Staatshotelbau der DDR zurück und war auch schon damals gehobener Standard. Auch wenn es von außen nicht jedermanns Geschmack ist, die Zimmer sind wirklich gut und die Lage an der St.-Petersburger-Straße zwischen Prager Straße und Altstadtrand könnte nicht besser sein. Es gibt Sauna, Solarium und Fitnessraum, in den obersten Etagen Zimmer mit den besten Altstadtblicken, die man sich vorstellen kann. Auf dem Dach des höchsten Dresdner Hotels nisten übrigens Turmfalken! DZ ab 110 €, Frühstück 19 €. Prager Str. 2 c, Straba 8, 9, 11, 12 Prager Straße oder 3, 4, 7, 8, 9, 11 Hauptbahnhof Nord, ℅ 0351-4814109, www.pullmanhotel-dresden.de.

*** **Bastei** 32 → Karte S. 156/157. Bei einem Schönheitswettbewerb würde das „Bastei", eines von drei Plattenbau-Hochhäusern an der Prager Straße, die zum Ibis-Hotel umfunktioniert wurden, wahrscheinlich keinen Preis gewinnen. Aber es erfüllt seinen Zweck. Gute Lage an der Fußgängerzone zwischen Hauptbahnhof und Altstadt, anständige Zimmer mit der Ausstattung des internationalen Hotelstandards (WLAN kostet um die 9 €/Tag extra). Die beiden Schwestern, die Hotels **Lilienstein** 30 und **Königstein** 31 sind identisch ausgestattet. DZ ab 63 €, Frühstück 11 €. Prager Str. 5/9/13, Straba 8, 9, 11, 12 Prager Straße oder 3, 4, 8, 9, 11 Hauptbahnhof Nord, ℅ 0351-48564856, www.ibis-dresden.de.

Schon zu DDR-Zeiten Hotels: die drei Ibis-Bauten an der Prager Straße

Holiday Inn Express City Center Dresden 22 → Karte S. 156/157. Der Standort dieses Low-Budget-Hotels schräg gegenüber dem Karstadt ist nicht gerade verkehrsarm, ihn als (Prospekt und Website) „direkt am Dresdner Altmarkt" zu verkaufen, entspricht nicht der Wahrheit. Kleine, ordentliche Zimmer ohne jeden Schnickschnack, aber mit (angenehm!) Wasserkocher und Kaffeemaschine. Schlichtes Frühstück, das im Zimmerpreis inbegriffen ist. DZ/FR in der NS schon ab ca. 79 €, in der HS sind schon mal 144 € zu berappen. Dr.-Külz-Ring 15 a, Straba 8, 9, 11, 12 Prager Straße, ℅ 0800-1816068 (nur Buchung), www.hiexpress.com.

Ibis Budget Dresden City 3 → Karte S. 156/157. Das jüngste und preiswerteste Dresdner Kind der Ibis-Kette übertrumpft mit einer grandiosen Lage an der nördlichen Flanke der Altmarktgalerie viele teure Herbergen: Keine 300 m und Sie stehen vorm Zwinger, gute 500 m und Sie sind in der Frauenkirche. Dafür Minizimmer im Teletubbies-Look (alle maximal für 2 Erw. und 1 Kind) mit Bad, Klimaanlage und Gratis-WLAN ab 45 € (mit Frühstück ab 54,50 €), allerdings neu renoviert, sehr funktional und sauber. Für ein Wochenende eine heiße Empfehlung, für länger eher eine Zumutung. Wilsdruffer Str. 25, Straba 1, 2, 4, 8, 9, 11, 12 Postplatz oder 1, 2, 4 Altmarkt, ✆ 83393820, www.ibis.com.

Barocke Neustadt, Äußere Neustadt und Albertstadt

Hotel The Westin Bellevue 25 → Karte S. 171. Das einzige erhaltene repräsentative barocke Wohnhaus der Großen Meißner Straße ist heute Teil des Hotels Westin Bellevue. Wer hier direkt an der Elbe absteigt, will es sich wirklich gut gehen lassen. 319 Zimmer, 21 Suiten, Wellnessbereich und Beautyfarm, eine Handvoll Restaurants und Café-Bars, darunter der Top-Spot Canaletto (→ Tour 4/Essen & Trinken) und der Biergarten Elbsegler (nebenan), beide mit dem berühmten „Canalettoblick" auf die Silhouette der Altstadt. Mehr als aufmerksamer Service. DZ/FR ab 99 €. Große Meißner Str. 15, Straba 4, 9 Palaisplatz, ✆ 0351-805-0, 805-1609, www.westin-dresden.de.

***** Hotel Bülow Palais 6 → Karte S. 171. Wenn man auf einen städtischen Freiplatz im Barockviertel ein Hotel hinstellt (es wurde im Februar 2010 eröffnet), muss es sich an die Bauformen angleichen, das hat das Bülow Palais nahe der Dreikönigskirche auch recht gut geschafft. Drinnen höchster Komfort, aber der Barock ist allenfalls Zitat. Dafür gibt's den Komfort und Service eines Grand Hotels inkl. Obstteller und Schuhputzservice. Michelinstern fürs klassisch französische Restaurant Carousel, Wintergarten, Cigar Lounge, Day Spa. Fehlt was? DZ ab 125 €, Suite 650 €, tolles Frühstück 24 €. Königstr. 14, Straba 4, 9 Palaisplatz, ✆ 0351-80030, www.buelow-palais.de.

**** Hotel Bülow Residenz Dresden 15 → Karte S. 171. Die kleine Schwester des Bülow Palais, nur 50 m entfernt, im repräsentativen Wohnhaus des Ratsbaumeisters Johann Gottfried Fehre. Dem 1730er-Baujahr des Hauses entspricht die prächtige Ausstattung aller Räume in Rot und Gold, die auch Antiquitäten in den großzügig geschnittenen, individuell eingerichteten Zimmern umfasst. Das Spa des Bülow Palais ist im Preis inbegriffen. DZ 69 €, Suite 289 €, Frühstück 18 €. Rähnitzgasse 19, Straba 4, 9 Palaisplatz, ✆ 0351-80030, www.buelow-residenz.de.

**** Hotel Rothenburger Hof 63 → Karte S. 182/183. Gründerzeithaus in einer typischen Straße der Äußeren Neustadt, begrünter Hinterhof. Zimmer und Apartments auch im Gebäude im Hinterhof (ruhig), im Hotel Pool, Sauna, schwarz-türkises maurisches

Tolle Lage: Zimmer mit „Canalettoblick" im Westin Bellevue

Hotels 51

Dampfbad und eher mickriger Fitnessraum. DZ/FR ab 99 €, Suite (2 P.) ab 170 €. Rothenburger Str. 15–17, Straba 6, 11, 13 Bautzner Straße/Rothenburger Straße oder 13 Görlitzer Straße, ℡ 0351-81260, www. dresden-hotel.de.

*** Hotel Martha Dresden 1 → Karte S. 171. Mal Biedermeier statt Barock! Wo vor mehr als hundert Jahren drei Diakonissinnen ein Heim für Mädchen vom Lande einrichteten (um sie vor dem Verderben zu schützen), wohnt man heute in gepflegten Zimmern und mit sehr freundlichem Service in einem Haus des Verbands Christlicher Hoteliers. Idyllischer Wintergarten, weiß gedeckte Tische fürs Frühstück. Der Neustädter Bahnhof und die barocke Neustadt liegen um die Ecke. Fahrradverleih! DZ ab 113 €, Frühstück 10 €; auch Apartments ab 138 €. Nieritzstr. 11, Straba 3, 6, 7, 8, 11 Albertplatz, ℡ 0351-81760, www.hotel-martha-dresden.de.

Motel One Palaisplatz 2 → Karte S. 171. Das erste Hotel der Motel-One-Gruppe (das neue zweite, 10 € teurere ist am Postplatz direkt hinterm Zwinger) bietet dem Firmenideal entsprechend eine sehr gute Ausstattung, die andere Hotels der gleichen Kategorie übertrifft – bei DZ ab 59 € ein zackiges Versprechen. Eine Minibar oder einen Schrank sucht man in den kleinen Zimmern vergebens, dafür kann man sich kostenlos ein iPad ausleihen. Palaisplatz 1, Straba 4, 9 Palaisplatz, ℡ 6557380, www. motel-one.com.

*** Hotel Amadeus 13 → Karte S. 182/183. Gutbürgliches Hotel an der Straße von der Autobahnabfahrt Wilder Mann ins Zentrum, die Zimmer zur Straße (Straßenbahn ab frühmorgens!) sind ziemlich laut. Im mit Natursteinbögen und Ziegelwänden gestylten Keller liegt das Frühstücksrestaurant (Frühstück anständig, aber nicht überwältigend), das abends als Restaurant „Papageno" fungiert. Für drei Sterne eher durchschnittliche Zimmer; auch für Raucher. DZ/FR ab 109 €, Parken gratis, mit 2 €/Std. teures WLAN. Großenhainer Str. 118, Straba 4 Trachenberger Platz, ℡ 0351-84180, www. hotel-amadeus-dresden.de.

*** Hotel Privat 27 → Karte S. 182/183. Das Nichtraucherhotel im mit Gärten durchsetzten Preußischen Viertel am Rand der Äußeren Neustadt besitzt nur 30 antiallergisch und asthmagerecht eingerichtete Zimmer. Die meisten mit Balkon oder Erker, reser-

vieren Sie wegen des lauten Kopfsteinpflasters aber Zimmer zum Hof. Gutes Frühstücksbuffet, rustikaler Gewölbeweinkeller und Gästegarten. Im Hotelrestaurant Maron wird auch vegetarisch, vegan und nach Hildegard von Bingen gekocht. DZ ab 77 €, FR 7 € pro Pers. Forststr. 22, Straba 11 Nordstraße, ℡ 0351-811770, www.das-nichtraucher-hotel.de.

Backstage Hotel 59 → Karte S. 182/183. Wo ehemals Pfund's hochmoderne Molkerei arbeitete, kann man jetzt in ganz individuellen von Künstlern gestalteten Zimmern schlafen. Mit Gratis-Internetanschluss und mit potenziell vor allem an Wochenenden geräuschvoller Bar (ab und zu Live-Musik), das Varieté ist gleich nebenan. Sehr unterschiedliche DZ ab 80 €, Frühstück 12,50 €/ Pers. Prießnitzstr. 12, Straba 11 Diakonissenkrankenhaus, ℡ 0351-8887777, www. backstage-hotel.de.

**** Best Western Macrander Hotel 10 → Karte S. 182/183. Die Best-Western-Hotels sind bekannt für einen gehobenen Standard. Das Dresdner Best Western liegt im Hechtviertel nahe der Stauffenbergallee (Militärhistorisches Museum), also nicht so exklusiv, dass sich die Lage auf den Preis auswirken könnte, hat Hallenbad, Sauna, ein ordentliches Fitnessstudio und Sonnenterrasse. Reservieren Sie das Zimmer mit Panoramablick! Große DZ 75–140 €, gratis Parkplätze und WLAN, FR 15 €/Pers. Buchenstr. 10, Bus 64 Schanzenstraße oder etwas weiter Straba 7, 8 Stauffenbergallee, ℡ 0351-8151500, Reservierung ℡ 01802-212588, www.best-western-dresden.de.

**** Holiday Inn Dresden 9 → Karte S. 182/183. Zu dieser Hotelkette muss man kaum noch was sagen, das Dresdner Hotel ist im mittleren Komfortbereich angesiedelt, liegt (wie das Best Western) an einem eher unpopulären Standort, hat Kaffee- und Teeautomat auf den vollklimatisierten Zimmern und Kopfkissen zum Aussuchen. DZ 92–160 €. Stauffenbergallee 25 a, Bus 64 Rudolf-Leonhard-Straße oder etwas weiter Straba 7, 8 Stauffenbergallee, ℡ 0351-81510, www.holiday-inn-dresden.de.

**** Hotel NH Dresden 14 → Karte S. 182/ 183. Funktionaler, aber komfortabler Viersterner in Glas und Ziegel. 269 neutrale Zimmer, großer Wellnessbereich samt Fitnessraum. Auch Raucherzimmer. DZ/FR inkl. WLAN ab 69 €. Hansastr. 43, Straba 13 Friedensstraße, ℡ 0351-8424-0, www.nh-hotels.de.

52 Übernachten

**** **Quality Hotel Plaza Dresden** 8 → Karte S. 182/183. Modernes Hotel an der Einfallstraße von Norden in der Äußeren Neustadt, der ehemalige Kasernenbereich mit dem Militärhistorischen Museum liegt gegenüber. Ballsaal „Lindengarten" im Stil der Belle Epoque. Gratis-WLAN. DZ ab ca. 69 €. Königsbrücker Str. 121 a, Straba 7, 8 Stauffenbergallee, ✆ 0351-80630, www.quality hotelplazadresden.de.

*** **Novalis Hotel** 1 → Karte S. 182/183. Neustädter Hotel mit bürgerlichem Komfort und gutem Preis-Leistungs-Verhältnis – die Bärnsdorfer Straße ist eine ruhigere Parallelstraße der B 170 (Hansastraße) in der Äußeren Neustadt. Gratis WLAN und parken. DZ/FR 65–120 €. Bärnsdorfer Str. 185, Bus 81, 91 St.-Pauli-Friedhof, ✆ 0351-82130, www.novalis-hotel.de.

Östlich der Altstadt

**** **Dorint Hotel Dresden** 2 → Karte S. 200/201. Zurückhaltender Neubau zwischen Altstadt und Gläserner Manufaktur in Laufweite vom Großen Garten. Gutes Niveau bei Ausstattung und Service, Wellnessbereich mit Pool und Sauna, Fitnessraum, die Zimmer entsprechen internationalem Viersternestandard. DZ/FR ab 88 €. Grunaer Str. 14, Straba 1, 2, 3, 4, 7, 12 Pirnaischer Platz, ✆ 0351-4915-0, http://hotel-dresden.dorint.com.

**** **Hotel Smetana** 20 → Karte S. 222/223. Fast schon grün gelegenes, kleineres Hotel in einer gründerzeitlichen Villa im gefragten Stadtviertel Striesen, der Große Garten liegt in Laufweite. Zimmer und Suiten unterschiedlich möbliert. Das Frühstücksbuffet wird gelobt, im Restaurant „Goldenes Prag" gegenüber gibt es für Hotelgäste an manchen Tagen Ermäßigungen. Sehr freundliches junges Personal. WLAN und parken gratis. DZ 69–99 €, FR 9 €. Schlüterstr. 25, Bus 85 Schlüterstraße oder etwas weiter Straba 4, 10 Pohlandplatz, ✆ 0351-256080, www.hotel-smetana.de.

*** **Hotel am Blauen Wunder** 43 → Karte S. 245. Komfortables, modernes Eckhaus, WLAN und parken kostenpflichtig. Fahrradfreundlich. DZ ab 86 €, Frühstück 12 €. Loschwitzer Str. 48, Straba 6, 12 Schillerplatz oder Prellerstraße, ✆ 0351-33660, www.habw.de.

Hotel Gutshof Hauber 21 → Karte S. 222/223. Der denkmalgeschützte Gutshof beim Johannisfriedhof macht sich gut als Hotel, er liegt etwas von der Straße zurückversetzt, hat vorwiegend alte und damit Ruhe garantierende Wände, 28 Nichtraucherzimmer – besonders vorteilhaft die Zimmer zum Hof. DZ/FR ab 75 €. Wehlener Str. 62, Straba 4, 6 Wasserwerk Tolkewitz, ✆ 0351-254660, www.hotel-gutshof-hauber.de.

**** **Artushof** 14 → Karte S. 222/223. Das um 1900 entstandene attraktive Gebäude ist eine Mischung aus mittelalterlicher Burg und Renaissance-Rathaus. Das Hotel am verkehrsreichen Fetscherplatz im unzerstörten Osten Dresdens ist alles andere als langweiliger Standard, die 24 Zimmer sind vergleichsweise groß, attraktiv, haben WLAN (gratis) und – toll für Selbstversorger! – eine Kochnische mit allen notwendigen Utensilien. Zum Hotel gehört das sehr beliebte Steakhaus Estancia mit tollem Gastgarten. DZ ab 99 €, Suite ab 129 €, Frühstück 10 €, Last-Minute-Preise auf der Homepage. Fetscherstr. 30, Straba 4, 10, 12 Fetscherplatz, ✆ 0351-445910, www.artushof.de.

Motel One trumpft mit Design

Hotels 53

Gute Idee: vom Speicher zum Hotel (Maritim)

*** Hotel an der Rennbahn 9 → Karte S. 200/201. Das familiengeführte Hotel nahe dem Panometer und gleich neben der Pferderennbahn ist weitaus individueller als der übliche 3-Sterne-Standard (zahllose selbstgemachte Marmeladen zum Frühstück) und besitzt mehrere attraktive Lokale (Keller, bürgerliche Gaststube mit Wandverkleidung, Bar mit Sattel-Hockern, im Sommer Terrasse unter Rosskastanien vor dem Haus). DZ/FR (inkl. WLAN) 64–79 €, FR 9 €/Pers. Winterbergstr. 96, ℅ 0351-212500, www.hotel-an-der-rennbahn-dresden.de.

Westlich der Altstadt

Motel One Dresden am Zwinger 15 → Karte S. 209. Zweites, erst 2013 eröffnetes Motel One in der Stadt. 288 Zimmer auf 4 Etagen im architektonisch gelungenen Zwinger-Forum, gleich schräg gegenüber vom Zwinger und neben dem Theater (Tipp: Zwinger-Blick als Reservierungswunsch angeben). Einladend sind die antiken „Überschriften" des Hauses: „Ein Leben ohne Freude ist wie eine weite Reise ohne Gasthaus". Auch wenn es sich um eine Low-Budget-Kette handelt: ein tolles Haus. Funktion und Design sind optimiert, auf Schrank und Minibar sowie Restaurant verzichtet man. Frühstücksbuffet mit vielen Bio-Produkten, sehr freundliches junges Personal, WLAN gratis, iPad zum Ausleihen. DZ ab 79 €. Postplatz 5, Straba 1, 2, 4, 7–12, ℅ 0351-438380, www.motel-one.com.

Maritim Hotel Dresden 6 → Karte S. 209. Intelligent, attraktiv und komfortabel gestaltetes Hotel im ehemaligen Erlweinspeicher direkt am Fluss, 328 Zimmer und Suiten, Restaurant und Elbterrasse, Schwimmbad, Wellness- und Fitnessbereich, Tiefgarage (390 Plätze) im Kongresszentrum nebenan. DZ ab ca. 120 €, FR 21 €/Pers. Devrientstr. 10–12, Bahn Bahnhof Mitte oder Straba 6, 11 Kongresszentrum, ℅ 0351-2160, www.maritim.de.

**** S Dresden art'otel 7 → Karte S. 209. Das originelle Dekor verdankt dieses ungewöhnliche Hotel der art'otel-Kette vor allem den Arbeiten des Dresdner Künstlers A. R. Penck, eines der Gründungsmitglieder der freien Künstlergruppe „Lücke", die seit 1971 der DDR ein Dorn im Auge war – 174 Zimmer mit Gratis-WLAN. DZ/FR ab 87 €, parken 14,50 €/Tag! Ostra-Allee 33, Bahn Bahnhof Mitte oder Straba 6, 11 Kongresszentrum, ℅ 0351-49220, www.artotel.de.

**** Elbflorenz Dresden 28 → Karte S. 209. Direkt neben dem WTC steht dieses modern-funktionale, aber auch durchaus auf Komfort ausgerichtete Hotel; 235 Zimmer und Suiten mit Gratis-WLAN, zum Hotel gehört das sehr gelobte italienische Restaurant Quattro Cani (22 €/Pers. Aufbuchung fürs 3-Gang-Menü sind gut angelegt). DZ/Suite ab 71–131 €, Frühstück 15 €/Pers. Rosenstr. 36, S-Bahn Haltepunkt Freiberger Straße oder Straba 7, 10, 12 Freiberger Straße, ℅ 0351-86400, www.hotel-elbflorenz.de.

54 Übernachten

*** Hotel „Café Friedrichstadt" **4** → Karte S. 209. Liebenswürdiges kleineres, privat geführtes Hotel an der barocken Friedrichstraße, mit Hallenbad, Café-Restaurant mit romantischem Sommergarten, nur zehn Straßenbahnminuten von der Innenstadt entfernt. Ansprechende Zimmer in hellen Gelb- und Rottönen (z. T. WLAN, Kochgelegenheit, Balkon). DZ ab 62 €, FR 9 €/Pers. Friedrichstr. 38–42, Straba 10 Weißeritzstraße, ℡ 0351-49278810, www.cafefriedrichstadt.de.

Am Elbhang und in Pillnitz

**** ˢ Hotel Schloss Eckberg **31** → Karte S. 245. 1859 bis 1861 ließ sich ein reicher Kaufmann das neogotische Schloss im ehemaligen Weinberg in grandioser Lage über der Elbe errichten, 2014 gewann das Haus einen Hotel Award in der Kategorie „Luxury Wedding Destination in Europe" – das sagt so ziemlich alles. 17 luxuriöse 4-Sterne-Zimmer im Schloss, 65 komfortable 3-Sterne-Zimmer im Kavaliershäuschen. Im Park stehen Hunderte geschützte Bäume, das schirmt jeden Verkehrslärm ab. Alte Täfelungen im Restaurant und anderen öffentlichen Räumen, Zimmer im Schloss mit Marmorbädern, gutes Restaurant (→ Tour 8/Elbhang), guter Wellnessbereich (→ Sport, Freizeit und Wellness). DZ ab ca. 80 € im Kavaliershaus, ab 125 € im Schloss, FR 18 €/Pers. Bautzner Str. 134, Straba 11 Elbschlösser, ℡ 0351-80990, www.hotel-schloss-eckberg.de.

**** Schlosshotel Dresden Pillnitz **9** → Karte S. 222/223. Im Seitenflügel des Neuen (also nicht barocken) Schlosses wohnt man recht herrschaftlich direkt am Garten, einen Steinwurf von der Elbe entfernt. Nach Hochwasserschäden restauriert und verbessert, 45 Zimmer mit gelegentlich recht buntem Dekor, guten Möbeln und Gratis-(W)LAN. DZ/Frühstück ca. 65–115 €. August-Böckstiegel-Str. 10, Bus 83 Pillnitzer Platz, ℡ 0351-26140, www.schlosshotel-pillnitz.de.

**** Bergwirtschaft Wilder Mann **11** → Karte S. 182/183. Das 2007 eröffnete Hotel mit seinen 90 großzügig geschnittenen Zimmern bietet die Möglichkeit, oben am Elbhang zu wohnen. Großartiger Ausblick von der Terrasse auf Dresden und das Elbtal. Zivile Preise, trotz des Namens, der vom Vorgänger stammt. DZ/FR ab 80 €. Großenhainer Str. 243, Straba 3 Wilder Mann oder Bus

80 Neuländer Straße, ℡ 0351-2054540, www.bergwirtschaft-dresden.de.

In der Umgebung

In Radebeul

Hotel Villa Sorgenfrei **7** → Karte S. 248/249. Dresdner Rokoko, aber auch einfache Formen des frühen Klassizismus finden sich in diesem attraktiven Villenbau der 1780er-Jahre, der heute als romantisches Hotel dient. Die 14 Zimmer sind im alten Stil oder sogar alt ausgemalt bzw. tapeziert, auch Stuck und Dielen sind historisch, auf modernen Komfort (WLAN) muss man dennoch nicht verzichten, Gartensaal mit prächtigem Kristalllüster, parkähnlicher Garten. DZ/Frühstück 109–179 €. Augustusweg 48, 01445 Radebeul, Straba 4, 8 oder 9, dann Bus 72 bis Eduard-Bilz-Straße, ℡ 0351-7956660, www.hotel-villa-sorgenfrei.de.

*** Hotel Goldener Anker **9** → Karte S. 248/249. Den alten Einkehrgasthof im liebevoll restaurierten Altkötzschenbroda schätzen v. a. Radler auf dem Elberadweg – er führt in Steinwurfweite vorbei. Ballsaal und alter Weinkeller wurden aufwendig restauriert, 60 relativ große Zimmer mit kleinen geschmacklichen Ungereimtheiten. DZ/FR ca. 90–99 €. Altkötzschenbroda 61, 01445 Radebeul, S 1 bis Bhf. Kötzschenbroda, ℡ 0351-8399010, www.goldener-anker-radebeul.de.

In Moritzburg

Churfürstliche Waldschänke **3** → Karte S. 255. Mit teilweise bereits aus dem 18. Jh. stammenden Trakten und modernen Zubauten kann das Hotel im Grünen bis zu 61 Gäste unterbringen und im beliebten Restaurant viele mehr verpflegen. Großzügig geschnittene Zimmer (17–35 m²) und Suiten mit Stilmöbeln, einige mit Terrasse. DZ/FR ab ca. 80 €. Große Fasanenstraße, 01468 Moritzburg, Bus 326 bis Waldschänke ab Bahnhof Neustadt, ℡ 035207-8600, www.waldschaenke-moritzburg.de.

In Meißen

**** Welcome Parkhotel Meißen **2** → Karte S. 263. Um eine Villa von 1870, die zwischen späthistoristischen Formen und Jugendstil schwankt, gruppiert sich das angenehme Parkhotel mit 118 Zimmern und Suiten. Ruhig, da in einem Park an der Elbe, sehr schön die hellen und großzügig geschnitte-

Pensionen, Privatzimmer, Apartments, Ferienwohnungen **55**

nen Balkonzimmer vor allem im Mansardenstockwerk der Villa. Weniger attraktiv sind Hoteltrakt und Nebengebäude, richtig toll die Panoramasauna. DZ 62–137 €, Frühstück 12 €, WLAN gratis. Hafenstr. 27–31, 01662 Meißen, S 1 ab Dresden bis Bahnhof Meißen, dann evtl. Bus D bis Hafenstraße, ☎ 03521-72250, www.welcome-hotel-meissen.de.

*** Hotel und Café am Markt Residenz 🔳 → Karte S. 263. Stilvolle Unterkunft in der Stadtmitte, geschmackvoll mit Stilmöbeln eingerichtete Zimmer, eigener Weinkeller, Journalcafé (mit Zeitungen), Fahrradverleih. DZ ab 62 €, Frühstück 11 €. An der Frauenkirche 1, 01662 Meißen, S 1 ab Dresden bis Bahnhof Altstadt (der neue S-Bahnhof in Meißen), dann 500 m zu Fuß, ☎ 03521-41510, www.welcome-hotels.com.

Pensionen, Privatzimmer, Apartments, Ferienwohnungen

Mitwohnzentrale Dresden 🔳 → Karte S. 182/183. Die Dresdner Mitwohnzentrale (www.mitwohnzentrale-dresden.de – hohe Vermittlungsgebühren werden verlangt) und **Home Company**, wo es möblierte Wohnungen für einen Monat bis zu einem Jahr zu mieten gibt, befinden sich beide im gleichen Büro, geöffnet Mo–Fr 10–13 und 14.30–18 Uhr. Monatsmieten im Schnitt zwischen 300 und 600 €. Rothenburger Str. 21, Straba 11 Bautzner Straße/Rothenburger Straße, ☎ 0351-19445, www.dresden.homecompany.de.

Pension am Zwinger, Pension am Kongresszentrum und **Apartments am Zwinger** 🔳 → Karte S. 209. In drei sanierten Altbauten an der Ecke Ostra-Allee und Maxstraße im Westen der Altstadt findet der Gast angenehme Apartments, die zwischen 35 und 50 m^2 groß, teilweise mit Parkett, Gratis-WLAN und fast ausnahmslos mit Küchen ausgestattet sind, es gibt keine preistreibenden Einrichtungen wie Hotelrestaurant und Hallenbad, nur ein gemeinsames Besucherzentrum. Zimmer auch im angrenzenden Haus Ostra-Allee 27, nicht ganz so ruhig. Alle in Fußentfernung von den meisten Attraktionen. Frühstück im benachbarten Restaurant Maximus (10,90 €/Pers.). Apt. als DZ mit 1 oder 2 Räumen,

modern und sachlich ausgestattet, ab ca. 70 €, auch Familienapartments, also mehrere Räume, eine komplette, gut eingerichtete Altbauwohnung für 4+ Pers. Gemeinsamer Empfang Maxstr. 3 (mit Bibliothek), Straba 6, 11 Kongresszentrum, ☎ 0351-89900, www.maxstrasse-hotels.de.

Apartments an der Frauenkirche 🔳 → Karte S. 139. Apartments in vier Gebäuden, fast alle direkt an der Frauenkirche (Münzgasse, Schössergasse und zweimal am Neumarkt 7), komplett eingerichtet mit Küchenzeile und in vier Komfort- und damit Preisklassen. Frühstück (13 €/Pers.) im Gasthaus Am Neumarkt. Einraumstudio (2 Pers.) ab ca. 55 €, Apt. mit 2 Räumen (2 Pers.) ab 85 €. Rezeption in der Münzgasse 10, Straba 1, 2, 4 Altmarkt oder 3, 7 Synagoge, ☎ 0351-4381111, www.aparthotels-frauenkirche.de.

»» Tipp: Gästezimmer im Hofgärtnerhaus 🔳 → Karte S. 139. Einfache, aber sehr ordentliche, ruhige Zimmer mit eigenem Bad bietet die Evangelisch-reformierte Gemeinde zu Dresden, im selben historischen Haus auch betreutes Wohnen, das Frühstück (inkl.) wird als Buffet im Restaurantcafé Brühlscher Garten um die Ecke serviert. Günstiger und freundlicher kann man in der Lage nicht untergebracht sein, EZ ab 60 €, DZ ab 75 €, Zustellbett 10 €. Der Hit ist die Ferienwohnung (Einbauküche, separates Schlafzimmer sowie 2 Schlafsofas) mit Terrassenblick im Dachgeschoss für bis zu 4 Pers. ab 90 € (mind. 3 Tage). 2 Fahrräder, Aufzug und schwellenfreie Duschen. Brühlscher Garten 4, Straba 3, 7 Synagoge, ☎ 0351-438230, www.hofgaertnerhaus.de. **««**

Hexenhaus 🔳 → Karte S. 209. Im historischen Ortskern des Dorfes Gorbitz bietet ein ungewöhnliches Ensemble aus mehreren aus dem 18. Jh. stammenden Fachwerkhäusern ein ausgesprochen romantisches Nachtquartier. Dem historischen Äußeren in Fachwerk und Bruchstein entsprechen z. T. freigelegte Holzbalken im Inneren, hölzerne Stützpfeiler und eine auf Komfort ausgerichtete Ausstattung. Essen (Frühstück und rustikales Restaurant) im namengebenden Hexenhaus. Weitere Fachwerkhäuser sind das Katzenhaus und die Badescheune. DZ im Hexenhaus ab 74 €, Frühstück 7,50 €; es gibt auch Apartments. Hofwiesenstr. 28, Altgorbitz (südlich Kesselsdorfer Straße), Bus 70, 333 Kapellenweg, ☎ 0351-414190, www.hexenhaus-dresden.de.

Pension zur Königlichen Ausspanne 6 → Karte S. 222/223. Niederpoyritz nahe Pillnitz hat noch ein ländlich-dörfliches Flair, den auch die „Ausspanne" ausstrahlt, die in einer ehemaligen königlichen Wagenremise und den dazugehörigen Stallgebäuden untergebracht ist. Hübsche und individuell eingerichtete Zimmer, Wandbespannungen und Betten à la Laura Ashley, ein freundlicher Innenhof mit Blumen und Bäumchen, Kreuzgewölbesaal mit gelegentlicher Hausmusik. DZ/FR ab 65 € (mindestens 2 Nächte, nur z. T. WLAN). Eugen-Dietrich-Str. 5, Bus 63 Staffelsteinstraße, ✆ 0351-2689502, www.koenigliche-ausspanne-dresden.de.

Therese Malten Villa 25 → Karte S. 222/223. Hier fühlen sich Romantiker wohl! Nur vier Zimmer und ein Apartment bietet die späthistorische Villa im feinen Stadtteil Kleinzschachwitz. Die nach der Sängerin Therese Malten benannte Herberge mit einem parkähnlichen Garten blickt auf die Elbe und Schloss Pillnitz, ein Teil der Innendekoration geht noch auf die Erbauungszeit zurück, so hat sich Deckenmalerei erhalten. Ansonsten moderne Einrichtung und glänzende Parkettböden, kein Restaurant. DZ 90–110 €, Frühstück 9 €. Wilhelm-Weitling-Str. 3, Straba 2 Kleinzschachwitz Freystraße oder Bus 88 Fährstelle, ✆ 0351-2053521, www.dresden-pension.net.

In Meißen

Pension Meißner Burgstuben 5 → Karte S. 263. Liebenswürdige Pension in der Afra-Freiheit (einem alten Klosterbezirk) nahe der Burg im oberen Ortsteil, ganz unterschiedliche Zimmer (eines mit Garten und Sauna!), ruhig und gemütlich. DZ/FR ab 75 €, Apt./FR ab 85 €. Freiheit 3, 01662 Meißen, S 1 bis zum neuen Bahnhof Altstadt, dann Citybus, ✆ 03521-453685, www.meissner-burgstuben.de.

Hostels, Herbergen, Budget-Unterkünfte

In Dresden

Lollis Homestay 21 → Karte S. 182/183. Anglophiles Backpacker-Hostel mit fast schon pädagogischem Konzept („Laptopfreie Zone im Aufenthaltsraum, für eine kommunikative Atmosphäre", kein TV anywhere), aber mit bunt und freundlich bis eigenwillig dekorierten Räumen (die größer sein könnten), gemütlichen Gemeinschaftsbereichen und der Möglichkeit zur Kreditkartenzahlung. Sehr angenehm: keine Gruppen (und Gruppenpartys bis frühmorgens). WLAN und Leihräder gratis. Bett im Schlafsaal ab ca. 15 €, im DZ ab 21 €, Bettwäsche 2 €, Frühstück 4 €. Görlitzer Str. 34, Straba 7, 8 Bischofsweg, Straba 13 Bischofsweg oder Alaunplatz, ✆ 0351-8108458, www.lollishome.de.

Mezcalero 17 → Karte S. 182/183. Mexikanisches Themenhostel, bunte Decken und aztekisch angehauchte Muster an den Wänden, „Mexican Bar" im Haus – aber nicht nur für Tex-Mex-Freaks, denn das „Guest House" in der Äußeren Neustadt liegt recht ruhig im schönen Hinterhaus und für die Szene sehr zentral, ist sauber, effizient und freundlich geführt. Einige Zimmer mit eigener Dusche, sonst Etagendusche. Gratis WLAN und Gratis-Nutzung eines PC in der Lobby. Bett ab 18 € im 6-Bettzimmer, im DZ ab 24 €, Bettwäsche (nur Mehrbettzimmer) einmalig 2,50 €. Im Febr., Nov. und Jan. deutlich billiger. Königsbrücker Str. 64, Straba 7, 8 Bischofsweg, ✆ 0351-810770, www.mezcalero.de.

》》 Tipp: Mondpalast 50 → Karte S. 182/183. Ein freundliches Hostel mitten im Szeneviertel der Äußeren Neustadt mit Charme und unter kompetenter Führung. Blitzsauber, ob Zimmer, Bäder oder Küche, alle Räume hell und hoch, hübsch ausgestattet („nach Sternbildern"). Großer Aufenthaltsraum, im Erdgeschoss zu Recht beliebte

Hostels, Herbergen, Budget-Unterkünfte

„Zimmer mit Anschluss", in den Hostels trifft sich alle Welt

Bar, dort auch Frühstück. Das Haus war früher (als „Stadt Rendsburg") ein Hotel, das merkt man noch an den Doppeltüren einiger Räume. Zimmer mit und ohne Du/WC/TV, auch Mehrbettzimmer (bis 10 Pers.). DZ mit Dusche/WC ab 40 € (NS) bis 56 €, ohne 37–50 €, im 3- bis 4-Bett-Zimmer 18–21 € p. P., Bettwäsche extra (2 €). Louisenstr. 77, Straba 13 Görlitzer Straße, ✆ 0351-5634050, www.mondpalast.de. ⟪

Louise 20 34 → Karte S. 182/183. Beliebtes und meist gut belegtes Hostel im Hof über der „Planwirtschaft" (in der Äußeren Neustadt, → Tour 5/Essen & Trinken). Bett ab 15 €, im DZ ab 23 €. Bettwäsche 2,50 €, nur Etagenbäder. Louisenstr. 20, ✆ 0351-8894894, www.louise20.de.

Kangaroo Stop 56 → Karte S. 182/183. Billigheimer werden aufjauchzen: ab 12,50 € pro Bett im Schlafsaal, das Aborigines-Dekor gibt's gratis dazu. Frei stehender Bau mit großem Garten (Grillmöglichkeit), nicht zu eng, spartanisch eingerichtet, Tee und Zucker gratis. Für Szenegänger optimal gelegen, das Stückchen zur Szene muss man allerdings laufen. Schlafsaal 13,50–17,50 €, DZ p. P. 19–25 €, es gibt auch zwei Ferienwohnungen zu mieten (ab 37 €). Erna-Berger-Str. 8–10, Bahn Bahnhof Neustadt, Straba 3, 6, 11 Bahnhof Neustadt oder Albertplatz, Straba 7, 8 Albertplatz, ✆ 0351-3143455, www.kangaroo-stop.de.

A&O Hotel/Hostel 38 → Karte S. 156/157. Ein Zwei-Sterne-Hotel- und -Hostel teilen sich den hellhörigen siebenstöckigen Bau nahe dem Hauptbahnhof, das Hostel hat vom Doppelzimmer bis zum Sechsbettzimmer (auch nur für Frauen) jede Kapazität anzubieten. Alle Zimmer mit Dusche/WC! Für die sage und schreibe 175 Zimmer (an die 600 Betten) gibt es sehr knapp bemessene Parkplätze! Bett offiziell ab 9 €, in der HS 28–32 €, im Hotel DZ 60–130 €. Strehlener Str. 10 am Hauptbahnhof, Straba 3, 7, 8, 10 Hauptbahnhof, ✆ 0351-4692715900, www.aohostels.com.

Hotel & Hostel Cityherberge 4 → Karte S. 200/201. Keine Jugendherberge, sondern passables „Touristikhotel" im Plattenbau in wirklich guter Lage. Preise und Sanitäres okay, die Hotelzimmer sind echt in Ordnung. Gegenüber dem Rathaus und damit in Laufweite von der Altstadt. Gratis-WLAN, p. P. im Hostel ab 16 €, im Hotel ab 28 €, jeweils inkl. FR. Lingnerallee 3, Straba 1, 2, 3, 4, 7, 12 Pirnaischer Platz, ✆ 0351-4859900, www.cityherberge.de.

Jugendgästehaus Dresden 22 → Karte S. 209. Die größte Jugendherberge Sachsens ist keine Schönheit, es sei denn, man schätzt sanierte Plattenbauten, siebenstöckig und mit Lift in diesem Fall. Dafür bietet die Jugendherberge nicht nur der Jugend (vorausgesetzt man hat den DJH-Ausweis) recht komfortable Unterbringung vom DZ bis zum Schlafsaal, von vielen Zimmern aus einen großartigen Blick auf die Altstadt, ein üppiges Frühstücksbuffet und ein äußerst

58 Übernachten

preiswertes Angebot für die anderen Mahlzeiten des Tages wie den Gute-Nacht-Drink im „U-Boot". Bett ab 30 € inkl. Bettwäsche und Frühstück. Maternistr. 22, Straba 7, 10, 12 Freiberger Straße, ✆ 0351-492620, www.jugendherberge-sachsen.de.

Jugendherberge Rudi Arndt 🔳 → Karte S. 156/157. Die 74-Zimmer-Herberge ist in einer hübsch renovierten Gründerzeitvilla untergebracht, es gibt Sonnenterrasse, Bowling, Grillpartys und eine Kellerbar. Die größten Schlafräume sind 6-Bett-Zimmer. Bett ab ca. 20,50 € inkl. Frühstück, ab der 2. Nacht ab ca. 18,50 €. Hübnerstr. 11, Straba 3, 8 Nürnberger Platz, ✆ 0351-4710667, www.jh-rudiarndt.de.

In Radebeul

Jugendherberge Dresden-Radebeul 🔳 → Karte S. 248/249. Intimer als in Dresden ist die Jugendherberge in Radebeul mit nur 79 Betten in 23 Zimmern, dabei ist man im Handumdrehen in Dresden (7 Min. Fußweg zur S-Bahn-Haltestelle). Auch über den Preis kann man nicht klagen: Ü/FR ab 22,50 € (ab der 2. Nacht 2 € billiger), da ist die Bettwäsche schon dabei. Weintraubenstr. 12, 01445 Radebeul, S 1 Radebeul Weintraube, ✆ 0351-8382880, www.radebeul.jugendherberge.de.

Camping

Die meisten Campingplätze in Sachsen sind auf der Website www.camping-sachsen.de beschrieben.

Campingplatz Dresden-Mockritz 🔳 → Karte S. 156/157. Stellplätze und Bungalows, nebenan Schwimmbad, mit Restaurant, ganzjährig, nur 2 Wochen im Febr. geschlossen. 2 Erw., Auto, kleines Zelt, Stromanschluss ab ca. 21 €/Tag, WLAN 1,50 €/Tag. Boderitzer Str. 30 (südlich Uni-Campus, von B 170 auf Südhöhe abbiegen, dann Münzmeister- und Babisnauer Str.), mit Bus 76 15 Min. bis zum Hbf., ✆ 0351-4715250, www.camping-dresden.de.

Camping Wostra 🔳 → Karte S. 222/223. Großer Platz in Richtung Süden, gute Sanitäranlagen, mit Schwimmbad, FKK-Strandbad mit echtem Sand und Nordsee-Strandkörben, Restaurant sowie Sportanlagen in einer „Freizeitoase", nur April bis Okt. geöffnet. 2 Erw., Auto, kleines Zelt, Stromanschluss ab ca. 21 €/Tag. An der Wostra 7

(Zschieren-Wostra bei Heidenau an der Straße Richtung Pirna), ✆ 0351-2013254.

Camping- und Freizeitpark LuxOase, großer, komfortabler Platz nordöstlich der Stadt, der sich auch für einen längeren Aufenthalt eignet (gute Verkehrsanbindung). Mit naturbelassenem Badesee, Sportanlagen, Sauna und einem Abenteuerspielplatz. Sanitäranlagen prima, modern, behindertengerecht. Stellplatz 8 €/Nacht, Strompauschale 3 €/Nacht, Person nach Saison 6–8,90 € – in der Hochsaison mit Auto und Zelt, 2 Erw. + Strom = ca. 31 €/Nacht. Geöffnet März bis bis Mitte Dez. Arnsdorfer Str. 1, 01900 Kleinröhrsdorf (östlich von Radeberg, auf A 4 bis Abfahrt Pulsnitz, ca. 17 km von Dresden entfernt), ✆ 03592-56666, www.luxoase.de.

Feriendorf Bad Sonnenland 🔳 → Karte S. 255. Großzügiger Platz (18 ha) in einem Waldstück am Dippelsdorfer Teich, nicht weit von Moritzburg entfernt. Alle Einrichtungen eines großen Platzes, sämtlich in Ordnung. 2 ha Badefläche (öffentlich) gehören zum Platz. 2 Erw., Pkw, Zelt und Stromanschluss 19,70–24,20 € pro Nacht. Geöffnet April bis Dez. Dresdner Str. 115, 01468 Moritzburg. Von Autobahn-Abfahrt Dresden-Wilder Mann weiter auf der Moritzburger Landstraße bis 1 km vor dem Ort, ✆ 0351-8305495, www.bad-sonnenland.de.

Zwischen Dresden und Moritzburg zwei weitere Campingplätze unter gleicher Leitung, beide am selben Teich (Oberer Waldteich) → Karte S. 255: **Camping Oberer Waldteich** 🔳, Waldteichstraße, 01468 Boxdorf, ✆ 035207-81429, und **Camping Dresden Nord** 🔳, Volkersdorfer Sandweg, 01468 Volkersdorf, ✆ 035207-81469, beide April bis Okt., beide 2 Erw., Auto, kleines Zelt, Stromanschluss ab ca. 19,50 €/Tag.

Die **City Herberge** in Dresden (Lingnerallee 3, → Hostels, Herbergen, Budget-Unterkünfte) betreibt einen Parkplatz mit Stellmöglichkeit direkt am Blüherpark, also direkt an der Altstadt (Anmeldung in der City Herberge, dort auch frühstücken möglich), 14 €/Nacht plus 3 € Strom. Frisch- und Grauwasser am Münzautomat.

Wohnmobilstellplatz 🔳 → Karte S. 222/223. Ziemlich zentral am Elbufer gelegen, mit Strom, aber ohne Wasser für 10 € pro Wohnmobil. Am Anfang des Käthe-Kollwitz-Ufers (hinter der Hausnr. 4), ✆ 0173-3072932.

Prächtige Aussichten: Essen und Trinken im Lingnerschloss

Essen und Trinken

Vor der Wende – nach der Wende: Die sächsische Küche war nie der Hauptgrund, Dresden zu besuchen. Soljanka hat in schmalen Nischen überlebt, Pizza-Pasta-Snacks und Fast Food haben sie abgelöst. Wer einen prallen Geldbeutel hat, kann hier dennoch hervorragend speisen und dazu Spitzenweine aus Dresden oder Meißen genießen.

Was heute als „Sächsische Küche" gilt, ist aus der bürgerlichen Küche und der Küche der armen Leute hervorgegangen. Die Hofküche in Dresden hatte mit dem, was Bürger und Dienstboten aßen oder gar die Bauern auf dem Lande, nichts zu tun. Getrüffelte Rebhühner, frische Austern, Wildpasteten waren das Privileg weniger adeliger Familien. Wie sagt doch der Dresdner Christian Müller, Gärtner und Winzer sowie Verfasser einer kulinarischen Kolumne in der Sächsischen Zeitung: „Eine einheitliche sächsische Küche gibt es nicht und hat es noch nie gegeben." Wie die Küche der Armen die Küche Dresdens und Sachsens bestimmt hat, zeigt am deutlichsten die liebste Nachspeise der Dresdner, die als Süßmäuler bekannt sind: **Quarkkäulchen**. Das ist ein Gericht, das man auch im Krieg und während der kulinarischen Sparflammenzeit der DDR machen konnte: 750 g Kartoffeln, 250 g Quark, 2 Eier, je 2 Esslöffel Mehl, Zucker und Rosinen, Butterschmalz oder ein anderes Fett zum Rausbacken in der Pfanne, Zucker zum Drüberstreuen. Andere sächsische Lieblingsspeisen wie Sauerbraten, Rouladen, Grüne Klöße, Kartoffelsuppe, Kartoffelpuffer, Karpfen und Forelle sind anderswo im deutschen Sprachraum genauso beliebt und entstammen der (klein)bürgerlichen Küche.

Dass fünfzig Jahre Mangelzeit (vom Beginn des Zweiten Weltkriegs 1939 bis zur Wende 1989) die Sinne der Dresdner für feine Küche geschärft hätten, kann man nicht behaupten. Dagegen

60   Essen und Trinken

wuchs die Sehnsucht nach Gerichten aus anderen Ländern, man wollte mal wie die drüben nicht nur Sauerbraten, Rouladen oder Karpfen auf dem Tisch sehen, sondern Cannelloni, Zaziki und Dim Sum. Auch im sächsischen „Tal der Ahnungslosen", das kein Westfernsehen empfangen konnte, hatte sich herumgesprochen, dass „die da drüben" einfach zum Italiener, zum Griechen oder zum Chinesen gehen konnten, wenn sie mal etwas anderes essen wollten. Und in den Weihnachtspäckchen aus dem Westen fand sich nicht nur Mohn für den Mohnstollen und Mandeln und Rosinen für den Dresdner Christstollen, sondern auch Schweizer Schokolade und äthiopischer Kaffee. Was für Schätze!

Nach der Wende wurde dann alles, was auch nur im Entferntesten an die alte Küche erinnerte, über Bord geworfen, und Fast Food, Pizza & Pasta, Chinesen und Sushi-Lokale, Neue Küche und Nationalküchen von Thailand bis Südafrika hielten ihren Einzug. In den ersten Jahren stand an jeder zweiten Ecke eine Imbissbude, an der man die neuen Köstlichkeiten von der Currywurst bis zur Pizza auf die Hand erstehen konnte. Das hat sich ziemlich gegeben, aber die „Sächsische Küche" ist als bürgerliche deutsche Küche nur teilweise und nur in wenige Lokale zurückgekehrt. In den Szenelokalen der Äußeren Neustadt wird man sie vergeblich suchen. Dagegen sind die eher touristischen Regionen um die Glanzpunkte der Altstadt zwischen Zwinger und Frauenkirche schon eher für die sächsische Küche zu erwärmen, vor allem in Kellerlokalen, Biergärten und Braugaststätten, wo sie gerne als „sächsisch-böhmische" Küche bezeichnet wird, was ein Sich-mit-fremden-Federn-schmücken bedeutet (nein, die böhmischen Knödel sind wirklich böhmisch und nicht sächsisch). Wer dagegen mediterranen Küchenfreuden nachgehen will, italienisch, spanisch, griechisch essen will oder

auch arabisch, wer andere Nationalküchen schätzt, wird in Dresden an vielen Orten fündig werden.

Eine an mediterranen Vorbildern geschulte Küche hat sich zudem als sogenannte „Bistro-Küche" etabliert, einige südost- und ostasiatische Elemente wie Zitronengras und Sojasoße hat sie locker integriert. Besonders die für eine jüngere Klientel kochenden Lokale haben sie ins Herz geschlossen.

Traditionelle Dresdner Lieblingsgerichte

Gefragt, was ihre Lieblingsgerichte seien, nennen Dresdner häufig ihren Dresdner Sauerbraten, Rouladen mit Grünen Klößen, Kartoffelsuppe, Kartoffelpuffer und – ganz an der Spitze – die drei Süßigkeiten Quarkkäulchen, Stollen und Eierschecke, der von Erich Kästner geliebte und für Dresden typische Prasselkuchen, ein Blätterteig mit Streuselbelag, ist nicht darunter.

Zur Bockwurst isst man traditionell einen **Kartoffelsalat,** der in Dresden auf jeden Fall mit Äpfeln, sauren Gurken und Mayonnaise zubereitet wird. Die Kartoffeln müssen noch schön fest sein, die Mayonnaise darf nicht überwiegen, darf die Kartoffelstückchen nur leicht überziehen.

Als Suppe kennt man vor allem die Kartoffelsuppe. Die **Sächsische Kartoffelsuppe** wird mit Pilzen und Majoran verfeinert, beide dürfen bei der fertigen Suppe weder zu deutlich riechen noch hervorschmecken. Seit den Zeiten russischer Besetzung hat sich außerdem die **Soljanka** eingebürgert, eine deftige Gemüsesuppe.

Dresdner Sauerbraten war früher ein Festessen, heute bekommt man ihn im Restaurant alle Tage. Er unterscheidet sich nicht vom fränkischen Namensvetter: auch beim Dresdner wird mit Soßenlebkuchen angedickt. Selbst die

Traditionelle Dresdner Lieblingsgerichte 61

Essen und Trinken

Der Dresdner Stollen®

Dresdner Stollen ist eine Geschützte Herkunftsbezeichnung, daher das ® (für Registered Trademark) nach dem Namen. Ein Gütesiegel schützt zusätzlich vor Fälschungen (und glauben Sie nur nicht, in Dresden gäbe es nur Dresdner Stollen zu kaufen! Nachprüfen schützt vor Imitaten!). Nur etwa 140 Bäcker in Dresden und Umgebung dürfen ihn backen. Der Dresdner Stollen kann sicher auf eine mehrhundertjährige Geschichte zurückblicken, war er doch schon zu Augusts des Starken Zeiten alte Tradition. Für eine Einladung zum „Zeithainer Lustlager" ließ der Kurfürst im Jahre 1730 einen 1,8 Tonnen schweren Stollen backen. Auf ihn geht das heutige Dresdner Stollenfest (als Teil des weihnachtlichen Striezelmarktes) zurück, das seit 1994 gefeiert wird und regelmäßig einen um die 3,5 Tonnen schweren Stollen zum Zentrum hat. Viel früher schon haben vornehme Haushalte und städtische Bäcker Stollen gebacken. Wahrscheinlich entstand die Form als Gebildbrot, das das Jesuskind in Windeln als Wickelkind zur Urform haben soll.

Die Rezepte für Dresdner Christstollen sind natürlich von Bäcker zu Bäcker und Haushalt zu Haushalt unterschiedlich. Die größten Differenzen bestehen bei den Mengenverhältnissen und bei der Zubereitung. Stollen sollte man übrigens niemals frisch essen. Erst nach Tagen, ja Wochen entfaltet er sich. Kauft man ihn, sollte der Advent noch nicht begonnen haben, damit er Heiligabend seinen ganzen Duft und köstlichen Geschmack entfalten kann.

rohen Kartoffelklöße unterscheiden sich nur darin, dass sie in Franken meist eine Füllung aus Semmelbröckchen haben, was eher im Vogtland als in Dresden gemacht wird. Außerdem wird in Franken Petersilienwurzel zum Soßenfond gegeben, was in Sachsen unbekannt ist.

Unter den Fischen, die einmal den Lachs aus der Elbe umfassten (heute ist er kurz vor der Wiederkehr auf die Speisekarten), ist vor allem der Karpfen beliebt, der in der Teichlandschaft rund um Moritzburg gemästet wird. **Moritzburger Karpfensuppe** ist Vorspeise oder nährender Hauptgang. Beliebt ist auch der in der Röhre geschmorte **Moritzburger Spiegelkarpfen** oder – wie es die Meißner besonders schätzen – der **Wurzelkarpfen,** der mit Suppengemüse und etwas Wein ebenfalls im Rohr geschmort wird.

Zum Nachtisch oder zum Kaffee, dem „Schälchen Heeßen", wie es leider im-

mer seltener heißt, weil Espresso und Latte die übliche Tasse Kaffee abgelöst haben, hat man in Dresden eine besonders große Auswahl. Die Sachsen bevorzugen Blechkuchen, der in rechteckige Stücke geschnitten wird. Da dürfen dann Quark, Früchte, Mohn- und Nussmasse und auf jeden Fall Streusel drauf. Klassisch ist der **Pflaumenkuchen,** ein Blech- oder Formkuchen mit Hefeteig, Pflaumen und dick Streusel drauf. Eine echte Dresdner Spezialität ist die **Eierschecke,** ein üppiger Kuchen aus Hefeteig mit zwei Güssen, einem aus einer Quarkmasse und dem anderen aus einer Sahne-, Eier- und Zuckermasse. Die Einzelheiten sind von Konditorei zu Konditorei und von Haushalt zu Haushalt verschieden. Erich Kästner – wir erwähnten es schon – liebte **Prasselkuchen,** rechteckige Stückchen Blätterteig mit viel Streusel drauf.

Und im Advent und zu Weihnachten dominiert natürlich der **Dresdner Stollen,** jenes Dresdner Gebäck, das in der

62   Essen und Trinken

ganzen Welt bekannt ist und in alle Welt verschickt wird. Der einem länglichen Brotlaib ähnelnde Stollen besteht aus üppigem Butter-Hefeteig mit Mandeln, Rosinen, Orangeat und Zitronat nebst einem Glas guten Rum. Varianten umfassen auch Mohnstollen und Stollen ohne Rosinen. Der Dresdner Weihnachtsmarkt wird nach diesem Stollen „Striezelmarkt" genannt, im Osten Sachsens und in Schlesien hieß und heißt der Stollen nämlich „Striezel".

Wussten Sie, dass eine andere deutsche Weihnachts-Süßigkeit ebenfalls aus Dresden stammt? Die beliebten **Dominosteine** wurden von dem Dresdner Pralinenhersteller Herbert Wendler als „Notpraline" erfunden, als es 1936 die Rohstoffe für echte Pralinen einfach nicht gab. In der Dresdner Dr. Quendt Backwaren GmbH werden sie heute noch hergestellt und in nicht zu knappen Mengen.

Kaffee, Tee, Bier und Wein

Zwar ließen die Zeiten der sozialistischen Planwirtschaft wenig Freiraum für Luxusimporte wie Kakao, Kaffee, Schwarztee, Wein und Hopfen (oder gar Coca Cola), aber die Nation zu Abstinenten zu erziehen, gelang den Pankower Machthabern denn doch nicht. **Kaffee** musste sein, wenn auch Sorten wie „Rondo" oder „Mona" qualitativ alles andere als hochwertig waren. Besser war da schon „Mocca-Fix", für den man im Delikat-Geschäft, später gab es ihn auch in anderen Lebensmittelläden, freilich einen horrenden Preis zahlen musste. Kaffee ist heute nach wie vor *das* Getränk, man trinkt ihn zu allen Tageszeiten und fast zu allem. Neudeutsche(r) Latte, Espresso und Cappuccino sind eingebürgert worden (Letzterer mittlerweile wieder ohne Sahne).

Tee wird im Vergleich dazu weniger getrunken (vielleicht weil es auch zu

DDR-Zeiten ganz anständigen Tee gab, etwa den aus Georgien?), dabei wurde in Dresden doch der Doppelkammerbeutel erfunden! Auf den Teekarten einiger Cafés und Bistros findet man nur wenige unterschiedliche Teesorten, dafür alle möglichen parfümierten Varianten, aber das ist auch anderswo in Deutschland eine Entwicklung, die Gourmets erschauern lässt.

Die Qualität des **Bieres** hat seit der Wende und der Verwendung hochwertiger Hopfen einen gewaltigen Aufschwung genommen, waren doch vor der Wende nur wenige Biere trinkbar, darunter das Radeberger aus Dresdens gleichnamiger Nachbarstadt. Die Feldschlösschen-Brauerei im Dresdner Ortsteil Coschütz teilt sich heute mit Radeberger den Anteil Dresdner Biere am riesigen Angebot. Eher lokalen Ruf genießen Biere der Waldschlösschen-Brauerei und des Brauhauses Watzke.

Die **Radeberger Exportbierbrauerei** in Dresdens Nachbarstadt Radeberg bietet ein populäres Programm mit Brauereirundgängen, „Biertheater" und dem rustikalen Bierausschank an. Für Dresdner und ihre Gäste eine Möglichkeit, mehr zum Thema Bier zu erfahren, sowohl theoretisch als auch praktisch durch die Kehle.

Radeberger Brauereirundgang nach Online-Anmeldung tgl. 10–17.30, So bis 15 Uhr, Dauer ca. 2 Std., 9 € mit Verkostung; Radeberger Exportbierbrauerei, Dresdner Str. 2, www.radeberger.de.

Radeberger Brauereiausschank im Kaiserhof, Hauptstr. 62; Radeberger Biertheater, Kabarett und Volksstücke in sächsischer Mundart, mehr auf www.biertheater.de, ☎ 03528-487070.

Meißner **Wein** – so werden alle Weine der Großlagen an der oberen Elbe oberhalb und unterhalb von Dresden genannt – ist wieder hoch im Kurs und leider auch sehr teuer. Unter 10 € ist kaum eine anständige Flasche Meißner zu bekommen, fürs Glas (0,2 l) muss man mit mindestens 5 € rechnen. Seit dem Frühmittelalter wird an der Elbe rund um Meißen Wein angebaut, schließlich benötigte man ihn für die Heilige Messe. Im späten 19. Jh. waren die Verkehrswege so gut geworden, dass eine erste Internationalisierungswelle (vor der gegenwärtigen) für den lokalen Markt wegen der höheren Produktionspreise einen Einbruch mit sich brachte. Die Reblauskatastrophe, die in ganz Deutschland wütete, führte 1887 zum fast völligen Ruin des Weinbaus. Wenige Reben überlebten, so die mehr als 250 Jahre alten Rebstöcke an einer Mauer in Schloss Wackerbarth (mit Rotling). Statt der Rebhänge entstanden Obstkulturen, aus Winzerhäuschen wurden Vorortvillen.

Wie durch ein Wunder wurde der Weltweinbau durch das Aufpfropfen auf reblausresistente amerikanische Weinreben gerettet, sodass sich ab den 1920er-Jahren der Weinbau um Meißen wieder langsam erholen konnte. Bis zur heutigen aufstrebenden Weinbauregion – einer der weltweit nördlichsten gelegenen – war es jedoch ein weiter Weg. Den größten Sprung gab es erst ab ca. 1995, als eine ganze Reihe junger Winzer auf neue Erzeugungsanlagen, Produktionsweisen und Rebsorten setzte. Dumm nur, dass die EU-Verordnungen keine neuen Rebflächen zulassen. Sieht man sich die Weinfeste im Herbst an, wie sie fast alle Weindörfer zwischen Pirna (elbaufwärts von Dresden) und Diesbar-Seußlitz (elbabwärts von Meißen) heute feiern, meint man, jeder Dresdner wäre ein Weintrinker.

Wo geht man essen?

Nahe den großen Sehenswürdigkeiten Zwinger, Semperoper, Frauenkirche und Neumarkt besteht kein Mangel an

Unwiderstehliche Vitrine

Gaststätten. Auch am Elbufer und an allen Orten mit Elbblick genießen Dresdner und ihre Gäste gerne die Pause zwischen Erledigungen und Besichtigungen. Sächsisch oder Italienisch, Restaurant oder Kneipe, Bistro oder Café mit kleinen Speisen? Jeder bekommt, was er will. Im Sommer rückt man eng unter den Sonnenschirmen zusammen, je näher zu den Sehenswürdigkeiten desto enger wird der Kontakt zum Nächsten und desto höher der Preis auf der Rechnung. Im Winter herrscht Dunkel in den Lokalen der Altstadt, Teelichter – eines pro Tisch – sind auch in Speiselokalen die große Mode – damit man nicht erkennt, was auf dem Teller liegt? In sächsischen Gaststätten herrscht außer in eigens dafür ausgewiesenen, abgeschlossenen Räumen seit Februar 2008 **Rauchverbot**.

Traditionelle „bürgerliche" Lokale gibt es sehr wenige, wo sollen sie auch herkommen in einer Stadt, deren historischer Kern 1945 nicht mehr existierte und die 45 Jahre Sozialismus miterleben durfte. Was heute als bürgerlich bezeichnet wird, sind Imitate früherer Speisegewohnheiten, meist auf Bräu-Basis, häufig mit böhmischem Einschlag: z. B. Paulaner's im Hotel im Taschenbergpalais oder das Brauhaus Watzke in Pieschen. Und wenn ein Gasthaus sich schon Gasthaus nennt (wie das Gasthaus am Neumarkt), dann weiß man, dass es noch nicht lange existiert.

Was sonst an **Restaurants** nach Kunden Ausschau hält, ist im mittleren Bereich angesiedelt, was Ausstattung, Küchenleistung und Preise angeht. Dresden hat wenige Überflieger, aber immerhin drei Restaurants mit einem Michelinstern (für 2015: bean & beluga, Caroussel und Elements) und einige herausragende Restaurants wie Weber's im Gewandhaus oder Canaletto. Die meisten vor Ort als besonders gut eingeschätzten Lokale sind im gesamtdeutschen Maßstab nur Mittelklasse (man sehe sich die entsprechenden Gourmetführer an). Konzentrationen vor allem mit stark internationalem Einschlag (italienische, spanische, australische, chinesische Küche usw.) findet man in den touristischen Gassen zwischen Brühlscher Terrasse und Neumarkt sowie in den Fressgassen rund um die Kreuzkirche, Kreuzgasse, Weiße Gasse und Gewandhausstraße.

„Bistros" und Kneipen stellen in den meisten Dresdner Stadtvierteln den Hauptteil der Gaststätten. Insbesondere in den Szenevierteln und vor allem in der Äußeren Neustadt gibt es keine traditionellen Gaststätten (Tische, Stühle, Oberkellner, weißes Tischtuch, gedruckte Speisenkarte), sondern alle möglichen Variationen vom schicken Italo-Lokal mit mediterraner Ausstattung, Italienisch radebrechendem Personal (im Zweifelsfall aus Tunesien oder der Türkei) und ein paar Strandkörben

„El Horst": unprätenziöses Idyll zwischen Schrebergärten

im Garten bis hin zu dunklen oder auch sehr trendigen Buden für den schnellen Imbiss und das ebenso schnelle Glas. Hinzu kommen einige Spezialisten vom Pastahersteller mit drei, vier Tischen bis zur Ayurveda-Küche.

Fast Food bekommt man nicht mehr, wie nach der Wende, am Stand an jeder Straßenecke. Inzwischen haben die Großen zugeschlagen, aber noch nicht so massiv wie anderswo. Döner & Co sind jedoch in den Szenevierteln und entlang der Ausfallstraßen gut vertreten, auch die Currywurst verlangt meist keine langen Umwege. Und das Telefonbuch (oder der Flyer im Hostel bzw. der Werbefaltbrief im Hotel) verrät den Draht zum Pizza-Service. Auch in der Altmarkt-Galerie, im Untergeschoss der Centrum-Galerie und in den Einkaufszentren am Stadtrand gibt's Fast Food, dort heißt es u. U. „Tapas" oder „Sushi".

Biergärten sind in Dresden ein sehr beliebtes Sommervergnügen, gleich am Neustädter Ende der Augustusbrücke kann man sich zum gepflegten Bier niederlassen, aber auch Elbfähren und andere Brücken wie das Blaue Wunder sind gute Standorte. Und natürlich hat jede Kneipe einen Garten, und jeder Garten wird im Sommer zum Biergarten. Dresden hat ja eine ungemein südlich angehauchte Atmosphäre, aber im Sommer fühlt man sich mit den vielen Biergärten meist nicht so sehr ans Mittelmeer versetzt („Elbflorenz") als ins Bayerisch-Süddeutsche. Einen ganz besonderen Blickwinkel auf die Stadt bekommt man aber an einem voll besetzten rohen Tisch mitten in einem sonnenbeschienenen **Winzerausschank** im Weinberg.

Bäckerei-Cafés und Konditoreien sind in den meisten Fällen kaum noch auseinanderzuhalten, haben heutzutage doch fast alle ein paar Tische zum Kaffeetrinken oder eine Reihe Hocker mit Blick auf die Wand (hoffentlich nicht verspiegelt). Man hat genug mit sich

Mittagssnack im „Elements DELI"

selbst zu kämpfen). Die Dresdner essen viel Süßes. Die Blechkuchen mit dicker Auflage gehen weg wie die warmen Semmeln, auch mittags. Brot ist übrigens nicht unbedingt die Stärke der Dresdner Bäcker, das Weißbrot ist oft zu luftig und schmeckt mehr nach Stärke als nach Weizenmehl, das Schwarzbrot schmeckt lasch und wird zu schnell trocken. Man versuche Biobrot, gutes Brot hat auch die Bäckerei Eisold mit 16 Filialen in Dresden und Umgebung, u. a. im Karstadt, alle Adressen auf www.cafe-eisold.de.

Selbstversorgung, Picknick

Einkaufen und dann ein Picknick auf dem Zimmer oder im Grünen – mancher hat ja ein Apartment mit Küche – keine schlechte Idee! Adressen zur Selbstversorgung finden Sie im Kapitel „Einkaufen", beste Picknickplätze im Großen Garten, im Botanischen Garten und in der Elbaue, wo sich die Dresdner Jugend an Sommerwochenenden trifft. Doch Achtung: Das Grillen an der Elbe ist nur an freigegebenen Grillflächen möglich (erst seit 2014 gebührenfrei und ohne Anmeldung). Eine Karte findet man auf www.dresden.de unter Stadtraum/Umwelt/Lagerfeuer und Grillen. Vielleicht bleibt es besser beim Picknick mit kaltem Imbiss.

Welches Restaurant für wen?

Edel und elegant

Bean & Beluga	→ S. 236
Canaletto im Hotel Westin Bellevue	→ S. 175
Caroussel im Hotel Bülow Palais	→ S. 175
Kastenmeiers	→ S. 149
Lesage	→ S. 205

und die unter „Neue Küche und Cross-over" genannten Lokale.

Gutbürgerlich und sächsisch

Carola-schlösschen	→ S. 205
Churfürstliche Waldschänke	→ S. 259
Einkehr am Palmenhaus	→ S. 237
Ratskeller	→ S. 269
Vincenz Richter	→ S. 269
Wachstube	→ S. 205

Bistro Food

Café Neustadt	→ S. 194
Elements Deli	→ S. 193
Klara im Kleinen Haus	→ S. 175
L'art de vie im Societaetstheater	→ S. 175
Lingner	→ S. 205
Lila Soße	→ S. 192
Rauschenbach Deli	→ S. 163

Neue Küche und Cross-over

Palais Bistro und Restaurant Intermezzo im Hotel Kempinski	→ S. 133
Gasthaus im Schloss Wackerbarth	→ S. 252
Elements Deli	→ S. 193
Kanzlei	→ S. 244

Lila Soße	→ S. 192
Schmidt's Restaurant	→ S. 193
Villandry	→ S. 192
William	→ S. 216

und die unter „Edel und elegant" genannten Lokale.

Mit Aussicht

Café Schwebebahn	→ S. 236
Domkeller	→ S. 269
Kuppelrestaurant und „Biergarten" in der Yenidze	→ S. 217
Lingnerterrassen	→ S. 235
Spitzhaus	→ S. 252
Turmcafé (Techn. Sammlungen)	→ S. 245

Mit Kindern

„aha" Vollwertrestaurant	→ S. 163
Restaurant Brühlscher Garten	→ S. 149
El Horst	→ S. 244
Fischhaus Alberthafen	→ S. 217
Marché im Hbf.	→ S. 164
Achterbahn-Restaurant Schwerelos	→ S. 164

An der Elbe

Besenwirtschaften	→ S. 236
Elbsegler	→ S. 176
Fährgarten Johannstadt	→ S. 243
Lingnerterrassen	→ S. 235
Kahnaletto	→ S. 133
Körner- und Elbegarten	→ S. 236
Schillergarten	→ S. 243
Villa Marie	→ S. 243

Spanisch

Tapas Tapas	→ S. 175

Syrisch

Habibi	→ S. 193

Italienisch

Pastamanufaktur	→ S. 176
Quattro Cani	→ S. 217
Villa Marie	→ S. 243

Bierlokale und Braureigaststätten

Augustiner	→ S. 151
Körner- und Elbegarten	→ S. 236
Schillergarten	→ S. 243
Brauhaus am Waldschlösschen	→ S. 235
Fährgarten Johannstadt	→ S. 243
Paulaner's	→ S. 133
Sommercafé im Großen Garten	→ S. 205
Watzke	→ S. 175
Wenzel Prager Bierstuben	→ S. 175
Zum Gerücht	→ S. 244

Bio, Vollwert, vegetarisch

Brennnessel	→ S. 216
Saite	→ S. 193
„aha" Vollwertrestaurant	→ S. 163
Planwirtschaft	→ S. 194
Raskolnikoff	→ S. 85
VG-Bistro	→ S. 216

Selbstbedienung/ Fast Food

Café Prag	→ S. 164
Marché im Hbf.	→ S. 164
Restaurant im Kaufhaus Karstadt	→ S. 164
Dampfschwein	→ S. 193
Suppenbar	→ S. 193
VG-Bistro	→ S. 216

Eine Stadt im Barockfieber

Kulturszene Dresden

Barockstadt Dresden und Semperoper – das sind die kulturellen Schlagworte an die jeder denkt. Dabei gibt es noch so viel mehr: moderner Tanz und Märchen, Knabenchöre und Kabarettisten, Jugendtheater und Stummfilme.

Das aktuelle Veranstaltungsprogramm kann vor Ort in den verschiedenen Stadtmagazinen (→ Wissenswertes von A bis Z) oder unter www.dresden.de/veranstaltungen recherchiert werden.

Oper, Operette, Ballett

Sächsische Staatsoper „Semperoper"

Dresdens auf eine lange Tradition zurückblickendes Opernhaus ist ein Touristenmagnet ersten Ranges. Den Uraufführungsort des „Tannhäuser" (im Vorgängerbau), des „Rosenkavalier" und der „Elektra" wollen Gäste aus aller Welt zumindest einmal bei einer Opernaufführung erleben. Die in der Spielzeit 2014 zu 91,7 % ausgelastete Semperoper hat zu 60 % ausländische Gäste. Wie eine Wirtschaftsstudie zeigt, erzeugt jeder in der Semperoper eingesetzte Euro mindestens das Vierfache an Umsätzen in Dresden, und vom Kostendeckungsgrad aus Eigeneinnahmen führt Dresden mit 42,8 % vor München und Berlin, ebenso bei den Vorstellungen mit 380. Seit der Saison 2012/2013 leitet *Christian Thielemann* die Sächsische Staatskapelle, das Hausorchester und eines der ältesten wie besten Orchester der Welt – der international umjubelte Dirigent, der seit 2015 auch Musikdirektor der Bayreuther Festspiele ist, ist ein Garant für das Niveau der Staatsoper. Das Repertoire der Sächsischen Staatsoper ist weit gespannt. Unter den 23 verschiedenen Stücken bietet (bzw. bot) das Haus

2015/2016 die Premiere von „Der Wildschütz" (komische Oper von A. Lortzing), die europäische Erstaufführung der zeitgenössischen Oper „The Great Gatsby" von John Harbison, die Spielplanklassiker „Cavalleria rusticana/Pagliacci" (P. Mascagni/R. Leoncavallo) und „Don Giovanni" (Mozart) sowie „Mathis der Maler" (P. Hindemith) und „Eugen Onegin" (P. Tschaikowsky). Zwei Ballettpremieren sind ebenso geplant. Christian Thielemann wird u. a. den „Lohengrin" (R. Wagner) dirigieren, wobei die berühmteste Debütantin Anna Netrebko als Elsa sein dürfte. Auch beim Silvesterkonzert 2015, das das ZDF aus der Semperoper überträgt, steht der Chef-Maestro selbst am Pult.

Sächsische Staatsoper Dresden „Semperoper", Theaterplatz 2, Karten je nach Vorstellungstyp, Termin und Platz (ohne Hörplätze) ca. 10–45 € für die einfachsten, 55–210 € für die teuersten Plätze. **Tageskasse** in der Schinkelwache Mo–Fr 10–18, Sa/So 10–13 Uhr, im Winter meist So geschlossen; **Abendkasse** (mit Stehplatz-Verkauf) öffnet 1 Std. vor Vorstellungsbeginn in der Zentralgarderobe; **Kartenvorverkauf** auch unter ✆ 4911705 und im Internet (Kreditkarte bzw. Sofort-Überweisung) sowie per Mail (bestellung@semperoper.de). Spielplaninfos unter www.semperoper.de. Straba 4, 8, 9 Theaterplatz.

Staatsoperette

Die Staatsoperette Dresden ist das einzige Nur-Operettentheater Deutschlands. Ab Dezember 2016 soll sie zudem – zusammen mit dem tjg. theater junge generation – ein gänzlich neues und endlich in der Innenstadt gelegenes Haus beziehen. Von Leuben geht es also ins Kraftwerk Mitte in der Wilsdruffer Vorstadt (→ Tour 7). Geplant sind nicht nur Operettenklassiker („Die Fledermaus" und „Im Weißen Rössl"), sondern auch sogenannte Spielopern (z. B. das Singspiel „Die Zauberflöte" oder „Die verkaufte Braut") und Musicals („Evita", „Anatevka", „Catch Me If You Can"). Ziemlich beeindruckend wird der vulkanisch schwarz-rote Zuschauerraum mit 700 Plätzen (allesamt mit guter Sicht). Bis zur Eröffnung fahren die Dresdner und ihre Gäste noch ins seit 1947 bespielte Langzeitprovisorium im früheren Apollo-Theater am östlichen Stadtrand.

Die Musik spielt nicht immer in der Semperoper

Staatsoperette Dresden, Pirnaer Landstr. 131, Karten ca. 9–29 €, Kasse Mo 10–16, Di–Do 10–19, Fr 11–19, Sa 15–19 Uhr, So/Fei nur Abendkasse jeweils 1 Std. vor Vorstellungsbeginn, ☏ 2079999, www.staatsoperette-dresden.de, www.operette-im-zentrum.de. Straba 2, 6 Altleuben.

SemperOper Ballett

Der kanadische Ballettchef (Aaron Watkin) und die Zusammenarbeit mit der Forsythe Company (s. u.) haben Dresdens Staatsopernballett sehr gut getan, Weltklassetänzer (Jiři Bubeníček, Natalia Sologub) trugen das ihre bei: Dresdens Ballett ist auf dem Sprung in die Weltklasse. Spielort ist normalerweise die Semperoper. Die Truppe setzt auf eine Mischung aus sicheren Publikumslieblingen wie den „Nussknacker" und mitreißenden modernen Choreographien wie „Impressing the Czar" (William Forsythe). Für 2016 sind „Manon" in der klassisch gewordenen 1974er-Version von Kenneth MacMillan und die Uraufführung „COW" des Schweden Alexander Ekman geplant.

Adresse, Karten und Vorverkauf → Sächsische Staatsoper „Semperoper".

Dresden Frankfurt Dance Company

William Forsythe, einer der wichtigsten zeitgenössischen Choreographen – von vielen als der wichtigste angesehen – hatte seine Forsythe Company (neben Frankfurt am Main) im Dresdner Stadtteil Hellerau angesiedelt. Dort steht der Truppe in der noch vor dem Ersten Weltkrieg entstandenen Gartenstadt (→ S. 191) das Festspielhaus zur Verfügung, das mit einer Reihe größerer und kleinerer Arbeits- und Aufführungssäle aufwarten kann. Auch wenn Forsythe 2014 die Leitung an sein ehemaliges Ensemblemitglied, den italienischen Tänzer und Choreographen Jacopo Godani weitergab, auf dem Spielplan soll sich nach wie vor eines der Werke von Forsythe wiederfinden. Die Arbeiten

der Truppe sind das exakte Gegenteil klassischen Tanzes: Abgehackte Bewegungen, starke Krümmungen, scheinbar den Rhythmus brechende Sprünge und die Verwendung unüblicher Elemente sind ihr Markenzeichen.

Auch wenn immer wieder von Förderstopp die Rede ist, der Kooperationsvertrag der Company mit den Bundesländern Sachsen und Hessen wurde bis 2018 verlängert.

Mehr über die Ballettruppe unter www.dresdenfrankfurtdancecompany.com. Die Dresdner „Niederlassung" ist im Festspielhaus Hellerau, Karten/Programm beim Besucherdienst von Hellerau – Europäisches Zentrum der Künste, Karl-Liebknecht-Str. 56, ☏ 2646246, www.hellerau.org. Kartenvorverkauf an der Kasse im Festspielhaus, Mitte Juli/Aug. tgl. (außer Di) 10–16 Uhr, Sa/So ab 11 Uhr, sonst tgl. bis 18 Uhr. Alternativ bei www.reservix.de bzw. ab 2 Std. vor der Vorstellung an der Abendkasse. Straba 8 Festspielhaus Hellerau.

Orchester und Chöre

Bereits Mitte des 15. Jh. existierte in Dresden eine Hofkantorei, aus der im späten 16. Jh. die Hofkapelle hervorging, die 57 Jahre lang von Heinrich Schütz (1585–1672) geleitet wurde, dem „Vater der deutschen Musik". Welches Orchester im deutschsprachigen Raum kann sich mit dieser langen Musiktradition messen? Nicht einmal die Wiener Philharmoniker in ihrer Funktion als Staatsopernorchester! Und Dresden hat ein zweites renommiertes Orchester, die Dresdner Philharmonie, die auch schon 1870 gegründet wurde. Vom Orchester der Hochschule für Musik und den verschiedenen Chören ganz zu schweigen.

Sächsische Staatskapelle Dresden

Dass ein staatliches Orchester wie die Staatskapelle Dresden gleichzeitig das Orchester der Staatsoper ist, stellt keinen Einzelfall dar, in Wien und Berlin machen es die jeweiligen Philharmoniker

Kulturszene Dresden

nicht anders. Bis in die Mitte des 19. Jh. hätte ein Orchester von den Einnahmen durch Konzerte nicht leben können. Erst zur Zeit der Romantik und in der Gründerzeit fanden die Aufführungsabende der (Wiener) Klassik und der damaligen zeitgenössischen Konzertmusik von Brahms bis Schumann genug Interesse, um ein Orchester damit am Leben zu erhalten. Die Doppelfunktion ist also alt und im Zweifelsfall ein Zeichen für einen hohen Standard: wie in Dresden, wo die Leitung des Orchesters von 2007 bis 2010 (wie auch für die Oper) bei Fabio Luisi lag, dem nach einem Interregnum ab 2012 *Christian Thielemann* folgte. Mit dessen internationaler Karriere hat auch die der Staatskapelle noch einmal einen Riesenschub bekommen. Die Konzerte des Orchesters finden in der Regel in der Semperoper statt. Übrigens: Einzelne Mitglieder sind zusammen mit den Dresdner Kapellknaben heute noch bei Festgottesdiensten in der Hofkirche zu hören. Sie erfüllen dann ihren historisch begründeten Orchesterdienst, denn bei der Gründung war die heutige Staatskapelle noch schlicht feudal die Hofkapelle und seit ihrer Gründung 1548 für geistliche Musikgestaltung verantwortlich.

Adresse/Karten wie Sächsische Staatsoper.

Dresdner Philharmonie

Das zweite große Orchester der Stadt, die Dresdner Philharmonie, existiert bereits seit 1870 und wurde lange Jahre von dem 2014 gestorbenen Spanier *Rafael Frühbeck de Burgos* geleitet, der 2011 vom Berliner Michael Sanderling abgelöst wurde. Der „Ehrenmusikdirektor auf Lebenszeit" Kurt Masur – von 1967 bis 1972 Chefdirigent der Philharmoniker – ist dem Orchester noch immer eng verbunden. Spektakulär sind immer die Konzerte mit den Artists in Residence, 2015/2016 wird das die argentinisch-französische Cellistin Sol Gabetta sein.

Traditioneller Spielort ist der Festsaal im Kulturpalast, dessen Umbau sich aber standesgemäß verzögert hat. Jetzt sollen die Dresdner Philharmoniker 2017 dort wieder einziehen – bis dahin begnügen sie sich mit mehreren Interimsstandorten (z. B. Lichthof des Albertinums, Frauenkirche, Großer Saal des Hygiene-Museums, Schauspielhaus, Kreuzkirche). Die Kartenpreise sind im Vergleich zur Staatskapelle gemäßigt, nur für die Silvester- und Neujahrskonzerte sowie jene in der Frauenkirche muss man tiefer in die Tasche greifen (die billigen Plätze in der Frauenkirche haben eine sehr problematische Akustik). Karten für Studenten & Co. kosten auch im Vorverkauf nur 9 €!

Dresdner Philharmonie, Besucherservice Weiße Gasse 8, ✆ 4866866, www.dresdner philharmonie.de. Karten beim Besucherservice Mo–Fr 10–18, Sa 10–16 Uhr und an allen bekannten Vorverkaufsstellen, Kartenbestellung auch schriftlich (Postfach 120424, 01005 Dresden), online unter ticket@ dresdnerphilharmonie.de sowie 1 Std. vor Beginn an der Abendkasse. Straba 1, 2, 4 Altmarkt.

Orchester der Musikhochschule Carl Maria von Weber Dresden

Seit das Orchester der Dresdner Musikhochschule (sie existiert seit 1856 und ist eine der ältesten in Deutschland) einen nahezu brandneuen Konzertsaal mit hochmoderner Ausstattung bekommen hat (s. u.), ist es stärker ins Bewusstsein der Kulturbeflissenen der Stadt gerückt, zumal es auch schon in der Semperoper gastierte.

Hochschule für Musik, Wettiner Platz 13, www.hfmdd.de. Karten im dc-musicstore gegenüber vom Konzertsaal, Schützengasse 12, ✆ 33236261, und bei www. reservix.de, Restkarten an der Abendkasse.

Ensemble Frauenkirche

Der Frauenkirchenkantor Matthias Grünert ist Gründer und Leiter dieses Ensembles, das sich aus Künstlern der beiden Orchester der Stadt zusammen-

Theater 71

Konzert in der Frauenkirche

setzt und vor allem in der Frauenkirche musiziert. In der Frauenkirche finden zusätzlich zahlreiche Konzerte statt (Kalender und Buchungsmöglichkeit auf www.frauenkirche-dresden.de; Mehr zur Frauenkirche → S. 142 f).

Ensemble Frauenkirche, Ticketservice Frauenkirche, Georg-Treu-Platz 3 (1. OG), Mo–Fr 9–18, Sa 9–15 Uhr, ✆ 65606701, ticket@frauenkirche-dresden.de, sowie bei den anderen Vorverkaufsstellen (z. B. Dresden Information). Abendkasse (Zugang D) mind. 1 Std. vor den Aufführungen.

Dresdner Kreuzchor

Fast so berühmt wie der Leipziger Thomanerchor oder die Wiener Sängerknaben ist der Kreuzchor, einer der ältesten Knabenchöre der Welt. Seit dem 19. Jh. hat er von Kantoren profitiert, die seine künstlerische Leistung aufpolierten und ihn bereits in den 1930er-Jahren auf Welttourneen begleiteten. Eine Legende ist Rudolf Mauersberger, der den Chor von 1931 bis zu seinem Tode 1971 leitete. Seit 1997 wird der Chor von *Roderich Kreile* geführt, dem 28. Kreuzkantor nach der Reformation. Aufführungen finden in der Kreuzkirche und gelegentlich an anderen Orten statt. An Samstagen um 18 Uhr (Winter 17 Uhr) gibt es eine Kreuzchorvesper. Auch die Sonntagsgottesdienste um 9.30 Uhr werden oft von den Kruzianern mitgestaltet.

Konzertkasse der Kreuzkirche, An der Kreuzkirche 6, ✆ 4965807, www.kreuzkirche-dresden.de, tgl. (außer So) 10–18 Uhr, Sa nur bis 14 Uhr und eine Stunde vor Konzertbeginn. Karten auch bei allen anderen Ticketbörsen, z. B. der Dresden Information. Straba 1, 2, 4 Altmarkt.

Theater

Dresdens Theatertradition ist kaum weniger eindrucksvoll als die von Oper und klassischer Musik. Ein Komödienhaus auf dem Taschenberg präsentierte von 1667 bis 1707 Theaterstücke. Es wurde gefolgt vom Alten Hoftheater (auch „Moretti-Theater" genannt), das von 1771 bis 1841 bespielt wurde. Im Theater auf dem Linckeschen Bade fanden von 1776 bis 1858 Aufführungen statt, im heute noch, wenn auch in anderer Form existierenden Societaetstheater ab ca. 1775. Im ersten Semperschen

Dresden setzt Zeichen! – gegen Fremdenhass und Ausländerfeindlichkeit

Egal, was man in Dresden besucht oder besichtigt, sofort wird man an der Fassade oder am Eingang auf große Banner, Fahnen und Tafeln der **Initiative weltoffenes Dresden** stoßen. „Das Land, das die Fremden nicht beschützt, geht bald unter" prangt weithin sichtbar unter der Zitronenpresse an der Hochschule für Bildende Künste.

Federführend war das Staatsschauspiel, das jeden Montag ab 15 Uhr im Montagscafé im Kleinen Haus unter dem Motto „Refugees are welcome here" einen offenen Treffpunkt für Dresdner und Geflüchtete anbietet. Zweiter Organisator ist das Festspielhaus Hellerau, das inhaltlich starke Beiträge liefert, so z. B. über die Roma als zentrale Bereicherung europäischer Kultur.

Nur einige Beispiele: Das Militärhistorische Museum der Bundeswehr macht genauso mit wie der Jazzclub Tonne, das Verkehrsmuseum genauso wie zwei Dresdner IT-Unternehmen, die die Smartphone-App „Welcome to Dresden" entwickelten, die Flüchtlingen den Weg u. a. durch die Behörden erleichtern.

Eine zweite Initiative, die überall im Stadtbild bemerkbar ist, ist die Kampagne der Stadt Dresden: **Die Welt bereichert Dresden. Jeden Tag.** Das steht auf Dresdner Gelb an der Straßenbahn, der Sparkasse, an den Stadtwerken („Strom und Wasser kennen keine Grenzen") oder den Wagen der Stadtreinigung. Die Slogans, die zum Teil Ergebnisse eines Reimwettbewerbs sind, sind nicht immer geistreich (Beispiele gibt's auf www.bereichertdresden.de), zeigen aber deutlich, wie die Stadt sich selber sieht.

Ein weiteres gutes Beispiel ist auch die Initiative **Dresden – Place to be,** die am 4. Oktober 2015 einen Spendenlauf veranstaltete und dafür den Bürgerpreis der Deutschen Zeitungsverleger erhielt (www.dresden-place-to-be.de).

Hoftheater (damals waren Oper und Theater noch nicht strikt getrennt) erfolgte 1841 die Premiere von Goethes Iphigenie. Bedeutende Schauspieler traten ab 1871 im 1945 zerstörten Albert-Theater am Albertplatz auf ebenso wie im Komödienhaus (1923 bis 1945), im Residenz-Theater (1872 bis 1945), im Neuen Schauspielhaus (seit 1913) und im Festspielhaus Hellerau (seit 1911).

Staatsschauspiel Dresden

Das Schauspielhaus neben dem Zwinger und das Kleine Haus in der Neustadt (ehemals „Tonhalle") bringen vor allem klassische und moderne Theaterstücke unterschiedlichen Schweregrades. Nach erfolgter Außen- und Innen-Auffrischung des Schauspielhauses (2007) und Intendantenwechsel (seit 2009 Wilfried Schulz) hat sich das Niveau der Anstalt deutlich gehoben, wozu eine ganze Reihe sowohl beim Publikum als auch bei den Kritikern erfolgreicher Premieren beitrug. Darüber hinaus bezieht das Theater auch gesellschaftspolitisch Position und ist bei der „Initiative weltoffenes Dresden" ganz vorne dabei. Ach ja: Mit dem Williams (→ Tour 7/Essen & Trinken) besitzt das Schauspielhaus auch noch eine ganz hervorragende Gastronomie.

Schauspielhaus, Theaterstr. 2, Karten an der Tages- und Abendkasse (für alle Spielstätten) Mo–Fr 10–18.30, Sa 10–14 Uhr, ☎ 4913555 (Kartenvorverkauf außerhalb der Öffnungszeiten), ☎ 0800-4913500 (Kartenvorverkauf während der Öffnungszeiten), außerdem Spielplanauskunft unter ☎ 4913570 und www.staatsschauspiel-dresden.de. Kartenvorverkauf auch an den anderen Vorverkaufsstellen (→ Kasten S. 79). Straba 1, 2, 4, 8, 9, 11 Postplatz.

Kleines Haus, Glacisstr. 28, Neustadt, Tages- und Abendkasse Mo–Fr 14–18.30 Uhr, Tickets/Adressen wie oben. Straba 3, 7, 8 Albertplatz.

Landesbühnen Sachsen

Die sächsischen Landesbühnen (die – man höre und staune – seit 2012 keine Landesbühnen mehr sind, sondern eine private GmbH mit einem einzigen Gesellschafter – dem Freistaat) haben ihren Standort in Radebeul bei Dresden. Dort geben sie im Großen Haus, der Studiobühne und zusätzlich in einigen anderen Städten (z. B. Meißen) und der Felsenbühne Rathen (Sächsische Schweiz) – wo Sommerspiele stattfinden – pro Jahr an die 650 Vorstellungen. Das Orchester ging aus dem erzwungenen Zusammenschluss von Neuer Elblandphilharmonie Riesa und dem Orchester der Landesbühnen hervor und heißt jetzt Elbland Philharmonie Sachsen. Das Programm des Hauses

mixt Oper, Ballett und Schauspiel; die Landesbühnen sind also eine klassische Dreispartenbühne.

Landesbühnen Sachsen, Radebeul, Meißner Str. 152, Info ☎ 89540, Kasse Di–Fr 10–18, Sa 11–14 Uhr sowie Abendkasse (1 Std. vor Beginn), Kartentelefon ☎ 8954214 oder online auf www.landesbuehnen-sachsen.de und www.elbland-philharmonie-sachsen.de. Straba 4 Landesbühnen Sachsen.

Comödie Dresden

Boulevardtheater, Kabarett, Kindertheater und der eine oder andere Solo-Abend oder Vortrag stellen den Spielplan der Comödie im World Trade Center in der Wilsdruffer Vorstadt, die sich nur durch die Eintrittskarten finanziert (auf der anderen Seite des WTC gibt es noch das Boulevardtheater Dresden; → S. 74).

Comödie Dresden, Freiberger Str. 39 (im WTC), Kasse Mo–Fr 10–18 Uhr (im Winter auch Sa) sowie 1 Std. vor Beginn, ☎ 866410, www.comoedie-dresden.de oder www.eventim.de. Straba 7, 10, 12 Freiberger Straße.

Societaetstheater

Das ursprüngliche Dresdner Societaetstheater wurde 1776 als Liebhabertheater gegründet. Bürgerliche Laien wollten damit dem Hoftheater eine deutschsprachige Bühne mit hohem moralischem Anspruch entgegensetzen. Etwa 50 Jahre später musste man schließen. In den 1980er-Jahren wurde das barocke Theatergebäude wiederaufgebaut. Das neue Societaetstheater eröffnete 1999 als städtische gGmbH und ist ein modernes Kammertheater. Auf dem Spielplan stehen Kabarett, musikalische Soloabende und Gastspiele kleiner Produktionen sowie mitunter anspruchsvolle Eigenproduktionen (2015 z. B. das Stück „Lampedusa" von Henning Mankell, der eben nicht nur Krimiautor war, sondern auch Afrika-Aktivist).

Societaetstheater, An der Dreikönigskirche 1 a, Neustadt. Tickets ☎ 8036810, online unter

74   Kulturszene Dresden

www.reservix.de oder www.societaets theater.de. Kasse Di–Fr 15–20, Sa 12–17/17.30–20 Uhr, Mo/So/Fei nur Abendkasse 2 Std. vor Vorstellungsbeginn. Straba 3, 6, 7, 8, 11 Albertplatz oder 4, 9 Neustädter Markt.

Theaterruine St. Pauli

In der Ruine der St.-Pauli-Kirche, einem 1889 bis 1891 entstandenen neogotischen Klinkerbau im Hechtviertel, finden seit 1999 sommerliche Theaterabende statt. Von April bis in den Oktober wird Erhabenes kräftig gekürzt und durch die Mangel gedreht (Goethes „Zauberflöten"-Fortsetzung), und das Publikum darf mitmachen. Herrlich witzig zum Beispiel „Siegfried – ein Germanical" im Sommer 2015. Der beliebte Spielort war ursprünglich open air, hat 2012 aber ein Glasdach bekommen. Nun können auch Konzerte stattfinden – aus Lärmschutzgründen waren sie vorher nicht erlaubt.

Verein Theaterruine St. Pauli, Königsbrücker Platz (Leipziger Vorstadt/Äußere Neustadt), www.pauliruine.de, Abendkasse ✆ 2721444. Straba 7, 8 Tannenstraße oder Bus 64 Rudolf-Leonhard-Straße.

Boulevard Theater Dresden

Im früheren Theater Wechselbad werden Klassiker des Boulevards, Konzerte (von Ulla Meinecke über Jazz bis zum Johann-Strauss-Galakonzert) und sehr viel echtes Kabarett geboten (2015 Mundstuhl, Sissi Perlinger und Monsieur Alfons, der französische Reporter mit dem Wuschelmikrofon). Außerdem Lesungen, z. B. von Erich von Däniken (oder fällt das unter Kabarett?). Ein festes Ensemble gibt es in diesem zweiten Boulevardtheater im World Trade Center (→ Comödie Dresden) nicht – eigene Inszenierungen werden mit Gästen besetzt, ganze Ensembles werden für Gastspiele engagiert.

Boulevard Theater Dresden, Maternistr. 17 (östliche Flanke des WTC), Karten 12–27 €, Kasse Mo–Sa 10–19, So 14–19 Uhr, ✆ 7961155, www.boulevardtheater.de. Straba 7, 10, 12 Freiberger Straße.

Felsenbühne Rathen

Im Halbrund des Theaters unter den Rathener Felsbastionen werden im Sommer (Anf. Mai bis Mitte Sept.) vor allem populäre Stücke gezeigt, die von der Oper („Freischütz" und 2016 neu: „Zauberflöte") über das Musical („Drei Haselnüsse für Aschenbrödel" nach dem berühmten tschechisch-deutschen Märchenfilm) und das Schauspiel („Der Glöckner von Notre Dame") bis zu Kinderstücken („Schneeweißchen und Rosenrot") und – besonders beliebt – Karl-May-Adaptionen („Winnetou I") reichen. Die Felsenbühne Rathen wird von den Landesbühnen Sachsen bespielt (→ S. 73).

Infos und Karten bei Felsenbühne Rathen, Amselgrund 17, 01824 Kurort Rathen, ✆ 035024-7770, www.landesbuehnen-sachsen.de und bei den Landesbühnen in Radebeul, Kasse vor Ort Mai bis letzter Vorstellungstag tgl. (außer Mo) 11–17 Uhr und bis 30 Min. nach Beginn. Bahn S 1 Kurort Rathen.

Theater für Kinder und Jugendliche

tjg. theater junge generation: Dieses Theater für Kinder und Jugendliche, das zu DDR-Zeiten besonders gefördert wurde, hat die Wende bestens überstanden, mit über 600 Vorstellungen im Jahr zählt es zu den größten Kinder- und Jugendtheatern im deutschen Sprachraum. Das Programm kann sich sehen lassen, allein für die Spielzeit 2015/16 sind 13 Premieren geplant. Die weitere Zukunft ist rosig, ab August 2016 soll das Theater zusammen mit der Staatsoperette das neue Haus im Kraftwerk Mitte bespielen. Zum festen Theaterbetrieb kommen zwei Sommerspielstätten im Großen Garten sowie im Zoo.

tjg-Bühne seit Sommer 2016 in der Meißner Landstraße 4 (Cotta), Straba 1, 12 und Bus 94 Cossebauder Straße. Tickets ✆ 4965370 oder online auf www.tjg-dresden.de, Vorverkauf 2 Std. vor Beginn an der jeweiligen Spielstätte bzw. an der Puppentheaterkasse im Rundkino Prager Straße, Di–Fr 14–18 Uhr.

Puppentheater: Der Standort im Rundkino für das Puppentheater, eine Sparte des tjg. (→ S. 74), besteht ebenfalls seit DDR-Zeiten. Auf dem Spielplan fehlen weder der Kasper noch der gestiefelte Kater, doch auch Kafkas „Process" wurde für die Puppenbühne adaptiert, und „Cloud Pictures" wird auf Englisch inszeniert. In der Sommersaison spielt das Puppentheater im Sonnenhäusl im Großen Garten

Puppentheater im Rundkino, Prager Straße, Vorverkauf → tjg. theater junge generation.

Yenidze: Die etwa 1-stündigen Erzählungen am Nachmittag im Märchenzelt unter der Kuppel des Yenidze (→ S. 76) sind vorwiegend für Kinder gedacht (Kinderkarte 5 €)!

Kinder 6 €, Erwachsene 8 €, ermäßigte Familienkarte und Programm auf www.1001maerchen.de.

Kabarett, Kleinkunstbühnen

Die **Herkuleskeule** bietet eines der besten deutschen politischen Kabaretts – mit Pfiff und Biss und ohne Sommerpause! Der Gründer Manfred Schubert verstand es zwischen 1961 und 1989, wie das sonst nur der Leipziger „Pfeffermühle" und der Berliner „Distel" gelang, subtile Kritik in das von oben verordnete Polit-Kabarett einfließen zu lassen. Künstlerischer Leiter ist seit 1986 Wolfgang Schaller. Das Ensemble soll in renovierten Kulturpalast eine neue, etwas größere Bühne erhalten (2016 vermutlich).

Herkuleskeule, bis 2016 am Sternplatz 1, Karten je nach Platzgruppe und Tag 15–22 €, Kasse Mo–Fr 11–18 Uhr, Sa bis 16 Uhr sowie 1 Std. vor Vorstellungsbeginn, ✆ 4925555, www.herkuleskeule.de. Straba 7, 10, 12 Freiberger Straße.

Dresdner Kabarett Breschke & Schuch: Die Hausherren und Namengeber Breschke und Schuch bieten deftig-bissige bis nachdenklich machende Satire und ein buntes Gastspielprogramm.

Dresdner Kabarett Breschke & Schuch, Wettiner Platz 10 (Eingang Jahnstraße), Kasse Di–Fr 10–18 Uhr und Abendkasse 1 Std. vor Beginn, online unter www.kabarett-breschke-schuch.de, Karten 17–22 €, ✆ 4904009. Mit der S-Bahn bis Bhf. Dresden Mitte, Straba 1, 2, 6, 10 Bahnhof Mitte.

Theaterkahn Dresden – Dresdner Brettl: „Theater für Cabaret, Musik und Literatur" nennt sich der Kahn, der

Richtig gutes Kabarett in Dresdens „Mitte"

unterhalb des Italienischen Dörfchens angelegt hat und z. B. Eric-Emmanuel Schmitts „Enigma" auf dem Programm hat, einen Kurt-Tucholsky-Abend oder „Loriots heile Welt" und (selbstverständlich) einen Erich-Kästner-Abend („Es gibt nichts Gutes, außer: Man tut es"), aber auch Daniel Glattauers „Gut gegen Nordwind". Das Restaurant „Kahnaletto" auf dem Kahn ist den Besuch wert (→ S. 133).

Theaterkahn Dresden – Dresdner Brettl, Terrassenufer (an der Augustusbrücke), Tickets ca. 10–25 €, Tageskasse Mo–Fr 11–18 Uhr, Abendkasse 1 Std. vor Beginn, ✆ 4969450 oder www.theaterkahn-dresden. de. Straba 4, 8, 9 Theaterplatz.

Yenidze: Neben dem nachmittäglichen Kindermärchenprogramm läuft abends ein Programm für Erwachsene, das gerne auch auf sinnliche Texte zurückgreift. Außerdem werden Bauchtanznächte geboten. Sensationell: „Lauschrausch", die Internationalen Obertontage im September, drei Tage mit klassischen und ungewöhnlichen Instrumenten und Stimmlagen, produziert von Oberton-Spezialisten aus aller Welt.

Yenidze, Weißeritzstr. 3, Karten 12,50 €, Kinder in Märchenveranstaltungen 6 €, Lauschrausch 15 €, ✆ 4951001, www.1001maerchen. de. Straba 6, 11 Kongresszentrum.

Weitere Veranstaltungsorte und Konzertreihen

Kulturpalast

Die Mehrzweckbühne im DDR-Bau Kulturpalast ist nicht nur Stammsitz der Dresdner Philharmonie, sondern bot auch Shows, Gastspiele von Theater, Ballett, Oper, Rock, Pop, Volksmusik und Vorträge. Der Bühnenraum und letztlich das gesamte Innenleben des Gebäudes wurden von September 2012 bis höchstwahrscheinlich 2016 umgebaut.

www.dresden.de/kulturpalast

Festspielhaus Hellerau

Die schon erwähnte Spielstätte (→ Dresden Frankfurt Dance Company) ist als Europäisches Zentrum der Künste ein Treffpunkt der Avantgarde auf dem gesamten musischen Sektor. Das 1911 errichtete und 2006 nach mehrjähriger Bauzeit wiedereröffnete Festspielhaus mit dem Yin-und-Yang-Symbol im Giebel bringt in lockerer Folge Musik, Theater, Tanz, Installationen, Lesungen, Filme und jeden künstlerisch denkbaren Mix daraus.

www.hellerau.org. Straba 8 Festspielhaus Hellerau.

Hochschule für Musik Carl Maria von Weber

Die renommierte Musikhochschule in der Wilsdruffer Vorstadt – sie ist mit dem Gründungsjahr 1856 eine der ältesten Deutschlands – stellt regelmäßig ihre Lehrer und Studierenden in zahlreichen Konzerten und Studioproduktionen vor. Diese finden in der Regel im eigenen Haus statt, gelegentlich werden aber auch andere Konzertsäle genutzt, in der Semperoper (Matineen) oder – wie in einer Produktion von Glucks „Orpheus und Eurydike" – ein Theatersaal im Kleinen Haus des Staatsschauspiels in der Glacisstraße. Die neue Proben- und Konzerthalle (Büro „hammeskrause architekten" aus Stuttgart), ist seit 2008 der Ort für die meisten Konzerte und Produktionen der Musikhochschule. Lange waren die Meinungen über den Neubau geteilt („riesige Salatschüssel"), für die Hochschule und Freunde moderner Architektur ist er aber auf jeden Fall ein enormer Gewinn. Toll ist, dass im terrassierten Raum die Akustik situativ reguliert werden kann.

Hochschule für Musik Dresden, Wettiner Platz 3, Bahn Bahnhof Dresden Mitte, Straba 1, 2, 6, 10 Bahnhof Mitte.

Zeitenströmung

Ein privater Investor vom Tegernsee hat sich des alten Industrie- und Militärkomplexes an der Königsbrücker Straße zwischen dem Militärhistorischen Museum und Hellerei angenommen. Und das scheint gut zu funktionieren. Neben diversen Spezialunternehmen – vom Oldtimerhandel bis zur Kaffeerösterei – gibt es eine Veranstaltungshalle mit ganz besonders hoher Decke, in der die großen **Wanderausstellungen** des Landes gastieren, von den „Körperwelten" bis zu „Tutanchamun". Das permanente Highlight des Komplexes ist aber mittlerweile das neue **Sternerestaurant Elements** mit seinem preisgünstigen Mittags-Deli neben dem Niagarafall-Brunnen.

www.zeitenstroemung.de. Königsbrucker Str. 96, Straba 7, 8 Heeresbäckerei. Restaurant Elements → Tour 5/Essen & Trinken.

Dresdner Orgelzyklus

Die Orgelkonzerte finden jeweils Mittwoch um 20 Uhr im Wechsel in der Kathedrale (Hofkirche), der Frauenkirche und der Kreuzkirche statt, Eintritt 7 €. Für die Konzerte in der Kathedrale gibt es keinen Vorverkauf. Das Programm liegt in diesen drei Kirchen und bei Büros der Dresden Information aus, online finden Sie es unter www.kulturkalender-dresden.de.

Konzertreihe Offenes Palais

Im Palais im Großen Garten finden über das Jahr verteilt zwölf Musiktage statt, jeden Monat eine Veranstaltung (keine Sorge, im Winter wird geheizt). Es wird jeweils an einem Dienstag um 14.30 und 19.30 Uhr gespielt. Dabei wird vor allem selten gehörte mittelalterliche und frühbarocke Musik aufgeführt, oft verbunden mit Lesungen und Rezitationen. Sehr stimmungsvoll, zumal die Besichtigung des Palais inbegriffen ist.

Halle im Zeitenströmung-Komplex

Infos auf www.offenes-palais.de und in der Äußeren Neustadt in der Buchhandlung Lesezeichen, ✆ 8033914, wo es auch Karten zur Vorbestellung gibt (14,50 €).

Kinos

Programm für Dresden auf www.kinokalender.com und in der Gratis-Programmzeitschrift „Kinokalender", die in den Kinos, der Touristeninfo, den Filialen der Stadtbibliothek und anderswo ausliegt.

Neues Rundkino: Im Rundkino Dresden sitzt man vor Sachsens größter Leinwand – das 1972 eröffnete Rundkino war mal ein Uraufführungskino für 3-D-Filme und zeigt heute vor allem Mainstream. Im Haus befindet sich auch noch das Puppentheater (→ S. 75).

Neues Rundkino, Prager Str. 6, ✆ 4843922, Programm und Tickets (Kauf und Reservierung) auf www.cineplex.de/dresden. Straba 7, 8, 9, 11 Walpurgisstraße.

UFA-Kristallpalast Dresden: Der schräge Glaskristall, der unweit der Prager Straße (aber von dieser aus nicht sichtbar) gestrandet ist, ist ein Werk der Wiener Architektengruppe Coop Himmelb(l)au und entstand 1998. Bewundernswert und spannend zu entdecken, wie die Architekten die Säle in die ungewöhnliche Konstruktion eingeschichtet haben. Allein schon dafür lohnt sich der Besuch des Multiplex-Kinos.

Kulturszene Dresden

Kinotempel: Glaskristall des UFA-Palastes

Tipp: Kamera mitnehmen, wenn nach der Vorstellung der Kristall aus allen Glasflächen leuchtet, lohnt ein Foto.
UFA Filmpalast, St.-Petersburger-Straße 24 a, ℡ 4825825, Tickets kaufen oder reservieren auf www.ufa-dresden.de. Straba 3, 7, 8, 9, 11 Walpurgisstraße.

Schauburg: Von außen wirkt dieses 1927 eröffnete und im Krieg nicht zerstörte (aber zu DDR-Zeiten zwei Mal und 1994 nochmals umgebaute) Traditionskino an der Königsbrücker Straße eher etwas abweisend. Eher einladend das Programm, das Züge eines Programmkinos mit leicht alternativem Touch (und schon mal Off-off-Produktionen) sowie die üblichen rasch verwesenden Tageshits verbindet. Alternative und studentische Klientel, günstige Eintrittspreise.
Schauburg, Königsbrücker Str. 55, ℡ 8032185, www.schauburg-dresden.de. Straba 7, 8, 13 Bischofsweg.

Thalia: Das Kino plus Café und großem Biergarten im Sommer („Cinema, Coffee and Cigarettes", muss ja auf Englisch vermarktet werden) liegt im Szeneviertel Äußere Neustadt und ist selbst voll Teil der Szene. Liebevolle Filmauswahl – das Kino gehört zur Kinokooperative Dresden – und ein gutes Kontrast-Programm zu den Multiplexhäusern.
Thalia, Görlitzer Str. 6, ℡ 6524703, www.thalia-dresden.de. Straba 13 Görlitzer Straße.

Programmkino Ost und Kino im Dach (kid): Die beiden Adressen in der Schandauer Straße im östlichen Dresdner Stadtteil Striesen gehören ebenso wie das vorher erwähnte Thalia zur Kinokooperative Dresden. Das Programm wird also gemeinsam erarbeitet (www.kino-in-dresden.de), und die Termine sind abgesprochen. Die Karten kosten bei allen Kinos zwischen 5,50 und 8 €.
Programmkino Ost, Schandauer Str. 73, Straba 4, 10 und Bus 85, 86 Altenberger Straße, ℡ 3103782, www.programmkino-ost.de.

Kino im Dach, Schandauer Str. 64, Straba 4, 10 Gottleubaer Straße und Bus 85, 86 Altenberger Straße, ℡ 3107373, www.kino-im-dach.de.

Kinos 79

Kino Im Kasten (KIK): studentisches Programmkino im Uni-Hörsaal, die freiwilligen Mitarbeiter wählen auch die Filme aus. Überraschendes aus der Filmgeschichte, Dokumentationen, Klassiker ... und das Eröffnungsspiel des Rugby World Cups 2015.

August-Bebel-Str. 20, ☎ 46336463, www. kino-im-kasten.de.

Museumskino: In den Technischen Sammlungen Dresden werden an (fast allen) Freitagen und Samstagen Filme gezeigt, die längst nicht mehr zu sehen sind, etwa in einer Stummfilmreihe mit Live-Klavierbegleitung. In der Reihe „Diven der Leinwand" trifft man z. B. wieder auf Greta Garbo, Marlene Dietrich, Brigitte Bardot & Co. Und selbstverständlich rattert im Vorführraum noch das 35- und 16-mm-Material durch den Projektor.

Technische Sammlungen, Junghansstr. 1–3, Kartenreservierung/Auskunft ☎ 4887272, Programm auf www.tsd.de/museumskino. Eintritt 5 €, ggf. 2 € Livemusikzuschlag bei Stummfilmen. Straba 4, 10 Pohlandplatz.

Filmnächte am Elbufer: → Feste, Feiertage und Events!

Karten-Vorverkaufsstellen im Überblick

Staatsopernkasse: im Gebäude der Schinkelwache am Theaterplatz 2, Karten für die Semperoper und die Konzerte der Sächsischen Staatskapelle, Mo–Fr 10–18, Sa/So 10–13 Uhr (im Winter an Wochenenden kürzere Zeiten laut Anschlag). Bestellung ☎ 4911705 und im Internet auf www.semper oper.de (Kreditkarte bzw. Sofort-Überweisung) sowie per Mail (bestellung@ semperoper.de).

Dresden Information: Das Hauptbüro befindet sich gegenüber der Frauenkirche im Untergeschoss der QF-Passage (Neumarkt 2, Straba 1, 2, 4 Altmarkt). Mo–Fr 10–19, Sa 10–18, So/Fei 10–15 Uhr, Jan. bis März verkürzte Öffnungszeiten. Eine weitere Stelle ist ein Kiosk im Hauptbahnhof (Haupthalle, tgl. 8–20 Uhr). Beide ☎ 501501 (2015 hoffnungslos unterbesetzt), www.dresden.de/ tourismus.

SZ-Ticketservice: Das Unternehmen der „Sächsischen Zeitung" vermittelt Karten für mehr als 80.000 Veranstaltungen pro Jahr in den Sparten Rock & Pop, Sport, Klassik, Musical, Theater und Show, Dresden und bundesweit, ausgenommen Karten für die staatlichen Bühnen wie Semperoper und Schauspielhaus, ☎ 01805-740074 (0,14 €/Min. Festnetz, Mo–Fr 9–18 Uhr), www.sz-ticketservice.de. **SZ-Ticketservice im Karstadt Dresden**: Prager Str. 12, ☎ 8611650, Straba 8, 9, 11, 12 Prager Straße. **SZ-Ticketservice im Haus der Presse**: Ostra-Allee 20, ☎ 48642740, Straba 11 Am Zwingerteich.

Konzertkasse: bietet Karten für fast alle Veranstaltungen in Dresden, ausgenommen die staatlichen Bühnen, Hotline ☎ 866600, www.konzertkasse-dresden.de. Verkauf auch in der **Schillergalerie**, Loschwitzer Str. 52 a, ☎ 315870, Straba 6, 12 Schillerplatz, sowie im **Florentinum**, Ferdinandstr. 12, ☎ 8666011, Straba 8, 9, 11, 12 Prager Straße.

SaxTicket: Seiteneingang des Filmtheaters Schauburg, hier bekommt man auch die Karten für Acts in der Äußeren Neustadt und Independent-Veranstaltungen, Königsbrücker Str. 55, ☎ 8038744, www.saxticket.de. Straba 7, 8, 13 Bischofsweg.

Tickets der Landesbühnen Sachsen: Theaterkasse, Meißner Str. 152, 01445 Radebeul, ☎ 8954214, www.landesbuehnen-sachsen.de. Straba 4 Landesbühnen Sachsen.

Katy's Garage zählt zu den alternativen Ikonen der Äußeren Neustadt

Nachtleben

Dresden ist für sein Nachtleben nicht unbedingt weltbekannt, Einwohner und Gäste finden aber im weit gespannten Angebot vor allem der Äußeren Neustadt genug Auswahl an Kneipen, Discos, Bars, Clubs und Party-Locations, um die Nacht oder ein Wochenende durchzufeiern.

Auf die 500.000 Einwohner Dresdens kommen mindestens 100 „Locations" – Clubs, Bars, Szenekneipen und Discos, Standorte also, um die Nacht gepflegt zu verbringen. Das klingt, als ob es in Dresden diesbezüglich keinen Mangel gäbe. Stimmt, aber die Stadtviertel sind ganz unterschiedlich nachtgeprägt. **Dresdens Nachtleben konzentriert sich zu 80 % auf ein einziges Stadtviertel, die Äußere Neustadt und ihre Randgebiete** Hechtviertel, Industriegelände und Leipziger Vorstadt. Wenn anderswo das Licht ausgemacht wird, geht es hier erst an. In der Louisen- und der Alaunstraße sind von Mitternacht bis fünf Uhr früh die Kneipen, Bars, Discos und all die anderen Locations prall gefüllt.

Veranstaltungskalender in den Stadtmagazinen.
Adressen für den Kartenvorverkauf → Kulturszene Dresden.

Im Sommer erweitert sich das nächtliche Spektrum nicht nur durch die überall und bis tief in die Nacht auf die Straße gestellten Tische und Stühle (und die Musik aus den Wummern, gegen die man in Dresden ausgesprochen resistent zu sein scheint). Auch zahlreiche Biergärten werden in Hinterhöfen improvisiert und dürfen natürlich genau so lange geöffnet sein wie das Lokal selbst (was in der Äußeren Neustadt besonders am Wochenende häufig open end heißt), und an den Elbufern sprießen die Strände. In der Elbe kann man zwar wieder baden, aber wer hat dazu schon Lust, wenn man am Puro-beach oder City-Beach gepflegt im Liegestuhl auf echtem Sand seinen Absacker-Drink schlürfen darf und da-bei – zumindest suggeriert das die Wer-bung – von kaum bekleideten, busen-frohen jungen Frauen begehrlich be-wundert wird (und die loungenden Da-men natürlich von schicken Typen)? Auch die Filmvorführungen auf der Open-Air-Bühne am Elbufer genau ge-genüber der Frauenkirche finden jetzt statt. Nach dem Ende der Vorstellung ist es in die Äußere Neustadt nur ein kurzer Sprint.

Sehr viele tagsüber geöffnete Cafés, be-sonders in der Äußeren Neustadt, ha-ben bis spät in die Nacht, viele sogar bis fünf Uhr früh geöffnet – als Café mit Imbissen oder Speisen sind sie, wenn sie sich nachts nicht deutlich verwan-deln, in den einzelnen Kapiteln des Rei-seteils unter der Rubrik Essen & Trin-ken beschrieben.

Die Neustadt ist nicht erst seit der Wende Szene. So hat die Scheune ein durchaus alternatives sozialistisches Vorleben. Und auch Dresdens 1983 ge-gründete und 1985 durch die Stasi aufgelöste Punk-Band Paranoia war in der Neustadt zu Hause. Punk in der DDR war den Machthabenden ein Dorn im Auge. In Berlin ließ sich nicht alles ausmerzen, im bescheideneren Dresden zertrat man die Bewegung mit dem Verhör von Olaf, Ollie, Jörg und Fleck und einem Auftrittsverbot. Fleck saß 22 Monate lang in Stasi-Haft. Die vier von Paranoia berichten heute von den Anfeindungen und dem Unverständnis ihrer Kollegen und der Bevölkerung, Toleranz war nicht eben Essenz der DDR-Kultur.

Standorte für größere Musikveranstaltungen

Von den größeren Veranstaltungsorten haben alle ein gemischtes Programm – nur mit Sonderinteressen füllt man keine Säle. Die größten unter ihnen sind Tante Ju, Alter Schlachthof, Scheu-ne, Freilichtbühne Junge Garde und – mit Abstand – Beatpol, gelegentlich auch das Messegelände.

Tante Ju **3** → Karte S. 182/183. Die Tante Ju liegt ganz abseits im Industriegelände, vor allem Musik-Großveranstaltungen, nicht nur Pop/Rock/Funk/Elektro, sondern auch Jazz, Blues, Jazz-Rock-Fusion. Klar, eine Junkers-Maschine hängt unter der Decke der Ex-Autowerkstatt. An der Schleife 1, ✆ 2522555, www.liveclub-dresden.de. Stra-ba 7, 8 Industriegelände, zu erreichen über Mendestraße und Am Kohlenplatz oder An der Eisenbahn.

»» Tipp: Scheune **45** → Karte S. 182/183. Die Scheune im Szeneviertel Äußere Neu-stadt ist „Kulturzentrum" und damit alles: Café, Kneipe, Imbiss, Disco, Theater, Kon-zerthaus, Biergarten und – leider – vor der Tür Treffpunkt der Szene mit den typischen nicht abgerichteten Straßenkötern. Das Ex-DDR-Jugendhaus (seit 1951) hat eine recht buntscheckig-aufmüpfige Vergangenheit, so wurde hier trotz offiziellen Abwinkens der „Jazzklub Dresden" gegründet. Der Kultstatus verpflichtet üblicherweise, nicht jedoch hier, denn das Kultige ist gerade die Fähigkeit der Scheune, Szenehöhepunkte und schwachen Abklatsch souverän neben-einander zu dulden. Unbedingt reinschau-en. Eines der Wochenhighlights der Neu-städter Trendsetter ist übrigens der kollek-tive „Tatort" oder „Polizeiruf" am Sonntag-abend. Alaunstr. 36–40, ✆ 8026619, www. scheune.org. **«««**

Freilichtbühne Junge Garde **11** → Karte S. 200/201. Die an ein antikes Amphitheater erinnernde Freilichtbühne im Großen Gar-ten hat ein gemischtes, aber immer ein großes Publikum anziehendes Programm, nennt sich der Act nun The BossHoss, Sa-rah Connor oder Puhdys. Großer Garten/ Karcherallee 35, www.junge-garde.com. Straba 1, 2 Karcherallee.

82 Nachtleben

Alter Schlachthof 39 → Karte S. 182/183. Der Alte Schlachthof hatte von 1873 bis 1928 genau die Funktion, die sein Name besagt, heute werden dort vor allem Großkonzerte für bis zu 3000 Zuschauer gegeben – da müssen die auftretenden Größen (Rock/Pop) schon ziemlich bekannt sein. Zuletzt waren das Ton Steine Scherben, aber auch (jawohl) Chippendales und Heino. Gothaer Str. 11, Leipziger Vorstadt, Tickets bei der Konzertkasse Dresden, ✆ 866600, www.alter-schlachthof.de.

Beatpol 2 → Karte S. 209. Rock und nochmals Rock im ehemaligen Kino – eher klein, aber große Location. Den Dresdnern noch als Star Club bekannt – aber den Namen hat sich Universal gekauft. Sonst hat sich seit zwanzig Jahren nix geändert an Standort, Image und Beliebtheit. Altbriesnitz 2 a, Briesnitz (Cotta), ✆ 4210302, www.beatpol.de. Straba 1, 2 Gottfried-Keller-Straße, Bus 92, 94 Schunckstraße.

Diskotheken, Clubs, Musikkneipen und Tanzen

Was heute absolute Spitze ist, kann morgen schon vergessen – oder geschlossen sein: In der Äußeren Neustadt und im nördlich davon gelegenen Industriegelände schließt alle paar Wochen eine Szenekneipe oder Party-Location, die eine wegen Renovierung – man hat recht primitiv anfangen müssen nach der Wende –, die andere, weil man nicht mehr „in" ist und zumachen muss. Dafür entsteht um die Ecke eine neue – vielleicht sogar vom gleichen Betreiber. Motto: nur bitte keinen Stillstand. In diesem Sinne: Was hier Tipp ist, kann morgen Schrott sein. Also Stadtmagazine konsultieren, um den richtigen Startpunkt zu finden, wie's dann weitergeht, ergibt sich meist von selbst.

Arteum 2 → Karte S. 222/223. Maxi-Club im halb-schicken Waldschlösschen-Bezirk, was zunächst wie ein in den Platz versenkter Kindergarten aussieht, entpuppt sich nach den schweren Türen als Disco mit mehreren Veranstaltungsflächen („Eventmanufaktur") und den verschiedensten Accessoires. Starker Winterstandort: Puro (im Sommer → Purobeach), Winter Chillout Club etc. Nach Umbau haben die beiden „Dance Halls" deutlich mehr Tanzfreiraum geschaffen. Dresscode „schick, gepflegt, schrill erlaubt" wird strikt eingehalten. Am Brauhaus 3, ✆ 41884699, www.arteum-dresden.de.

Ballhaus Watzke 33 → Karte S. 182/183. Traditions-Ballsaal in einem großen gründerzeitlichen Einkehrgasthaus direkt an der Elbe. Wunderschöner Ballsaal von 1898 in einem zurückhaltend edlen Neo-Empire, das bei der Restaurierung 1992 wieder auf den alten Glanz gebracht wurde. Tanzereien (z. B. ein „Swing Ball") zu vorher bekannt gegebenen Terminen, in der Karnevalsaison heiß begehrter Standort. Kötzschenbroder Str. 1, Ecke Leipziger Straße (Pieschen), ✆ 65288784, www.watzke.de. Straba 4 Rehefelder Straße, Straba 13 Alt Mickten/Elbcenter.

Blauer Salon 30 → Karte S. 245. Wie die Kakadu-Bar ist der große Saal „Blauer Salon" im Parkhotel auf dem Weißen Hirsch eine alt-neue Institution. Schwof und Tanz (als „Party" verkleidet – oft für die Ü40) samt Großveranstaltungen – nicht nur zu Silvester – wenn das ganze Haus für Gäste geöffnet ist. Bautzner Landstr. 7, ✆ 4848799, www.blauersalon.com.

Blue Dance Club 11 → Karte S. 156/157. Tanzen zu den Hits der 90er ff. am Freitag, am Samstag dürfen Oldies über 25 Jahre für 1 € zu Schlager und Discofox rein, und der Mittwoch steht im Zeichen der „Black Music" und wird auf Radio NRJ übertragen. Wallstr. 11, Mi, Fr und Sa ab 22 Uhr, ✆ 8020066, www.blue-dresden.de.

Club Mensa 40 → Karte S. 156/157. Studentischer Partytreff, preiswert (Eintritt 2–3 €; Cola 1,30 €, mit Vodka 2,60 €), von dem reichlichen Dutzend „Discos" und „Clubs" in den Studentenheimen immer noch der beste. Im dritten Stock der Mensa Reichenbachstraße. Jeden Sa und letzter Fr im Monat. Reichenbachstr. 1, ✆ 4622620, www.clubmensa.de.

Groove Station und Down Town 41 → Karte S. 182/183. Alle zwei im Hof neben der Noch-Hauptfeuerwache Dresdens, da fällt das bissel Lärm auch nicht mehr auf. Die Groove Station, einer der ältesten Live-Clubs der Stadt, bietet auch Billard, Kicker und ein paar Biertische auf der erhöhten Terrasse vor der Tür, alle zwei haben eine methodisch anarchisch-unaufgeräumte

Diskotheken, Clubs, Musikkneipen und Tanzen

Ausstrahlung. Die Groove Station macht Live-Musik von Rock, Indie, Reggae bis Drum'n'Bass, Hauptsache laut und – eben – groovy. Akustische Ausnahme ist der „Tatort" an Sonntagabenden, eine Art Sonntagsmesse der Äußeren Neustadt. Das Down Town ist eine typische, ja klassische Kellerdisco aus den 90ern mit Sound der 70er, 80er und 90er. Katharinenstr. 11–13, Groove Station tgl. ab 19 Uhr, ✆ 8029594, Down Town Fr/Sa oder vor Feiertagen 22–5 Uhr, ✆ 8115592, www.groovestation.de, www.downtown-dresden.de.

Industriegelände („Straße E") 4 → Karte S. 182/183. Von der Straßenbahnhaltestelle Werner-Hartmann-Straße oder der S-Bahn-Station Dresden Industriegelände zieht sich die Werner-Hartmann-Straße (eben jene „Straße E") parallel zur Königsbrücker Straße durch das ehemalige Industriequartier. Hier feierte Anfang dieses Jahrhunderts die Elektro-Szene bis in die Morgenstunden. Das war einmal. Heute gibt es noch den Bunker Straße E (mit der Reithalle als größtes Floor und Konzertort), das Eventwerk in der Hermann-Mende-Straße 1 und die Tante Ju (→ S. 81). Programm auf www.strasse-e.de (leider keine Buchungsmöglichkeiten). Straba 7, 8 Industriegelände (die 8 fährt nachts nicht und sonntags erst ab Mittag!).

Jazzclub Neue Tonne Dresden 10 → Karte S. 139. Ein richtig konsequent-altmodisch ausschließlich Jazz praktizierender Jazzkeller, das macht den Dienstag mit seinen Jam-Sessions ab 21 Uhr (Gratis-Eintritt!) zum interessantesten Abend. Gäste auch aus dem Jazz-Himmel: Burton & McPherson zum Beispiel. Der 1971 gegründete Jazzclub hat harte Zeiten überstanden und zog nach Jahren des Exils in der Königstraße im Oktober 2015 wieder zurück ins Kurländer Palais, Tzschirnerplatz 3–5, ✆ 8026017, Karten bei allen Vorverkaufsstellen; www.jazzclubtonne.de.

Katy's Garage 40 → Karte S. 182/183. Der Oldtimer auf dem Dach deutet darauf hin, dass das Publikum hier etwas älter ist als bei der Konkurrenz (zumindest tendenziell), und beim „Älternabend" tauchen echt Dreißigjährige auf (Mi). Der Schwerpunkt der Garage mit Biergarten (die mal ein Reifenladen war, was sich heute noch auf die Namen auf der Cocktailkarte auswirkt) ist das Tanzen (Do–Sa), aber es gibt auch andere Zerstreuungsmöglichkeiten wie Billard und

Hier tanzt die Neustadt

Dart und – wir pflegen die Traditionen der Äußeren Neustadt – den „Tatort" am Sonntagabend. Alaunstr. 48, ✆ 6567701, www.katysgarage.de (mit ausführlicher, interessanter Geschichte des Ladens).

Kiezklub 43 → Karte S. 182/183. Der ehemalige Metronomclub ist einer der beliebtesten Studentenclubs der Stadt. Statt „cool" ist hier im Herzen der Äußeren Neustadt wieder „gemütlich" angesagt. Fr ab 23 Uhr/Sa ab 22 Uhr Hip-Hop und Dancehall, jeden Di ab 22 Uhr ist Studendenklubnacht (Bier 1,50 €). Rap Louisenstr. 55, ✆ 4848700, www.dein-kiezklub.de.

Kraftwerk Mitte 14 → Karte S. 209. Seit 2011 schlägt im Kraftwerk Mitte westlich der Altstadt jedes Wochenende (Fr/Sa 22–5 Uhr) das Partyherz der Stadt: Der Ex-Industriestandort ist eine großartige Party- und Disco-Location. Groß, populär, meist voll, etliche gute DJs aus Dresden und der nahen Umgebung. Sympathische Kleiderordnung: „keine Bauchtaschen"! Wettiner Platz 7, ✆ 41884699 www.kraftwerk-club.de. Tickets auch auf www.dd-tix.de.

m.5 11 → Karte S. 139. Tanzen und mehr oder weniger gepflegte Anmache sind die

84 Nachtleben

"Keine Bauchtaschen!" im Kraftwerk, dem Partyherz der Stadt

Basis dieser Bar im Touristenviertel zwischen Elbe und Frauenkirche, die freitags zu den Schlagern der 70er und 80er lädt – Go-Go-Girls und -Boys machen vor, wie man sich dazu zu winden hat (das Publikum ist nicht so jung, dass es das Sich-Winden automatisch beherrschte). Seit 1998 (also seit der Steinzeit) Werbung für die Ü30-Partys! Münzgasse 5, Do (Discofox), Fr, Sa und vor Feiertagen ab 21 Uhr, Frauen bis 23 Uhr freier Eintritt, ✆ 4965491, www.m5-nightlife.de.

Musikpark 35 → Karte S. 156/157. Einer der größten Disco-Clubs liegt nahe dem Hauptbahnhof und hat auch sonst seine Eigenheiten: riesig und – zumindest im Hauptdancebereich – grausig im „stilvollen, italienischen neobarocken Schlosseinrichtungsstil". Auch „ein gepflegtes Erscheinungsbild und ein angemessenes, nicht zu sportliches Outfit" ist als Wunsch des Betreibers auf der Website zu finden. Ziemlich beliebt, vor allem am Donnerstag zur „Paarungszeit" (Mädels haben bis 24 Uhr freien Eintritt) und Samstag (Gäste-DJs). Wiener Platz 9, www.mp-dd.de.

Club Paula 6 → Karte S. 182/183. Relativ abgeranzt und v. a. bei Studenten und Äußere-Neustadt-Bewohnern ziemlich angesagt. Im versteckt gelegenen Club in einem alten Trafohaus ist im Prinzip alles außer T-Shirt overdressed – okay, nicht beim Nasty Love Club. Jeden 3. Sa im Monat Kosmonautentanz (Fusion). Fr/Sa 23–5 Uhr. ✆ 2630864, Meschwitzstr. 14/Am Lagerplatz.

Pier 15 46 → Karte S. 182/183. Beliebter Club am Elbufer direkt neben der Outdoor-Attraktion Purobeach. Die ehemaligen Lagerhallen des Neustädter Hafens sind seit 2006 Partylocation und wurden erst 2015 gründlich überarbeitet. Musik? House & Electro Sounds, Black Music, Pop und Charts – also für alle etwas. Nur Jogginghosenträger müssen ausdrücklich draußen bleiben. Ab Ende September geht's zur Wintersaison ins Kraftwerk (Mitte). Leipziger Str. 15 b am Neustädter Hafen (Pieschen), ✆ 4415708, www.pier15.de.

Showboxx 49 → Karte S. 182/183. Die elektronische Musik (sorry, muss natürlich Electrosounds heißen) hat diesen Club seit 1999 recht erfolgreich über Wasser gehalten, länger als manche Konkurrenz, die bald wieder die teuren Anlagen verscherbelte. Treues Publikum bei Techno und House, das definitiv mehr tanzt als anderswo. Leipziger Straße 31, www.showboxx.de.

Szenekneipen

Studentenclub Bärenzwinger 1 → Karte S. 139. Altgedienter, gemütlich-technofreier Studentenclub in den Gewölben unter der Brühlschen Terrasse, Kneipe und Rock-Pop-Konzerte, aber auch Jazz und Blues,

Champions League und Gesellschaftsspiele, Bier ab 2,50 €. Brühlscher Garten, 19–1 Uhr außer So/Mo, ✆ 4951409, www.baeren zwinger.de.

Blue Note ③⑦ → Karte S. 182/183. Kleiner, immer voller Laden mit winziger Bühne, viel Jazz, flottes Barpersonal, das sich u. a. bestens bei den vielen Whisk(e)y-Sorten auskennt, noch geöffnet (tgl. 20–5, Sa/So bis 8 Uhr), wenn andere schon zugemacht haben. Görlitzer Str. 2 b, ✆ 8014275, www. jazzdepartment.de.

Blumenau ④⑧ → Karte S. 182/183. Um 8.30 Uhr früh geht's los im Blumenau, da kann der Kaffeesieder den Wünschen des oft übernächtigten Publikums kaum nachkommen. Warmes Essen gibt's bis 22 Uhr, dann dominieren die Cocktails – große Karte – wie Kill Bill oder Erdbeer-Mojito. Gegen 2 Uhr morgens ist dann Schluss. Louisenstr. 67, Mo–Do ab 8.30 Uhr bis Mitternacht, Fr ab 8.30 und Sa ab 9 bis 2, So bis 24 Uhr, ✆ 8026502, www.cafe-blumenau.de.

Raskolnikoff ⑥① → Karte S. 182/183. Die Kult-Kneipe mit der abbruchreifen Fassade öffnete kurz nach der Wende und ist eine der kulturellen Keimzellen der Äußeren Neustadt. Mit rotem Lämpchen über dem Eingang (die lichtgewordene Anspielung auf den Kneipennamen aus „Schuld und Sühne") holzdominiertes Lokal im Alternativo-Stil mit stimmungsvollem und superoriginellem Innenhof. Die Küche bietet Speisen aus aller Welt, setzt bei den Zutaten auf Regionalität. Kein Geheimtipp mehr, d. h., unter der Woche ist alles besser. Böhmische Straße 34, tgl. 10–2 Uhr, Sa/So ab 9 Uhr, www.raskolnikoff.de.

Scheunecafé ④⑤ → Karte S. 182/183. Siehe unter Standorten für größere Musikveranstaltungen sowie im Kapitel Äußere Neustadt, Essen & Trinken.

Paddy Foley's ①⑨ → Karte S. 222/223. Pub der ersten (Nachwende-)Stunde, mittlerweile irisch-sächsischer Standard im Osten der Stadt. Beliebt bei allen Eingebürgerten, aber nachgerade touristenfrei. Whisk(e)ys, Guinness, Murphys, Ciders. Überraschend gutes Essen (die Pommes!). Tgl. (außer So) 15–1 Uhr, Schandauer Str. 55, ✆ 3161104.

Bars

Große Auswahl, einfach zu finden – Bar-Flys drehen vor allem in der Äuße-

ren Neustadt eine Runde um Alaun- und Louisenstraße oder lassen sich an die teuren Bars der Vier- und Fünfsterner in Alt- und Neustadt locken.

Café mit Nachtbar Happening ②① → Karte S. 156/157. Tagsüber Café, abends ein guter Ort zum Abhängen und/oder Fußballgucken: mehrere 140-cm-HD-Bildschirme (Sky), u. a. 27 verschiedene Biersorten, Snacks bis 4 Uhr früh, und geraucht wird auch. Dr.-Külz-Ring 15, tgl. 10–5 Uhr.

Balance Bar ①⑤ → Karte S. 139. Gediegen, die Bar des Hilton. Elegant geschwungener Tresen, gedeckte Farben zwischen Orange und Braun, zum Cocktail kommen überdurchschnittlich viele Anzug- und Krawatten-Leute. Freitags und samstags Live-Musik. An der Frauenkirche 5, tgl. 17–24 Uhr, ✆ 8642-848.

≫ Tipp: Frank's Bar ②② → Karte S. 182/183. Diese Bar lässt keine Cocktailwünsche offen und ob geschüttelt oder gerührt, der Barkeeper weiß es zu präsentieren und geht auch auf Kundenwünsche ein. Neben den Cocktails (Hauscocktail „Piano") diverse Spirituosen, vor allem Malzwhiskys. Party zu Hause? Frank & Co kommen gerne. Alaunstr. 80, tgl. 18–2, am Wochenende bis 5 Uhr, ✆ 65888380, www.franksbar.de. ≪

≫ Tipp: Karl May Bar ①① → Karte S. 115. Die Cocktails in dieser mit Wildwest-Motiven dekorierten Bar (keine Sorge, ohne allzu viel Kitsch oder tote Büffel) im Hotel Taschenbergpalais Kempinski sind garantiert nach den Originalrezepten gemixt. Happy Hour 18–20 Uhr: halber Preis. Der besondere Tipp im Tipp sind die Burger! Kleine Brüdergasse auf der Rückseite des Taschenbergpalais, tgl. 18–2 Uhr, ✆ 4912720. ≪

Lebowski ③① → Karte S. 182/183. Themenlokal nach dem Kultfilm „The Big Lebowski", trotz der Endlosschleife von Bild und Ton (und wer dekorgerecht im Bademantel kommt, bekommt ein Freigetränk) ganz amüsantes, etwas enges Lokal mit – vor allem – Klasse-Cocktails, und die Longdrinks sind wirklich long. Görlitzer Str. 5, tgl. ab 19 Uhr, bis 5, am Wochenende bis 7 Uhr früh, ✆ 84709911, www.dudes-bar.de.

Sonderbar ④② → Karte S. 156/157. Beliebter Traditions-Nightspot – seit 1994! – (und bis auf den Tresen wirklich nachtdunkel) abseits der Szene nahe der TU, auch für den Drink nach dem Museum oder Shopping

Nachtleben

geeignet, dann kann man auf der schattigen Terrasse sitzen. Enorme Cocktail-Auswahl (350!), kleine Speisen, angebrochene Flaschen kann man im Schließfach bis zum nächsten Besuch aufbewahren. Würzburger Str. 40, So–Do 18–1, Fr/Sa 18–2 Uhr, ✆ 4719595, www.sonderbar.de.

Studiobar 38 → Karte S. 182/183. Die Atmosphäre, das Ambiente und das Publikum sind – für eine Bar in der Äußeren Neustadt – eher kühl bis cool und fern der alternativen Szene. Für die Damen gilt am So „Happy Hour". Im Erdgeschoss „VinBistro". Görlitzer Str. 1, tgl. 20–3 Uhr, Café 11–3 Uhr, ✆ 5636414.

Wohnzimmer 25 → Karte S. 182/183. Der Name ist Programm: Im amüsanten Mobiliar zwischen Gelsenkirchener Barock, Neo-Art-déco und DDR-50er-Jahre fühlen sich die Gäste schon nachmittags beim Cappuccino wohl, später darf's dann eine oder andere Drink sein (Kaffee gibt's dann keinen mehr …). 19–20.30 Uhr Happy Hour, Do ist Mädelsabend. Toll sind die großen offenen Fenster zur Straße. Jordanstr. 27, tgl. ab 13 Uhr, ✆ 5635956, www.wohnzimmer-dresden.de.

Open Air

Dresden hat einige altgediente Standorte für sommerliche Open-Air-Veranstaltungen, unter denen die Freilichtbühne Junge Garde im Großen Garten herausragt (2016 werden Sarah Connor und Co. hier auftreten). Ebenfalls ein Standort mit Tradition ist die „Saloppe" über dem Elbufer, wo es zahlreiche Partyveranstaltungen gibt. Auf dem Volksfestgelände Pieschener Allee im Ostragehege finden gelegentlich Konzerte statt. Zu den Filmnächten unter freiem Himmel am Elbufer → Feste, Feiertage und Events. Auch das Messegelände wird gerne für Großveranstaltungen herangezogen (www.messe-dresden.de). In der Umgebung ist der wichtigste Standort für Open-Air-Konzerte die Festung Königstein.

Freilichtbühne Junge Garde → Standorte für größere Musikveranstaltungen.

Saloppe 27 → Karte S. 245. Sommernachtveranstaltungen open air, DJ- und Karaoke-Abende, Dirty-Dancing-Nights, zu allen Veranstaltungen – das ist wichtig – haben Schwedinnen freien Eintritt. Der Standort ist für die Zukunft nicht gesichert. Di abends „Party nach Feierabend". Brockhausstr. 1, Radeberger Vorstadt, Mai bis Okt. Mo–Sa ab 17, So ab 12 Uhr, ✆ 0172-3532586, www.saloppe.de.

Stadtstrände

Okay, die meist vom Frühjahr bis in den Herbst geöffneten Stadtstrände gehören nicht nur zum Nachtleben. Auch tagsüber täuschen sie hinter Palmwedelzäunen allenthalben die Südsee vor, wo doch nur die mitteleuropäische Sonne blinzelt. Sogar gut speisen kann man dort, der Purobeach ist mit seinem Restaurant das beste Beispiel dafür. Dennoch führen wir die Stadtstrände hier unter Nachtleben auf, denn erst abends kommen sie in ihr eigentliches Element – oder dachten Sie, man geht dorthin zum Schwimmen?

Elbsegler 26 → Karte S. 171. Das Strandboot des Luxushotels Westin Bellevue am Canalettoblick macht mit seinen gespannten Segeln wirklich ein wenig den Eindruck eines Seglers. Mittags und nachmittags eher gemischtes Publikum, abends ist die Partyszene in den Loungemöbeln unter sich – nicht nur beim „Summer Chillout Club" (Do). Wegen der Gastronomie (Cuba Libre & Brezel, Salate und Bratwurst) kommt man nicht hierher. Große Meißner Str. 15, direkt an der Albertbrücke, tgl. (außer Mo) ab 14 Uhr, Di ab 17 Uhr, Sa/So ab 12 Uhr, www.elbsegler.com.

Purobeach 46 → Karte S. 182/183. Partyfreunde kommen an der Adresse in einem

Dresdner Sommer nicht vorbei. Partys und Events, Pool und Beachvolleyballfeld, Strand mit Strandkörben, Sand und die obligatorischen Palmen, edle Sitz- und Liegemöbel. Mit Restaurant (Pizza, Pasta, Burger und löblich viele Kindergerichte) und angeschlossener Club-Halle **Pier 15**. Mehrere Lounges, Fr/Sa ab 22 Uhr garantiert Partystimmung. Dienstags ab 18 Uhr Happy Hour. Leipziger Str. 15 b, Mai bis Sept. tgl. ab 11 Uhr bei Schönwetter, kein Eintritt außer bei Sonderveranstaltungen, ✆ 7952902, reservierung@purobeach.de.

City-Beach 49 → Karte S. 182/183. Riesen-Sonnenliegen, Liegestühle, massig feiner Sand, Tischtennis, Tischfußball und Speisen vom Grill im Biergarten. Tgl. ab 12 Uhr bei Schönwetter, acht Beachvolleyballfelder! Leipziger Str. 31 (bei der Showboxx), ✆ 6567838, www.citybeachdresden.de.

Schwul-lesbische Bars und Discos

Fast alles in der Äußeren Neustadt, das gibt kurze Wege für die Szene.

Bunker Dresden des LCD e.V. 29 → Karte S. 182/183. *Der* Lederclub — weil Dresdens einziger. Prießnitzstr. 51, Fr/Sa ab 22 Uhr „Bunker für alle", ✆ 4412345, www.lederclub-dresden.de.

Valentino 20 → Karte S. 182/183. Café & Bar mit italienischem Schick am Tresen, das Publikum wechselt je nach Tageszeit und Angebot von „Café und Kuchen flatrate" bis „Dienstag Biertag". Jordanstr. 2, ✆ 8894996.

Boys Bar 19 → Karte S. 182/183. Nicht nur, aber vorwiegend von Boys frequentierte Bar, ab und an witzige Themen-Events (von Oktoberfest bis Weltuntergang). Alaunstr. 80, ✆ 5633630, www.boys-dresden.de.

Im Studentenclub **Bärenzwinger** 1 (→ Szenetreffs und Karte S. 139) gibt es jeden Sa eine schwul-lesbische Party, die Disco wo:Anders (Programm auf www.disco woanders.de).

Schwupps Bar 47 → Karte S. 182/183. Erst 2015 eröffnetes Lokal, tagsüber Café inkl. Kuchen, abends Bar und am Wochenende Party. Tgl. 14–3 Uhr, Fr/Sa bis 5 Uhr, Alaunstr. 39 (neben Devil's Kitchen), ✆ 8020066, www.schwuppsbar.de.

Shows, Zocken, Spiele

Carte Blanche 60 → Karte S. 182/183. Wer Travestie schätzt, wird hier bestens bedient, das flittert, flattert und klimpert mit den falschen Wimpern, falsche Federn wippen auf falscher Haarpracht, und alle Damen sind Herren. Dazu gibt's Speisen und Getränke, die Show ist (nix für ungut) besonders bei Provinzbesuchern populär. Prießnitzstr. 10, ✆ 204720, www.carte-blanche-dresden.de.

Trocadero 1 → Karte S. 200/201. Das „Sarrasani Theater Dresden" ist eines jener Dinnertheater, die Akrobatik, Show und Tierdressur zum mehrgängigen Essen servieren, was manchmal den Genuss sowohl des einen als auch des anderen behindert. Die Königstiger sind offensichtlich gute Freunde des Trocadero-Gründers André Sarrasani, Sohn des berühmten Zirkusdirektors. Wanderzirkus war gestern, heute versteht man sich eher als Event-Anstalt für alle Sinne und arbeitet sich durch eine Programm-Trilogie, die sich um die vier Elemente dreht. Geboten werden die abendliche Dinnershow (je nach Wochentag und Platzkategorie 69–129 €) sowie der Familienbrunch ab 11 Uhr (56–75 €, Kinder 27–39 €). Modell des Zirkus Sarrasani, wie er im Jahr 1907 aussah, im Foyer des 16 m hohen Zirkusbaus. Vorstellungen zuletzt nur von Nov. bis Febr. Am Straßburger Platz, Karten im Büro am Straßburger Platz und an allen Vorverkaufsstellen, Infos/Tickets auch unter ✆ 0700-727727264, www.sarrasani.de.

Casino Prager Straße 33 → Karte S. 156/157. Dresdner Standort der Sächsischen Spielbanken, das Übliche: Roulette, Bingo, Poker, „Slotmachines". Prager Straße 4, Turniere Do–So, geöffnet So–Do 13–2 Uhr, Fr/Sa 13–3 Uhr, ✆ 4951321, www.sachsen casinos.de.

Triangel „die total verspielte Kneipe" 12 → Karte S. 222/223. Mehr als 600 Brettspiele — und immer das neuste Spiel des Jahres — locken zu langen, geselligen Spielabenden in die Johannstadt. Spiele im Haus, Spieleverleih und Spiel-Veranstaltungen, dazu gibt's Gasthausessen und — vor allem — Bier. Arnoldstr. 16 (Ecke Pfotenhauerstr.), tgl. (außer So) 18–24 Uhr, ✆ 8590718, www.triangel-dd.de (mit Online-Platzreservierung).

Altmarkt-Galerie, Baujahr 2002 und Platz für 200 Geschäfte

Einkaufen

Als Zentrum einer Region mit mehr als einer Million Einwohnern bietet Dresden für jeden Anspruch das entsprechende Angebot. „Ost"-Typisches wird man aber vergeblich suchen. Bummeln lohnt sich in Alt- und Neustadt, vor allem wenn man (Meißner) Porzellan, Design, Glas und Volkskunst kaufen möchte.

Dresden bietet ein recht vielseitiges Einkaufsvergnügen. Rund um die Frauenkirche haben sich Luxusboutiquen angesiedelt, zum einen die weltweit agierenden Ketten, deren Werbung in jedem Hochglanzmagazin zu finden ist, zum andern auch ein paar alteingesessene Dresdner Anbieter (→ Tour 2). Ebenfalls Boutiquen bietet die Neustadt, das hiesige Angebot sowie Kunst und Handwerk ist aber bei Weitem origineller (→ Tour 4). In der Äußeren Neustadt gilt das ebenso (→ Tour 5), angesprochen wird aber meist der kleinere Geldbeutel bzw. der jüngere Geschmack. Außerdem gibt es in der Äußeren Neustadt jede Menge Spezialläden und natürlich Trödel. Das Zentrum ist – und das liegt natürlich an der flächenmäßigen Bebauung durch große Konsortien, die wiederum gewinnmaximiert an große Ketten vermieten – eher arm an kleinen Läden. Hier dominieren die großen Einkaufszentren. Die alte Einkaufsstraße Prager Straße (→ Tour 3), die auch zu DDR-Zeiten als Wohn- und Einkaufsstraße fungierte, ist wieder zu einer Bummel- und Einkaufsmeile geworden.

Öffnungszeiten im Einzelhandel

Die Öffnungszeiten im Einzelhandel bewegen sich von Montag bis Samstag für die großen Einkaufszentren morgens zwischen 8 und 10 Uhr (Sachsenforum/ Elbepark) sowie abends zwischen 20

Einkaufen

und 21 Uhr (das Kaufland). Discounter sind meist ab 8, einige ab 7 bis 20 oder 22 Uhr geöffnet. Die Geschäfte der Prager Straße haben generell Montag bis Samstag von 10 (Karstadt 9.30) bis 20 Uhr geöffnet, einige auch bis 21 Uhr. Im Hauptbahnhof (Passage zum Wiener Platz) gibt es eine Drogerie und Supermärkte, die auch sonntags geöffnet haben (z. B. Filialen von Rossmann, Lidl sowie der lokalen Bio-Supermarktkette Vorwerk Podemus). Die Neustädter Geschäfte haben sowohl in der Hauptstraße als auch in der Königstraße eher kürzere Öffnungszeiten, samstags ist dort nach 18 Uhr kein Geschäft mehr geöffnet!

Einkaufsstraßen

Prager Straße

Dresdens längste und populärste Shoppingmeile ist die Prager Straße, der Südteil der Straßenverbindung vom Schloss zum Hauptbahnhof. Am Altmarkt beginnt der Einkaufsspaß mit der mehrstöckigen Altmarkt-Galerie, nach Querung der Wilsdruffer Straße markiert das Karstadt-Warenhaus den Beginn der eigentlichen Prager Straße. Große internationale Einzelhandelsketten haben sich in diesem Bereich angesiedelt. Ein weiterer, zumindest äußerlich sehr ansehnlicher (den Vorgänger zitierender) Einkaufstempel, die Centrum-Galerie, steht nur ein paar Schritte weiter rechts. Sie wurde an der Stelle des abgerissenen Centrum-Warenhauses aus seligen DDR-Konsumzeiten errichtet. Spezialisierte Boutiquen wird man an dieser Straße nicht finden, dafür geht man besser in die Neustadt.

Straba 8, 9, 11, 12 und Bus 75, 84 Prager Straße, Straba 3, 7, 8, 9, 11 Hauptbahnhof Nord und Straba 3, 7, 8, 10 Hauptbahnhof.

Umfeld Frauenkirche

Das Quartier 1 an der Frauenkirche (oft auch nur „QF" genannt) war das erste der Karrees um den Neumarkt, das nach dem Wiederaufbau eröffnet wurde. Die als schick und teuer konzipierte Boutiquenpassage auf drei Stockwerken hat trotz eher touristischer Bars, Cafés, Eissalons und Restaurants mit dem Überleben zu kämpfen, da sie den Dresdnern selbst wenig bietet – entsprechend wachsen die Leerstände.

An der Frauenkirche 1, Mo–Sa 10–20 Uhr. Straba 1, 2, 4 Altmarkt, Straba 4, 8, 9 Theaterplatz.

Hauptstraße und Königstraße

Eindeutig höherpreisig ist das Angebot an der Königstraße und der Hauptstraße. Schmuck, Kunst, Edelboutiquen und kostbare Antiquitäten bestimmen das Bild. Angenehm ist die Durchmischung mit Cafés und Restaurants, und im Sommer lockt die schattige Platanenallee der Hauptstraße. Die barocken Häuser der Hauptstraße und die dahinter verlaufenden Gassen im

Haute Couture von Dorothea Michalk in der Dresdner Neustadt (S. 177)

Barockviertel sind durch Galerien und Durchgänge verbunden. Dazu gehört auch die Handwerkerpassage, in der vorwiegend Kunsthandwerk angeboten wird. Die gründerzeitliche Markthalle ist heute eine Ladengalerie.

Straba 4, 8, 9 Neustädter Markt, Straba 4, 9 Palaisplatz oder Straba 3, 6, 7, 8 Albertplatz.

Bautzner Straße, Königsbrücker Straße, Alaunstraße

Im Szeneviertel Äußere Neustadt ist nicht nur nachts was los. In den Läden dieses Stadtteils findet man das Komplementärangebot zu Alt- und Neustadt: Bioläden, Secondhand, Mode von cleveren Designern, die noch nicht oder gerade „in" geworden sind, Orient Food, Senf und Käse in kleinen Lädchen, indische Tücher und Bücher für Schwule und Lesben, Modeschmuck und Töpferwaren. Besonders beliebt ist die fotogene Kunsthofpassage, zwischen Alaunstraße 70 und Görlitzer Straße, die auch Cafés und Kunstobjekte zu bieten hat.

Straba 3, 6, 7, 8 Albertplatz, Straba 6, 13 Rothenburger Straße, Straba 7, 8 Louisenstraße und Bischofsweg sowie Straba 13 Bischofsweg, Alaunplatz.

Einkaufszentren und Warenhäuser

Altmarkt-Galerie (→ Tour 3), um die 200 Läden, Gaststätten und Dienstleister beleben die drei Ebenen dieser Einkaufsgalerie. Das Angebot umfasst Boutiquen der oberen Preislage, aber auch Discounter, Schmuck, Supermarkt, Buchhandlung und chinesischen Imbiss. Recht hell und gut belüftet, besonders an grauen Tagen ein angenehmer Aufenthalt und nach großzügigem Aus- und Umbau doppelt so groß wie vor 2011 – eine komplette Häuserzeile zwischen Prager Straße und Postplatz! An der Flanke zum Altmarkt (Seestraße) wurde 2013 das supersehenswerte Café Prag wiedereröffnet: als Markthalle mit Fast Food aus aller Welt. Am Altmarkt, Mo–Sa 10–21 Uhr. Tiefgarage, Straba 1, 2, 4 Altmarkt, Straba 8, 9, 11, 12 und Bus 75 Prager Straße.

Karstadt Warenhaus (→ Tour 3), sieben Etagen vom Delikatessenangebot im Untergeschoss (Perfetto) bis zum Selbstbedienungsrestaurant mit Dachterrasse. Im Erdgeschoss die branchenübliche große Auswahl an Edelaccessoires (mit Meissen-Shop) und Luxusdüften. Karstadt Sport

Gemischtwaren-Tradition am Weißen Hirsch

Märkte 91

befindet sich in der Centrum-Galerie schräg gegenüber (s. u.). Prager Str. 12, Mo–Sa 9.30–20 Uhr, ✆ 8610, www.karstadt.de, www.perfetto.info. Straba 8, 9, 11, 12 und Bus 75, 82 Prager Straße, Tiefgarage.

Centrum-Galerie (→ Tour 3), am nördlichen Ende der Prager Straße schräg gegenüber von Karstadt wurde 2009 die neue Centrum-Galerie eröffnet. Sie umfasst etwa 52.000 m² auf vier Stockwerken und beherbergt an die 120 Läden und Restaurants. Durch die wiederhergestellte Trompeterstraße werden das „Wabenhaus" von Peter Kulka (dem Architekten des Neubaus des Sächsischen Landtages – die Metallwaben sind dem früheren Warenhaus nachempfunden) und der nördliche Bautrakt räumlich getrennt. Free WLAN. Pubertierende Töchter und Söhne können hier prima geparkt werden, während man die Museen besucht. Prager Str. 15, Mo–Sa 9.30–20 Uhr, ✆ 65296012, www.centrumgalerie.de. Straba 8, 9, 11, 12 und Bus 75, 82 Prager Straße, Tiefgarage und Parkdeck.

Neustädter Markthalle (→ Tour 4), die 1999 rekonstruierte Gründerzeit-Markthalle ist vor allem als Gebäude sehenswert. Sie bietet eine Menge für kulinarische Bedürfnisse mittleren Niveaus, für die ganz feinen Sachen muss man woanders hin. Metzer Str. 1, Mo–Fr 8–20, Sa 8–18 Uhr, ✆ 8105445, www.markthalle-dresden.de. Straba 4, 8, 9 Neustädter Markt, Straba 3, 6, 7, 8 Albertplatz.

Schiller-Galerie (→ Tour 9), EKZ am Blauen Wunder, Mode, Schmuck, Cafés, Banken, Cinemaxx-Multiplex-Kino – ein Stadtteilversorgungszentrum, Charme bleibt außen vor. Loschwitzer Str. 52, Mo–Sa 8–20 Uhr, ✆ 31565011, www.schillergalerie.de. Tiefgarage, Straba 6, 12 und Busse 61, 83, 85 Loschwitzer Straße.

Elbepark (→ Tour 6), 180 Geschäfte vom Servicepoint bis zum Media-Riesen, diverse Schnellimbisse und Restaurants, Multiplex-Kino, Casino etc. 5000 kostenfreie Parkplätze. Mo–Do 10–20, Fr 10–21, Sa 10–20 Uhr; IKEA im Elbepark Mo–Do 10–21 Uhr (Fr bis 22 Uhr). Peschelstr. 39 (Autobahnabfahrt Dresden-Neustadt), ✆ 8535611, www.elbe-park-dresden.de. Straba 9, 13 sowie Bus 64, 70, 72 und 80 Elbepark.

Seidnitz-Center, Gesundheit, Mode, Supermarkt u. v. m. Mo–Fr 9.30–20 Uhr, Sa bis 18 Uhr. Enderstr. 59, ✆ 250199. Kostenlose Parkplätze, Straba 1, 2 Rennplatzstraße, Bus 85 Einkaufszentrum Seidnitz.

Kaufpark Dresden, u. a. H&M, C&A, Intersport, Müller, Media Markt, Kaufmarkt. Mo–Do 10–20 Uhr, Fr/Sa 10–21 Uhr (Kaufland im Kaufpark 7–22 Uhr). ✆ 2862300. Dohnaer Str. 246 (B 172/A 17 Abfahrt Prohlis/Nickern). Kostenlos parken. Straba 1, 9, 13, Bus 66, 86, 88, 386.

Märkte

Neustädter Markthalle → Einkaufszentren.

Sachsenmarkt, jeden Freitag findet auf dem Gelände neben dem Deutschen Hygiene-Museum ein Wochenmarkt statt, der konkurrenzlos Dresdens größter ist. Viele Lebensmittel auch aus heimischer (sächsischer) Produktion, daneben das übliche Angebot eines Wochenmarktes. Lingnerallee (an der Kreuzung Blüherstraße), Fr 8–16.30 Uhr. Straba 10, 13 Großer Garten. ■

≫ Tipp: Wochenmarkt am Schillerplatz, klassischer Markt vor dem Blauen Wunder. Außer dem Fischhändler fast nur Händler aus Dresden und Umgebung. Viel Selbstproduziertes, auch in Bio-Qualität. Hier kommt man super mit den Dresdnern ins Gespräch. Di und Do 9–18, Sa 8–12 Uhr. ≪

Elbeflohmarkt, Trödel, Tand, Kunsthandwerk, die eine oder andere Antiquität, DDR-Relikte und mehr am Elbufer von der Albertbrücke flussaufwärts. www.elbeflohmarkt.de. Sa 7–14 Uhr. Straba 6, 13 Sachsenallee.

Floh- und Trödelmärkte in der Messe Dresden, Ostragehege, Sa/So 10–18 Uhr. Straba 10, Messe Dresden.

Weitere Adressen und detaillierte Informationen zu Einkaufsmöglichkeiten finden Sie im Reiseteil dieses Buches in den einzelnen Kapiteln jeweils unter der Rubrik Einkaufen.

Fast von allein radelt es sich auf dem Elberadweg

Sport, Freizeit und Wellness

Dresden ist ein gutes Pflaster für Sportbegeisterte, fast für jede Sportart gibt es moderne Einrichtungen, vom Fußball bis zum Eislaufen und vom Baden bis zum Radfahren. Die vielen Parks und die grüne Umgebung von Dresden bis hin zur Sächsischen Schweiz sind ein Dorado für Wanderer und Mountainbiker.

Die meisten Sporteinrichtungen in Dresden stammen nicht aus Omas Zeiten, sondern sind brandneu. Eissporthalle: 2007 eingeweiht. Fußballstadion: 2007 bis 2009 Abriss und kompletter Neubau (von Dynamo Dresden, leider gar nicht mehr so obenauf wie ehedem, als der Club achtmal DDR-Meister wurde und vor allem in den Siebzigerjahren unter Trainer Walter Fritzsch legendäre Europapokalspiele bestritt). Hallen- und Freibäder: beliebter FKK-Strand am See. Radfahren: Elberadweg in der Stadt selbst bisher komplett auf einer Elbseite, die andere wird ebenfalls ausgebaut. Klettern: Die Sächsische Schweiz, wo das Freiklettern erfunden wurde, liegt eine halbe Auto- oder Zugstunde nah. Wellness: Kein Luxushotel – und Dresden hat derer einige – kommt ohne einen Wellnessbereich aus, und für Ayurveda-Jünger gibt's in der Äußeren Neustadt sogar einen Ayurveda-Imbiss.

Städtische Sportveranstaltungen und andere (Sport-)Veranstaltungen in der Stadt auf www.dresden.de/sport.

Baden und Bäder, Wassersport

Dresden hat mehrere **kommunale Schwimmhallen**, die innenstadtnächste ist das Georg-Arnhold-Bad mit Freibecken am Rand des Großen Gartens. Weitere öffentliche Schwimmhallen

Sport, Freizeit und Wellness   93

sind das Bad am Freiberger Platz (Sprunghalle, leider ziemlich altersschwach, kompletter Neubau im Gang) und jenes in Klotzsche, in der Äußeren Neustadt gibt es das kleine Nordbad. Wer's spannender mag, der besucht das erste Erlebnisbad in Sachsen, das Elbamare in Gorbitz. Bei den Dresdnern beliebt sind besonders das Stauseebad in Cossebaude (auf der linken Elbseite in Richtung Meißen), das Freibad sowie das FKK-Strandbad in Wostra (→ Übernachten/Camping). Im Georg-Arnhold-Bad kosten 2 Stunden 5 €, in den anderen Hallenbädern werden 3,50 € für 2 Stunden verlangt, 3 € oder 3,50 € kostet die Tageskarte im Freibad.

Hallen- und Freibäder

Georg-Arnhold-Bad **8** → Karte S. 200/201. Hauptallee 2, ✆ 4942203, tgl. 9–22 Uhr. Straba 10, 13 Hygiene-Museum.

Nordbad **52** → Karte S. 182/183. Kleines, aber feines Hallenbad mit Sauna in der Äußeren Neustadt, Louisenstr. 48, ✆ 0351-8032360, www.nordbad-dresden.de. Badebetrieb Mo–Fr 14–21, Sa/So 10–19 Uhr, in die Sauna kann man unter der Woche meist schon ab 9 und bis 22 Uhr. Straba 7 und 8 Louisenstraße oder 13 Görlitzer Straße.

Schwimmsportkomplex Freiberger Platz **20** → Karte S. 209. Freiberger Platz 1 a, ✆ 4881690, tgl. unterschiedliche Öffnungszeiten, Kernzeit 10.30–13 Uhr. Straba 12 A.-Althus-Str.

Schwimmhalle Klotzsche **5** → Karte S. 182/183. Zum Windkanal 14, ✆ 8906469, im Sommer zu, sonst tgl. wechselnde Zeiten. Die Besonderheit ist die Wassertemperatur von 28 °C. Bus 87 Schwimmhalle Klotzsche (Bus ab S-Bahnhof Klotzsche).

Elbamare Dresden **21** → Karte S. 209. Spaßbad mit Strömungskanal, Whirlpool, großem Sportbecken, Tageskarte 10,40 €, mit Sauna 16,50 €. Wölfnitzer Ring 65, ✆ 410000, www.elbamare.de. Straba 2, 6, 7 Marienplatz.

Bilzbad Radebeul **1** → Karte S. 248/249, → Ausflüge/Radebeul.

Stauseebad Cossebaude, dieses Freibad im Westen Dresdens nahe der B 6 hat viel Platz, der große See gibt Schwimmern

genügend Ellenbogenfreiheit, und am Ufer bzw. auf der Staumauer muss man nicht um jede Handtuchbreite kämpfen. Und: direkte Busverbindung mit der Innenstadt! Anfang bis Mitte Mai tgl. 9–19 Uhr, Mitte bis Ende Mail tgl. 10–17 Uhr, Juni bis Anf. Sept. tgl. 9–19 Uhr, bei Hitze länger, Meißner Str. 26, ✆ 4537555. Bus 94 ab Postplatz über Bahnhof Mitte.

FKK Strandbad Wostra **24** → Karte S. 222/223. Das FKK-Bad mit Sandstrand ist fast so beliebt wie das Stauseebad Cossebaude. Gleiche Öffnungszeiten wie Stauseebad, Wilhelm-Weitling-Str. 39, ✆ 2013238. Bus 856 Freibad Wostra (umsteigen aus Straba 1 Meußlitzer Straße).

FKK Luftbad Dölzschen **44** → Karte S. 156/157. Das Luftbad im Süden von Dresden entstand im 19. Jh., heute Schwimmbecken, Liegewiese, Spielplatz, Imbiss. Gleiche Öffnungszeiten wie Cossebaude, Luftbadstr. 31, ✆ 4116260. Bus 82 Dölzschen (umsteigen von S 3 Dresden-Plauen).

Naturbad Mockritz **43** → Karte S. 156/157. Badeteich mit großer Kneippanlage mit eigener Quelle und schöne große Bäume auf der Liegewiese, Öffnungszeiten wie Stauseebad Cossebaude, Münzteichweg 22 b, ✆ 4718201. Bus 89, 76 Münzteichweg.

Kanutouren und Floßfahrten Flusswanderungen auf der Elbe mit Kanu oder Schlauchboot und Floßfahrten in der Gruppe bieten u. a. von Mai bis Okt. **Kanu Dresden** in Kleinzschachwitz, Standort an der Elbfähre, ✆ 1605223, www.kanu-dresden. de; in der Sächsischen Schweiz u. a. **Kanu Aktiv Tours**, Schandauer Str. 17–19, Königsstein, ✆ 035022-50704, www.kanu-aktiv-tours. de (mehr Details → Sächsische Schweiz/Praktische Infos). Bahn S 1 Königstein.

Windsurfen

Auf dem Stausee Cossebaude ist auch als einzigem Gewässer weit und breit das Windsurfen möglich – das **Windsurfcenter Dresden** macht's möglich: Meißner Str., Cossebaude, ✆ 0152/02179897, www. windsurfen-dresden.de.

Eislaufen, Eishockey

Eissport- und Ballspielzentrum **3** → Karte S 209. Dresden hat mit dem 2007 eröffneten Komplex (ehemals Freiberger Arena) ein perfektes Eissport- und Ballspielzentrum,

94   Sport, Freizeit und Wellness

der Bau mit schlichter Alu-Fassade hat fast 30 Mio. Euro gekostet (Münchner Architektenbüro Schmidt-Schicketanz). Trainingshalle und Eisschnelllaufbahn bieten genug Platz für publikumswirksame Veranstaltungen wie Familientage mit Kinderprogramm und Eisdisco. 115 m lang, 73 m breit, 18,5 m hoch ist der „Alu-Brotkasten" mit Eissporthalle, Eistrainingsfläche, Ballspielhalle und Funktionstrakt. Die Halle ist Sitz der Dresdner Eislöwen und heißt seit 2010 nach dem neuen Sponsor **EnergieVerbund Arena**. Eintrittskarte Eislauftraining 3,50 €, Eisdisco 5 €, Tickets für Spiele der Eislöwen kosten 13–22 €. Eishalle und Eisbahn tgl. wechselnde Öffnungszeiten, Mo, Di, Do geschl., Magdeburger Str. 10 (Sportpark im Ostragehege zwischen DSC-Halle und Eisschnelllaufbahn), ✆ 4885252, Infos auch auf www.eisloewen.de. Termine und Preise auf www.dresden.de (unter Leben in Dresden, Sport & Freizeit). Bus 75 Eissporthalle.

»» Tipp: Eisbahn im Innenhof des Hotels Taschenbergpalais Kempinski 🔟 → Karte S. 115. Im Winter verwandelt sich im Hotel Kempinski der Innenhof des barocken Palais Taschenberg zur Eisarena: In einem eindrucksvolleren Rahmen kann man kaum auslaufen. Geöffnet meist im Dez. und Jan., im Winter 2015/16: 21. Nov. bis 17. Jan., Mo–Fr 15–22 Uhr, Sa/So/Fei 11–22 Uhr. Auch Schlittschuhverleih. Straba 4, 8, 9 Theaterplatz. **«**

Fußball

Die schwarz-gelb gekleidete Hausmannschaft **SG Dynamo Dresden** spielte bis 1995 in der Bundesliga. Heute läuft's nicht mehr so gut beim Drittligisten; resolute und gewaltbereite Fans führten beispielsweise 2012 zum berühmt gewordenen „Geisterspiel" gegen den FC Ingolstadt in einem leeren Stadion (für dieses Spiel wurden übrigens, um den finanziellen Schaden zu minimieren, auch „Geistertickets" verkauft: 34.638 Stück). Das real existierende **Glücksgas-Stadion** fasst dabei nur 32.066 Zuschauer. Es wurde nach überraschend kurzer Bauzeit im Herbst 2009 eröffnet und wäre nur in anderen Städten für einen keineswegs an der Spitze agierenden Club eine Ecke zu groß ...

Glücksgas-Stadion 🔟 → Karte S. 200/201. Lennéstr. 12, Straba 10, 11, 13 Lennéplatz oder Großer Garten, Bus 75 Lennéplatz, http://stadiondresden.de. Tickets gibt's über die Vereins-Website: www.dynamo-dresden.de.

Jogging, Volksläufe

Dresdens Jogger machen sich die großen Parks in der Stadt, das Elbtal und die Dresdner Heide zu Nutze. Besonders die Hauptallee und die Nebenalleen im Großen Garten sind beliebt. Sie sind so breit, dass auch Fußgänger und Radfahrer Platz finden. Beim Elberadweg ist das leider nicht der Fall, dabei wäre er als Joggingstrecke ein Traum (und wird auch so verwendet). Für die Dresdner Heide braucht man Kondition, was auf der Karte so schön flach wirkt, ist in Wirklichkeit ein ständiges Auf und Ab mit bis zu 80 m Höhenunterschied!

Auch eine Art, Dresdens Kulturdenkmäler abzuklappern, ist der **Dresdner Stadtmarathon** (2015 zum 17. Mal). Er führt nicht nur durch den Großen Garten und die Elbe entlang, sondern u. a. auch über den Theaterplatz, den Neustädter Marktplatz mit dem Goldenen Reiter und an der Synagoge vorbei. Termin ist die 2. Oktoberhälfte, Stadtläufe gibt es auch zu anderen Terminen. www.dresden-marathon.de.

Der Spitzhaustreppenlauf ist mittlerweile als **Sächsischer Mt. Everest Treppenmarathon** eine Marke bei den allerhärtesten Sportlern. Die Deutsche Ultramarathon-Vereinigung bezeichnet ihn als den „schwersten und größten Extremtreppenlauf der Welt". Die 39.700 unregelmäßigen Stufen durch die Weinberge von Radebeul werden zum Saisonstart in Windeseile überwunden, ultra freakig! www.treppenmarathon.de.

Radfahren, Radverleih

Radfahren heißt in Dresden keineswegs Elberadweg, sondern Weg zur Arbeit, Weg zur Uni, Weg zum Einkaufen – die gesamte Äußere Neustadt radelt und viele andere Stadtteile ebenfalls. Das Radwegenetz entspricht dem Ansturm leider nur teilweise, oft beginnen die

Radwegstrecken abrupt und enden ebenso überraschend. Radverleih und ADFC → S. 43.

Radsport Päperer **35** → Karte S. 245. Veilchenweg 2, Loschwitz (am Körnerplatz Nähe Blaues Wunder), ✆ 2641240, www. radsport-paeperer.de.

Radsport Tietz **7** → Karte S. 222/223. Meixstr. 15, Pillnitz, mit jederzeit zugänglichem Fahrradschlauchautomat, ✆ 2610909.

Augustus Tours **18** → Karte S. 182/183. Radreiseveranstalter für den Elberadweg, Bischofsweg 64, ✆ 5634820, www.augustus tours.de.

Skaten

Die **Halfpipe an der Lingnerallee** **26** (→ Karte S. 156/157) wird auch von jugendlichen Radenthusiasten gefahren. Skater nutzen außerdem den Elberadweg auf beiden Seiten der Elbe, ebenso beliebt sind die asphaltierten Straßen durch den Großen Garten, denen derzeit weitere zugefügt werden.

Dresdner Nachtskaten: Im Sommer gibt es auf der 17 km langen Strecke freitags ab 21 Uhr Nachtskaten, Treffpunkt ist ab 20 Uhr das Skatergelände an der Lingneralee. Bis zu 3000 Teilnehmer, Wartezeiten an für die Nachtskater von der Begleitpolizei gesperrten Kreuzungen bis zu einer halben Stunde! www.nachtskaten-dresden.de.

Wandern, Klettern

Nach wie vor der beliebteste Sport der Dresdner ist das Wandern, die Sachsen galten immer schon als wackere Wanderer und daran hat sich nichts geändert. Der Autor (ebenfalls ein „wackerer Wanderer") hat rund um Dresden zu jeder Jahreszeit und bei jedem Wetter andere Wanderer angetroffen. Diese Art der Wanderlust findet man nicht in allen Regionen des deutschen Sprachraumes.

Hilfe und Information

Die Dresdner Sektion des DAV ist nicht nur in Dresden, der Sächsischen Schweiz und Sachsen tätig, sondern auch in Österreich, wo sie zwei Berghütten besitzt, und weltweit. **Sächsischer Bergsteigerbund im Deutschen Alpenverein**, Könneritzstr. 33, ✆ 4941415, www.sbb-dav.de. Straba 1, 2, 6, 10 Bahnhof Mitte.

Wandern in der Dresdner Heide

Vor der Tür vieler Dresdner liegt Natur, in der Neustadt, am Weißen Hirsch, in Bühlau ist das die Dresdner Heide (→ Tour 5, Karte S. 182/183). Dieses ausgedehnte Waldgebiet mag direkt an die Stadt grenzen, aber unterschätzen sollte man es deshalb noch lange nicht. Weder in Bezug auf seine Ursprünglichkeit noch in Bezug auf die Chance, sich zu verirren. Unbedingt Karte, besser auch GPS-Gerät mitnehmen! Die Markierungen – alt und neu – sind so reichlich, dass nur Eingeweihte sich an ihnen orientieren können. Tief und steil eingeschnittene Täler zerschneiden die Dresdner Heide in Richtung Elbe, wer also parallel zum Flusslauf wandert, muss mit einigem Auf und Ab rechnen.

Klettern am Fels

Siehe Ausflüge/Sächsische Schweiz.

Klettern und Bouldern in der Halle

Neben Aerobic, Fitness und Saune bietet das **Sport- und Freizeitzentrum XXL** eine Kletterwand der Superlative (16 m hoch, 2200 m^2 Fläche) sowie eine neue Boulderhalle. Breitscheidstr. 40, Mo–Fr 8–24, Sa/So 9–22 Uhr, ✆ 254580, www.xxl-klettern.de. Straba 2 Breitscheidstraße.

Kletterarena Dresden **39** → Karte S. 156/157. Der Schwerpunkt liegt definitiv auf Bouldern (1200 m^2 innen, 150 m^2 außen), außerdem Klettern, Sauna und Beachvolleyball. Tgl. 10–23 Uhr, So/Do erst ab 15 Uhr, Sa/So/ Fei schon ab 9 Uhr. Zwickauer Str. 42, ✆ 177-5227809, www.kletterarena-dresden. de. Bus 61, 63 Zwickauer Str.

Kletterhalle des Sächsischen Bergsteigerbunds (DAV) **24** → Karte S. 156/157. Die erst 2015 eröffnete Halle, in der auch die Bergwacht trainiert, ist mit über 250 Routen der ganze Stolz des Vereins und steht auch Nichtmitgliedern offen. Kleinerer Boulderraum. Mit Außenkletterwand und Bistro. Tgl. 9–22, Di–Fr bis 23 Uhr. Papiermühlengasse 10, ✆ 4818300.

Hochseilgärten

In den beiden Klettergärten der Dresdner Heide, in Moritzburg (→ Ausflüge/Moritz-

96   Sport, Freizeit und Wellness

burg) und in Königstein in der Sächsischen Schweiz (→ Ausflüge/Sächsische Schweiz) kann man sich auf seilgestützte Kletterfahrt zwischen Bäumen begeben, gebremste Action, aber großer Spaß.

Kletterwald Dresdner Heide (→ Tour 5), Klettergarten mit 7 Parcours im ehemaligen Waldbad Klotzsche. Erwachsener ab 18 €. Nesselgrundweg 80, April bis Okt. tgl. ab 10 Uhr und je nach Jahreszeit bis 19, 20 oder 18 Uhr. ✆ 0176-22953468, www.kletterwald-dresdner-heide.de. Vom S-Bahnhof Klotzsche links und wieder links in den Prießnitztalgrund, unten bei Gabelung links. Außerdem Straba 7 und Bus 70, 72 und 80 Zur Neuen Brücke.

Waldseilpark Dresden-Bühlau (→ Tour 5), großes Gelände mit Seilbahnen an der Grundstraße zwischen Loschwitz und Bühlau, 20 m Höhe auf 130 m Länge, insgesamt 11 verschiedene Parcours, amüsante Flüge mit dem Flying Fox und – wichtig – ausführliche Einweisung durch das Personal. April bis Okt. tgl. 14–19 Uhr, Sa/So/Fei/Schulferien ab 10 Uhr, 1 Erwachsener und 1 Kind 28–31 €, ✆ 0172-3568650, www.waldseilpark-dresden.de. Bus 61 Elisabethstraße, Straba 11 Neubühlauer Straße.

Wellness, Fitness

Sightseeing macht nicht nur hungrig und durstig, sondern auch staubig und müde. Nach vier Stunden Besichtigung hat man eine Erfrischung dringend nötig. Da kommen Sauna oder eine Massage gerade recht. Die großen Hotels haben auch die größten und am besten ausgestatteten Wellnessbereiche, u. a. das Hilton (→ Tour 2) und das Westin Bellevue (→ Tour 5). Auch an kleineren Wellness-Einrichtungen herrscht kein Mangel. Fitness-Begeisterte finden sogar mitten in der Stadt diverse Studios, um sich auf ihrem Niveau zu halten oder gar zu verbessern, und eine kosmetische Anwendung wirkt bekanntlich Wunder.

Wellnessbereich im Schloss Eckberg **31** → Karte S. 245. Vielfältige Beauty-Treatments von Hot-Chocolate-Massagen bis Meso-Therapy-Anti-Aging im Hotel Schloss Eck-

berg (→ Übernachten). Bautzner Str. 134, ✆ 8099165, www.anett-friese.de.

Henricus Spa in der Heinrich Schütz Residenz **26** → Karte S. 139. Die feine Seniorenresidenz am Neumarkt besitzt einen öffentlich zugänglichen Wellnessbereich, der in puncto Anwendungen seinesgleichen sucht. Neben Behandlungen von Ayurveda bis Thalasso, Sauna, Wohlfühlbad und Whirlpool gibt es eine „Aqualounge" mit Blick auf ein 6 m langes Meerwasseraquarium. Da kann man loungen, chillen, einfach schöner alt werden. Tgl. 11–22 Uhr, nur nach Anmeldung! Neumarkt 12, ✆ 26359640, www.wellness-neumarkt.de.

»» Tipp: Schwebebad Dresden **10** → Karte S. 209. Das Salinarium, in dem Sole vernebelt wird, ist der eine Trumpf im irgendwie-ägyptisch ausgestatteten Studio im Gewerkschaftshaus, der andere heißt Floating und verspricht einzeln oder zu zweit schwerelose Entspannung auf einer gesättigten Sole-Lösung. Super als Ergänzung zum winterlichen Strietzelmarkt, aber unbedingt vorher anmelden. Mo–Sa 10–22 Uhr. Schützenplatz 14, ✆ 4400127, www.schwebebad-dresden.de. **««**

Kleines Kurhaus **26** → Karte S. 222/223. Zentrum für ganzheitliche Gesundheit, ein Team von Therapeuten, Ärzten und Experten ganzheitlicher Heilmethoden bietet Massagen, autogenes Training, Vorträge und Training zum Thema, Yoga, Meditation und verschiedene Heilungstechniken aus dem ostasiatischen Kulturkreis. Telefonische Anmeldung wichtig! Hosterwitzer Str. 2, ✆ 2139560, www.kleines-kurhaus.de.

Touch of Nature **53** → Karte S. 182/183. Naturkosmetik, ayurvedische Behandlungen, Massagen, alles unter ganzheitlichen Gesichtspunkten in einem unscheinbaren Biedermeierhaus in der Äußeren Neustadt. Böhmische Str. 9, Laden Di–Do 13–19, Fr 11–19 Uhr, Behandlung Mo–Fr 9–19, Sa 11–15 Uhr; ✆ 8108590, www.touch-of-nature.de.

Day Spa **28** → Karte S. 156/157. Hier ist Wellness wirklich zwischendurch zu haben: Direkt in der Altstadt gibt es auch für Laufkundschaft (aber besser mit Anmeldung) Beauty-Treatments, Massagen, Packungen, einen Hamam und eine tropische Feuchtkammer. Dr.-Külz-Ring 15, Mo–Sa 10–20 Uhr, ✆ 2061126, www.dayspa-am-altmarkt.de.

Feste, Feiertage und Events

Kaum ein Monat vergeht in Dresden ohne Feste oder Festspiele. Aktuelle Informationen liefert die Internetseite www.dresden.de/veranstaltungen, außerdem die verschiedenen Dresdner Stadtmagazine (→ Wissenswertes von A bis Z).

Januar bis April

Zweite Januarhälfte

Semperopernball: Seit 2006 gibt es ihn wieder, den Ball in der Semperoper – nach mehr als 60 Jahren Pause. Mittlerweile ist er ein fester Termin im Festkalender der Schönen und Reichen des Landes. Erfolg setzt man nicht ab. Auf dem Theaterplatz vor dem Opernhaus kann man das Geschehen im Haus auf einer Großleinwand verfolgen, mitgebrachten Sekt trinken, gepflegt frieren und mit den anderen viel Spaß haben, www.semperopernball.de.

Um den 13. und 14. Februar

Sonderveranstaltungen zum Gedenken an die Zerstörung Dresdens am 13./14. Februar 1945, u. a. Konzert der Staatskapelle in der Semperoper, www.dresden.de.

April

Filmfest Dresden: Internationale Veranstaltung für Kurzfilme und Animationsfilme, Veranstaltungen an mehreren Orten in der Stadt, www.filmfest-dresden.de.

Internationale Tanzwoche Dresden: Eine Woche moderner Bühnentanz in der Stadt der bekannten Choreografinnen Mary Wigman und Gret Palucca. Eigenproduktionen (u. a. Ballett der Semperoper, Hellerauer Dresden Frankfurt – vormals Forsythe – Company) und Gastspiele international anerkannter Ensembles, www.tanzwoche.de.

Mai

Erster Mai

Flottenparade der „Sächsischen Dampfschiffahrt": Wer nicht rechtzeitig einen Platz an der Balustrade vor dem Pillnitzer Schloss ergattert hat oder Position auf dem Blauen Wunder bezogen hat, sieht sich dieses Spektakel, an dem alle Dresdner Elbdampfer teilnehmen, eben von der Brühlschen Terrasse aus an oder von einer der Elbbrücken, wenn er denn dort einen Platz findet, www.saechsische-dampfschiffahrt.de.

Feste, Feiertage und Events

Erste Maihälfte/Mitte Mai

Dresdner Musikfestspiele: Zwei Maiwochen lang bietet Dresden alles auf, was es (klassisch) musikalisch zu bieten hat. Das Programm der Gastgeber und internationalen Gäste sucht sich einen Rahmen, der auch Nicht-Klassik-Experten einlädt (2015 war das Thema „Feuer Eis", 2016 heißt es „Zeit"). Spielorte sind die Säle und Kirchen der Stadt, aber auch Schlösser und Kirchen der Umgebung. Kartenvorverkauf im Büro Weiße Gasse 8, Mo–Fr 10–18, Sa 10–16 Uhr; telefonisch unter ℅ 65606700; außerdem erhält man die Tickets bei den meisten Vorverkaufsstellen, bestellt sie schriftlich über Dresdner Musikfestspiele, Besucherservice, PF 100453, 01074 Dresden, online auf www.musikfestspiele.com oder per E-Mail an besucherservice@musikfestspiele.com.

Internationales Dixielandfestival: Eines der größten Festivals seiner Art in Europa zieht Fans aus Sachsen und von weiter her für fünf Tage in die Stadt. Die Konzertstandorte reichen vom Elbdampfer über die Jazzmeile Prager Straße bis zum Jazzkeller. Absoluter Höhepunkt ist der letzte Veranstaltungstag, ein Sonntag, wenn der Umzug der Dixie-Bands durch die Stadt zum Theaterplatz stattfindet. www.dixieland.de, www.dixieland-dresden.de, Karten über fast alle Vorverkaufsstellen (→ Kulturszene).

Karl-May-Festtage Radebeul: An einem Maiwochenende steht Radebeul ganz im Zeichen seines berühmtesten Bürgers: traditioneller Pow Wow mit Indianern aus den USA, Mexiko und Kanada, Bluegrass- und Country-Festival, Westernturniere, Wildwest-Abenteuer für Kinder – ein echtes Familienfest. Das Fest findet im Lößnitzgrund oberhalb von Radebeul statt, dort gibt es einen speziellen Camping- und einen Wohnmobilstellplatz. Amt für Kultur und Tourismus Radebeul, Altkötzschenbroda 21, 01445 Radebeul, ℅ 0351-8311600, www.karl-may-fest.de.

Ende Mai/Anfang Juni

CSD: Ende Mai oder Anfang Juni feiern Dresdens Lesben und Schwule mit (bunten und lauten) Umzügen und Sonderveranstaltungen den Christopher Street Day, und die Veranstaltungen strecken sich über eine ganze Woche. Zentren sind Albertplatz und Altmarkt. www.csd-dresden.de, Infos bei Gerede e. V., Prießnitzstr. 18 (Äußere Neustadt), ℅ 802250, www.gerede-dresden.de.

Juni bis August

Zweite Junihälfte

Elbhangfest: Ein Wochenende (Fr–So) in der zweiten Junihälfte sieht die Elbhangortschaften zwischen den Elbschlössern am Weißen Hirsch, Loschwitz und Pillnitz in Feierlaune. Jährlich wechselndes Motto (2015 „Wasser, Weine, Urgesteine – 700 Jahre Loschwitz"), aber immer mit großem Festzug und evtl. einer Drachenbootregatta auf der Elbe als einem der Höhepunkte. Und das Beste sind die improvisierten Gartenkneipen der Anwohner. www.elbhangfest.de.

Mitte Juni/Drittes Juniwochenende

Bunte Republik Neustadt: Die Äußere Neustadt feiert – nicht mehr ganz so bunt wie kurz nach der Wende, aber auf jeden Fall laut und punktuell schrill. Überall prangt das offizielle Emblem der „Mikronation", die Mickymaus im Ährenkranz. Keine Straße, die unberührt bleibt, kein Hinterhof, der nicht mitmacht. Nicht nur saufen und Currywurst, Partys und allgemeines Feiern, sondern auch Street Art, Theater, Performance, Lesungen, Flohmarkt und Imbiss aus der eigenen Kochnische. www.brn-dresden.de.

Juni bis August

Mitte/Ende Juni

Uni Rocks – das Campusfestival der TU Dresden: „Deutschlands größte Studentenparty", Open Air auf der Campuswiese ca. 13 € (Studenten) oder 15 € (Besucher). www.unirocks.de.

Juni und Juli

Lange Nacht der Wissenschaften: Von 18 Uhr bis 2 Uhr in der Nacht öffnen vier Dresdner Hochschulen und mehr als dreißig Forschungseinrichtungen ihre Tore und laden zu Führungen, Ausstellungen, Vorträgen, Shows, Musik und Filmen ein. Ein spezieller – und kostenloser – Bus-Shuttledienst sorgt für den Transport von und zu den Veranstaltungsorten. Mensen und Cafeterien sind geöffnet, die meisten Institute stellen Buffettische auf. Alle Veranstaltungen sind gratis! www.wissenschaftsnacht-dresden.de.

Festival Mitte Europa: Sachsen, Bayern und Tschechien veranstalten dieses Staatsgrenzen übergreifende Festival gemeinsam, so dass auch die Standorte über die gesamte Region verteilt. Vor allem klassische Musik steht im Zentrum der Aufführungen in Dresden, Pirna, Weesenstein und vielen anderen Orten der Region, www.festival-mitte-europa.com.

Mitte Juli

Lange Nacht der Museen (Museums-Sommernacht): Mehr als 40 Museen sind ab 18 Uhr bis in die frühen Morgenstunden geöffnet, Ticket (inkl. VVO-Fahrschein) ca. 13 €, www.dresden.de/museumsnacht.

Mitte Juli bis Mitte August

Ostrale: Im riesigen Schlachthofgelände, das mittlerweile unter Denkmalschutz steht, findet die Ostrale statt, im „Zentrum für zeitgenössische Kunst"; Treff von Kunstfans aus aller Welt, 2015 zum 9. Mal; Tagesticket ca. 14 €, www.ostrale.de.

Mitte Juli bis Mitte September

Filmnächte am Elbufer: Im Hochsommer treffen sich die Kino-Fans am Elbufer vor der Riesenleinwand, hinter der sich die berühmte Dresdner Altstadtsilhouette aufbaut. Die populärsten Filme des vergangenen Jahres und der eine oder andere wieder aufgelegte Klassiker werden gezeigt, vor allem am Wochenende aber auch gigantomane Partys, Konzerte und Shows (2015 kamen Xavier Naidoo, Roxette, Casper und Roland Kaiser). 4000 Sitzplätze, davon 400 überdacht, bei Konzerten ist Platz für bis zu 15.000 Besucher.

Erzgebirgische Volkskunst auf dem Striezelmarkt

Feste, Feiertage und Events

Der Altmarkt ist Dresdens Festplatz

Königsufer Dresden (Elbufer auf der Neustädter Seite zwischen Carolabrücke und Albertbrücke), Vorverkauf www.dresden. filmnaechte.de, Infos/Vorverkauf ℡ 65670-91 oder -98 (11–18 Uhr), Abendkasse, Kinoticket ab 7,50 €, das 5er-Ticket 31 €; Einlass 20 Uhr, Beginn ca. 21.30 Uhr. An den Eingängen ca. 400 Radparkplätze, keine öffentliche Pkw-Zufahrt! Rollstuhlgerechte Parkplätze am Parkplatz oberhalb des Geländes hinter dem Finanzministerium.

Mitte August

Canaletto – das Dresdner Stadtfest: Am dritten Wochenende im August gibt es auf und an den schönsten Plätzen der Stadt eine Menge zu sehen und zu hören – gratis. Da mischt sich vor der Semperoper Klassik mit Rock, am Goldenen Reiter gibt es Kabarett zu erleben, die Dampferflotte macht eine Flottenparade, nahe Hotels und Restaurants winken mit kulinarischen Attraktionen (gegen Entgelt) und an vielen Orten gibt es Live-Konzerte von Barockmusik bis Samba. Infos auf www.dresdnerstadtfest.com.

Moritzburg Festival: Trotz des Namens ist das Moritzburg Festival, das zwei Wochen im August stattfindet, nicht auf Moritzburg beschränkt. Konzerte des ganz überwiegend der Kammermusik gewidmeten Festivals finden auch in der Frauenkirche und in der Gläsernen Manufaktur von Volkswagen statt. Besonders attraktiv sind Konzerte im historischen Speisesaal des Moritzburger Schlosses. Das Programm ist vor allem dem 19. und 20. Jh. verpflichtet (mal keine Barockmusik und Allongeperücken aus Polyester). Einige Konzerte sind mit Picknick oder Dinner verbunden. Kammermusik Festival, Maxstr. 8, 01067 Dresden, ℡ 8105495, www.moritzburgfestival.de.

Ende August

Tag des offenen Weingutes: Am letzten Wochenende im August öffnen die Winzer der Weinregion zwischen Pillnitz und Diesbar-Seußlitz ihre Pforten und laden zu Besichtigungen und Weinproben. Infos und Fahrplan des Shuttlebusses zu den Weingütern auf www.elbland.de.

September bis Dezember

Anfang September

Neustädter Keramikmarkt: Am Goldenen Reiter und in der Hauptstraße bis zum Albertplatz bieten zahlreiche Buden in- und ausländischer Keramikhersteller ihre Produkte an. www.toepfermarkt-dresden.de.

Mitte September

Moritzburger Hengstparade: Die Herbstschau des Moritzburger Gestüts zieht mit ihren Veranstaltungen rund ums Pferd (u. a. Kutschenparaden) bis zu 21.000 Interessierte in den Ort. www.saechsischegestuetsverwaltung.de.

Zweite Septemberhälfte

Federweißerfest auf Schloss Wackerbarth: Das Staatsweingut Schloss Wackerbarth lädt für ein Septemberwochenende zum schäumenden Federweißen ein – der kommt aus den eigenen Reben und nicht, wie anderswo, von irgendwoher. Zu den ca. 20.000 Litern neuem Wein kommen gutes Essen, Live-Musik und die prächtige Gartenanlage, die sich den Hang hinter dem Schloss hinaufzieht und die an diesen Tagen von unzähligen Feiernden bevölkert ist, www.schloss-wackerbarth.de.

Herbst- und Weinfest Radebeul-Altkötzschenbroda: Am dritten Septemberwochenende findet in Radebeul bei Dresden ein großes Herbst- und Weinfest statt, das drei Tage dauert. Kleintheater, Konzerte, Straßenmusik, Kinderkirmes usw. Infos bei der Tourist-Information Radebeul, dort auch Karten im Vorverkauf; www.weinfest-radebeul.de.

Weinfest in Meißen: Ebenfalls am dritten Septemberwochenende findet das Meißner Weinfest statt, das bei freiem Eintritt vorwiegend ein Straßenfest ist. www.meissner-weinfest.de.

Oktober

Dresdner Stadtmarathon: Vom Haus der Presse an der Ostra-Allee startet dieser an Popularität rasch zunehmende Stadtmarathon, www.dresden-marathon.de.

Erste Oktoberhälfte

TonLagen – Dresdner Festival für zeitgenössische Musik: Im Festspielhaus Hellerau und an anderen Spielstätten der Gartenstadt wird zeitgenössische Musik aufgeführt, was klassisch besetzte Orchester- und Kammermusik, Musiktheater, Filmmusik und spontane Sessions bedeuten kann. Kartenvorverkauf in der Ticketzentrale im Kulturpalast Dresden oder bei Hellerau – Europäisches Zentrum der Künste, ℡ 8627390, www.hellerau.org.

Erstes Novemberwochenende

Unity Dresden Night: Auch der Semesterbeginn ist eine durchtanzte Nacht wert, und auch diese Nacht ist (Eigenlob?) „Deutschlands größte Innenstadtparty". Standort? Rund um Prager Straße, Wiener Platz und Altmarkt an etwa 17 Standorten vom McDonald's bis zum Rundkino. Die meisten Acts finden jedoch in der Centrum Galerie statt. 22–5 Uhr, das Bändchen kostet ca. 10 €, www.unity-dresden-night.de.

Ende November bis 24. Dezember

Striezelmarkt und Weihnachtsmärkte: 2015 findet er zum 581. Mal statt, der legendäre Dresdner Striezelmarkt. Traditionell wird dieser Weihnachtsmarkt vom ersten Adventswochenende bis zum 24. Dezember auf dem Altmarkt abgehalten. Zu probieren gibt es Dresdner Christstollen, Pfefferkuchen und reichlich Glühwein, zu kaufen erzgebirgische Volkskunst von der Weihnachtspyramide über das Räuchermännl bis zum Nussknacker, Plauener Spitze, Dresdner Pflaumentoffel und mehr. Übrigens: Ein Striezel ist ein Stollen und umgekehrt, klar? Der Stollen steht nicht nur im Namen, sondern auch im Mittelpunkt des Striezelmarktes. Ein rund 3,5 Tonnen schwerer Riesenstriezel wird am Tag des Stollenfestes durch die Stadt kutschiert und dann von hübschen Stollenmädchen angeschnitten, die pfundgroßen Stücke können dann gleich erworben werden.

Neben dem Striezelmarkt gibt es auch an anderen Orten Dresdens und seiner Umgebung Weihnachtsmärkte, so an der Frauenkirche, in der Prager Straße, in der (Neustädter) Hauptstraße, im Stallhof den sehr beliebten Mittelaltermarkt, außerdem einen Elbhang-Weihnachtsmarkt und einen auf der Albrechtsburg in Meißen.

Striezelmarkt, tgl. 10–21 Uhr, Heiligabend 10–14 Uhr, www.striezelmarkt.de und www.weihnachtsmarkt-dresden.net.

Überdimensionale Weihnachtspyramide auf dem Striezelmarkt

Wissenswertes von A bis Z

Apotheken

In allen Stadtteilen gibt es zahlreiche Apotheken. Tägl. bis 22 Uhr geöffnet ist die **Bahnhofsapotheke** im Hauptbahnhof (beim Seitenausgang Bayerische Str.), ✆ 26731960.

Ärztliche Versorgung

Es gibt drei große **Krankenhäuser**, in denen Notfälle behandelt werden: Universitätsklinikum Carl Gustav Carus, Fetscherstr. 74, ✆ 458-0; Städtisches Krankenhaus Dresden-Neustadt, Industriestr. 40, ✆ 856-0; Krankenhaus Dresden Friedrichstadt, Friedrichstr. 41, ✆ 480-0.

Eine **Kassenärztliche Notfallpraxis** befindet sich in der Fiedlerstr. 25 (Universitätsklinikum Haus 28), Mo–Fr 19–23 Uhr, Sa/So/Fei und Brückentage 8–23 Uhr, ✆ 19292. Unter der gleichen Telefonnummer erreicht man den **Kassenärztlichen Bereitschaftsdienst** tgl. 19–7 Uhr.

Das privat betriebene **Forum Gesundheit** bietet Hausarztpraxis, Orthopädie, Integrative Medizin, Kältekammer (Schmerztherapie), Zahnarztpraxis, Sanitätshaus und Apotheke. Leipziger Str. 40, www.forum-gesundheit-dresden.de, ✆ 840740.

Behinderte

Für die Bahnanreise können bei der Mobilitätszentrale der Deutschen Bahn Ein-, Um- und Aussteighilfen angefordert werden – spätestens am Vortag unter ✆ 01805-512512, (0,20 €/Min., tgl. 6–22 Uhr). Bei der S-Bahn geht das bis 30 Min. vor Abfahrt unter ✆ 0351/2068290. Der Flughafen Dresden ist behindertengerecht ausgestattet, Gleiches gilt für alle Busse, fast alle Straßenbahnen und sogar die historische Standseilbahn, außerdem ist das Personal bei nicht behindertengerechten Haltestellen sehr hilfsbereit.

Der **Behindertenfahrdienst** ist in Dresden unter ✆ 8500222 zu erreichen (tgl. 6–21 Uhr). Rollstuhltaxis hat z. B. Trans Taxi Eibig, ✆ 0172-3506469.

Anders als bei „echten" Altstädten kommt man grade im Dresdner Stadtkern auch mit dem Rollstuhl vergleichsweise gut voran. Die Stadt hält einen kostenlosen **Innenstadtplan für Menschen mit Mobilitätsbehinderung** bereit. Er zeigt alle barrierefreien Rollwege durch die Innenstadt, geeignete WCs, Parkplätze und Haltestellen. Man erhält ihn in den Infostellen des Rathauses und der Ortsämter, bei den Dresdner Verkehrsbetrieben und bei den Tourist-Informationen der Stadt. Dieser Plan ist Teil

Wissenswertes von A bis Z 103

eines die gesamte Stadt umfassenden On-line-Stadtführers für Behinderte, den man auch als PDF ausdrucken kann: www.dresden.de/de/stadtraum/verkehr/mensche n-mit-mobilitaetsbehinderung.php.

Ein echter Tipp ist übrigens das **Café Lloyd's** in der Äußeren Neustadt (→ S. 194), das wir seit der 3. Auflage in diesem Stadtführer erwähnen und von dem wir erst seit Kurzem wissen, dass es eine Einrichtung der Evangelischen Behindertenhilfe ist.

Bibliotheken

Stadtbibliothek und **Unibibliothek** bieten auch Gästen jede Menge leicht erreichbare Infos: die Stadtbibliothek etwa hat in ihrer Hauptstelle im WTC gleich gegenüber dem Eingang einen großen Dresden-Bereich eingerichtet, die Unibibliothek hat mit ihrem riesigen Freihandbestand zu allen Themen was auf Lager, ohne dass man Mitgliedsbeiträge zahlen oder irgendwelche Formalitäten erledigen müsste. Die Städtischen Bibliotheken und nicht Zwinger & Co. sind mit 1,7 Mio. die meistbesuchten Kultur- und Bildungseinrichtungen Dresdens.

Städtische Bibliotheken Dresden, Haupt- und Musikbibliothek, Freiberger Str. 33 und 35 (am WTC in der Wilsdruffer Vorstadt; eine Übersiedlung in den Kulturpalast ist nach dessen Fertigstellung – kaum vor 2017 – avisiert), ✆ 8648233, www.bibo-dresden. de, Mo–Sa 11–19, Sa 10–14 Uhr.

Staatliche Landesbibliothek – Staats- und Universitätsbibliothek Dresden (SLUB), Zentralbibliothek, Zellescher Weg 18, ✆ 4677511, www.slub-dresden.de.

Dresden Welcome Card

Eine der kompliziertesten Entscheidungen für einen Dresden-Urlauber besteht darin, ob er bzw. welche der viel beworbenen personengebundenen Dresden Welcome Cards er sich zulegen soll (im Service-Center der Dresden Information, unter www.dresden.de/tourismus oder ✆ 0351-501501).

Das System ist verwirrend, weil die Dresden Welcome Cards im Prinzip drei verschiedene Card-Komponenten meinen, die einzeln gekauft werden oder teilweise miteinander kombiniert werden können:
1. Museums Card für 14 Museen der Staatlichen Kunstsammlungen, aber ohne Historisches Grünes Gewölbe und Schloss Pillnitz;

2. Tour Card für einen geführten Altstadtrundgang plus Stadtplan;
3. City Card für freie Fahrt mit den Öffentlichen im Stadtgebiet (bzw. im Umland bei Regio Card).

Dabei konkurrieren diese Welcome-Card-Kombinationen sowohl mit der Tageskarte der Staatlichen Kunstsammlung (→ Museumseintritte) als auch den Tages- und Gruppenkarten der Dresdner Verkehrsbetriebe (→ Unterwegs in Dresden/Ticket-Tipps). Um es auf den Punkt zu bringen: Die Fahrkartenoption ist relativ sinnlos, da fährt man mit normalen Tageskarten immer günstiger; außerdem wird man bei einer Unterkunft in Innenstadtlage das Meiste zu Fuß besuchen. Die Museumsoption rechnet sich eigentlich nur, wenn man sie mit der Stadtführung kombiniert (d. h. Museums Card + Tour Card), sonst kommt man auch hier mit den Tages- und Kombitickets der Museen billiger weg. Die zusätzlich angebotenen Ermäßigungen rentieren sich nicht. So lange sich daran nichts ändert: kein Tipp!

Fundbüro

Das Fundbüro der Stadt Dresden ist in der Theaterstr. 13 (Haltestelle Postplatz), Di und Do 9–18, Fr 9–12 Uhr, ✆ 4885996.

Information

Hier einige wichtige Adressen zur Vorbereitung einer Reise nach Dresden und in die nähere Umgebung:

Dresden Information GmbH: Die erste Adresse für alle Infos über Dresden samt Unterkunftssuche, Onlinebuchung und Veranstaltungskalender; Städtische Seite. ✆ 0351-501501, ℻ 50160166, www.dresden. de/tourismus.

Tourismus Marketing Ges. Sachsen mbH: Die Adresse für Infos über Sachsen, außerdem Unterkunftsverzeichnisse, Veranstaltungen und Pauschalangebote. Bautzner Str. 45–47, 01099 Dresden, ✆ 491700, www. sachsen-tourismus.de.

Tourismusverband Sächsisches Elbland e. V.: Hier erhält man Informationen über die Nachbarorte Dresdens von Meißen bis Moritzburg. Fabrikstr. 16, 01662 Meißen, ✆ 03521-76350, www.elbland.de.

Tourismusverband Sächsische Schweiz e. V.: Informationen über Pirna und das Elbsandsteingebirge. Bahnhofstr. 21, 01796

104　Wissenswertes von A bis Z

Pirna, ✆ 03501-470147, www.saechsische-schweiz.de.

Tourist-Informationen in Dresden

Die offizielle Tourist-Information **Dresden Information** befindet sich gegenüber der Frauenkirche im Untergeschoss der QF-Passage (Neumarkt 2). Mo–Fr 10–19, Sa 10–18, So/Fei 10–15 Uhr, Jan. bis März verkürzte Öffnungszeiten. Eine weitere Stelle ist ein Kiosk im Hauptbahnhof (Haupthalle, tgl. 8–20 Uhr). Beide ✆ 0351-501501 (leider oft unterbesetzt), www.dresden.de/tourismus.

> **Tipp**: In beiden Büros kann man Unterkünfte buchen und bekommt auch Tickets für die meisten Konzerte, Theater und die Semperoper.

Informationen im Internet

www.dresden.de, offizielle Website der Landeshauptstadt, u. a. mit dem gut gestalteten Unterpunkt Tourismus.

www.dresdeninformation.com, kommerzielle Seite zu den Bereichen Einkaufen, Übernachten, Restaurants und Veranstaltungen.

www.dresden-lexikon.de, die Online-Ausgabe des Buchs, grausame Aufmachung, aber ein wundervolles Kompendium!

www.dnn.de, Seite der „Dresdner Neuesten Nachrichten".

www.sz-online.de, Seite der „Sächsischen Zeitung".

www.museen-dresden.de, Seite der Städtischen Museen Dresden.

www.skd.museum, Seite der Staatlichen Kunstsammlungen Dresden.

www.dvb.de, Seite der öffentlichen Verkehrsbetriebe in Dresden.

www.vvo-online.de, Seite des Verkehrsverbunds Oberelbe.

www.elbland.de, Tourismusseite der Nachbarorte Dresdens.

www.saechsische-schweiz.de, alle Infos für einen Urlaub in der Sächsischen Schweiz.

Klima und Reisezeit

Dresden hat ein mildes, mitteleuropäisch-kontinentales Klima, seine Sommertemperaturen sind also verglichen mit Norddeutschland ziemlich hoch, die Wintertemperaturen dagegen etwas niedriger, ohne in voralpine Tiefen zu fallen. Nicht vergessen: In Dresden wird Wein angebaut. Mangels extremer Temperaturen oder Winde kann man Dresden ganzjährig besuchen. Die schönste Zeit ist jedoch zwischen Mai und Oktober, vor allem auch wegen der längeren Tage. Beim Wetterbericht mitbedenken, dass die offizielle Wetterstation Dresden-Klotzsche beim Flughafen liegt und damit etwa 100 m höher als das Dresdner Zentrum, wodurch es dort immer spürbar kälter ist als in der Stadt. Durch die Lage im Elbkessel weist Dresden eine Jahresdurchschnittstemperatur von 9,9 °C auf und ist damit eine der wärmsten deutschen Städte.

Literaturtipps

Albert Prinz von Sachsen Herzog zu Sachsen: **Die Albertinischen Wettiner.** Geschichte des Sächsischen Königshauses 1763–1932. Gräfelfing 1995. Authentischer geht's nicht: ein Wettiner berichtet über die

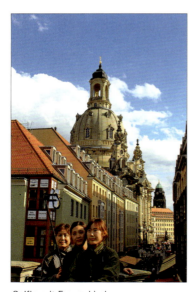

Selfie mit Frauenkirche

Literaturtipps 105

Geschichte des wettinischen Königshauses von der Thronbesteigung Kurfürst Friedrich Christians bis zum Tod des letzten Königs Friedrich August III.

Baumgärtel, Siegmar und Gertoberens, Klaus: Dresden Stadtlexikon. Dresden (Edition Sächsische Zeitung) 2009. Alles über Dresden in Stichworten von Theo Adam bis Zwingerteich.

Beyer, Marcel: Kaltenburg. Roman. Frankfurt (Suhrkamp Taschenbuch) 2009. Ein großes Stück Literatur mit Dresden als Schauplatz. Die „FAZ" schrieb „die meisterliche Vergegenwärtigung von Zeitgeschichte mit den Mitteln des Roman". Beyer schlägt dabei aus der Perspektive des Ornithologen Hermann Funk einen Bogen von der Nazibis zur Wendezeit; beim titelgebenden Kaltenburg handelt es sich um ein poetisches Alter Ego des Verhaltensforschers Konrad Lorenz.

Deutsches Hygiene-Museum (Hrsg.): Mythos Dresden. Köln, Weimar, Wien (Böhlau) 2006. Interessante Zusammenstellung der verschiedenen Stränge, aus denen der Mythos Dresden zusammengewoben wurde, anlässlich einer Ausstellung im Hygiene-Museum erschienen.

Doubek, Katja: August der Starke. Reinbek bei Hamburg (Rowohlt) 2007. Lesbar und kompakt ist dieser kurze (160 S.) Führer zum Leben Augusts des Starken und der Kultur seiner Zeit samt Mätressen und Repräsentationsmacken, etwas ermüdend nur die Darstellung der vielen Schlachten des Nordischen Krieges. Preiswert: 8,99 €.

Fölck, Romy: Täubchenjagd. Dresden (Kahl) 2007. Im zweiten Dresdner Stadtkrimi begeht ein Obdachloser Tierquälerei, echte Spannung vor Dresden-Hintergrund. In **Duell im Schatten** (2012), ihrem dritten Dresden-Krimi greift die Leipziger Autorin Ereignisse aus der Nazizeit auf.

Gerlach, Siegfried: George Bähr. Der Erbauer der Dresdner Frauenkirche. Ein Zeitbild. Köln, Weimar, Wien (Böhlau) 2005. Nicht ganz leicht zu lesende, aber informative Biographie des großen Dresdner Baumeisters und Schöpfers der Frauenkirche.

Günzel, Klaus: Romantik in Dresden. Gestalten und Begegnungen. Frankfurt/Main u. Leipzig (Insel) 1997. Was die deutschen Künstler Caspar David Friedrich, Carl Gustav Carus, Carl Maria von Weber, E. T. A. Hoffmann, Richard Wagner und eine ganze

Reihe anderer in und mit Dresden zu tun hatten, wird hier ausreichend illustriert zusammengestellt.

Kempowski, Walter: Der rote Hahn. Dresden im Februar 1945. München (btb) 2001. Unglaublich lebendige Zusammenstellung von Zeitzeugnissen zur Zerstörung Dresdens unter Einschluss der Vorgeschichte.

Klemperer, Victor: Ich will Zeugnis ablegen bis zum letzten. Tagebücher 1933–1945. Berlin (Aufbau) 2015. Im wohl aufwühlendsten letzten Band der Tagebücher des von den Nazis ins Ghetto getriebenen Dresdner Sprachwissenschaftlers berichtet dieser als Augenzeuge über die Zerstörung Dresdens. Auch als gleichnamiges Audiobook erschienen, gelesen von Udo Samel, Berlin (Aufbau Audio) 2015.

Kraszewski, József Ignacy: Gräfin Cosel. Berlin (Aufbau) 2012. Historischer Roman über die berühmte Mätresse Augusts des Starken. Der polnische Autor, der mehr als 20 Jahre im Dresdner Exil lebte, hat in mehreren zwischen 1873 und 1875 entstandenen Romanen Dresden und Sachsen in der Barockzeit beschrieben.

Rader, Olaf: Kleine Geschichte Dresdens. München (C. H. Beck) 2005. Kein Wälzer, sondern eine gut lesbare 190-Seiten-Übersicht. Das letzte Jahrhundert wird detaillierter dargestellt.

Richter, Frank: Der historische Malerweg. Die Entdeckung der Sächsischen Schweiz im 18./19. Jh. Dresden (Verlag der Kunst) 2012. Reich illustrierte Übersicht der Künstler (u. a. Caspar David Friedrich und Adrian Ludwig Richter), die dem Tourismus in der Sächsischen Schweiz den Weg bereiteten.

Richter, Peter: 89/90. Roman. München (Luchterhand) 2015 und im selben Jahr für den Deutschen Buchpreis nominiert. Der 73 geborene Dresdner – mittlerweile Kulturkorrespondent der „Süddeutschen" in New York – erzählt vom Lebensgefühl der letzten DDR-Generation. Ein Muss.

Taylor, Frederick: Dresden, Dienstag, 13. Februar 1945. München (Pantheon) 2008. Wissenschaftlich fundierte, sehr lesbare Aufbereitung des Bombenangriffs auf Dresden, inklusive kritischer Anmerkungen zur Schuldfrage aus britischer Sicht.

Tellkamp, Uwe: Der Turm. Frankfurt am Main (Suhrkamp Taschenbuch) 2010. Tellkamps umfangreiches Dresden-Epos in bester Thomas-Mann-Manier– war 2008 ein

106 Wissenswertes von A bis Z

Instant-Bestseller, den wohl nicht alle gelesen haben, die das Buch kauften. Highbrow-Dresden knapp vor der Wende, die Namen der ausschweifend vielen Story-Protagonisten nur wenig verhüllt – das sorgte auch für ein hochinteressiertes Dresdner Publikum. 2012 lief in der ARD eine 2-teilige Verfilmung (u. a. mit Jan Josef Liefers und Nadja Uhl), äußerst gelungen und vielfach ausgezeichnet – ein echter **DVD-Tipp!**

Vonnegut, Kurt: Schlachthof 5 oder Der Kinderkreuzzug. Reinbek bei Hamburg (Rowohlt) 2010. Vonnegut hat als amerikanischer Kriegsgefangener die Luftangriffe auf Dresden miterlebt und lässt seine Erfahrungen in die Hauptfigur seines Romans Billy Pilgrim einfließen. Das Buch, im Original „Slaughterhouse – Five", gilt als einer der wichtigsten Antikriegsromane der Weltliteratur.

Museumseintritte

Dresden besitzt Museen, die der Stadt gehören, wie das Stadtmuseum, aber auch Museen wie die Gemäldegalerie Alte Meister, die dem Freistaat Sachsen unterstehen. Hinzu kommen noch diverse von Stiftungen oder privaten Initiativen getragene Einrichtungen wie z. B. das Erich-Kästner-Museum.

Ein einheitliches Ticket oder einen Museumspass gibt es nicht, jedoch bieten die **Staatlichen Kunstsammlungen** eine Tageskarte zu 19 € (mit Zeitticket für Historisches Grünes Gewölbe 21 €) und eine Jahreskarte zu 50 € an, die den unbegrenzten Zutritt in die Kunstsammlungen der Stadt für einen Tag bzw. ein ganzes Jahr erlauben, die Jahreskarte schließt auch sämtliche Sonderausstellungen mit ein. Man bekommt sie unkompliziert im Besucherzentrum (s. u.). Gültigkeit besitzt die Karte in allen Museen, die dem Freistaat Sachsen gehören, also Gemäldegalerie Alte Meister, Albertinum, Rüstkammer, Porzellansammlung, Neues Grünes Gewölbe, Kupferstichkabinett (mit Sonderausstellungen), Türckische Cammer, Museum für Sächsische Volkskunst mit Puppentheater, Kunstgewerbemuseum (Schloss Pillnitz), Mathematisch-Physikalischer Salon und das 2015 in großem Rahmen wiedereröffnete Münzkabinett. Wer nur drei oder vier dieser Sammlungen besucht, hat das Jahresticket bereits drin. Das Historische Grüne Gewölbe ist jedoch ausdrücklich ausgenommen (Ausnahme das Kombiticket, s. o.).

Besucherzentrum „Art & Info", Auskunftsbüro der Staatlichen Kunstsammlungen im Residenzschloss, Eingang Ecke Schlossstraße/Taschenberg, geöffnet tägl. 18–18 Uhr, Auskunft und Überblick über die Staatlichen Kunstsammlungen Dresden auf www.skd.museum.

Auch die **Museen und Galerien der Stadt Dresden** bieten eine Sammelkarte an: eine Jahreskarte zu 30 €, die auch alle Sonderausstellungen beinhaltet; Familien zahlen nur 40 €. Für jemanden der drei dieser Museen oder zwei Sonderausstellungen besucht, hat sich der Kauf bereits gelohnt. Die Museen der Stadt umfassen u. a. Stadtmuseum, Technische Sammlungen, Kügelgenhaus, Carl-Maria-von-Weber-Museum und Schillerhäuschen. www.museen-dresden.de.

Die gelben Dresden Welcome Cards rechnen sich dagegen für den normalen Dresden-Besucher kaum (→ S. 103).

> Freitags ab 12 Uhr ist der Eintritt in die städtischen Museen gratis (außer an Feiertagen).

Notruf

Polizei ✆ 110

Feuerwehr und Rettung ✆ 112

Ärztlicher Notdienst ✆ 19292

Apothekenbereitschaft ✆ 08000022833 (Festnetz kostenlos), ✆ 22833 (max. 0,69 €/Min.)

Sperrnotruf für EC-, Kredit- und Handykarten ✆ 116116, www.sperr-notruf.de.

Rauchen

Seit Februar 2008 gilt in Sachsen ein Rauchverbot in allen öffentlichen Einrichtungen und Verkehrsmitteln sowie in Gaststätten. Nur in deutlich abgetrennten Nebenräumen von Gaststätten ist das Rauchen weiterhin erlaubt.

Schwule und Lesben

Die Dresdner Schwulen- und Lesbenszene ist nicht sonderlich groß. Leipzig und das nur zwei Zugstunden entfernte Berlin haben eine zu starke Anziehungskraft, als dass sich in Dresden etwas groß entwickeln könnte. Das, was öffentlich abläuft,

Telefonvorwahl

ist in der Regel das Verdienst von **Gerede e. V.** Man trifft die Mitarbeiter und Mitglieder im Stadtteilhaus in der Prießnitzstraße im Büro oder redet mit ihnen und anderen im Café Kontakt im selben Haus. Die schwul-lesbische Szene ist ziemlich klar auf die Äußere Neustadt konzentriert, wo auch andere Minderheiten ihren festen Standort haben und die bürgerlichen Vorurteile weniger ausgeprägt sind als in anderen Stadtteilen oder auch gar nicht existieren.

Gerede e. V., Stadtteilhaus, Prießnitzstr. 18, Äußere Neustadt, ℘ 8022251 (Büro), **Café Kontakt** tgl. 15–21 Uhr, www.gerededresden.de.

Szenelokale sind (u. a.) Boys Bar, Valentino und das Schwupps in der Äußeren Neustadt → Nachtleben, S. 87).

Stadtmagazine

Augusto – Das Ausgehmagazin, Wochenprogramm als Beilage der Sächsischen Zeitung, erscheint jeweils am Donnerstag, komplettes Programm mit Betonung von Musik, aber auch Kulinarischem.

Blitz! Das Stadtmagazin für Dresden, monatlich erscheinende Zeitschrift mit starkem Hang zu Musik & Party. Die „Specials" entpuppen sich als vorwiegend bezahlte Anzeigen.

Prinz.de/dresden, erscheint monatlich als Online-Magazin, vor allem Party, Szene, Lifestyle.

Sax – Das Dresdner Stadtmagazin, monatlich erscheinend, recht ausgewogene Programmvorschau, auch Literatur-Neuerscheinungen, Kino abseits der Hits und Theaterrezensionen, 2 €. Auch online unter www.cybersax.de.

Dresdner Kulturmagazin, monatlich erscheinend, gratis, liegt z. B. in der Stadtbibliothek und bei vielen Sehenswürdigkeiten aus, alle Konzerte, Bühnenprogramm und Ausstellungen plus Kino und sonstige Veranstaltungen, online auf www.dresdner.nu.

Kino Kalender Dresden, Monatsprogramm der Dresdner Kinos von Mainstream- bis Programmkino, gratis, liegt z. B. in der Stadtbibliothek aus, www.kinokalender.com.

Tageszeitungen

Sächsische Zeitung (Ausgabe Dresden), **Dresdner Neueste Nachrichten** und die Boulevardzeitung **Dresdner Morgenpost** teilen sich im Wesentlichen den lokalen Zeitungsmarkt. Am Donnerstag enthält die Sächsische Zeitung das wöchentliche Veranstaltungsmagazin pluSZ.

Telefonvorwahl

Die Dresdner Telefonvorwahl ist ℘ **0351**. Soweit nicht anders angegeben, gilt sie für alle im Buch genannten Telefon- und Faxnummern.

Tour 1	Rund um den Theaterplatz	→ S. 110
Tour 2	Brühlsche Terrasse, Neumarkt und Frauenkirche	→ S. 134
Tour 3	Vom Altmarkt zum Wiener Platz	→ S. 152
Tour 4	Die barocke Innere Neustadt	→ S. 166
Tour 5	Äußere Neustadt, Dresdner Heide und Hellerau	→ S. 178
Tour 6	Rund um den Großen Garten	→ S. 196
Tour 7	Wilsdruffer Vorstadt und Friedrichstadt	→ S. 206

Stadttouren und Ausflüge

| Tour 8 | Der Elbhang zwischen der Neustadt und Pillnitz | → S. 218 |
| Tour 9 | Entlang der Elbe von der Altstadt bis zur Pillnitzer Fähre | → S. 238 |

Ausflüge in die Umgebung → S. 246
    … nach Radebeul und in die Weinberge → S. 246
    … nach Moritzburg → S. 253
    … nach Meißen → S. 260
    … in die Sächsische Schweiz → S. 270

Theaterplatz, Blick vom Hausmannsturm (über die Hofkirche)

Tour 1:
Rund um den Theaterplatz

Rund um den Theaterplatz gruppieren sich einige der wichtigsten Bauten des alten Dresden: Residenzschloss, Zwinger, Semperoper, Hofkirche ... Ein Spaziergang durch die Kunststadt Dresden wird immer hier beginnen.

Der Theaterplatz ist wohl einer der schönsten Plätze Europas – und endlich frei von Baugerüsten. Großzügig angelegt und zur Elbe bis auf den relativ niedrigen Bau des Italienischen Dörfchens (einer Gaststätte) weit geöffnet, flankieren ihn die Semperoper, der ebenfalls von Gottfried Semper geplante Bau des Ostabschlusses des Zwingers, die Hofkirche (heute katholische Kathedrale) sowie das Residenzschloss. Auch wenn der Neumarkt durch die wiedererstandene Frauenkirche und seinen eigenen Wiederaufbau besonders bekannt geworden ist, so bleibt der Theaterplatz doch das Herz Dresdens. Hier konzentrieren sich die politische Geschichte Sachsens im Residenzschloss, die kulturelle Tradition Dresdens in der Semperoper und die in Jahrhunderten gewachsene Kunstszene der Stadt im barocken Zwinger.

Die leichte Erhebung des „Taschenbergs" dicht an der Elbe, die normalerweise hochwasserfrei bleibt (nicht jedoch bei den Jahrhundertfluten 1845 und 2002), bot den Meißner Markgrafen eine Möglichkeit, den wichtigen Elbübergang bei der heutigen Augustusbrücke zu sichern. Die Brücke, zunächst aus Holz, aber schon im 13. Jh. aus Stein, sicherte den Markgrafen die Mauteinnahmen durch den regen West-

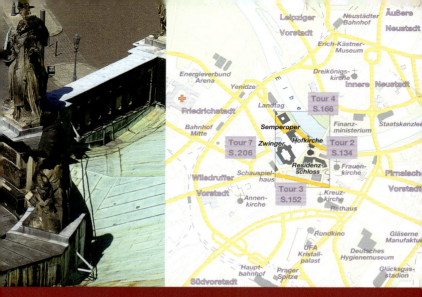

Tour 1: Rund um den Theaterplatz

Ost-Handel. Das → **Residenzschloss** geht auf eine kleine Befestigung zurück, die bereits im Frühmittelalter entstand.

Von der mittelalterlichen Silhouette hat man kaum eine Vorstellung, das Bild in der Renaissance lässt sich dagegen ganz gut rekonstruieren: Hinter den Festungswällen der Stadt ragte die Fassade des Schlosses mit dem hohen Hausmannsturm auf, einige weitere Türme mag man vom anderen Elbufer aus gesehen haben, sicher jedoch die beiden gotischen Fronttürme der erst zu DDR-Zeiten abgerissenen Sophienkirche. Unter August dem Starken wandelte sich das alles, die Wallanlagen wurden abgerissen oder überbaut, direkt am Wasser entstand ein durch Hochwasser gefährdeter Bereich für Feste, vor allem für die beliebten Turniere (es gab auch Damenturniere im Barock). Das Gelände wurde zuerst mit Holzdekorwänden, dann mit einem festen Repräsentationsbau umgeben, dem → **Zwinger.** Für seine Geliebte, die Gräfin Cosel, ließ August der Starke außerdem unweit des Schlosses das → **Taschenbergpalais** errichten, das heute ein Hotel beherbergt. Der → **Theaterplatz** war ursprünglich eine feuchte Wiese. Dann wurde neben dem Schloss, am Rand dieser Wiese, eine prachtvolle Kirche hochgezogen, die → **Hofkirche,** die

---

Hinweis zum Aufbau der Kapitel im Reiseteil

Die im einleitenden Text vor manchen Stichworten stehenden „→" verweisen auf eine ausführlichere Beschreibung im Abschnitt Sehenswertes. Dort sind die Sehenswürdigkeiten dann entsprechend einer Rundtour angeordnet. Die Wegbeschreibung der Tour und wichtige Hinweise, beispielsweise zu ungewöhnlichen Öffnungszeiten, befinden sich jeweils am Ende des einleitenden Textes (unter Spaziergang bzw. Die Route).

Besonders gut sieht die Hofkirche vom anderen Elbufer aus

Antwort des katholischen Hofes auf die bürgerliche evangelische Frauenkirche. Italienische Künstler, Handwerker und Steinmetzen bauten ihre Wohnungen auf der feuchten Wiese, ein „Italienisches Dörfchen" entstand. Damals hatte der Zwinger noch keinen Ostabschluss, eine einfache Mauer mit Durchlass bildete die Grenze zum heutigen Theaterplatz. Erst im 19. Jh. entstand die Silhouette, wie man sie heute wieder sieht. Gottfried Semper baute einen neuen Osttrakt an den Zwinger, in dem die Gemäldegalerie untergebracht wurde. Und mitten auf die feuchte Wiese und nach Abriss des Italienischen Dörfchens setzte er seine erste Hofoper, die nach einem Brand ein halbes Jahrhundert später durch das heutige, ebenfalls von ihm entworfene Opernhaus, die → **Semperoper**, ersetzt wurde.

1945 war von den Gebäuden rund um den Theaterplatz nicht mehr viel erhalten, die Gebäude waren großenteils zerstört und alle waren ausgebrannt. Siebzig Jahre sollte es dauern, bis die Gebäude um den Theaterplatz wieder komplett rekonstruiert und das Schloss wiederhergestellt waren. Dass es jemals so weit kommen konnte, ist ein Wunder, das Wunder Dresden.

Die beiden Plätze, die den Bereich um den Theaterplatz flankieren, sind sehr verschiedenartig. Der direkt an den Theaterplatz angrenzende **Schlossplatz** ist ein stimmungsvoller kleiner Platz vor dem Residenzschloss, der sich wie der Theaterplatz zur Elbe öffnet. Die Brühlsche Terrasse und die Hofkirche flankieren ihn, an der Nordseite schließt die Augustusbrücke an, an der Südseite das Georgentor – das erklärt seine Funktion als alter Mautplatz vor dem Einlass in die Stadt. Der **Postplatz** hingegen, südwestlich von Schloss und Zwinger, ist in Teilen immer noch nicht fertig. Einerseits wird er von historischen Bauten und bedeutenden städtischen Einrichtungen wie dem Schauspielhaus flankiert, andererseits dominieren Großbaustellen und hässliche Parkplätze das Bild.

Rund um den Theaterplatz   113

Spaziergang

Die Entfernungen rund um den **Theaterplatz** sind minimal, alles ist einen Steinwurf vom Reiterdenkmal für König Johann entfernt, das die Platzmitte dominiert. Auf der Fläche von nicht einmal einem Quadratkilometer liegen einige der wichtigsten Kulturdenkmäler Deutschlands eng beisammen. Ein flotter Geher kann den gesamten Bezirk in weniger als einer Stunde umrunden, die meisten Besucher werden sich jedoch mehr Zeit nehmen, um die barocke Pracht von Zwinger, Residenzschloss und Hofkirche auf sich wirken zu lassen und die ein oder andere Kunstsamm-

lung (u. a. Gemäldegalerie Alte Meister, Porzellansammlung oder das Neue Grüne Gewölbe) zu besuchen. Für die rekonstruierten Räume des Historischen Grünen Gewölbes im Residenzschloss muss man mehr Zeit einplanen. Wenn man sich nicht vorher und am besten online um Tickets im Vorverkauf bemüht hat, muss man schon mal mit einer längeren Wartezeit rechnen, wenn man überhaupt noch welche bekommt. Die im Folgenden ausführlicher beschriebenen Sehenswürdigkeiten sind so angeordnet, dass sie einen Spaziergang ergeben, nichts sollte jedoch daran hindern, sie anders aufzureihen.

Wichtig zur Planung Ihrer Museumsbesuche:

Alle Museen im Residenzschloss (beide Grünen Gewölbe, Kupferstich- und Münzkabinett sowie Rüstkammer mit Türckischer Cammer und Hausmannsturm) haben **dienstags geschlossen**. Alle Museen im Zwinger (Alte Meister, Mathematisch-Physikalischer Salon und Porzellansammlung) sowie im Albertinum (Neue Meister und Skulpturensammlung) sind **montags geschlossen**.

Sehenswertes

Theaterplatz

Der riesige Platz wird von Prunkbauten gesäumt: von der Semperoper, von der Hofkirche, vom Schloss, das man über den kleinen Schlossplatz erreicht, und vom Semperbau des Zwingers. Der Schinkelbau der Alten Wache steht wie ein griechischer Tempel vor dem Zwinger, wie das Opernhaus dahinter ist die **Schinkelwache** nach ihrem Architekten benannt, dem berühmten Karl Friedrich Schinkel. Der elegante kleine Bau mit der Säulenfassade ist das einzige Werk Schinkels in Dresden und das einzige klassizistische Bauwerk der Stadt. Die Wache dient als Vorverkaufskasse der Sächsischen Staatsoper Dresden. Die Gaststätte **Italienisches Dörfchen** schließt im Norden die offene Flanke

zum Elbtal teilweise ab. Sie wurde 1911–1913 von Hans Erlwein, Dresdens Stadtbaurat ab 1904, gebaut, der auch noch viele weitere Zweckbauten wie z. B. den später nach ihm benannten Erlweinspeicher (heute Hotel Maritim, → Sächsischer Landtag, Tour 7) schuf. Der neoklassizistische Bau harmoniert sowohl mit dem Klassizismus der Schinkelwache als auch mit Gottfried Sempers zurückhaltender Zwinger-Fassade im Stil der italienischen Hochrenaissance. Den Namen hat das Bauwerk von den Quartieren der italienischen Arbeiter, die vor allem an der Hofkirche arbeiteten und im Bereich des heutigen Theaterplatzes ihre Werkstätten und Behausungen hatten. Das Reiterdenkmal in der Platzmitte stellt König Johann dar, der 1854 bis 1873 regierte und gar nicht so martialisch war, wie er hier dargestellt wird. Er arbeitete vielmehr als Literaturwissenschaftler und übertrug u. a. Dantes „Divina Commedia" ins Deutsche.

Hofkirche

Die ehemalige Hofkirche an der Ostseite des Theaterplatzes vis-à-vis der Augustusbrücke war ein Repräsentationsbau der katholischen Wettiner. August der Starke war 1697 zum Katholizismus übergetreten, Sachsen und Dresden blieben jedoch protestantisch. Gottesdienste wurden in der Schlosskapelle gefeiert, das genügte bis 1738, da regierte schon der Sohn Augusts des Starken. Aber 1727 hatte die protestantische Bürgerschaft mit dem Bau ihrer neuen Kirche begonnen und die Pracht der (erst 1742 komplett fertiggestellten) Frauenkirche muss dem König ein Dorn im Auge gewesen sein. Man konnte schließlich nicht den Bürgern den Triumph lassen, die prachtvollste Kirche in Sachsens Hauptstadt zu besitzen! Eine eigene, möglichst noch prunkvollere Kirche musste her und zwar sofort. Der Römer Gaetano Chiaveri – italienische Architekten galten damals mehr als deutsche wie der gerade eben verstorbene George Bähr, den die Bürgerschaft für die Frauenkirche eingesetzt hatte – erhielt den Auftrag für eine bombastisch große Kirche (4800 m^2 – Sachsens größte katholische Kirche). Doch die Arbeiten zogen sich lange hin: Erst 1755 war der Bau vollendet.

Nach außen ist die Hofkirche deutlich aufwendiger als nach innen. Während der langen Bauzeit hatte sich zudem der Geschmack geändert, und statt barocker Komplettbemalung sorgt das Grau-Weiß aus dem Empire für Eleganz. Der 85,5 m hohe, vom Schiff abgesetzte Turm erreicht zwar nicht die Höhe der Frauenkirche (95 m), ist aber wegen seiner filigranen Form ein auffallender Bestandteil der Dresdner Silhouette. Die Notwendigkeit, Prozessionen im Inneren der Kirche abzuwickeln – im protestantischen Sachsen hätte eine katholische Prozession in der Öffentlichkeit einen Volksaufstand ausgelöst – hat den Grundriss und die äußere Form der Kirche bestimmt: Ein zweistöckiger Gang führt rings um das ovale Kirchenschiff, so konnte man die Monstranz auf Prozessionen innerhalb der Kirche belassen. Dieses hohe, vom Prozessionsgang umgebene Oval ist außen als mit Statuen geschmückter Wandabschluss zu erkennen, das Dach ist fast flach und verschwindet dahinter. Die nur halb so hohen Seitenschiffe und Kapellen umgeben diesen Mittelbereich, von außen sind sie als unterer, ebenfalls von Statuen geschmückter Wandbereich erkennbar.

Die nächtliche Hofkirche

Von der Innenausstattung blieb wenig erhalten, das Wenige ist aber bedeutend. Einziger Farbtupfer ist das ins Rokoko weisende Hauptaltarbild von Anton Raphael Mengs (Christi Himmelfahrt, 1751). Ein barock wucherndes plastisches Kunstwerk in Weiß und Gold – das sind auch die Farben der Innenausstattung – ist die Kanzel von Balthasar Permoser (1722). Die Silbermann-Orgel war die letzte und größte des großen Orgelbauers Gottfried Silbermann, ihre Fertigstellung hat er nicht mehr erlebt. Sie wurde 1944 glücklicherweise und den Nazis zum Trotz abgebaut und ist nach zwei Restaurierungen in den ursprünglichen Zustand von 1755 zurückversetzt worden. Der barocke Rahmen der Orgel ist 1945 verbrannt, er ist nach Fotos detailgenau reproduziert worden. Wer den Klang der Orgel kennenlernen will, hat bei den Orgelvorspielen jeweils am Mittwoch und Samstag 11.30–12 Uhr (gratis) Gelegenheit dazu, alternativ bei den Konzerten im Dresdner Orgelzyklus (→ Kulturszene Dresden/Spielstätten und Konzertreihen).

Die Gruft – eigentlich sind es zwei Grüfte – enthält die Sarkophage mit den sterblichen Resten aller albertinischen Wettiner und ihrer Ehegatten seit 1730, insgesamt 47, darunter die des

Auftraggebers Friedrich August II. und seiner Gemahlin Maria Josepha. Das Herz Augusts des Starken ist ebenfalls hier bestattet – der Körper wurde in der Kathedrale des Wawels in Krakau beigesetzt.

Die der Heiligsten Dreifaltigkeit geweihte Hofkirche ist seit 1980 Kathedrale des Bistums Dresden-Meißen.

Adresse/Infos: Dompfarramt Dresden, Schlossstr. 24, ✆ 4844712, www.kathedrale-dresden.de.

Öffnungszeiten/Führungen: Hofkirche geöffnet Mo–Do 9–17, Fr 13–17, Sa 10–17 und So 12–16 Uhr, bei Gottesdiensten keine Besichtigung. Die Gruft ist nur mit Führung (Spende) zu besichtigen: Zeiten unter ✆ 4844712 oder 4844791.

Orgelmusik: Orgelvorspiel Mi u. Sa 11.30–12 Uhr, geistliche Orgelmusik im Wechsel mit Kreuz- und Frauenkirche Mi 20 Uhr (Dresdner Orgelzyklus), Eintritt 7 €, erm. 5 €, kein Vorverkauf.

Residenzschloss

Seit dem frühen 13. Jh. wird an der Stelle gebaut, wo sich heute das Dresdner Schloss befindet. Von 1485 bis 1918 residierten hier die wettinischen Kurfürsten und späteren Könige von Polen, noch später Könige von Sachsen. Man sieht es der Hauptresidenz der Wettiner in Sachsen nicht gleich an, dass viele Generationen in vielen Stilen daran gebaut haben, denn die Außenfassaden sind fast einheitlich erst in der Neorenaissance entstanden. Erst wenn man in den Kleinen Schlosshof mit seinen Galerien und vor allem wenn man in den Großen Schlosshof gelangt oder aus den Museen im Westflügel in den Hof hineinblickt, erkennt man stark restaurierte, aber originale Renaissance-Elemente, darunter vor allem die nach Bildern, Fotos und Zeichnungen restaurierten, nein, wieder neu geschaffenen Sgraffiti aus der Zeit von Kurfürst Moritz.

Die Geschichte des Schlosses

Älteste Reste der mittelalterlichen Burg wurden im Untergeschoss des Ostflügels entdeckt, sie weisen auf die 1. Hälfte des 13. Jh. Der Teil des Nordflü-

Renaissance-Sgraffiti schmücken den Großen Schlosshof

gels zwischen Hausmannsturm und Georgenbau ist wohl das „Alte Haus" des Markgrafen Wilhelm I., das vor 1400 entstand. Der Hausmannsturm ist heute der größte noch sichtbare Rest des mittelalterlichen Burgkomplexes. 1530 bis 1535 entstand der erste Renaissancetrakt des Schlosses, der dreigeschossige Georgentrakt mit dem Georgentor, der Verbindung zwischen Schlossgasse und Elbbrücke. Die Gesamtanlage der Burg wurde dabei jedoch nicht angetastet, das bewirkte erst Kurfürst Moritz, der fast unmittelbar nach seiner Ausrufung zum Kürfürsten 1547 eine umfassende Modernisierung und Erweiterung der Anlage auf das Doppelte befahl, natürlich im allerneuesten Stil der Hochrenaissance. Gleichzeitig wurden die Arbeiten an der neuen Festungsanlage rund um Dresden durchgeführt. Ohne diese hätte man die Burg aus Sicherheitsgründen nicht einfach durch einen repräsentativen Schlossbau ersetzen können. Die neue Fassade schmückten Sgraffiti, die später abgeschlagen wurden. Im Zuge der großen Renovierung und Rekonstruktion wurden sie seit 1994 neu geschaffen. Schon seit 1984 (und verstärkt nach der Wende) wurde das gesamte Schloss großenteils restauriert. 2009 wurde der Kleine Schlosshof als Besucherfoyer eröffnet, dann folgten 2010 die „Türckische Cammer" und 2013 der Umzug der Rüstkammer in den Riesensaal. 2015 schließlich wurde das vorher recht stiefmütterlich präsentierte und nur eingeschränkt zugängliche **Münzkabinett** eröffnet.

Die Flügel des Schlosses (Rundgang ums Schloss)

Der Gebäudekomplex des Schlosses gruppiert sich um zwei größere Höfe (Großen und Kleinen Schlosshof) und einen kleineren Hof, den Wirtschaftshof, den man durch den Südeingang betreten kann, da durch ihn der Weg zur Kunstbibliothek und zur Direktion geht. Man beginnt die Besichtigung des Schlosses am **Georgenbau** mit dem **Georgentor** (1963 bis 1966 rekonstruiert), dessen Neorenaissance-Fassade einige deutliche Jugendstilelemente enthält, man beachte die Halbsäulen im ersten Obergeschoss!

Der **Ostflügel** des Schlosses, den man nach Passieren des Tores rechts von sich hat, besitzt im Löwentor, dem Torgebäude des Kurfürsten Christian I., einen repräsentativen Giebel. Das Tor führt übrigens in den Kleinen Schlosshof, das heutige Besucherfoyer. Die Gebäude zur Linken sind übrigens bis auf das erste komplett neu, das Swissôtel etwa wurde 2012 eröffnet (und die Statue des großen Pöppelmann über dem Eingang ist eine aus zwei Teilen zusammengesetzte Neuschöpfung).

Ganz historisch ist die Fassade des **Südflügels** mit dem Rundturm an der Südostecke, in dessen Erdgeschoss sich heute die Information der Staatlichen Kunstsammlungen Dresden befindet. Der **Westflügel** hat hingegen hinter der Neorenaissance-Fassade die alten Mauern bewahrt, wie besonders im Historischen Grünen Gewölbe (Erdgeschoss) klar wird. Zwischen Süd- und Westflügel befindet sich der zweite Eingang zu den Museen (s. u.: Neues Grünes Gewölbe, Historisches Grünes Gewölbe, Kupferstichkabinett, Türckische Cammer).

Der **Nordflügel**, Repräsentationsflügel seit Moritz I. bis zum Ende der Wettinerherrschaft 1918, wird vom **Hausmannsturm** überragt, dessen Höhe von ca. 101 m ihn zur höchsten Aussichtsplattform Dresdens macht. Der Turm ist der älteste heute noch sichtbare Teil des Schlosses, als Wachturm (Hausmann war die Bezeichnung für den Türmer) entstand er gegen Ende des 14. Jh. Zwischen 1674 und 1676 wurde er durch Baumeister Wolf Caspar von Klengel erhöht und barockisiert, 1778 erhielt er Dresdens ersten Blitzableiter und erreichte stattliche 100,7 m Höhe. 1945 brannte er aus, wurde aber gesichert und bekam ein Notdach. Seit 1991 ist er nach außen komplett wiederhergestellt, und seit 1994 kann man die Aussichtsplattform in 68 m Höhe besuchen und den großartigen Blick auf Alt- und Neustadt genießen, der im Süden bis in die Sächsische Schweiz reicht und im Norden den Burgberg und den Dom von Meißen umfasst (tgl. außer Di 10–18 Uhr, nur von April bis 1. Nov., Residenzschloss-Ticket bzw. 5/4 €, unter 17 Jahren frei).

Das prächtige **Grüne Tor** unter dem Hausmannsturm ist ein barockes Juwel, das Kurwappen und Trophäen bekrönen den noch der Renaissance verpflichteten Aufbau des Prunktores. Die Trophäen zeigen u. a. den Halbmond: Das Tor feiert die siegreiche Teilnahme von Kurfürst Johann Georg III. an der Schlacht am Kahlenberg (1683) gegen die türkischen Belagerer Wiens. Die komplett restaurierte barocke **Brücke** zwischen Schloss und Hofkirche erlaubte den Herrschaften, die Gottesdienste auf direktem Weg und trockenen Fußes zu erreichen.

Gang durch das Schloss

Hier ein Vorschlag für einen raschen Überblick: Man betritt das Schloss durch das Löwentor und befindet sich im Besucherfoyer, dem durch eine durchscheinende Kuppel überdeckten **Kleinen Schlosshof.** Der Renaissancehof mit seinen verspielten Giebeln und dem Rundturm als Wendeltreppenaufgang ist hell und doch wetterfest von einer (tatsächlich!) neun Meter hohen Kuppel aus Membrankissen überdeckt – allein die Stahlkonstruktion zur Verankerung wiegt 84 Tonnen!

Von hier aus erreicht man alle Räume des Schlosses: Über die wieder hergestellte **Englische Treppe** – eine Prunktreppe von 1692 – geht es rechts hinauf in den ersten Stock des Südflügels. Man erreicht einen langen Saal, in dem die **Fürstengalerie** untergebracht ist. Durch die Fenster hat man einen Ausblick auf den Großen Schlosshof mit seinen Sgraffiti und auf den Hausmannsturm.

Hat man die Fürstengalerie durchmessen, erreicht man das **Neue Grüne Gewölbe,** das den ersten Stock des Westflügels einnimmt. Vor dessen Eingang nach links kommt man ins westliche Treppenhaus und kann in den zweiten Stock zur **Türckischen Cammer** und in den dritten zum **Kupferstichkabinett** gehen (Aufzug).

Zurück im Erdgeschoss liegt links (im Westtrakt) das **Historische Grüne Gewölbe.** Durch den **Großen Schlosshof** – wieder hergestellte Renaissance-Sgraffiti, Arkadenfassade nach Süden, künstlerisch am bedeutungsvollsten das derzeit noch verschalte Tor zur Schlosskapelle – erreicht man den Aufgang zum **Hausmannsturm** (anstrengend – kein

Der Hausmannsturm

Rund um den Theaterplatz   119

Aufzug!). Ausgang entweder über Kleinen Schlosshof und Löwentor oder vom Westeingang und der Sophienstraße.

Die Museen im Schloss

Die höfischen Kunstkammern des Mittelalters mit ihrem Mix aus Kostbarkeiten, Reliquien und Glitzerkram wurden auch anderswo in der Neuzeit zu Galerien, aber keine besaß ein so spektakuläres Ambiente wie die Sammlung der Wettiner im **Grünen Gewölbe**. August der Starke ließ zwischen 1723 und 1730 im Erdgeschoss des Westflügels seines Residenzschlosses eine repräsentative Folge von Räumen für die Aufnahme der Kunstschätze des Hofes errichten. Die überwiegende Farbe der Ausstattung dieser gewölbten Prunkräume war Grün, sodass sich allmählich für sie die populäre Bezeichnung „Grünes Gewölbe" durchsetzte. Von Anfang an war dieses Grüne Gewölbe als Repräsentationsobjekt gedacht und für die allerdings handverlesene und auf jeden Fall adelige Öffentlichkeit bestimmt – der Kurfürst und König wollte seine Zeitgenossen mit der Pracht seiner Sammlung beeindrucken.

Er beeindruckt uns heute wieder damit, denn nach dem Brand, der das Schloss 1945 verwüstete, war das Grüne Gewölbe zwar nicht komplett zerstört, aber an eine vollständige Rekonstruktion war nicht zu denken, es gab Wichtigeres. Hinzu kam, dass die ausgelagerte und dadurch gerettete Sammlung als Kriegsbeute nach Russland verschleppt wurde. Auch als die Sammlung 1956 wieder nach Dresden gelangte (die aufsehenerregende Übergabe der Kunstobjekte durch die UdSSR an die DDR wurde als ein Symbol für die brüderliche Verbundenheit der beiden Nationen reichlich ausgeschlachtet), war an eine Rekonstruktion nicht zu denken. Jahrzehntelang wurden die Schätze des Grünen Gewölbes im Albertinum ausgestellt.

Nach der Wende wurde bald beschlossen, die Schätze wieder ins Schloss zu übertragen, sie aber in modernem Rahmen aufzustellen und dadurch gut sichtbar zu machen. Das 2004 eröffnete **Neue Grüne Gewölbe** im ersten Stock des Westflügels beherbergt heute in seinen Vitrinen den Großteil der Kostbarkeiten des Grünen Gewölbes. 2006 kam im Erdgeschoss, wo es sich von Anfang an befunden hatte, das **Historische Grüne Gewölbe** hinzu, die aufwendig rekonstruierte Fassung der gesamten Raumflucht, wie sie unter August dem Starken ausgesehen haben muss, mit einigen der faszinierendsten Pretiosen am alten Standort. Gold, Grün und Spiegelglas wirken, als ob es niemals eine Zerstörung gegeben hätte.

Die Museen der Staatlichen Kunstsammlungen im Schloss sind tgl. (außer Di) 10–18 Uhr geöffnet, das Ticket Residenzschloss ohne Historisches Grünes Gewölbe kostet 12 €, erm. 9 € (s. a. Jahresticket der Staatlichen Kunstsammlungen, S. 106), das Kombiticket mit Historischem Grünem Gewölbe (Letzteres mit festgelegtem Zeitfenster) 21 €. Das Zeitticket ausschließlich für das Historische Grüne Gewölbe kommt auf 12 €. Unter 17 Jahren freier Eintritt in alle Museen der Staatlichen Kunstsammlungen.

Besucherservice ✆ 49142000. Ticketvorverkauf inkl. Führungstickets im Besucherzentrum im Residenzschloss im Kleinen Schlosshof, tgl. 10–18 Uhr. Die Tickets und Führungen können auch im Internet gebucht werden (www.skd.museum). Für das Historische Grüne Gewölbe sollte man die Karte im Vorverkauf erwerben.

Neues Grünes Gewölbe

Der erste Stock des Westflügels beherbergt im „Neuen Grünen Gewölbe" den überwiegenden Teil der Sammlungen des Grünen Gewölbes und ist – im Gegensatz zum Historischen Grünen Gewölbe im Erdgeschoss – ohne Vorverkauf und langwieriges, oft monatelanges Warten auf einen freien Eintrittszeitraum zu besichtigen. Die ausgestellten Objekte der zehn Räume sind in Vitrinen untergebracht, man kann also

Rund um den Theaterplatz → Karte S. 115

„Daphne" im Neuen Grünen Gewölbe
© Grünes Gewölbe, Staatliche Kunstsammlungen Dresden, Foto: Jürgen Karpinski

relativ nahe heran, ohne diese Kunstwerke zu gefährden.

Zu den kostbarsten Stücken gehört eine Statue, die gleich rechts hinter dem Eingang steht (Saal der Kunststücke): eine silbervergoldete *„Daphne"* der Nürnberger Wenzel und Abraham Jamnitzer (Ende 16. Jh.), deren Verwandlung in einen Ölbaum durch den Aufsatz leuchtend roter Strauchkorallen auf dem Kopf und den Armen symbolisiert wird. Im hintersten Raum, dem Dinglinger-Saal, dominiert der frei aufgestellte *„Hofstaat zu Delhi am Geburtstag des Großmoguls Aureng-Zeb"*, ein Hauptwerk des Hofjuweliers Johann Melchior Dinglinger (1701–1708). Der im Detail dargestellte Hofstaat des Großmoguls umfasst eine Fläche von 114 cm zu 142 cm und ist bis zu 58 cm hoch. Er besteht aus Gold, Silber, teilweise vergoldetem Email und zahlreichen Edelsteinen. Dagegen ist das *„Goldene Kaffeezeug"*, ein prätentiöses mehrstöckiges Gebilde, in dem Porzellantassen und Goldlöffel eine nur untergeordnete Rolle spielen, fast als nüchtern zu bezeichnen. Ein winziges Kunstwerk der Extraklasse ist gleich in der ersten Vitrine links im Saal 5 (Raum der königlichen Pretiosen) zu bewundern: der oftmals abgebildete *„Tanzende Zwerg und Koch, der auf einem Bratrost geigt"*. Viele weitere Figürchen, deren Körper zumeist aus unregelmäßig geformten Perlen bestehen, finden sich in dieser und fünf weiteren Vitrinen.

App-Tipp: Staatliche Kunstsammlungen Dresden – Kinderführung Grünes Gewölbe – Acoustiguide Smartour. Der Geist von August dem Starken stellt die teuersten Stücke seiner Kunstsammlung vor. Leider nur für Apple User, dafür gratis.

Historisches Grünes Gewölbe

Die acht restaurierten historischen (und zwei modern gestalteten) Räume des Historischen Grünen Gewölbes geben den Zustand der Schatzkammer der Wettiner zum Zeitpunkt der Fertigstellung unter August dem Starken (1723 bis 1730 entstanden, erstes erhaltenes Inventar 1733) am Originalstandort wieder. Durch eine Schleuse betritt man die Räume, in denen Silber und Gold, Email und Elfenbein, Porzellan und Edelsteine, Perlmutt und Straußeneier und im Bernsteinzimmer ein ganzer Raum mit dem fossilen Harz aus der Ostsee prunken. Dabei ist es vor allem der Gesamteindruck aus Präsentation, Spiegelung und Objekten, der den Besucher überwältigt, denn bis auf einige Paradestücke wie den Mohren mit seinem Tablett, auf dem eine grün leuchtende Stufe aus Smaragden liegt, sind die ganz großen Pretiosen nicht hier, sondern einen Stock höher im Neuen Grünen Gewölbe zu sehen. Das Faszinierende an dieser Raumfolge ist aber auch, dass die Objekte nicht (wie einen Stock höher) hinter Vitrinenglas verborgen, sondern frei aufgestellt sind – wie damals unter den sächsischen Herrschern. Einzelne Objekte hervorzuheben ist müßig, aber zumindest auf den schon erwähnten Mohren und eine Merkurstatue Giambolognas (entstanden 1586/87) sollte hingewiesen werden.

DVD-Tipp: Das Grüne Gewölbe zu Dresden, filmische Führung durch das Gewölbe mit Darstellungen der Einzelobjekte sowie Film über Geschichte, Entstehung und Restaurierung, Hirsch Film Dresden 2007, www.dresden-film.de.

Fürstengalerie

Portraits der Wettiner von Kurfürst Moritz von Sachsen (1521–1553) bis zum sächsischen König Friedrich August III. (1865–1932, 1918 abgedankt) zieren diesen 40 m langen Saal. Die bewusst schlichte Ausstattung und klare Farbgebung lenken den Blick auf das Wesentliche, die Portraits. Ganz am Ausgang links August der Starke nebst Gemahlin Christiane Eberhardine und links und rechts der Tür sein Sohn August III. von Polen (und Friedrich August II. von Sachsen) mit seiner habsburgischen Ehefrau Maria Josepha.

Rüstkammer

Die Rüstkammer ist erst seit 2013 im Riesensaal im Residenzschloss zu Hause. Rüstungen aus Edelmetallen, Turnierlanzen aus allen Epochen und kostbar ziselierte Dolche, Jagdwaffen und Prunkgewänder, die für repräsentative Jagden gedacht waren. Die sächsischen Kurfürsten sammelten seit der Renaissance und bis ins Barockzeitalter die schönsten und kostbarsten Kriegs-, Prunk-, Turnier- und Jagdwaffen sowie die entsprechenden Gewänder in ihrer Rüst- und Harnischkammer, die weltweit kaum Konkurrenz hat. (Die einzig-

artige Sammlung orientalischer Stücke wird separat in der Türckischen Cammer ausgestellt; s. u.). Auffällig und eindrucksvoll ist der Prunkharnisch für Mann und Pferd, der 1563/64 für den schwedischen König Erik XIV. angefertigt wurde. Er ist auf eine lebensgroße Pferde- und eine Männerpuppe montiert.

Türckische Cammer

Türkische, persische, syrische und andere vorderasiatische Stücke aus Sammlungen des Dresdner Hofes wurden seit dem 17. Jh. vor allem in der Rüstkammer, aber auch anderswo aufbewahrt – erst seit ein paar Jahren sind sie in einem Raum vereinigt. Manches stammt aus Kriegsbeute (die Wettiner standen neben den Habsburgern auf dem Balkan im Feld, und als polnische Könige hatten sie direkte türkische Nachbarn), manches waren diplomatische Geschenke, andere Stücke ließen die Kurfürsten für die damals beliebten orientalischen Feste speziell anfertigen. Ein riesiges, kostbar gewebtes Zelt ist zu sehen, Sättel und Zaumzeug und – besonders eindrucksvoll – mehrere Pferde(figuren) mit Prunkreitzeug des türkischen Hofes. Bei so viel Pracht kann man nur staunen. Eindrucksvoll und schier unerschöpflich die Fülle der Schwerter, Degen, Dolche, Hieb- und Stichwaffen, Pistolen und Gewehre, der Hellebarden und Speere, bewundernswert die feine Schmuckarbeit bei vielen Stücken, die so kostbar waren, dass sie sicher nur zu feierlichen Anlässen und keineswegs im Feld geführt wurden. Ein bisschen schade ist es schon, dass sich diese größte europäische Sammlung osmanischer Kunst außerhalb der Türkei keine Übersetzungen in türkischer Sprache gönnt.

Kupferstichkabinett

Zwar besitzt das Schloss (im zweiten Stock) eine Ausstellungshalle des Kupferstichkabinetts, in der es immer wieder Sonderausstellungen gibt, eine ständige Ausstellung für auch nur einen Bruchteil der 500.000 Objekte umfassenden Sammlung von Zeichnungen, Druckgraphiken und Fotografien existiert jedoch nicht. Wer ernsthaftes Interesse hat, kann im Studiensaal (dritter Stock) Graphiken aus den Beständen vorgelegt bekommen und in aller Ruhe ansehen. Die Werke der ganz großen Meister, wie Arbeiten von Dürer und Caspar David Friedrich, sind jedoch tabu.

Öffnungszeiten wie alle Residenzschloss-Museen tgl. (außer Di) 10–18 Uhr. Der Studiensaal des Kupferstichkabinetts ist Mo/Mi 10–13/14–16, Do 10–13/14–18, Fr sowie am ersten Sa des Monats 10–13 Uhr geöffnet. Der Eintritt in den Lesesaal des Kupferstichkabinetts ist gratis, Personalausweis muss aus Sicherheitsgründen vorgelegt werden. Voranmeldung erbeten unter ✆ 49143221.

Münzkabinett

Kohle, Schotter, Moos – fast 300.000 Objekte umfasst die Münzsammlung des Dresdner Münzkabinetts. Dazu gehören Münzen von der Antike bis heute (Gedenkmedaillons wie die Sonderprägung von 1676, die der Erhöhung des Dresdner Schlossturms gewidmet ist, oder die Goldmedaille von 2006 zum 800-jährigen Dresdner Stadtjubiläum) sowie Orden – ein Schatz, der zu den drei größten Deutschlands zählt und endlich seit Juni 2015 über ständige Ausstellungsräume verfügt. Dem Wissbegierigen stehen die Spezialbibliothek (mit 30.000 teilweise sehr alten Titeln) und der Studiensaal zur Verfügung.

Spezialbibliothek und Studiensaal im Georgenbau, Mi 10–17.30 Uhr nach Voranmeldung, ✆ 49143231, Eintritt frei.

Taschenbergpalais

Im Sommer 1705 erwarb Anna Constanze von Hoym eine Reihe von Grundstücken südlich des Residenzschlosses, auf denen ihr Gönner August der Starke

einen Palast für seine nunmehr als Gräfin Cosel zum Reichsfürstenstand erhobene Geliebte errichten ließ. Das später Taschenbergpalais genannte Gebäude wurde nach dem Vorbild Wiener Stadtpaläste in eher zurückhaltenden barocken Formen erbaut und 1708 vollendet. Eine Brücke verband es mit dem Residenzschloss, um dem Herrscher direkten Zugang zu verschaffen. Unter den Baumeistern dieses ersten Schlosses, dem Mitteltrakt des heutigen Palais, ist vor allem Johann Friedrich Karcher zu nennen. Die Gräfin Cosel konnte ihr Schloss nur bis 1713 genießen, dann fiel sie in Ungnade, weil sie sich in die Politik einzumischen versuchte. Sie wurde von August dem Starken verstoßen und auf der **Burg Stolpen** (→ Ausflüge, Burg Stolpen) eingekerkert, wo sie ein halbes Jahrhundert, mit Ausnahme der Dienstboten und ihrer Bibel, völlig einsam verbrachte, die letzten Jahrzehnte übrigens freiwillig. Der König konfiszierte sein üppiges Geschenk an die Reichsgräfin und brachte deren Nachfolgerin als Mätresse vorübergehend im Palais unter. Seit 1719 diente das Palais dann dem Thronfolger, dem Kurprinzen Friedrich August, und dessen Gattin, der Habsburgerin Maria Josepha, als Residenz. Für die Adaption des Palais an die veränderten Bedürfnisse sorgte vor allem Matthäus Daniel Pöppelmann. In ähnlicher Funktion diente das Palais bis 1918 als Residenz des Erbprinzen und Thronfolgers, wobei es noch im 18. Jh. durch Johann Christoph Knöffel (1747–1750) und andere Baumeister kräftig erweitert und ausgebaut wurde. Das Palais wurde 1945 zerstört, es erhielten sich jedoch die wichtigsten Mauern und Teile der Fassadendekorationen, sodass die Rekonstruktion seit 1992 und die Wiederherstellung des Fassadenschmuckes und eines der Stiegenhäuser, errichtet nach einem Entwurf Pöppelmanns, auch auf Originalelemente zu-

Rund um den Theaterplatz

rückgreifen konnten. Das Taschenbergpalais ist heute als Hotel Kempinski wieder ein wichtiger Teil der architektonischen Kernzone Dresdens.

Das Taschenbergpalais ist heute ein Hotel und kann zumindest, was Foyer und Großen Hof und das Café Vestibül betrifft, auch betreten werden.

>>> **Tipp:** Besonderen Spaß macht der Innenhof des Taschenbergpalais von Ende Nov. bis Mitte Jan., wenn man hier auf der großen **Eisfläche** auf Kufen seine Kreise zieht (→ Freizeit, Sport und Wellness). <<<

Zwinger

Auf dem Überschwemmungsgelände der Elbe vor dem Schloss hat man bis ins 17. Jh. keine Bauten errichtet – aus gutem Grund, wie die schweren Überschwemmungen des Sommers 2002 zeigten, als die Bauten, die dort heute stehen (der weltberühmte barocke Zwinger) meterhoch unter Wasser standen. Die Kurfürsten verwendeten den offenen Platz als Spielwiese: Hier konnte man festliche Aufzüge gestalten und andere Feierlichkeiten, für die im Schloss nicht genug Platz war. 1709, Anlass war der Besuch des dänischen Königs, erhielt der Platz gar eine hölzerne Kulisse, die in vielen Zügen bereits den Steinbauten ähnelte, die ab 1719 durch Matthäus Daniel Pöppelmann (1662–1736) errichtet wurden. Wieder war es ein besonderer Anlass, diesmal die Vermählung des Thronfolgers Friedrich August (II.) mit der österreichischen Erzherzogin Maria Josepha. In der Eile wurden auch diesmal Pappkulissen und bemalte Holzwände aufgestellt, aber bis 1728, in Einzelheiten bis 1732, entstanden die heutigen Bauten mit Ausnahme der Ostseite, die erst ab 1847 durch den Semperbau zum Theaterplatz abgeschlossen wurde. In der Bombennacht im Februar 1945 wurde der Zwinger nur teilweise zerstört. Bis 1963 konnten Architekten und Konservatoren der DDR das in seiner Art einzigartige Juwel barocker Architektur restaurieren – nach 1989 wurde nachrestauriert, so ist das Nymphenbad nach vielen Jahren Arbeit in

Fast wie neu: Dresdens Zwinger

neuem Glanz auferstanden. Nach grundlegenden Renovierungen ist der Mathematisch-Physikalische Salon wieder an seinen Standort im Zwinger zurückgekehrt. Doch irgendwo saniert wird immer: 2015/16 ist die Gemäldegalerie Alte Meister an der Reihe, wobei flügelweise vorgegangen wird und ein Großteil der Werke weiterhin zu besichtigen ist.

Die heutige Anlage hat ein Ausmaß von 170 x 240 m, im Inneren misst der Hof 116 x 204 m. Wo heute wieder ein Graben durch die Brücke zum Kronentor überquert wird, hatte man in der Biedermeierzeit Erdreich aufgefüllt und dem Zeitgeschmack entsprechend einen Blumengarten mit Bosketten angelegt. Im Hof befand sich lange Zeit nur eine ungepflegte Gartenanlage, heute sind Springbrunnen und Grün an ihre Stelle gekommen.

Der Stil der Bauten wird häufig als „Rokoko" bezeichnet, da Architekten und Bildhauer verschwenderisch mit Verzierungen umgegangen sind und besonders die Dächer (Kronentor!) mit ihren bauchigen Rundungen an die Turmbekrönungen bayerischer Rokokokirchen erinnern. Tatsächlich hat Pöppelmann als bedeutendster sächsischer Architekt seiner Zeit an Bauten des römischen Hochbarock und Wiener Schlossbauten (Schönbrunn) angeschlossen, aber durchaus schöpferisch im Zwinger einen eigenen, sächsischen Stil des Hochbarock kreiert. Ursprünglich waren übrigens die freien Dachflächen blau und die Wände der Anlage weiß gestrichen, dadurch ergab sich der Dreiklang Blau, Weiß, Gold – die Farben des Hauses Wettin.

Gang über die Zwingerbalustrade

Am besten lernt man die vierflügelige Anlage des Zwingers durch einen Rundgang kennen, der die Balustrade einbezieht. Ein eindrucksvoller Eingang

ist jener durch den Glockenspielpavillon von der Seite des Schlosses (Sophienstraße). Wenn man nun bis zum Zentrum der Anlage im Zwingerhof geht, kann man alle vier Flügel betrachten. Durch das Tor des Semperbaus (rechts) geht man dann wieder aus dem Zwinger hinaus zum Theaterplatz, wendet sich nach links und besteigt im kleinen Park (vorher links Denkmal für Carl Maria von Weber) die alte Wallanlage (nach links), über die man die Zwingerbalustrade erreicht. Kurzer Abstecher nach links zum Nymphenbad, in das man von oben hineinblickt (das man aber auch vom Hof aus erreichen kann), und zurück auf der Balustrade über den Wallpavillon zum Westflügel mit dem Kronentor. Am Glockenspielpavillon bleibt man dieses Mal auf Balustradenhöhe (man passiert die Kasse der einen Stock tiefer liegenden Porzellansammlung) und geht auf der anderen Seite bis zur Südflanke des Semperbaus, wo eine Treppe hinunter auf Straßenniveau führt.

Die Bauwerke des Zwingers

Glockenspielpavillon

Der Glockenspielpavillon und die an ihn angrenzenden Flügel (heute Porzellansammlung) wurden als letzter Teil des barocken Zwingers erst 1726–1728 errichtet. Seinen Namen erhielt der früher schlicht Stadtpavillon genannte Torbau durch das hübsche Glockenspiel aus Meißner Porzellan (Innenhofseite), das erst in den 1920er-Jahren eingebaut wurde.

Semperbau

Die Abgrenzung des Zwingers zum heutigen Theaterplatz, von Pöppelmann von Anfang an eingeplant, wurde aus Geldmangel nie ausgeführt. Erst seit 1855 ist diese Front durch Gottfried Sempers Bau im Stil der Neorenaissance geschlossen. Die unterschiedli-

Rund um den Theaterplatz

Pöppelmanns Glanzstück: der Wallpavillon

chen Geschoss- und Traufhöhen der barocken Gebäude schaffen einen nicht für jeden Betrachter befriedigenden Kontrast. Der Semperbau beherbergt heute die Gemäldegalerie Alte Meister. Durch die Sanierung (v. a. der Infrastruktur wie Klimatisierung, Fluchtwege und Barrierefreiheit) wird diese jedoch erst Anfang 2016 wieder vollständig zugänglich sein.

Nymphenbad

Dem Bayern Balthasar Permoser verdankt der Zwinger seine Wasserkunst: einen künstlichen, gestuften Wasserfall in einer ebenso künstlichen Grotte mit Tropfsteinen und Brunnen, und alles ist ausgeschmückt mit steinernen Delphinen, Tritonen und Nymphen. Drei der Nymphen sind Originalwerke Permosers, so die Nymphe mit der Muschel, die Nymphe, die zum Bad geht, und jene, die es verlässt. Ebenfalls vor 1718, dem Abschluss der Arbeiten, entstanden die Nymphe, die das Gewand über die rechte Schulter hebt (Johann Christian Kirchner), und die spielende Nymphe (Johann Paul Egell) – die anderen Figuren sind zum Teil Kopien des 20. Jh.

Wallpavillon

Ein Höhepunkt hochbarocker Prunkarchitektur ist der 1716–1718 von Pöppelmann geschaffene Wallpavillon. Geschwungene Front, Prunktreppen, Hermen in Satyrform über üppig geschmückten Risaliten und als Abschluss der 6 m hohe Hercules saxonicus von Balthasar Permoser, der die Weltkugel trägt – das muss August dem Starken so gefallen haben, wie es uns heute noch beeindruckt. Großartig ist die Mittelkartusche im Giebelfeld, die Wappen und Königskrone der Wettiner umfasst. Sie ist ein gemeinsames Werk von Pöppelmann und Kirchner. Den Ruhm des polnischen Königs und sächsischen Kurfürsten verkünden Figuren der Winde an den vier Ecken des Mittelgiebels, wo sich zentral eine Figurengruppe mit August dem Starken als Paris (mit Krone statt Apfel!) und den Göttinnen Hera, Athena und Aphrodite befindet. Was für eine Huldigung an den jungen Fürsten!

Kronentor

Der Zugang durch das Kronentor, das man von der Ostra-Allee über ein Brückchen erreicht, ist der prächtigste des Zwingers. Die Krone in Form einer Zwiebelhaube trägt vier Adler, die wiederum die polnische Krone tragen. Adler, Krone und Dekorelemente der Kuppel sind vergoldet. Das gewaltige Tor wirkt durch diesen Aufsatz wie eine Plastik, wie ein überdimensionierter dekorativer Tischaufsatz – erst wenn man die Krone auf dem Umgang passiert, erkennt man ihre wirklichen Ausmaße.

Die Museen des Zwingers

Gemäldegalerie Alte Meister

Nach der Frauenkirche, der Semperoper und dem Grünen Gewölbe ist die bedeutende Kunstsammlung im Semperbau des Zwingers einer der Besucherhits Dresdens. Jeder kennt einige der dort ausgestellten Meisterwerke der europäischen Kunst zwischen 1400 und 1800, selbst wenn er/sie nicht sagen könnte, worum es sich genau handelt oder woher das Meisterwerk stammt. Die beiden Putten, die am unteren Rand von Raffaels Sixtinischer Madonna scheinbar unbeteiligt herumlümmeln, sind ein Paradebeispiel dafür: Losgelöst vom Gemälde werden sie immer wieder abgebildet, „Engelchen" eben, Ikonen der Medienwelt wie einer der Marilyn-Siebdrucke Andy Warhols. Auch die Sixtinische Madonna selbst ist so oft abgebildet worden, dass sie zu einem Symbol der Renaissancekunst, wenn nicht der Renaissance insgesamt geworden ist. Die wenigsten wissen, dass das Original dieses vor 500 Jahren (1512) entstandenen Gemäldes in Dresden hängt – übrigens schon seit 1754.

Nur fünfzig Jahre währte der Aufbau der Sammlung, August der Starke und sein Sohn Friedrich August II. waren die hauptsächlichen Sammler. Das Interesse der beiden Herrscher galt den besonders repräsentativen Kunstwerken, deshalb kam auch die „Sixtina" ins Haus, eines von Raffaels Hauptwerken, das es auch an Größe leicht mit anderen Riesengemälden aufnimmt – die **Sixtinische Madonna** war schließlich ein Altarbild. 20.000 Dukaten zahlte Friedrich August II. den Mönchen von San Sisto in Piacenza, die auch eine Kopie des Bildes verlangten und bekamen. Werke von Tizian, Corregio, Rubens und Velázquez waren schon 1746 dem Herzog von Modena für 100.000 Zechinen abgekauft worden. Keine europäische Versteigerung fand damals ohne die Herren statt, die für den Hof in Dresden auftraten und genug Geld dabei hatten, um alle Mitbieter auszustechen.

Die Bestände der Gemäldegalerie wurden während des Krieges ausgelagert und überstanden ihn zumeist ohne Schäden. Im Mai 1945 kamen sie in russische Hände (im DDR-Jargon eine „Rettungstat der sowjetischen Truppen") und wurden zum größeren Teil nach Moskau, zum kleineren Teil nach Kiew gebracht – auf Nimmerwiedersehen, wie man allgemein annahm. In einer in der DDR und weltweit viel beachteten Geste wurden sie jedoch nach zehn Jahren zurückgegeben und in die eben nach Kriegsschäden im Eiltempo wieder aufgebaute Sempergalerie gebracht, die am 3. Juni 1956 anlässlich der Feier zum 750-jährigen Bestehen Dresdens – die Festrede hielt Ministerpräsident Otto Grotewohl – wiedereröffnet wurde.

Einen guten Überblick über das Museum und seine Sammlung erhält man mithilfe des kostenlosen Faltblatts „Gemäldegalerie Alte Meister" (im Foyer im Untergeschoss). Dort sind die Nummern der Säle des Museums verzeichnet, und es werden die jeweils wichtigsten Künstler genannt. Ein bisschen Vorauswahl ist sinnvoll, schließlich könnte man in der Gemäldegalerie Tage verbringen.

Dresdner Kunsthimmel: Raffaels „Sixtinische Madonna"

© Gemäldegalerie Alte Meister, Staatliche Kunstsammlungen Dresden, Foto: Estel/Klut

Erdgeschoss

Säle für Sonderausstellungen.

Erstes Obergeschoss

Raum 102: Bernardo Bellotto, genannt Canaletto: „Dresden vom rechten Elbufer unterhalb der Augustusbrücke".

Raum 105: Peter Paul Rubens: „Bathseba am Brunnen", „Die Alte mit dem Kohlenbecken", über dem Eingang „Leda mit dem Schwan"; Anton van Dyck (und Werkstatt): „Bildnis der drei ältesten Kinder Karls I. von England".

Raum 106: Rembrandt: „Ganymed in den Fängen des Adler", „Saskia als Mädchen" (mit Hut), „Selbstbildnis als Verlorener Sohn im Wirtshaus".

Raum 108: Die beiden Vermeers, „Brieflesendes Mädchen am offenen Fenster" und das nach jüngster Restaurierung noch farbintensiver gewordene Gemälde „Bei der Kupplerin", gehören zu den größten Kostbarkeiten der Galerie (zur 2004 vollendeten Restaurierung der „Kupplerin" gibt es in der Kunstbuchhandlung der Galerie einen interessanten Dokumentationsband).

Raum 107: Albrecht Dürer: „Dresdener Altar", Lucas Cranach d. Ä.: „Herzog Heinrich der Fromme" und „Herzogin Katharina von Mecklenburg", Hans Holbein d. J.: „Doppelbildnis Thomas Godsalve und Sohn", Flügelaltar des Jan van Eyck.

Raum 118: Giorgione: „Schlummernde Venus".

Raum 117: Raffael: „Sixtinische Madonna".

> **Achtung!** Die Sanierung der Gemäldegalerie soll bis Ende Februar 2016 abgeschlossen sein.

Zweites Obergeschoss

Raum 209: Zurbarán: „Der heilige Bonaventura im Gebet", Murillo: „Tod der hl. Klara".

Raum 208: El Greco: „Heilung des Blinden".

Raum 205: Giovanni Battista Piazzetta: „David mit dem Haupte Goliaths", Giovanni Battista Tiepolo: „Vision der hl. Anna".

Raum 204: Canaletto (nicht Bernardo Bellotto!): vier große Venedig-Gemälde und ein kleineres.

Raum 203: Bernardo Bellotto, genannt Canaletto: „Der alte Ponte delle Navi in Verona".

Raum 202: Antoine Watteau: „Gesellschaftliche Unterhaltung im Freien" und „Liebesfest".

Raum 201: Jean-Étienne Liotard: „Das Schokoladenmädchen", Rosalba Carriera: „Selbstbildnis".

Raum 210: Velázquez: „Don Juan Mateos".

Raum 215: Anton Raphael Mengs: „August III.".

Standort/Öffnungszeiten/Eintritt

Eingang im Semperbau, Di–So 10–18 Uhr, Eintritt 10 €, erm. 7,50 € (gilt auch für Mathematisch-Physikalischen Salon und Porzellansammlung), Führungen (3 € extra) durch die „Highlights" Di–Do 14 Uhr, Fr 11 und 14 Uhr, Sa 11 und 13 Uhr, So 11 Uhr.

Porzellansammlung

Dass die Hauptstadt jenes Staates, in dem das Porzellan auf europäischem Boden wiederentdeckt wurde, eine große Porzellansammlung besitzt, überrascht sicher nicht, die schiere Menge, Qualität und Vielfalt des Ausgestellten jedoch sehr wohl. August der Starke war ein manischer Sammler. Die überwiegende Menge des Porzellans von großer internationaler Bedeutung wurde unter seiner Herrschaft (1694–1733) angekauft oder eingetauscht. Er sammelte altes und zeitgenössisches chinesisches wie japanisches Porzellan. Nach Wieder-Erfindung des Porzellans in Europa durch seinen Hofalchemisten und Glasspezialisten Johann Friedrich Böttger (zwischen 1706 und 1708) kamen noch die Porzellane aus der Hofmanufaktur in Meißen dazu.

Die Dresdner Sammlung umfasst etwa 20.000 Stücke chinesischen, japanischen und Meißner Porzellans, darunter die ältesten Exemplare europäischen Porzellans überhaupt – ihr Wert und jener der Sammlung sind unschätzbar. Unter den wertvollen Stücken sind wiederum die wertvollsten jene aus der Regierungszeit Augusts des Starken oder davor. Sie reichen von Vasen und Schalen aus der Frühzeit des Porzellans während der chinesischen Sung-Periode (960–1279) und der Ming-Periode (1368–1644) über Porzellan aus der Regierungszeit des Kaisers Kangxi (1662–1722) und japanisches Imari- und Kakiemon-Zeug bis hin zu den Meißner Produkten von 1708 bis ins frühe 19. Jh. Die Sammlung ist so reich, dass man ganze Säle mit einem bestimmten Typ Porzellan füllen konnte: chinesisches Porzellan mit den berühmten Dragonervasen, die August der Starke gegen sächsische Dragoner eintauschte, weißes Porzellan in Tierform vom Elefanten bis zum Pfau von den Meistern Johann Joachim Kaendler und Gottlieb Kirchner, Tafelporzellan aus Meißen, darunter das besonders aufwendige Schwanenservice Kaendlers für den Grafen Brühl und Porzellan mit dem Zeichen des Roten Drachen, das bis 1918 für den sächsischen Hof reserviert war. Nicht übersehen sollte man den Saal mit den frühesten Porzellanen aus Meißen, darunter vor allem das braune „Böttger-Steinzeug", Meilenstein auf dem Weg zur Erfindung des Porzellans in Europa.

Die **Ostasien-Galerie** (am Eingang Glockenspielpavillon rechts in der südöstlichen Bogengalerie) wurde 2006 eröffnet. Sie ist der gelungene Versuch, die Atmosphäre der Porzellansammlung neu entstehen zu lassen, wie sie ab 1735 vom Architekten Zacharias Longuelune im Japanischen Palais geschaffen wurde. Der prominente New Yorker Architekt und Designer Peter Marino schuf nach Entwürfen Longuelunes und in eigenen Interpretationen den üppigen Hintergrund für die historische Aufstellung der Sammlung an den Wänden.

Eingang durch den Glockenspielpavillon, Eintrittskarten und Garderobe im Pavillon (erster Stock), Sammlungen in den Flügeln (rechts Ostasien-Galerie), Di–So 10–18 Uhr, Führung So 14 Uhr, Eintritt 6 €, erm. 4,50 €, Kombiticket → Gemäldegalerie Alte Meister.

Tafelaufsatz in der Porzellansammlung

Mathematisch-physikalischer Salon

Die industrielle Revolution des späten 18. und 19. Jh. entwickelte sich auf einer soliden Basis wissenschaftlicher und technischer Forschung, das beweist diese, bis auf die 1560 gegründete Kunstkammer des Dresdner Schlosses zurückgehende Sammlung. Die bis 2013 generalüberholte Sammlung umfasst Instrumente zur Zeitbestimmung mit Sonnenuhren und mechanischen Uhren, zur Ortsbestimmung mit Astrolabien, zur Erdvermessung und Erddarstellung mit geodätischen Instrumenten, Kompassen, Bussolen und Globen (letztere Sammlung besonders eindrucksvoll), Weltkarten und Atlanten, zur Astronomie mit Fernrohren und Himmelsgloben (besonders kostbar die arabisch-persischen aus dem Mittelalter). Außerdem gibt es Rechenmaschinen, Spielautomaten (wie ein trommelnder Bär von 1625) und physikalische Messgeräte – die „Vermessung der Welt" begann ganz sicher nicht erst mit James Cook oder Alexander von Humboldt.

Di–So 10–18 Uhr, Führung So 14 Uhr, Eintritt 6 €, erm. 4,50 €, Kombiticket → Gemäldegalerie Alte Meister.

Semperoper

Deutschlands international bekanntestes Opernhaus hat den Namen des Architekten angenommen, der den Bau geschaffen hat: Gottfried Semper. Die Sächsische Staatsoper Dresden, wie sie eigentlich heißt, geht auf eine alte Operntradition zurück, die bereits mit der Uraufführung der ersten deutschen Oper ihren Anfang nahm, mit der Aufführung von Heinrich Schütz' „Dafne" am 13. April 1627 im Tafelsaal des Torgauer Schlosses Hartenfels. Damals wurde die Hochzeit der Tochter Georgs I. von Sachsen gefeiert. Und der fürstlichen Repräsentation blieben Opernaufführungen im Allgemeinen bis ins 20. Jh. wesentlich verbunden, wenn auch immer mehr von bürgerlicher Begeisterung für die neue Kunstform begleitet. Noch heute hat die erst 1985 nach schwersten Kriegsschäden wiedereröffnete Semperoper eine repräsentativ ins Parkett vorgeschobene Fürstenloge – auch zu DDR-Zeiten wollte man darauf nicht verzichten.

Oper und Ballett wurden in Dresden zunächst in größeren Sälen oder in Gärten aufgeführt, erst 1664 bis 1667 entstand „am Taschenberge" ein festes Opernhaus, das zu den ältesten nördlich der Alpen gehört. Das 1688 abgebrochene Gebäude wurde 1718/19 für die Feierlichkeiten zur Hochzeit des

Glockenspielpavillon

Rund um den Theaterplatz

Nach dem Architekten benannt: die Semperoper

Erbprinzen mit einer habsburgischen Erzherzogin („ihrer kaiserlichen Hoheit" immerhin) durch einen Neubau ersetzt, der sich etwa dort befand, wo heute die Südwestspitze des Zwingers liegt. Das neue Opernhaus am Zwinger wurde nach 1769 nicht mehr als Opernhaus genutzt und brannte 1849 vollständig ab. 1754/55 war neben dem Zwingerwall, also auf dem heutigen Theaterplatz, ein weiteres, kleineres Opernhaus entstanden, man nannte es Kleines Hoftheater. Zunächst privat, wurde es bald vom Hof subventioniert und hatte bis 1858 Bestand. Im Kleinen Hoftheater fand 1827 die deutsche Erstaufführung von Carl Maria von Webers „Oberin" statt, als Dirigent war dort während seiner Dresdner Zeit E. T. A. Hoffmann tätig.

Ein wiederum neues Opernhaus entstand 1841, sein Architekt war Gottfried Semper. Es stand ungefähr dort, wo sich auch heute noch die Semperoper befindet, hatte aber eine zum heutigen Bau um 90 Grad gedrehte Achse und eine auffällig elliptische Gestalt.

Drei Opern Richard Wagners („Rienzi", „Fliegender Holländer" und „Tannhäuser") entstanden in Dresden und wurden von Wagner selbst bei der Uraufführung dirigiert. Nach Wagners Flucht aus Dresden (als Revoluzzer bei der Revolution von 1849) trat Ernst von Schuch an seine Stelle. 1869 brannte die „Erste Semperoper" ab, Theatergehilfen hatten bei Arbeiten auf dem Dachboden fahrlässig mit offenem Feuer hantiert.

Die Dresdner hatten sich inzwischen so an Gottfried Sempers Opernhaus gewöhnt, dass es für den Neubau wieder ein Semper-Plan sein musste. Nach zehn Jahren Interregnum in einer 2000 Zuschauer fassenden Bretterbude wurde am 2. Februar 1878 die „Zweite Semperoper" eröffnet, die mit dem ersten Opernhaus Gottfried Sempers keine Ähnlichkeit hatte. Hier wurde u. a. Richard Strauss' „Rosenkavalier" uraufgeführt. Dieses Opernhaus wurde am 13./14. Februar 1945 zerstört. Nachdem man bereits 1946 den Wiederaufbau beschlossen hatte, begann er ernstlich 1975 und dauerte zehn Jahre, bis am 13.

132   Tour 1

Februar 1985 der Vorhang zur ersten Vorstellung und der im alten Glanz erstrahlenden „Dritten Semperoper" aufgehen konnte. Da nicht Semper selbst, der damals in Wien wohnte, sondern sein Sohn die Bauarbeiten des zweiten Opernhauses geleitet hatte, waren viele erläuternde Briefe, Skizzen und Entwürfe von Wien nach Dresden gelangt, die sich erhalten hatten und die Basis für die detailgenaue Rekonstruktion bildeten. Neben dem Zwinger war die Semperoper eines der aufwendigsten Restaurierungswerke der DDR.

Das Haus ist nicht nur von außen eindrucksvoll, es ist auch von innen ein sehenswerter, prächtiger Bau. Für die repräsentative Wandelhalle, die sich im Rang um die gesamte, sanft gekrümmte Front erstreckt, mussten von den DDR-Wieder-Erbauern längst vergessene

Techniken erlernt werden: Die wunderbaren Säulen sind aus Stuckmarmor modelliert. Ein Kunstwerk für sich ist der Zuschauerraum, ein klassisches Logen-Hufeisen. Die Fresken der Decke und der pompöse Bühnenvorhang bieten ein kaum zu übertreffendes Beispiel für gründerzeitlichen Theaterluxus. Wer keine Karte für abends ergattert, sollte wenigstens an einer Führung teilnehmen!

Führungen durch das Opernhaus finden mehrmals täglich statt, Eingang am Theaterplatz, kein Vorverkauf. Auch Themenführungen, z. B. zur Architektur, Schatzsuche für Kinder, Nachtführungen; diese Sonderführungen nur nach Anmeldung, auch schon ab 2 Personen. Eintritt 10 €, erm. 6 €, Familie 25 €, ☎ 7966305, www.semperoper-erleben.de.
Karten für Aufführungen in der Schinkelwache → Kulturszene, S. 79.

Praktische Infos   → Karte S. 115

Verbindungen

Die Straßenbahnlinien 4, 8 und 9 halten am Theaterplatz; Taxistände gegenüber der Gaststätte Italienisches Dörfchen und vor dem Kempinski Hotel Taschenbergpalais, nach Vorstellungsende der Semperoper auch vor dem Opernhaus (das Personal der Oper nimmt Bestellungen entgegen). Parken in der Tiefgarage der Semperoper.

Essen & Trinken

Kaum ein Lokal rund um den Theaterplatz ist nicht vom Massentourismus angekränkelt und den überbordenden Busgruppen, die gleichzeitig ankommen, gleich was zu essen und trinken haben wollen und das Lokal sicher nie wieder besuchen werden. Umso ehren- und lobenswerter sind die Ausnahmen. Um nicht nur die wenigen Ausnahmen aufzuzählen, finden sich im Folgenden auch ein paar, die schon mal erwähnt werden dürfen, will man Gnade vor Recht ergehen lassen. Und wenn Sie an der Zwinger-Ecke zum Postplatz Stärkung brauchen, finden Sie die schon wesentlich untouristischeren Lokale und Cafés in Tour 7 unter Essen & Trinken.

Café-Restaurant Alte Meister **3** Der Clou des Lokals ist, dass man es von der Gemäldegalerie Alte Meister aus (wer wieder rein will, sollte die Karte behalten!) und von außen, vom Theaterplatz her, betreten kann. Auf dem Vorplatz großer, direkt romantischer Gastgarten, teilweise unter Bäumen mit Blick auf Oper, Schlosskirche und den Trubel des Theaterplatzes. Tagsüber recht touristisch mit viel Bier und Kaffee/Kuchen (letzthin sehr gut – das war nicht immer so). Abends wird's feiner und nach der Oper (Tisch und Speisen reservieren, da die Küche nur bis 23 Uhr werkelt!) richtig schick. Das Essen (gehobene Neue internationale Küche, Hauptgericht 13–25 €) ist dann trotz wirklich guter Qualität eher Nebensache. Theaterplatz 1 a, tgl. 10–1, Küche 10–23 Uhr, ☎ 4810426.

Café in der Schinkelwache **4** Die Café-Konditorei mit Restaurant im Seitentrakt der Schinkelwache ist so plüschig wie ein Touristencafé halt sein darf, bei der Kuchen- und Tortenauswahl ist man konservativ, was durchaus positiv gemeint ist. Die Küche liefert bürgerlich getönte Bistro-Speisen und Sachsen-Klassiker wie „Sächsische Kohlroulade mit Kartoffeln zu ca. 13 €

Rund um den Theaterplatz   133

(Hauptgericht ab ca. 11 €). Das Personal ist besonders nachmittags, wenn auch draußen auf dem Theaterplatz unter den Sonnenschirmen jeder Stuhl besetzt ist, schon mal im Stress, aber immer noch höflich. Nett nach der Oper. Theaterplatz 2, tgl. 11–23 Uhr, ✆ 4903909.

Sophienkeller im Taschenbergpalais 🔟 Nach der Oper ist der Sophienkeller im noblen Taschenbergpalais für den gute Wahl, der noch nicht genug Action gehabt hat. Hier gibt's schließlich „Liebliche Mägde", Spanferkel vom Spieß oder „Künstler und Musikanten". Wer's mag, Erlebnisgastronomie halt. Im Keller gehen die Wände zum Teil auf Häuser des Spätmittelalters zurück. Am Taschenberg 3, tgl. 11–1 Uhr, ✆ 49726-0, www.sophienkeller-dresden.de.

Café Vestibül im Taschenbergpalais 🔟 Sehr privates, oasenhaft ruhiges Ambiente, auch für Leute, die nicht im Kempinski Hotel übernachten. Hervorragender Service und ebensolche Teekarte (Portion mit viererlei Zucker 9 €, 1 a der Afternoon Tea mit Scones für 34 €/Pers.). Edle Einrichtung im Empirestil, aber besser die Plätze im zugigen Durchgang meiden. Im Sommer sitzt man auch im Innenhof. Tgl. 10–18 Uhr, So ab 11 Uhr, ✆ 4912712.

Solino Caffè & Bar Italiano 🔟 Wem's nichts ausmacht, dass in diesem pseudoitalienischen Café der italienische Begriff *caffè*, der ja nichts anderes bedeutet als Espresso, für „deutschen Kaffee" steht, der ist hier sicher gut aufgehoben. Großes Ass: die Terrasse vor der Tür unter dem Cholerabrunnen und die Fassade des Zwingers mit dem Kronentor jenseits der Straße. Eine gute Adresse zum Frühstücken. Am Taschenberg 3, tgl. 8–20 Uhr, ✆ 4912657.

Palais Bistro im Hotel Kempinski, Taschenbergpalais 🔟 Wer's gerne fein, aber nicht zu fein mag, kann hier auch noch nach der Oper speisen (wer's noch feiner will, besucht das Restaurant „Intermezzo", ebenfalls im Kempinski). Das Bistro bietet gehobene internationale Küche (Stammgericht: Tatar) mit französischem Einschlag zu akzeptablen Preisen (2 Gänge ab 29,50 €). Daneben gibt es überraschenderweise auch Kindergerichte von Pommes bis Fischstäbchen. Tgl. 11–24 Uhr, ✆ 4912710.

Paulaner's im Hotel Kempinski, Taschenbergpalais 🔟 Neo-rustikaler Pseudo-Bräu der Münchner Paulaner-Brauerei, aber recht stimmungsvoll. Bei Schönwetter im Sommer Biergarten im Hof, vor allem abends stimmungsvoll der Gewölbekeller. Einem Bräu angepasstes Essen von Rostbrätel bis Haxe, auch Weißwürste sind zu haben. Der Autor aß hervorragend zubereitete, im Kern noch rosige Kalbsleber mit Kartoffelstrudel, zu einem anderen Gericht etwas zu fette Bratkartoffeln. Für ein Hauptgericht sind ab ca. 11 € hinzulegen. Freundliches Personal. Am Taschenberg 3, tgl. 11–1 Uhr, ✆ 4960174.

Italienisches Dörfchen 🔟 Offiziell Restaurant Bellotto, Bar, Biergarten und Biersaal, Café … Räume für Gesellschaften (beliebt für Hochzeiten) – das „Italienische Dörfchen" ist ein Allerweltslokal und wegen seiner Lage neben der Semperoper und dem Zwinger auch von aller Welt besucht. Terrasse mit Elbblick. Theaterplatz 3, ✆ 498160, www.italienisches-doerfchen.de.

Kahnaletto 🔟 Witziger Name, außergewöhnlicher Standort auf dem Theaterschiff und eine italienische Küche bei der frische Zubereitung selbstverständlich ist. Sommerliches Mittagsangebot – draußen auf der Terrasse vor dem Schiff oder im gekühlten Speiseraum drinnen – ist ein preiswertes Menü mit Antipasti, Fleisch- oder Fischgericht und Dessert zu 21 €. Am Terrassenufer (an der Augustusbrücke), tgl. 12–15, 18–24 Uhr, ✆ 4953037, www.kahnaletto.de.

»» Tipp: Schlossbar im Swissôtel 🔟 Das Straßencafé des Swissôtel ist wie das Hotel selbst Baujahr 2012 und entsprechend eingerichtet, sachliches modernes Mobiliar, hell, geräumig und ein hervorragender, adrett präsentierter Kaffee, „Schweizer" Snacks, gute Cocktails. Schlossstr. 16, tgl. 9–24 Uhr, ✆ 501200. **««**

Einkaufen

Buchhandlung Walter König 🔟 Kunstbuchhandlung in der Gemäldegalerie Alte Meister mit großem Angebot vor allem zur italienischen Malerei. Theaterplatz 1, Gemäldegalerie Alte Meister (Untergeschoss, Kassenraum); weitere Kunstbuchhandlungen Walter König findet man im Erdgeschoss des Residenzschlosses, Taschenberg 2, sowie im Albertinum, Tzschirnerplatz 1.

Tour 2: Brühlsche Terrasse, Neumarkt und Frauenkirche

Alle Welt drängt sich bei schönem Wetter auf der Brühlschen Terrasse, nennt man diese Flanier-Esplanade über der Elbe doch gerne den „Balkon Europas". Zwar sieht man von hier aus nicht die berühmte Dresdner Altstadt-Silhouette, die ist nur von jenseits der Elbe zu bewundern, dafür hat man einen großartigen Blick auf die Frauenkirche.

Die mittelalterliche Marienkirche, ein bescheidener gotischer Bau und Vorgängerin der heutigen → **Frauenkirche**, dürfte eine der alten Gründungskirchen der deutschen Ostkolonisation gewesen sein. Erst im Spätmittelalter, als die markgräfliche Stadt Dresden nebenan aus allen Nähten platzte und die alten Mauern fielen, um durch moderne Befestigungen ersetzt zu werden, wurde das Gebiet um die Frauenkirche zu Dresden geschlagen. Ein Teil der alten Festungsmauern, die → **Kasematten**, sind heute noch zu besichtigen. Da es in Dresden bereits einen Markt gab, wurde der Markt an der Frauenkirche ab sofort → **Neumarkt** und der alte Dresdner Marktplatz Altmarkt genannt. Die neue Zugehörigkeit zur Stadt hatte Zuzug zur Folge. Es entstanden verschiedene Palais (→ **Kurländer Palais**, → **Coselpalais**), und der gesamte Neumarkt wurde neu verbaut. Barocke Bauten aus dieser Zeit umstanden ihn bis zum 13. Februar 1945. Inzwischen werden ihre Fassaden wieder errichtet oder abgespeckte Imitate dieser Fassaden, dahinter entstehen – der Wiederaufbau ist noch immer nicht abgeschlossen – moderne Wohnungen, Büros und Geschäfte.

Tour 2: Brühlsche Terrasse, Neumarkt und Frauenkirche

Das Viertel um Frauenkirche und Neumarkt wird zur Elbe durch eine erhöhte Terrasse abgeschirmt, die → **Brühlsche Terrasse.** Von den ursprünglich dort im Auftrag des Grafen Brühl errichteten Gebäuden hat sich nichts erhalten, das → **Ständehaus** stammt aus dem frühen 20. Jh., die → **Hochschule für Bildende Künste** vom Ende des 19. Jh. Nur das → **Albertinum** besitzt noch Elemente aus der Renaissance, wurde jedoch nach schweren Kriegszerstörungen mit einem modernen Innenleben versehen, das nach mehrjähriger Umbauzeit nun wieder die Gemäldegalerie Neue Meister sowie die Skulpturensammlung beherbergt. Von der Brühlschen Terrasse hat man nicht nur einen sehr schönen Blick über die Elbe (aber eben nicht den berühmten „Canalettoblick"), sondern auch eine Nahsicht auf die Frauenkirche, die einfach umwerfend ist. Man mag gar nicht mehr weggehen von dieser Stelle oberhalb der Münzgasse, aber andere drängen nach und wollen auch bewundern, fotografieren, eine WhatsApp schicken und darüber berichten, wie beeindruckt sie sind.

Spaziergang

Unser Tourenvorschlag für die Osthälfte der Altstadt führt vom Schlossplatz über die Prunkstiege auf die Brühlsche Terrasse und dann vorbei an der Hochschule für Bildende Künste und dem Albertinum hinunter zur modernen → **Neuen Synagoge** nahe der Carolabrücke. Anschließend geht es über das Kurländer Palais und das Coselpalais zurück ins Zentrum der Altstadt, zum Neumarkt und zur Frauenkirche. Den Schlossplatz erreicht man von dort entlang des → **Fürstenzuges,** die mit einem Mosaik gestaltete Fassade des sogenannten Langen Ganges, der → **Johanneum und Stallhof** mit dem Residenzschloss verbindet. Gesamte Gehzeit 20 Minuten, Besichtigungszeit mindestens ein halber, besser ein ganzer Tag. Rund um die Frauenkirche, insbesondere in der Münzgasse zwischen Neumarkt und Brühlscher Terrasse, hat sich die Gastronomie niedergelassen, die Besucher der Kirche und Dresdens wollen verpflegt sein. Das große Angebot, das sich über die Wilsdruffer Straße hinweg bis ins Viertel zwischen Rathaus und Kreuzkirche erstreckt (→ Tour 3),

bietet zwar eine große Auswahl, aber nur in wenigen Fällen empfehlenswerte Qualität (unsere Liste soll bei der Entscheidung helfen, die nicht sehr empfehlenswerten Lokale sind erst gar nicht erwähnt).

Sehenswertes

Ständehaus (Alter Landtag)

Das Ständehaus auf der Ostseite des Schlossplatzes und am Aufgang zur Brühlschen Terrasse ist ein Bau des frühen 20. Jh. Der Architekt war Paul Wallot, der kurz zuvor den Berliner Reichstag gebaut hatte. Das Gebäude ersetzte zwei Stadtpalais, darunter jenes des Grafen Brühl, und war für die Ständevertretung (Parlament) des Königreiches Sachsen gedacht. Während der Weimarer Republik als sächsisches Landesparlament genutzt, beherbergt es heute u. a. das Oberlandesgericht Dresden.

Brühlsche Terrasse

Zwischen dem Schlossplatz und dem Albertinum verlief seit dem Mittelalter die Stadtbefestigung, deren hohe Mauern eine Barriere zwischen Altstadt und Elbufer darstellten. Als Dresden im späten 17. Jh. seinen neuen, weiteren Festungsring bekam, war diese Befestigung obsolet, und als 1748 Heinrich Reichsgraf von Brühl den Mauerabschnitt erwerben wollte, überließ ihn Kurfürst Friedrich August II. seinem Premier für wenig Geld. Graf Brühl baute eine breite Terrasse über den Befestigungen, die sich auch heute noch darunter befinden, und ließ darauf einen „Lustgarten pflanzen" sowie mehrere Gebäude errichten, darunter ein Schloss für sich selbst und eine Bibliothek. Erhalten davon ist aber so gut wie nichts. Schon 1814 wurde die Brühlsche Terrasse der Öffentlichkeit zugänglich gemacht, damals baute man die 14 m breite **Freitreppe** als Zugang vom Schlossplatz

(die Figurengruppen der vier Tageszeiten nach einem Entwurf von Johannes Schilling kamen erst 1868 dazu, die heutigen sind übrigens Bronzeabgüsse von 1908).

Im späten 19. Jh. wurde wieder auf der Brühlschen Terrasse gebaut, an der Stelle des Brühlschen Stadtpalais steht heute das Ständehaus. Das als **Sekundogenitur** bezeichnete Gebäude des heutigen Hilton-Cafés wurde erst 1899 errichtet, nimmt aber in Form und Stil (Barock, Rokoko) die Züge seines Vorgängers auf, der Brühlschen Bibliothek.

Die Brühlsche Terrasse ist im vorderen Teil mit jungen Bäumchen bepflanzt, im Mittelteil ist sie ohne Bepflanzung. Im hinteren Teil, dem **Brühlschen Garten,** wurde sie als Grünanlage mit Bäumen und Denkmälern gestaltet – ehemals befand sich dort ein „Belvedere" (ein Restaurant und Musik-Café), dessen Wiedererrichtung nach 1990 eine Zeit lang zur Debatte stand. Der Garten steht auf dem Niveau der ehemaligen Venusoder Jungfernbastion, unter der sich die erhaltenen Kasematten befinden.

Auf dem Weg vom Schlossplatz zum Brühlschen Garten passiert man auch eine Reihe von **Plastiken und Brunnen.** Nach der Prunkstiege erinnert das Rietschel-Denkmal (1892) an den Bildhauer, der u. a. die Statuen von Goethe und Schiller am Haupteingang der Semperoper schuf. Das Denkmal stammt von seinem Schüler Johannes Schilling. Eine moderne Plastik nach der Sekundogenitur steht leider im Schatten des Blicks auf die Frauenkirche, die Sieben Bastio-

Sekundogenitur mit Aufgang zur Brühlschen Terrasse

nen (Vincenz Wanitschke, 1990) erinnern an einen Erlass Augusts des Starken, in dem er den sieben Bastionen der Dresdner Stadtbefestigung die Namen der Sonne und der – damals sechs bekannten – Planeten gab (so wurde aus der Jungfernbastei die Venusbastei). Auf der oberen Brüstung der Doppelstiege zwischen Hochschule für Bildende Künste und Albertinum befindet sich ein Denkmal für Gottfried Semper. Am Eingang zum Brühlschen Garten hat sich der Delfinbrunnen als Relikt aus der Zeit des Grafen Brühl (1749) erhalten, im Garten entdeckt man die etwa gleichalten Sphinxen, eine Metallplastik für Caspar David Friedrich (1990), eine Stele für den Porzellanerfinder Johann Friedrich Böttger (1982) sowie (unterhalb und an der Außenseite der Bastion) das Denkmal (eine Kopie), das Kurfürst August für seinen 1553 gefallenen Bruder Moritz, seinen Vorgänger als Herzog und ersten Kurfürst der albertinischen Linie des Hauses Wettin, errichten ließ.

Hochschule für Bildende Künste und Lipsiusbau (mit „Zitronenpresse")

Zur Dresdner Stadtsilhouette gehört neben der Kuppel der Frauenkirche die Rippenkuppel des sogenannten Lipsiusbaus der Kunstakademie (heute Hochschule für Bildende Künste), wegen ihrer Form gerne und passend „Zitronenpresse" genannt. Das 1887 bis 1894 entstandene Gebäude (Architekt Konstantin Lipsius, 1832–1894) grenzt mit seiner breiten Front an die Brühlsche Terrasse und ist ein ansprechender repräsentativer Bau der späten Gründerzeit, der sowohl beim Klassizismus Sempers als auch beim Barock vor allem des Zwingers einige Anleihen nimmt. Tatsächlich handelt es sich heute von den Zugängen her um drei Bauten, die Hochschule selbst, dann den anschließenden, durch eine korinthische Tempelfront hervorgehobenen Hallenbau, in dem die Kunsthalle der Stadt untergebracht ist (Wechselausstellungen), sowie das Oktogon mit der Kuppel à la Zitronenpresse. 1945 großenteils zerstört und seit 1990 rekonstruiert, wurden die Arbeiten 2005 abgeschlossen. In der Kunsthalle und im Kuppelsaal hat man die Spuren der Zerstörung sichtbar gelassen, was die Architektur besonders hervorhebt und eine spannungsvolle Atmosphäre schafft, besonders unter der großen Kuppel. Die Hochschule selbst ist nicht zu besichtigen, die beiden anderen Gebäude nur bei Ausstellungen. Die Kuppel der „Zitronenpresse" und die umgebenden Räume sind nicht wie die Hochschule und die Kunsthalle von der Brühlschen Terrasse aus, sondern über die Treppe vom Georg-Treu-Platz aus zu betreten.

Aktuell gehört auch die Kunsthochschule zu den vielen Dresdner Institutionen, die sich für ein weltoffenes Dresden und gegen Rechts positionieren. Auf der Website genauso wie an der Fassade wird man deshalb von einem Goethe-Zitat begrüßt: „Das Land, das die Fremden nicht beschützt, geht bald unter." (→ Foto S. 72)

Kunsthalle im Lipsiusbau, Brühlsche Terrasse, nur Wechselausstellungen, Di–So 10–18 Uhr, Infos unter ✆ 49142000, www.skd.museum. Eintritt je nach Ausstellung, meist 5 € bzw. im Kombiticket mit Albertinum 12,50 €.

Oktogon der Hochschule für Bildende Künste Dresden, Georg-Treu-Platz, bei Ausstellungen Di–So 10–18 Uhr, Eintritt je nach Ausstellung; ✆ 49267807, www.hfbk-dresden.de.

Albertinum

Die vierflügelige Anlage des Albertinums am südöstlichen Ende der Brühlschen Terrasse geht im Kern auf das Zeughaus aus der Renaissance zurück, das 1559 bis 1563 erbaut wurde. Das barock erweiterte und in der Gründerzeit (ab 1887) vor allem außen veränderte Gebäude wurde 1945 stark beschädigt, im Erdgeschoss hat sich jedoch teilweise der Renaissancebau erhalten. Von 1945 bis 1969 wurde der Bau wieder instand gesetzt, von 2004 bis 2010 wurde an der endgültigen Restaurierung mit dem Ziel einer State-of-the-Art-Galerie gearbeitet. Kern des Museums ist die bereits 2007 instal-

Ein treffender Spitzname: die Zitronenpresse

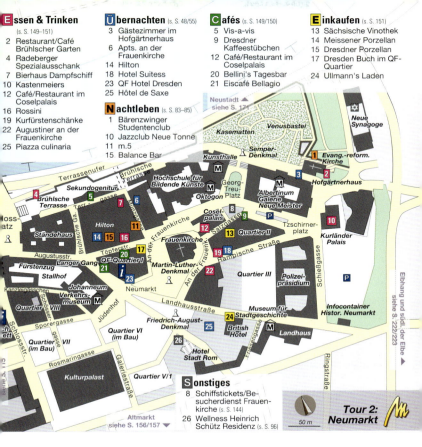

lierte „Arche", ein zweigeschossiger, scheinbar schwebender Einbau von 72 Meter Länge und einem Gewicht von 2700 Tonnen. Da die Arche über dem zentralen Hof der Vierflügelanlage mit ihren spitzen Dächern lagert, ist sie von außerhalb kaum zu erkennen. Wie die biblische Arche soll und wird die Arche des Albertinums die Schätze des Hauses auch bei einer höchstmöglichen Flut für die Nachwelt retten. Nach Beendigung der Restaurierungsarbeiten zog 2010 in die Säle des Albertinums wieder die **Gemäldegalerie Neue Meister** ein, aber auch die vorher im Zwinger untergebrachte **Skulpturensammlung**. Leider ist jetzt schon abzusehen, dass der Platz mit 2500 m² – die alte Fläche für Ausstellungen wurde vervierfacht – knapp werden wird, zumal er mit Büros geteilt werden muss. Und weil mit zwei Ausstellungsräumen – einem riesigen, eigentlich nicht benutzten Foyer und der Antikenhalle im Erdgeschoss sowie im ersten Stock mit Depotflächen und Werkstätten in fast doppeltem Ausmaß – keine weiteren Flächen zur Verfügung stehen.

Die Neuen Meister, worunter Maler des 19. bis 21. Jh. verstanden werden, sind u. a. Caspar David Friedrich, dessen altarähnlich gefasstes „Kreuz im Gebirge" zur Entstehungszeit (1808) Proteste und Begeisterung auslöste. Daneben Arnold Böcklin, Carl Gustav Carus,

Lovis Corinth, Otto Dix mit dem Triptychon „Der Krieg" (1929–1932), Paul Gauguins berühmtes Portrait zweier Tahitianerinnen „Parau Api" (1892), Anton Graff, Ernst Ludwig Kirchner, Oskar Kokoschka, Max Liebermann, Friedrich Overbeck, A. R. Penck, Ferdinand von Rayski, Max Slevogt, Adrian Ludwig Richter mit der berühmten „Überfahrt am Schreckenstein" (1837), Werner Tübke und als Highlight der Dresdner Gerhard Richter. Der andere berühmte Sohn der Stadt, Georg Baselitz, ist nur mehr mit zwei Werken vertreten. Der streitbare Künstler hat im Juli 2015 seine Leihgaben wieder abhängen lassen – als Protest gegen ein geplantes neues Kulturschutzgesetz. Wir hoffen sehr, dass sie bald wieder aus dem Depot geholt werden.

Die „Sammlung der antiken und modernen Statuen" wurde – wie so viele andere Dresdner Sammlungen – von August dem Starken begründet. Ursprünglich vor allem auf die Antike und die (barocke) Gegenwart spezialisiert, umfasst die Skulpturensammlung heute Meisterwerke aus fünf Jahrtausenden, vor allem aus Europa, dem Mittelmeerraum und Vorderasien.

Wie ein Bindeglied mag Edgar Degas' „Vierzehnjährige Tänzerin" wirken, die Plastik eines vorwiegend als impressionistischen Malers bekannten französischen Künstlers – Gemäldegalerie und Skulpturensammlung werden nicht nebeneinander, sondern miteinander gezeigt. Eingang sowohl über die Brühlschen Terrassen als auch „von unten" über den Georg-Treu-Platz. Di–So 10–18 Uhr, Eintritt 10 €, erm. 6 €, unter 17 Jahren frei, Kombiticket mit Kunsthalle (Lipsiusbau) 12,50 €, ✆ 49142000.

Kasematten (Festung Dresden)

Weil der Graf Brühl bei der Erbauung seiner Terrasse die Uferbefestigungen nicht schleifen ließ, sondern sie einfach zuschüttete oder überbaute, blieben sie in diesem Bereich erhalten (anderswo, beispielsweise am Postplatz, hat man sie ausgegraben). Im Bereich der Jungfernbastei, wo sich heute der Brühlsche Garten befindet, kommt aber etwas anderes hinzu: Dort wurden ältere Befestigungen schon früher verbaut und dadurch besonders gut erhalten.

Im 16. Jh. entstand im Zug der Modernisierung des Dresdner Festungsringes – bis dahin war man mit einer dünnen Mauer ausgekommen – ein System von Wällen, Gräben, pfeilförmig in die Gräben hinausgeschobenen Bastionen mit Kanonenhöfen, gedeckten Laufgängen (Kasematten) und tunnelartig geführten Stadttoren. Im Bereich des Zeughauses (heute Albertinum) entstanden 1553 das Ziegeltor mit fünfbogiger Brücke über den Stadtgraben, eine kleine Bastion, die Kasematten von 40 m Länge und die dazugehörigen Höfe und Räume. 1592 wurde die Jungfernbastei errichtet, die den östlichen Abschluss der heutigen Brühlschen Terrasse bildet. Es war hier, wo 1708 das europäische Porzellan entdeckt wurde (→ S. 267). In den 1960ern und vor allem seit 1990 wurden diese älteren Bauten samt Ziegeltor und Kleiner Bastion freigelegt und können besichtigt werden – ein Weg in die Vergangenheit, der durch eine Audiotour auch akustisch begleitet wird.

Das Gebäude schräg gegenüber dem Haupteingang des Albertinums auf der Brühlschen Terrasse ist das Gemeindehaus der Reformierten Kirche zu Dresden, das im ehemaligen **Brühlschen Hofgärtnerhaus** eingerichtet wurde. Die ebenso schlichte wie eindrucksvolle Kirche selbst befindet sich unterhalb der Terrasse in den Kasematten (Zugang von der Grünanlage unterhalb der Kasematten, Brühlscher Garten 4).

„Festung Dresden", Zugang vom Georg-Treu-Platz, April bis Okt. Mo–Fr sowie So 10–18 Uhr, Nov. bis März bis 17 Uhr, jeweils individuelle 1-Std.-Rundgänge mit dem

Brühlsche Terrasse, Neumarkt und Frauenkirche

Audioguide (5 €, erm. 2,50 €). Sa ausschließlich Führungen um 10, 11, 12, 13, 14, 15, 16 und 17 Uhr (Letztere nur im Sommer). Info und Anmeldung zu Führungen unter ℡ 438370320, www.festung-dresden.de.

Neue Synagoge

Unnahbar und monolithisch wirken die beiden riesigen, 24 m hohen Quader an der Carolabrücke zunächst. Kommt man von der Akademiestraße aus näher, erkennt man, dass einer der beiden Blöcke, die eigentliche Synagoge, aus leicht versetzten Kunstsandsteinblöcken besteht und dass die Kanten nach oben auseinanderstreben – es entsteht ein gänzlich anderer Raumeindruck von Leichtigkeit, was im Inneren noch verstärkt wird, wo ein Glasdach den Blick nach oben öffnet. Die Architekten Wandel, Hoefer, Lorch + Hirsch (Saarbrücken) haben einen anfangs umstrittenen Bau geschaffen, der heute breiteste Anerkennung findet; von ihnen stammt auch die neue Münchner Synagoge. Der Neubau, geweiht am 9. November 2001, steht auf dem Grundstück des Vorgängerbaus, Gottfried Sempers Synagoge von 1840, die in der Reichspogromnacht 1938 wie die meisten in Deutschland zerstört wurde. Nur der goldene Davidstern am Eingang stammt noch aus der alten Synagoge.

In sich gedreht: die Neue Synagoge

Führungen, etwa 1 Std., Unkostenbeitrag 6 €, erm. 4 €, ohne Anmeldung, mind. Mo/Mi/Do am (späten) Nachmittag, genaue Termine auf www.hatikva.de, unter ℡ 8020489 oder im Gemeindehaus gegenüber (dort auch Infomaterial). Männer brauchen eine Kopfbedeckung (vor Ort zu leihen). Weitere Hinweise auf die jüdische Geschichte Dresdens → Jüdischer Friedhof (Tour 9) und → Alter Jüdischer Friedhof (Tour 5).

Kurländer Palais

Zurück über die Akademiestraße in die Altstadt passiert man an der Südostseite des Tzschirnerplatzes das Kurländer Palais. Während die meisten barocken Stadtpaläste Dresdens völlig symmetrisch angelegt wurden, ist das Kurländer Palais außen wie innen asymmetrisch gestaltet, die Außenfront ist dreifach gestuft. Welchen Grund das hatte, kann man nicht sagen. Am Grundstück, dessen Front auf den Tzschirnerplatz schaut, kann es kaum gelegen haben. Die stilistischen Vorbilder – französischer Klassizismus und Rokoko-Einflüsse – waren es ebenfalls nicht, denn auch sie waren fast ausschließlich symmetrisch. Das 1728 für den Grafen Wackerbarth (von Johann Christoph Knöffel) errichtete Stadtschloss wurde im Barock mehrmals umgebaut, diente seit 1815 als Medizinische Akademie und dann als Landesgesundheitsamt. Nach schwersten Schäden 1945 und nach langjähriger Nutzung der Kellerräume durch den

Jazzclub „Tonne" zu DDR-Zeiten wurde das Palais wieder aufgebaut und 2009 eröffnet. Mittlerweile ist hier das Nobelfischrestaurant Kastenmeiers (→ Essen & Trinken) zu Hause in sehenswerten Repräsentationsräumen.

> Letzte, erfreuliche Meldung: Seit Herbst 2015 befindet sich der **Traditionsjazzclub Neue Tonne** wieder im Keller des Kurländer Palais (→ Nachtleben).

Coselpalais

In unmittelbarer Nähe der Frauenkirche ließ Friedrich August Graf von Cosel (Sie können sich sicher denken, wer seine Eltern waren → S. 23 und S. 273) unter teilweiser Einbeziehung eines Vorgängerbaus von *Johann Christoph Knöffel* (1744–1746) ein Stadtpalais errichten (1762–1764). Architekt des erneuerten Palais im französischen Stil mit Ehrenhof war Julius Heinrich Schwarze, damals Oberlandbaumeister des Kurfürstentums Sachsen. Das elegante Palais ist teilweise unzerstört in den rekonstruierten Bau einbezogen worden: Westfassade und Torhausflügel sind Teile des Originalbaus. Im Erdgeschoss und Ehrenhof befindet sich heute ein besonders bei Touristen beliebtes Restaurant, das Grand Café und Restaurant im Coselpalais (→ Essen & Trinken).

Frauenkirche

Die Frauenkirche „gehört zu den singulären Leistungen der Baukunst in Europa", meint der Dehio „Dresden" (Deutscher Kunstverlag 2005), und der muss es schließlich wissen. Aber was ist das Besondere, das Einmalige an diesem Bau? Es ist, da gibt es keinen Zweifel, das Zusammenspiel von schierer Höhe – die Kuppel ragt ab der Basis über alle anderen Bauten der Umgebung hinaus – und Form, denn es handelt sich bei der Kuppel der Frauenkirche um einen besonders seltenen Typ, eine doppelte Kuppel in Form einer steinernen Glocke. Wer die über der Dresdner Dachlandschaft scheinbar schwebende „Steinerne Glocke" nur einmal erlebt hat, wird sie sein Leben lang nicht vergessen. Das Wiedererstehen dieser Glocke, dieses wunderbaren Bauwerks eines einfachen Ratszimmermeisters, hat der Ikone Dresden die letzte Weihe gegeben: Dresden kann

Kurländer Palais, heute mit Nobelrestaurant und Jazzkeller

Der Sohn der berühmten Gräfin ließ das Coselpalais errichten

nicht ausgelöscht werden, das hat schon fast mythologische Bedeutung.

Eine Marienkirche mit Friedhof stand schon im 12. Jh. an dieser Stelle außerhalb der Stadtmauern. Sie wurde durch eine spätgotische Hallenkirche ersetzt, bevor anlässlich des Ausbaus der Befestigungen Mitte des 16. Jh. die Kirche samt Neumarkt in den Festungsring einbezogen wurde. Da war sie schon wieder baufällig und außerdem zu klein geworden, sodass sich die inzwischen protestantische Bürgerschaft während der Regierungszeit Augusts des Starken mit Plänen für einen Neubau trug. Ratszimmermeister George Bähr, der Mann für alle Arbeiten, machte 1722 einen ersten Entwurf, der bis zum Baubeginn 1726 noch leicht verändert wurde. Bis zu diesem Zeitpunkt wusste man nicht, ob man eine hölzerne oder eine steinerne Kuppel bauen sollte, erst 1733 – da standen bereits Außenmauern und Innenkuppel – setzte sich Bähr mit seiner Sicht durch: Es wurde die viel schwerere steinerne Kuppel gebaut. Und nicht irgendeine der üblichen Tambourkuppeln, wie sie im barocken Europa üblich waren, sondern ein Entwurf, der George Bähr berühmt machen sollte, eine Kuppel mit glockenförmigem Aufriss. Um den Bogen nicht zu überspannen, verzichtete man dann auf die von Bähr vorgesehene, sehr hohe Laterne und setzte 1743 die kleine Laterne auf, die heute wieder den Bau abschließt (und deren Spitze einschließlich Turmkreuz eine Höhe von 91,23 m erreicht).

Kleinere und größere Renovierungen veränderten nichts an der Substanz. Erst das Bombardement des 13. und 14. Februar 1945 sollte dieses einzigartige Wunderwerk der Architektur zerstören. Zunächst hielt die Kirche stand, die Bomben hatten die Kuppel nicht zerstört. Aber zwei Tage später, am 15. Februar, stürzten durch hitzebedingte Materialveränderung im Sandstein zwei der tragenden Pfeiler ein und mit ihnen die 12.000 Tonnen schwere Kuppel.

Von Anfang an gab es Stimmen, die von Wiederaufbau sprachen. Aber ein Meisterwerk dieser Größe und künstlerischen Qualität aus dem Nichts wieder auferstehen zu lassen, war zu viel für die Nachkriegszeit und auf jeden

Fall zu viel für die DDR. Man ließ die Ruine – nur der Chor und die Grundmauern samt Unterkellerung waren übrig geblieben – stehen und bepflanzte sie. Als trauriges Mahnmal gegen Krieg und Faschismus stand sie ab 1980 auf dem kahl geschorenen Neumarkt.

Sofort nach der Wende bildete sich eine Bürgerinitiative für den Wiederaufbau der Frauenkirche, und die Synode der Evangelischen Landeskirche sowie die Stadt Dresden beschlossen 1990/91 den Wiederaufbau. Kirchenbaurat Bauingenieur Eberhard Burger tat sein Möglichstes, um den Bau zu verwirklichen, als Baudirektor und Geschäftsführer hat er wohl die größte Leistung für diese Kirche erbracht. Auch der Dresdner Trompeter Ludwig Güttler hat sich immer wieder für die Frauenkirche eingesetzt. Aber wie sollte dieses gigantische Unterfangen finanziert werden?

1993 begann man mit der archäologischen Enttrümmerung. Stein um Stein wurde umgedreht, auf seine Wiederverwertbarkeit geprüft, katalogisiert, digital dargestellt und in einem dreidimensionalen Modell der Frauenkirche eingeordnet. Man würde ihn vielleicht wiederverwenden können, exakt dort, wo er vor der Zerstörung gewesen war. Das ist die große technische Leistung dieses Wiederaufbaus: Es wurde nicht einfach eine Kopie hingestellt, die Frauenkirche besteht zu einem nicht unerheblichen Teil (nämlich zu 45 %) aus den alten Steinen, die exakt an jenen Stellen eingesetzt sind, wo sie ehedem waren. So waren 8425 Werksteine noch in so gutem Zustand, dass sie in den Bau integriert werden konnten – davon allein 7110 in der Außenfassade sowie 1013 in inneren Kirchenbereich. An der Außenwand erkennt man sie deutlich: Sie sind dunkel gefärbt, heben sich klar von den neuen Steinen ab. Erst in Jahrzehnten wird sich der Unterschied verwischt, wird die Frauenkirche ihre alte Patina erhalten haben. Am 30. Oktober

2005 wurde der Bau der Frauenkirche wieder geweiht.

Das Innere der Frauenkirche wird durch die Emporen bestimmt, die den gesamten Raum zu füllen scheinen, und die pastellfarbene (ein wenig süßlich wirkende) Ausmalung. Der Hochaltar, in wesentlichen Teilen rekonstruiert, enthält Reste des unter den verstürzten Bauteilen der Kirche aufgefundenen originalen Steinaltars.

Öffnungszeiten/Eintritt: Hauptraum und Unterkirche sind i. d. R. Mo–Fr 10–12 und 13–18 Uhr sowie Sa/So zu unregelmäßigen Zeiten geöffnet, Eintritt frei, Spenden erbeten. Kirchenführungen vor Ort buchbar, Gruppen müssen über den Besucherdienst der Stiftung (s. u) vorangemeldet werden. Kuppelaufstieg März bis Okt. Mo–Sa 10–18, So 12.30–18 Uhr, Nov. bis Febr. Mo–Sa 10–16, So 12.30–18 Uhr.

Information und Besucherdienst **8** (→ Karte S. 139): Anmeldung, Infomaterial und Tickets im 1. Stock, Georg-Treu-Platz 3, ✆ 65606100. Tgl. (außer So) 9–18, Sa nur bis 15 Uhr.

Gottesdienste: So und Fei 11 und 18 Uhr, Do 18 Uhr ökumenisches Abendgebet (Unterkirche).

Orgelandachten mit anschließender Kirchenführung (die Zuhörer bleiben sitzen, während die Kirche erklärt wird) Mo–Sa 12 Uhr sowie Mo–Mi und Fr 18 Uhr. Kein Eintritt, Spende wird erbeten.

Führungen auf die **Kuppel** sowie durch die **Unterkirche** nach Voranmeldung beim Besucherdienst (s. o.).

Kirchenmusik: Sonntagsmusiken So 15 Uhr (vierzehntägig), „Orgelmittwoch" 20 Uhr, Konzerte üblicherweise Sa 20 Uhr, alle kostenpflichtig, Programm auf www.frauenkirche-dresden.de, Karten an der Abendkasse (Eingang D) – jeweils mind. 1 Std. vor dem Konzert – und im Ticketservice beim Besucherdienst (s. o). Die Akustik ist leider nicht ideal, Seitenplätze erhalten ein starkes Echo, deshalb Plätze möglichst in der Mittelachse gegenüber dem Altarraum wählen!

Führungen und Film „Faszination Frauenkirche": Im Untergeschoss der Frauenkirche läuft während der offenen Besichtigungszeit der Film „Faszination Frauenkirche" (25 Min., 3 €), für den man sich nicht anmelden muss.

Neumarkt

Die Frauenkirche dominiert den Neumarkt, auf dem zwei Denkmäler stehen, eines für König Friedrich August II. (1867), der als Feldherr dargestellt ist, das andere, zentralere, ist Martin Luther gewidmet (Ernst Rietschel 1883). Das eindrucksvolle, überlebensgroße Werk aus Bronze (mit Granitsockel) präsentiert den Reformer als durchgeistigte Persönlichkeit.

„Neu" war der Neumarkt für die Dresdner, weil er erst im 16. Jh. durch die Ausweitung des Stadtgebiets zu Dresden kam. Schließlich gab es den Dresdner Marktplatz, seit dieser Zeit Altmarkt genannt, bereits seit Jahrhunderten. Der neue Markt wurde bald zu einem schicken Wohnstandort, die mittelalterlichen Häuser mussten weg, ebenso wie auch die alte Frauenkirche dem barocken Neubau weichen musste. Der Adel ließ sich Stadtpalais bauen wie das Coselpalais und das Palais de Saxe. Die Rampische Straße, deren erhaltenen barocken Fassaden 1958 gesprengt wurden, entwickelte sich zu einer der schönsten Straßen Dresdens.

Zum Kriegsende 1945 war der Neumarkt fast komplett zerstört. Die Ruine der Frauenkirche wurde als Denkmal stehen gelassen, die Reste der Häuser ringsum weggeräumt. Wie man städtebaulich mit dieser innerstädtischen Wüstenei verfahren sollte, war bis 1989 nicht klar. Erst nach der Wende setzte sich die Idee durch, den Platz wieder aufzubauen, zumindest die Fassaden. Was dahinter liegen sollte, interessierte weniger. Und tatsächlich, der Neumarkt ist inzwischen fast komplett wiederentstanden. Vieles ist bereits fertig wie das Palais de Saxe (als Hotel) oder der eindrucksvolle Bau der Heinrich-Schütz-Residenz (ein exklusives Seniorenwohnheim), in dessen großen, mehrstöckigen Erker man den verspielten Kinderfries eingebaut hat. Die spielenden und musizierenden Putten sind Rest des 1945 zerstörten, Original-Heinrich-Schütz-Hauses.

Am Jüdenhof hinter dem Kulturpalast wird gerade gebaut. Hier werden die Fassaden des barocken Dinglingerhauses sowie das Triersche Haus wieder auferstehen.

Das „British Hôtel" in der Landhausstraße ist seit 2010 fertiggestellt, 72 (!) gut erhaltene alte Teile wurden in die neue Fassade integriert (nur ein Hotel sucht man hier vergeblich). Der Wiederaufbau des „Hotels Stadt Rom" an der – neu anzulegenden, in den Nachkriegsbaubestand der Wilsdruffer Straße eingreifenden – Moritzstraße ist lei-

Lutherdenkmal vor der Frauenkirche: Dresden ist protestantisch der wegen eines Streits (die Nachbarn würden dann komplett im Schatten liegen) immer noch nicht entschieden. Die große Baustelle Neumarkt wird wohl noch eine Zeit bleiben.

Die Gesellschaft Historischer Neumarkt setzt sich seit 1999 für den Wiederaufbau des Neumarkts ein und realisiert selbst vorbildliche Wiederaufbauprojekte (z. B. Rampische Str. 29, deren Eingang sich in der Salzgasse 8 befindet; spitzen Sie ruhig rein, unten empfehle ich sowieso einen Besuch im Dresdner Kaffeestübchen).

Ein **Info-Container** mit großartigem Stadtmodell der Gesellschaft befindet sich auf dem Pirnaischen Platz, dort viele Pläne, Fotos, Modelle, Dokumentationen und engagierte Beratung. Tgl. 10–18 Uhr, ✆ 4965150, www.neumarkt-dresden.de, www.rampische29.de.

Kulturpalast und Landhaus (Städtisches Museum) → Tour 3.

Johanneum, Stallhof und Verkehrsmuseum

Der quadratische Bau mit dem eindrucksvollen Treppenaufgang von der Nordwestseite des Neumarktes war ursprünglich ein Stallgebäude, das Christian I. im Renaissancestil errichten ließ (1586). Der Umbau unter August dem Starken und ein weiterer, der noch unter König Johann (daher der Name!) 1872 begonnen wurde, haben die Renaissanceelemente völlig verwischt. Das Johanneum entstand gleichzeitig mit dem Langen Gang, der es mit dem Schloss verbindet, und dem Stallhof, der zwischen Schloss und Johanneum liegt. Der zweistöckige **Lange Gang** beginnt am Georgenbau, er ist fast 100 m lang.

Der durch Georgenbau, Langen Gang und Johanneum sowie im Süden durch das dreiflügelige Kanzleihaus mit seinen rekonstruierten Renaissancegiebeln und schönen Sgraffiti umschlossene **Stallhof** ist ein bemerkenswertes Ensemble der Renaissance-Architektur. Die Fassade des Langen Ganges wird zum Stallhof hin durch eine offene Bogenhalle gegliedert, die Wappen stellen die damaligen Besitztümer des Hauses Wettin dar. Die etwa gleichzeitig entstandenen Bronzesäulen im Hof waren für das Ringstechen, ein beliebtes Reiterspiel, gedacht, auch die Pferdeschwemme im Hof stammt aus der Renaissancezeit. Auf der anderen Seite des Langen Ganges befindet sich an der Fassade zur Augustusstraße der Fürstenzug (s. u.).

Das heute im Johanneum befindliche **Verkehrsmuseum** bietet eine beeindruckende Ausstellung zur Entwicklung des Transportwesens in Sachsen. In der Halle der Pkw steht man vor den Autos, die in Sachsen gebaut wurden: ein Wanderer Nr. 2 von 1904 aus Chemnitz, der Pilot 6/30 von 1926 entstand in Bannewitz bei Dresden, der IFA F 8 Cabriolet wurde 1955 in Zwickau gebaut. Weitere Modelle sind aus Thüringen wie der Simson Supra 50 von 1925 aus Suhl, der jederzeit in einem Gangsterfilm aus Hollywood einen der amerikanischen Straßenkreuzer der Zwanzigerjahre doubeln könnte. Im Lokschuppen gibt es originale historische Loks und ein Modell der ersten deutschen Ferneisenbahn, die 1839 Dresden mit Leipzig verband. In der großen Luftfahrt-Halle geht es auf „Luft-Reise", neben anschaulichen Modellen und Infos über die DDR-Luftfahrtindustrie zwei schwebende Flugzeuge, einen Grade-Singledecker und ein Bleriot-XI-Flugzeug, beide von 1909. Die Exponate zum innerstädtischen Verkehr – mit originalen Taxen, einer echten alten „Großen Hecht" (wie die Dresdner Straßenbahnen wegen ihrer Form genannt wurden) und einem Modell der Dresdner Schwebebahn – werden leider wegen Platzmangel nicht ausgestellt. Fahrradverkehr und Schifffahrt vervollständigen die Übersicht, die das Museum bietet. Kinder sind hier kaum wegzube-

Arkaden im Stallhof

kommen, zumal eine große Modelleisenbahnanlage der „Spur 0" mit einer Gleisstrecke von 785 m und einer Fläche von 325 m² auf sie – und nicht nur sie – magische Anziehungskraft ausübt.

Verkehrsmuseum, Augustusstr. 1, Di–So sowie Oster- und Pfingstmontag 10–18 Uhr, Eintritt 9 €, Kinder (ab 6 Jahren)/erm. 4 €, Smartphone-Benutzer erhalten an der Kasse einen Freicode fürs WLAN, können sich eine App herunterladen (auch auf der Homepage) und haben so ihren persönlichen Audioguide. Die **Modelleisenbahn** wird nur zu bestimmten Terminen in Gang gesetzt: Di/Fr um 11 Uhr, Mi/Do um 16 Uhr, Sa/So 11, 14 und 16 Uhr (in den Weihnachtsferien häufiger). ✆ 86440, www.verkehrsmuseum-dresden.de.

Fürstenzug

Nicht nur August der Starke hatte Selbstdarstellung nötig, seine Nachfolger waren da nicht anders. Zumal in der Zeit zwischen der Ausrufung des Deutschen Kaiserreichs und dem Ersten Weltkrieg die Selbstbeweihräucherung herrschender Schichten in Deutschland als Patriotismus aufgefasst wurde. Um sich im Ruhm seiner Vorfahren zu sonnen, ließ der sächsische König den Künstler Wilhelm Walter zwischen 1872 und 1876 an der 102 m langen und 10,5 m hohen Fassade des Langen Ganges zur Augustusstraße ein Sgraffito anbringen, das die Ahnenreihe der Wettiner darstellte. Ältere Malereien, die einen Triumphzug von Reitern abbildeten, waren verblasst oder abgeblättert. Weil auch die neuen Sgraffiti der Witterung nicht standhielten, wurden sie 1906/07 durch ein Mosaik aus 24.000 Meißner Porzellanfliesen ersetzt, das sich bemüht, den Sgraffito-Charakter der Vorlage zu treffen. Die Bombennächte des Weltkriegsendes haben den Fürstenzug nicht angetastet. Alle Regenten des Hauses Wettin seit 1089 reiten auf einem Teppich von rechts nach links, aus der Gegenwart des Künstlers in die Vergangenheit. Ganz links reitet Heinrich I. von Eilenburg (regierte 1089 bis 1103), und ganz rechts sind die letzten Könige von Sachsen zu sehen, deren Herrschaft 1918 endete.

Praktische Infos

→ Karte S. 139

Verbindungen

Den Neumarkt kann man nur zu Fuß oder mit dem Velotaxi erreichen, ausschließlich Anwohner und Hotelgäste dürfen Pkw oder Taxi benutzen. Nächste Straßenbahnhaltestellen sind der Theaterplatz (Linien 4, 8, 9), die Synagoge (Linien 3, 7) und der Altmarkt (Linien 1, 2, 4). Parkmöglichkeiten in der Tiefgarage unter dem Tzschirnerplatz, dem Q-Park Frauenkirche/Neumarkt oder der Tiefgarage unter dem Altmarkt sowie auf dem Parkplatz Ferdinandplatz hinter dem Kaufhaus Karstadt.

Essen & Trinken

Münzgasse, Brühlsche Gasse und Terrassengasse sind rund um die Frauenkirche Standorte zahlreicher Restaurants, Gasthäuser, Bistros, Cafés und Imbisse. Wenig sächsisch-bürgerliche Tradition, mehr „internationale" Küche, gelegentlich Ausgefallenes: Kängurufleisch vom Grill über Bisoneintopf bis spanische Tapas, erst beim Dessert wird's (mit Eierschecke, Quarkkäulchen und im Winter Dresdner Stollen) sächsisch. Wenige sind wirklich empfehlenswert, das Gros setzt darauf, dass der Kunde ohnehin kein zweites Mal kommt.

Restaurants, Gasthäuser, Weinkeller

Grand Café und Restaurant im Coselpalais **12** Vom Spätbarock inspiriertes Ambiente im etwas hektischen Restaurant, nach vorne der Gastgarten zwischen den Seitenflügeln des Palais, im Porzellanzimmer werden Kaffee und Kuchen auf Meißner Porzellan serviert. Braucht's mehr zum Erfolg bei einer Location direkt an der Frauenkirche? Hauptgerichte (deutsche Küche à la Sauerbraten) ab ca. 15 €. An der Frauenkirche 2 a, tgl. 10–23 Uhr, ✆ 4962444, www.coselpalais-dresden.de.

Piazza Culinaria/Restaurant und Sommerterrasse des Steigenberger Hôtel de Saxe **25** Die Terrasse auf dem Neumarkt genau gegenüber der Frauenkirche ist das große Plus dieses Lokals. Keine kulinarischen Offenbarungen, aber anständige Bistroküche mit rustikalem Einschlag wie Rösti mit Kräuterquark und Räucherlachs oder Semmelknödel mit Kräuterchampignons, mehrere Salate; aufmerksame Bedienung. Die Eisbeinsülze mit Bratkartoffeln mit Abstand die beste weit und breit. Hauptgericht 11–20 €. April bis Okt. tgl. 12-22 Uhr; im eleganten Restaurant im ersten Stock mit gehobener Küchenleistung speist man tgl. 18–23 Uhr. (Tischreservierung ✆ 4386142), Bar tgl. 10–1 Uhr, www.steigenberger.com/dresden.

Kurfürstenschänke **19** Nostalgisch präsentiert sich der Kurfürstenhof auf 3 Etagen im neu-alten Eckhaus mit seiner schönen barocken Fassadendekoration, die Speisen sollen angeblich kurfürstlich-augusteisch inspiriert sein, was angesichts eines Holzfällersteaks und einer Forelle Müllerin schlichter Quatsch ist. Tagesgerichte ab 11 €. Abends gibt es auch den rustikalen Zechkeller, nachmittags regieren Kaffee und Eierschecke im romantischen Café im Erdgeschoss. An der Frauenkirche 13, tgl. 11–24 Uhr, ✆ 42448280, www.kurfuerstenhof-dresden.de.

Rossini **16** Internationale Küche im Hilton, die Karte mit gesamt-mediterranem Touch, vom Italienischen blieb der Name; die Zubereitungen delikat und ohne Manierismen. Blick auf Frauenkirche. Hauptgang ca. 19–28 €. An der Frauenkirche 5, Mo–Sa 18–22.30 Uhr, am Wochenende ab 17.30 Uhr, ✆ 8642855, www.hilton.de/dresden.

Kastenmeiers **10** Frauenkirchentouristen verirren sich gar nicht so häufig hierher und überlassen das Nobellokal – Schwerpunkt Fisch – im Kurländischen Palais vor allem der Dresdner Society und ihren Geschäftspartnern. Ein Hit ist das Interieur: spacige ägyptische Grabkammer meets barocke Repräsentationsräume – mit großformatiger zeitgenössischer 1-a-Kunst an den Wänden. Fast ein bisschen zu entspanntes Personal, eine der besten Dresdner Weinkarten, nervige Warteschleifenmusik. 3-Gänge-Businesslunch zu 21 € (Mo–Fr 12–15 Uhr), dessen Komponenten aber vollmundiger heißen als schmecken. Tgl. 12–23 Uhr, Sa/So ab 17 Uhr. Tzschirnerplatz 3–5, ✆ 48484801, www.kastenmeiers.de.

»» Tipp: Restaurant Café Brühlscher Garten **2** Der erste Designlack ist schon ab, jedoch bekommt man in diesem individuellen, hellen Lokal gesundes und originelles

Essen von aufmerksamem Personal serviert. Äußerst kinderfreundlich, eine rare Sache in diesem Stadtteil. Schön auch zum Draußensitzen am äußersten Rand der Brühlschen Terrassen und fürs Frühstücken (Buffet 7,90 €). Brühlscher Garten 4, tgl. (außer Mo) 8–21 Uhr, Fr–So etwas länger, ✆ 4818901. **«**

Cafés, Eisdielen

Vis-a-vis 5 Das Hilton samt Café in der „Sekundogenitur" entstand schon zu DDR-Zeiten, als seinen Trumpf kann das Café die großartige Lage auf der Brühlschen Terrasse verzeichnen. Bistro-Angebot und Konditoreiwaren decken die Nachfrage, ein freier Tisch draußen ist bei Schönwetter eine Rarität. Trotz der Superlage kann man nicht die Mängel verzeihen: der „Cappuccino" so wässrig, dass wir ihn stehen ließen. Brühlsche Terrasse, tgl. 11.30–17.30 Uhr, ✆ 8642837.

Eiscafé Bellagio 21 Wunderbares Fruchteis (30 Sorten – Meloneneis mit winzigen orangefarbenen Stückchen der Cantaloupmelone, Zitroneneis, das nach Zitrone schmeckt und nicht nach Zitronenlimonade). Auf der Rückseite der QF-Passage, Töpferstr. 6.

Bellini's Tagesbar 20 Eis, Kuchen und Cappuccino (3,50 €) in stilvoller Bar à la Barock, auf den Hockern bleibt man nicht lang sitzen. Töpferstr. 6 in der QF-Passage, ✆ 4912657.

🌿 **Dresdner Kaffeestübchen** 9 Kleines, zoniges Café in 2-b-Lage an einer Parkgaragenausfahrt hinter dem Albertinum – im von der Gesellschaft Historischer Neumarkt Dresden liebevoll rekonstruierten Wohnhaus des Hofkochs von August dem Starken. Innen mehr 80/90er-Esszimmer-Jahre als barock, bislang fast nur Dresdner Publikum. Motto des freundlichen Betreibers Ralf Müller: alles aus der Region (einzige Ausnahme ist das Paulaner-Weißbier), und das reicht vom in Dresden gerösteten Kaffee über die Elbsandsteiner Kräuterlikör bis zur selbstgebackenen Eierschecke (2,30 € und riesig), die die Kollegen vom „Feinschmecker" mit Recht als eine der besten der Stadt auslobten. Tgl. 8.59–17.59 Uhr, Salzgasse 8, ✆ 0151/54846625, www.dresdner-kaffeestuebchen.de. ■

Biergärten, Bierkeller

Bierhaus Dampfschiff 7 Sehr freundlich ist die Bedienung im stimmungsvollen, nicht überrustikalen Kellerlokal, das zum

Beim Heinrich-Schütz-Haus am Neumarkt wird noch immer gebaut

Brühlsche Terrasse, Neumarkt und Frauenkirche   151

Hilton um die Ecke gehört. Schwankende Speisenqualität, Tendenz: zu fett. Substanzielle Hauptgerichte 8,50–15 €. An der Frauenkirche 5, ☎ 8642826.

Radeberger Spezialausschank ▐4▐ Die Radeberger Brauerei im Nachbarort Radeberg braut eines der beliebteren Biere der Dresdner und eines der ganz wenigen, die auch schon vor der Wende gut schmeckten. Im nach der Flut 2013 neu renovierten Spezialausschank in rustikal à la Bräu ausgestatteten historischen Räumen innerhalb der Brühlschen Terrasse und im Garten oben auf der Terrasse selbst werden dazu sächsische Deftigkeiten von der Kartoffelsuppe (Suppen ab 5,90 €) bis zur Haxe serviert (Hauptgerichte ab 11,90 €). Echt gut sind übrigens die servierten Wurstspezialitäten. Terrassenufer 1, tgl. 11–24 Uhr, ☎ 4848660.

Augustiner an der Frauenkirche ▐22▐ Edelstoff und Hefeweizen aus München an der Frauenkirche? Warum denn nicht … Auf dem Neumarkt lässt es sich im Schatten sehr angenehm picheln und dazu bayerische Kost verspeisen (sehr gute Weißwürste), dito in den nett auf Alt eingerichteten Sälen. Insgesamt sehr freundlich – bis auf die Kellerplätze. An der Frauenkirche 16/17, tgl. 10–24 Uhr, ☎ 49776650.

Einkaufen

Das Angebot um die Frauenkirche ist hochpreisig, aber auch hochwertig – Meissener (alias Meißner) Porzellan und alles, was in der traditionellen Uhrmacherkunst Rang und Namen hat. Das sagt alles.

QF-Quartier an der Frauenkirche, siehe auch Kapitel Einkaufen, S. 89. Im Untergeschoss hat 2015/16 das Tourismusbüro Dresden Information seinen Hauptsitz. Von Dresdnern wird der Komplex eher selten benutzt, weswegen er phasenweise etwas verwaist wirkt. Im Untergeschoss (mit Ausgängen zum Neumarkt/Frauenkirche und den Nebenstraßen) sind vor allem die Traditionsuhrmacher aus Glashütte angesiedelt. Im Obergeschoss gibt's die Oberklassekonfektion: Dolce & Gabbana, Gucci, Escada, das Berliner Label Evelin Brandt, Talbot Runhof, Ute Lange und natürlich auch was für Herren. Geschäfte tgl. (außer So) 10–19 Uhr.

Meissener Porzellan am Fürstenzug ▐14▐ Meissener Porzellan („Meissen") gibt es in Dresden u. a. im feinen Laden im Hotel Hilton. An der Frauenkirche 5, www.meissen.com.

Dresdner Porzellan ▐15▐ Seit 1872 gibt es auch in Freital bei Dresden eine Porzellanmanufaktur, die sich auf die Reproduktion älterer Serien spezialisiert hat. Die Preise des Privatunternehmens sind sehr deutlich unter jenen der Meißner Konkurrenz. Interessant ist dieser Laden auch für Leute, die kein Geschirr kaufen wollen: An der Wand hängen Fotos vom Dresdner Opernball, die den Eigentümer Armenak S. Agababyan zusammen mit seinem guten Freund Wladimir Putin zeigen (für den Dresden ohnehin ein altbekanntes Pflaster ist). An der Frauenkirche 20, Mo–Sa 10–20 Uhr, ☎ 4824643, www.dresdner-porzellan.com.

Dresden Buch ▐17▐ Alles über Dresden bis ins letzte Detail, ein Laden für die Dresdner, aber auch für interessierte Besucher der Stadt. Was es hier zum Thema Dresden, auch von ganz kleinen Verlagen gibt, bekommt man anderswo evtl. nicht. Dazu bereitwillig hilfreiche und kompetente Auskunft vom Besitzer! Neumarkt 1, im QF-Quartier an der Frauenkirche, Untergeschoss (gleich gegenüber der Dresden Information), Mo–Sa 10–19 Uhr, ☎ 4164171, www.ddbuch.de.

🛍 **Ullmann's Laden** ▐24▐ Vielleicht der einzige Laden rund um die Frauenkirche, der ein originelles Sortiment führt. Im Prinzip handelt es sich um handwerklich hochwertige Gebrauchsprodukte, oft von Herstellern aus der Region – seien es Seifen, Pinsel und Bürsten, Filz- oder Holzwaren. Toll fühlen sich die natürlich gegerbten Lederwaren der Firma Sonnenleder an. Der absolute Hit aber sind die recycelten und gekonnt aufgearbeiteten Taschen, Koffer und Börsen. Landhausstr. 6 (im British Hôtel, rechts), tgl. 11–20, So bis 18 Uhr, ☎ 20660643. ∎

Sächsische Vinothek an der Frauenkirche ▐13▐ Wein vor allem aus Dresden und Umgebung, einige auch zum Verkosten. Organisiert auch Weinwanderungen in Radebeul (dort hat der Laden einen Weinberg mit Besenwirtschaft). Versand ist kein Problem. Salzgasse 2, Mo–Fr 12–19, Sa 11–19 Uhr, ☎ 4845200, www.saechsische-vinothek.de.

Tour 3:
Vom Altmarkt zum Wiener Platz

Das mittelalterliche Zentrum der Stadt um den Altmarkt liegt an der Einkaufsmeile zwischen Schloss und Wiener Platz, aber an der städtischen Atmosphäre kargt es etwas seit der Bombennacht im Februar 1945. Altes wie die Kreuzkirche und Neues wie der UFA-Palast lohnen aber auch für Kulturinteressierte den Bummel.

Im Südteil der Dresdner Altstadt befand sich ursprünglich das mittelalterliche Zentrum der Stadt. Der heutige → **Altmarkt** hieß damals noch Marktplatz und war schon zu dieser Zeit Standort des Dresdner Weihnachtsmarktes. Erst mit dem Abriss der Befestigungen im 16. Jh. wurde das Gebiet um die Frauenkirche in das Stadtgebiet integriert und der Marktplatz in Abgrenzung zum nordöstlich gelegenen Neumarkt in Altmarkt umbenannt. Während sich am Neumarkt der Adel niederließ, blieben der Altmarkt und seine Umgebung bürgerlich. Hier befanden sich Rathaus, zahlreiche Geschäfts- und Wohnhäuser sowie Restaurants und Cafés. Im Februar 1945 wurde auch dieser Teil der Altstadt fast völlig zerstört. Zu DDR-Zeiten vergrößerte man den Altmarkt bis zur Kreuzkirche und baute die zum südlich gelegenen → **Wiener Platz** und dem Hauptbahnhof führende Prager Straße zu einer überdimensionierten Einkaufsmeile aus mit verschiedenen DDR-Prestigebauten wie dem Rundkino und den drei heutigen IBIS-Hotels.

Heute wird die südliche Altstadt von einer sehr heterogenen Bebauung geprägt. Ein zusammenhängendes Architekturbild existiert nicht, alte und neue, schöne und hässliche Bauten stehen in unmittelbarer Nachbarschaft. Der → **Kulturpalast** nördlich vom Altmarkt stammt beispielsweise aus den 1960er-

Tour 3: Vom Altmarkt zum Wiener Platz

Jahren und ist ein funktionaler Betonbau mit enormen Ausmaßen. Die Fußgängerzone → **Prager Straße** bietet den üblichen Mix aus Kaufhäusern, Niederlassungen diverser Einzelhandelsketten sowie Cafés und Schnellrestaurants. Zentrum des Einkaufstrubels ist die Altmarkt-Galerie auf der Westseite des Altmarktes. Es gibt jedoch auch noch einige Baulücken, die nach und nach geschlossen werden sollen. Zu den wichtigsten historischen Sehenswürdigkeiten gehören die → **Kreuzkirche** im südlichen Teil des Altmarktes, die jedoch 1945 komplett ausbrannte, sowie das hinter der Kirche liegende → **Rathaus** von 1910, das den Krieg relativ unbeschadet überstanden hat. Wer links und rechts vom Weg der Sehenswürdigkeiten abweicht, sieht vor allem Wohnbauten, zum Teil bereits sanierte DDR-Plattenhochhäuser. Das Leben dort hat mit den touristischen Objekten und den Einkaufsburgen an der Prager Straße wenig zu tun.

Spaziergang

Gerade aufgrund der Heterogenität des Viertels ist ein Rundgang durch diesen Stadtteil wesentlich aufschlussreicher, was das heutige Dresden betrifft. Am besten startet man die Besichtigung am Altmarkt. Freunde der 50er-Jahre machen von hier unbedingt einen Abstecher an die westliche Platzflanke zum **Café Prag** (→ Essen & Trinken/Imbisse ...). Den Platz selbst dominiert der → **Kulturpalast,** ein wichtiger Ort für Kulturveranstaltungen, der als klassischer DDR-Bau genauso sehenswert wie umstritten ist. (Die Generalsanierung des zumindest außen denkmalgeschützten Baus war im Herbst 2015 immer noch nicht abgeschlossen.) Vom Kulturpalast kommend, wendet man sich anschließend nach links und erreicht über die Wilsdruffer Straße das → **Landhaus,** in dem sich heute das Stadtmuseum befindet (auf der linken Seite). Besonders sehenswert sind hier das eindrucksvolle Treppenhaus sowie die Dauerausstellung zur Stadtgeschichte Dresdens. Nun überquert man die Wilsdruffer Straße und nimmt auf der anderen Seite die Fortsetzung der Gewandhausstraße. Dort trifft man auf das klassizistische Gebäude des → **Gewandhauses,** das heute ein luxuriöses Hotel beherbergt. Und gleich gegenüber liegt das Rathaus, das u. a. mit seinem 100 m hohen Turm lockt, dessen Aussichtsterrasse man über den Zugang von der Kreuzstraße erreicht. Vorbei an der Kreuzkirche gelangt man zum südlichen Teil des Altmarktes und dem Beginn der Prager Straße. Dieser folgt man nun an Rundkino und UFA-Palast vorbei Richtung Süden bis zum Wiener Platz. Wer Zeit und Lust hat, kann jenseits der Gleise noch über die Fritz-Löffler-Straße einen südlichen Abstecher zu einem wirklichen Highlight moderner Architektur machen, der → **Universitätsbibliothek der Technischen Universität** (am Fritz-Löffler-Platz links halten, dann links in den Zelleschen Weg). Auf dem Weg dorthin passiert man zudem eine sehenswerte → **russischorthodoxe Kirche.** Mit öffentlichen Verkehrsmitteln (z. B. vom Bahnhof mit der Straba 7 zum Postplatz oder Theaterplatz) bzw. zu Fuß geht es zurück in die nördliche Altstadt.

Sehenswertes

Altmarkt

Der Altmarkt wirkt älter, als er tatsächlich ist. Wer nicht so genau hinschaut, hat den Eindruck, auf einem großen Barockplatz zu stehen. Erst auf den zweiten Blick erkennt der Architekturlaie den Neobarock der Fassaden, nein, den Neo-Neobarock, denn diese Fassaden wurden erst zu DDR-Zeiten errichtet. Damals (ab 1953) war die Gestaltung des Platzes sehr umstritten, konnte man Neobarock, also Rückgriff auf Altdresdens Baustil, mit dem Fortschritt und dem Klassenbewusstsein des sozialistischen Deutschland vereinen? War Barock nicht der Baustil des Feudalismus, der Unterdrückung der arbeitenden Massen durch blutsaugenden Adel und ebensolche Bourgeoisie? Neobarock für einen Aufmarsch- und Festplatz der arbeitenden Klasse? Dass der alte Platz auf mehr als das Doppelte vergrößert werden sollte, war unumstritten, der Bau des Kulturpalasts auf der Nordseite und die Erweiterung der Wilsdruffer Straße, die den Platz schneidet, außerhalb der Diskussion. Aber Neobarock? Seien wir froh, dass nicht Zuckerguss-Hochhäuser entstanden wie am Berliner Alexanderplatz ...

Die Fassaden im Westen und Osten mit ihren Arkaden und Geschäftshäusern sind also neobarock, nehmen Elemente der früheren barocken Platzverbauung auf, der Kulturpalast im Norden ist funktionale Architektur der Nachkriegszeit. Die Kreuzkirche, etwas verdeckt durch das NH-Hotel, ist heute ganz an den vergrößerten Altmarkt gerückt. Da die Westseite des Altmarkts

Barocke Formen am Landhaus ...

ein Teil der Flanier- und Einkaufsmeile zwischen Schloss, Prager Straße und Wiener Platz (und Hauptbahnhof) ist und sich hier der Haupteingang der Altmarkt-Galerie befindet, der größten innerstädtischen Einkaufsgalerie, ist der Trubel meist groß. Am größten in der Adventszeit, denn dann wird auf dem Altmarkt der **Striezelmarkt** abgehalten, der seit 1434 verbürgte Weihnachtsmarkt Dresdens (→ Feste, Feiertage und Events, S. 101). Dann ist der Altmarkt wieder, wie im Mittelalter, unumstrittener Mittelpunkt Dresdens.

Kulturpalast

Als der Dirigent Kurt Masur 1969 den Kulturpalast mit einem Konzert der Dresdner Philharmonie einweihte, war Dresden stolz auf seinen neuen Mehrzwecksaal und die moderne Architektur des Hauses, in die er eingebettet war. Endlich gab es einen Konzertsaal, den man für Klassik wie für populäre Musik, aber auch für szenische Aufführungen verwenden konnte, aber sofort gab es Kritik an der Akustik. Die Kritik verband sich nach 1989 recht deutlich mit der an DDR-Architektur, obwohl Dresden gerade mit diesem Gebäude ein Paradestück der funktionellen Nachkriegsarchitektur besitzt (Entwurf: Leopold Wiel). Vielen Kritikern stieß das riesige Bild an der Westseite auf, der „Weg der Roten Fahne" war nicht mehr der Weg Dresdens (schon der Architekt hatte es abgelehnt, weil es dem sozialistischen Realismus zugehörte, den er mit seinem internationalen Funktionalismus nicht vertrat).

Nach langem Hin und Her entschloss sich die Stadt zum Umbau des Kulturpalastes zum modernen Konzertsaal der Philharmonie. 2016 soll der Umbau abgeschlossen sein, der im Übrigen wirklich nur die Innereien des Baus betrifft, den Konzertsaal und die Nebenräume – der viel geliebte und gehasste gekachelte „Weg der Roten Fahne" an der West-

… von einer umstrittenen Außentreppe flankiert

fassade steht seit 2016 unter Denkmalschutz und bleibt.

Landhaus mit Stadtmuseum

An der Wilsdruffer Straße kurz vor dem Pirnaischen Platz befindet sich das Landhaus. Viele Dresdner empfinden die Metalltreppe, die von außen zu den verschiedenen Stockwerken des Landhauses führt, als „die hässlichste Treppe Dresdens", aber eine Außentreppe musste her (und über schön oder hässlich kann man streiten). Das 1770 bis 1776 als Verwaltungsgebäude der sächsischen Landstände errichtete, einem Stadtpalais nachempfundene Gebäude wurde nämlich nach Kriegszerstörungen nur teilweise wieder aufgebaut. Ehrenhof und Osttrakt blieben außen vor und damit die Verbindungsstiegen für die nunmehr abgeschnittenen Räume im Mitteltrakt. Wer das Landhaus, in dem sich heute das Stadtmuseum befindet, betritt, merkt nichts von dieser

Beschneidung, bewundert vielmehr die klassizistische Fassade (die erste, die in Dresden errichtet wurde) und noch mehr das imposante Treppenhaus.

Das Stadtmuseum zeigt eine Dauerausstellung zur Geschichte Dresdens von der Gründung bis zur Gegenwart, die museumspädagogisch gut aufbereitet und interessant zu durchwandern ist, ohne dass man sich auf Einzelheiten festlegen muss.

Stadtmuseum Dresden, Altes Landhaus, Wilsdruffer Str. 2, Di–So 10–18, Fr bis 19 Uhr, Eintritt 5 €, erm. 4 €, freier Eintritt unter 7 Jahren sowie am Fr ab 12 Uhr für alle, ✆ 65648613, www.stadtmuseum-dresden.de.

Gewandhaus

Ein paar Häuserblocks südlich der Wilsdruffer Straße erreicht man das zweite Gewandhaus Dresdens (das erste stand am Neumarkt). Es wurde 1768 bis 1770 in kühl-zurückhaltenden klassizistischen Formen errichtet, in völligem Gegensatz zum barocken Überschwang etwa des eine Generation früher entstandenen Zwingers. Heute sieht es innen, wo viel verändert und für die Adaption als Hotel (Seaside-Hotel Gewandhaus) einiges neu geschaffen wurde, eher übertrieben barock aus. Das betrifft vor allem den neuen Innenhof. Um authentisches Barock zu sehen, muss man zur Rückwand des Gewandhauses gehen (in der Gewandhausstraße) und den dort angebrachten, dekorativ verschnörkelten **Dinglingerbrunnen** anschauen, der sich früher am ehemaligen Dinglingerhaus in der Frauenstraße 9 befand und wohl vom Hofgoldschmied Johann Melchior Dinglinger selbst entworfen wurde (1718).

Rathaus

Das „Neue" Rathaus vis-à-vis des Gewandhauses ist beileibe kein Neubau. Es wurde von 1905 bis 1910 errichtet, ist aber immer noch gut in Schuss – 1945 haben weniger Schäden als bei vielen anderen Gebäuden die Substanz unangetastet gelassen. Der massive Bautenklotz am Dr.-Külz-Ring fällt aus der Entfernung vor allem wegen seines fast 100 m hohen Turmes auf, den man bis zu einer 68 m hohen Aussichtsterrasse (mit dem Fahrstuhl!) besteigen kann, um einen spektakulären Rundblick zu genießen. Der nackte Rathaus-

Das Rathaus aus der Skater-Perspektive

mann ganz oben auf der Spitze ist 4,9 m hoch und vergoldet, er trägt als Personifikation des Stadtwesens die Mauerkrone. Im Hauptgebäude ist die Eingangshalle mit doppelläufiger Treppe und Kuppel mit Jugendstilmalereien (Otto Gussmann, 1910–1914) sehenswert. Der erste (überdachte) Innenhof ist der eigentliche Standort des großen **Modells von Dresden,** das nicht nur die bestehenden, sondern auch die geplanten Bauten der Stadt aufzeigt. Wegen Bauarbeiten wurde es vorübergehend ins WTC (Straba Freiberger Straße) ausgelagert.

Das eindrucksvolle **Denkmal der Trümmerfrau** (1952) gilt den Dresdnerinnen, die in den eineinhalb Jahrzehnten nach der Zerstörung die Stadt von 30 Mio. Kubikmeter Schutt befreiten. Das Denkmal steht in der Grünanlage an der Ostseite des Rathauses (Rathausplatz).

Turmbesteigung: Zugang von der Hofeinfahrt Kreuzstr. 6, Fahrstuhl ins 7. Obergeschoss, tgl. 10–18 Uhr, Einlass bis 17.30 Uhr (auch So/Fei), Eintritt 4 €. **Achtung:** Der Rathausturm war 2015 geschlossen, ein Termin für die Wiedereröffnung war bei Drucklegung unbekannt!

Kreuzkirche

Drei Vorgänger hat die heutige Kreuzkirche und wenn man die nach einem Brand 1897 bis zum Jahr 1900 komplett erneuerte Innenausstattung einrechnet, sogar vier. Außenbau und Turm stammen aus der Zeit nach 1760. Damals hatten die Preußen Dresden beschossen, und die Kreuzkirche wurde zur Ruine – ein Bild Bernardo Bellottos in der Gemäldegalerie Alte Meister zeigt die Kirche in diesem Zustand. Die 1945 samt 94-m-Turm ausgebrannte Kirche zeigt sich auch heute noch anders als die Frauenkirche deutlich verwundet. Untrennbar mit der Kirche verbunden ist der **Kreuzchor,** neben dem Thomanerchor und den Wiener Sängerknaben einer der berühmtesten Knabenchöre des deutschen Sprachraums.

An der Kreuzkirche erinnert eine Gedenktafel an die Dresdner „Judenlager" Kiesgrube und Hellerberg und die Verschickung der dort eingepferchten Dresdner Juden nach Auschwitz und Birkenau (am 2./3. März 1943). Schoa-Gedenktag ist der 15. April.

Öffnungszeiten/Turmbesteigung: Mo–Sa 10–18, So ab 12 Uhr, Turm (bis 17.30 Uhr) 3 €. Führungen durch die Kirche Di und Do 15.15 Uhr (im Anschluss an „Orgel Punkt Drei").

Konzertkasse: An der Kreuzkirche 6, tgl. (außer So) 10–18, Sa nur bis 14 Uhr und eine Stunde vor Konzertbeginn, ✆ 4965807, www.kreuzkirche-dresden.de. Karten für Orgelkonzerte 7 €, Weihnachten/Silvester höhere Preise, für Kreuzchorkonzerte Karten 9–48 €.

Infos zum Dresdner Kreuzchor und dem Internat der Kruzianer: Eisenacher Str. 21, ✆ 3153560, www.kreuzchor.de.

> **Tipp:** Während der sächsischen Sommerferien gibt es im „Orgelsommer" samstags um 15 Uhr ein Gratis-Orgelkonzert (Dauer 45 Min.) mit namhaften Organisten. Außerhalb der Sommerferien finden diese dann etwas längeren Konzerte als „Kreuzchorvesper" am Samstag um 17 Uhr statt (Programmerwerb zu 2 € Pflicht). Gratis sind die kurzen Orgelvorspiele „Orgel Punkt Drei" jeweils Di und Do um 15 Uhr, die von Ostern bis zum 1. Advent stattfinden.

Prager Straße

Wie war man stolz auf die neue Prager Straße! Die Hauptachse der Altstadt und Fußgängermagistrale wurde so großzügig angelegt, dass jedes städtebauliche Platzgefühl verloren ging. Die begleitenden Plattenbauten – darunter der längste Wohnbau Europas (er steht heute noch und ist mit 240 m Länge und 12 Geschossen nach wie vor ein gigantisches Bauwerk) und drei parallel im rechten Winkel zur Straße stehende Hotelhochhäuser (die ihre Funktion als nunmehr IBIS-Hotels ebenfalls beibehalten haben) – mögen auf dem Plan eindrucksvoll gewirkt haben, in der Realität ließen sie jedoch kein wirkliches städtisches Flair aufkommen.

Die vor dem Krieg enge Einkaufsstraße zwischen Altmarkt und Bahnhof wurde nach der Wende wieder etwas zurückgebaut, aber nicht mehr so eng wie ehedem. Durch verschiedene Straßenbreiten hat man die Achse jedoch in kleinere Einheiten zerlegt und „menschlicher" gemacht.

Mehr zur DDR-Architektur in Dresden auf www.das-neue-dresden.de.

Die Centrum-Galerie

Eines der Wahrzeichen des Wiederaufbaus während der DDR-Zeit war das Centrum Warenhaus, das sich dort befand, wo heute die Centrum-Galerie steht. Die mit Metallwaben verkleidete Fassade des Warenhauses wurde nach Abriss 2007 in den Neubau der Einkaufsgalerie als Dekorelement übernommen. Die Galerie ist mit 50.000 m² Verkaufsfläche das größte Einkaufszentrum Dresdens (die erweiterte Altmarkt-Galerie hat nur 40.000 m²).

Rundkino und Puppentheater

1972 wurde die Eröffnung des schicken neuen Rundkinos gefeiert, eines Hauses, das damals als letzter architektonischer Schrei galt. Die aufwendige Fassadengestaltung mit weiß gestrichenen Metalldekors vor Beton-Glas-Wänden wird nach Popularitäts-Tiefen in den 1980ern heute wieder als reizvoll empfunden, zumal der Rundbau 1999 umfassend saniert wurde. Das Puppentheater ist dem Rundkino treu geblieben, und im renovierten großen Kinovorführraum (dem früheren Großen Saal, der auch für Vorträge und Theateraufführungen verwendet wurde) wurde 2007 ein 3-D-Kino mit 23 m breiter Silberleinwand eingerichtet.

UFA-Kristallpalast

Zwischen Prager Straße und St.-Petersburger-Straße steht der Kristallpalast des UFA-Kinos, ein schräg abgeschnittener Bergkristall in Riesenausführung, der abends und nachts magisch leuchtet. Das eindrucksvolle Bauwerk ist eine Arbeit des österreichischen Architektenteams Coop Himmelb(l)au.

Wiener Platz und Hauptbahnhof

Die fast rein aus Glas bestehende **Prager Spitze** und das **Kugelhaus** sind die architektonischen Stars am Südende der Prager Straße, dem Wiener Platz. Das Kugelhaus, das zwischen zwei Gebäudekuben gepresst ist, soll an jenes Kugelhaus erinnern, das vor der Machtergreifung der Nazis im Großen Garten errichtet worden war und von ihnen als Symbol des verhassten Konstruktivismus à la Bauhaus abgerissen wurde. Flankiert wird der Platz vom Hauptbahnhof, den Sir Norman Foster (der den meisten als Schöpfer der Kuppel des Berliner Reichstagsgebäudes bekannt ist) attraktiv um- und ausgebaut und mit einem neuen, zeltartigen Dach versehen hat. Der 1893 bis 1898 erbaute Bahnhof war im Krieg stark betroffen und wurde 1949/50 erneuert, was nach der Wende einen erneuten Umbau nötig machte, der 2006 beendet war. 2002 wurde er durch die Jahrhundertflut unterbrochen, da die Weißeritz in den Bahnhof eindrang und ihn bis auf 1,40 m Höhe überflutete, was die gerade begonnenen Arbeiten über Jahre verzögerte.

Nicht einmal einen Millimeter dünn ist die beidseits mit Teflon überzogene Glasfasermembran, die die Hallen des Hauptbahnhofs auf 30.000 m² überspannt. Sie ist äußerst reißfest, schmutzabweisend und lässt das Sonnenlicht durchscheinen, während sie nachts die Innenbeleuchtung reflektiert und von außen wie ein silbernes Zelt leuchtet. Sir Norman Foster erzielte für dieses Architekturprojekt den 2. Platz beim Stirling Prize 2007, der als höchste Auszeichnung des Royal Institute of British Architecture internationales Prestige hat, im gleichen Jahr wurde das Projekt mit dem Renault Traffic Future Award ausgezeichnet. Eigentlich sollte dieses Dach wesentlich weiter geführt werden, über den Vorplatz und die Petersburger Straße hinaus, was jedoch aus Kostengründen nicht realisiert wurde. Richtig schade ist, dass dieser Prachtbahnhof im internationalen und nationalen Bahnverkehr gerade noch provinzielle Bedeutung hat. Das Management versucht deshalb gegenzusteuern und interpretiert das Objekt als „Erlebnisbahnhof" zum Einkaufen.

Russisch-orthodoxe Kirche des Hl. Simeon vom Wunderbaren Berge

Jenseits des Bahnhofs liegt an der Fritz-Löffler-Straße diese russisch-orthodoxe Kirche. Russische Gäste (und Besatzer) sind in Dresden nichts Neues, schon 1813/14 gab es eine russisch-orthodoxe Kapelle. Prominentes Mitglied der 1861 offiziell gegründeten russischen Gemeinde Dresdens war 1869 bis 1871 Fjodor Michailowitsch Dostojewski, der in dieser Zeit in Dresden seinen Roman „Die Dämonen" schrieb. Aber auch Gogol, Turgenjew und Bakunin sowie Rachmaninow besuchten Dresden und die Kirche – auf eine Spende des Letzteren geht übrigens die heute noch funktionstüchtige Heizung zurück. Die Kirche, die schon von außen mit blauen Zwiebeltürmchen und den typischen vergoldeten Kreuzen ganz russischer Tradition entspricht, entstand zwischen 1872 und 1874. Auch im Inneren ist die „Kirche zum Hl. Simeon vom Wunderbaren Berge" sehenswert: Die 10 m breite Ikonostase ist aus weißem Carrara-Marmor. Äußeres wie Inneres sind nach 22 Jahren im Gerüst (1985 bis 2007) makellos restauriert. Mit den Arbeiten wurde also schon vor der Wende begonnen – eine *russische* Kirche konnte man in der DDR schließlich nicht verfallen lassen.

Sonntags 10 Uhr Liturgie, Sa 17 Uhr Nachtwache, besondere Gottesdienste zu den großen orthodoxen Kirchenfesten (z. B. 0 Uhr am Ostersonntag Oster-Orthros und Liturgie). Die Kirche ist tgl. 10–17 Uhr geöffnet (Mo erst ab 12), Besucher sind auch bei den Gottesdiensten willkommen. Führungen unter ☎ 4719414, www.orthodox-dresden.de.

„SLUB" – Universitätsbibliothek der Technischen Universität

Im Juni 2012 wurde an der TU Dresden heftig gefeiert: Die Hochschule erhielt den Titel „Elite-Universität" und die passenden Millionen samt einigen netten Privilegien – die TU erstritt sich Titel und Gelder u. a. mit Initiativen zur Vernetzung wissenschaftlicher Forschung mit außerakademischen Entwicklungen. Damit ist Dresdens TU die einzige Ost-Universität (außerhalb Berlins, das mit der Humboldt-Universität prunkt), die diesen Titel führen darf.

Bis in die DDR-Zeit war die TU vorwiegend den Naturwissenschaften und der Technik gewidmet, und Victor Klemperer, der hier vor und nach dem „Tausendjährigen Reich" lehrte, hatte alle Mühe, den herrschenden Schichten der Nachkriegszeit eine Sprachenfakultät schmackhaft zu machen. Die mickrigen Zeiten sind vorbei, wie der Neubau der Universitätsbibliothek zeigt, ein vier Stockwerke tief in die Erde gegrabener Bau, der im tiefsten Stockwerk einen zentralen, von Tageslicht erhellten Lesesaal besitzt – ein Architektur-Kunstwerk! 540.000 Bände sind in Freihandaufstellung zu finden – wenn man da an den kümmerlichen Freihandbestand anderer Unis denkt, beneidet man die Dresdner Studenten. SLUB bedeutet

Tief unter der Erde: Lesesaal in Dresdens eindrucksvoller Unibibliothek

übrigens „Sächsische Landesbibliothek – Staats- und Universitätsbibliothek Dresden", für Studenten ist das die Uni-Bibliothek.

Das **Buchmuseum** im 2. Obergeschoss der Universitätsbibliothek zeigt u. a. 2002 von der Flut geschädigte und gerettete bzw. wieder hergestellte Bücher, Landkarten und Drucke. Die wertvollsten Exponate ruhen in der Schatzkammer, u. a. Handschriften von Jakob Grimm oder der berühmte „Dresdner Kodex" aus der Maya-Zeit, der angeblich für Ende 2012 den Weltuntergang vorausgesagt hatte.

Zellescher Weg 18, verschiedene Bereiche, Leihstelle und Information Mo–Do 9–22, Fr u. Sa 9–20 Uhr, ✆ 4677390. Das **Buchmuseum** ist tgl. 10–18 Uhr geöffnet, Eintritt frei, aber die Spendenbox freut sich. Für die Schatzkammer muss man sich telefonisch beim Sicherheitsdienst anmelden (✆ 4677-377) oder besucht die öffentliche Gratis-Führung (Sa 14 Uhr). Die Internetseite der Sächsischen Landes- und Universitätsbibliothek erlaubt übrigens auch den direkten Zugriff auf zahlreiche digitalisierte Quellen, darunter auf 700.000 digitale Bilder: www.slub-dresden.de.

Praktische Infos

→ Karte S. 156/157

Verbindungen

Der Startpunkt dieser Besichtigungstour mit Kulturpalast und Altmarkt wird mit Straba 1, 2 und 4, Haltestelle Altmarkt, erreicht. Am Wiener Platz halten an der Haltestelle Hauptbahnhof Nord Straba 3, 7, 8, 9, 11, an der Haltestelle Hauptbahnhof Straba 3, 7, 8, 10. Parkplätze gibt es in der Tiefgarage unter dem Altmarkt und auf dem Parkplatz Ferdinandplatz (hinter dem Kaufhaus Karstadt) und in weiteren Tiefgaragen.

Essen & Trinken

Kreuzstraße, Weiße Gasse und Gewandhausgasse sind die Restaurantgassen des Viertels, fast alle Lokale sind auf Touristen eingestellt. Weitere Möglichkeiten zu speisen und Imbisse finden sich in der Altmarkt-Galerie, in der Centrum-Galerie und entlang der Prager Straße.

Cafés, Café-Konditoreien

Café Latte Art 14 Wer es liebt, Leute zu beobachten, findet keinen besseren Platz als

Vom Altmarkt zum Wiener Platz   163

dieses Nadelöhr zwischen Altmarkt und Prager Straße: Wer shoppt, schiebt sich hier vorbei. Girliemäßige Einrichtung, teuer, das junge Personal ist freundlich, aber nicht immer kompetent. Hervorragender Kaffee. Seestr. 6 (neben dem Café Prag), tgl. 9–20 Uhr, ✆ 49776230.

Café-Konditorei Kreutzkamm 4 Die Traditionskonditorei (seit 1825!) lehnt sich mit der romantisch-plüschigen Einrichtung an ihr Stammhaus an – doch kann die jetzige Lokalität eigentlich nur eine Übergangslösung sein. Berühmt ist die Christstolle des Hauses, aber probieren Sie auch den Baumkuchen des „Königl. Hofkonditors" und die Eierschecke, die Baumkuchenspitzen mit Sahne und, und, und … Altmarkt 25 (in der Altmarkt-Galerie, gleich vorne Richtung Schlossstraße), tgl. 9.30–21, So/Fei 12–18 Uhr, ✆ 4954172, www.kreutzkamm.de.

Gelato e Caffè 7 Der Name sagt eigentlich schon alles, italienisches Eis und Kaffees, dazu eigene Kuchen, Torten und Tiramisu. Weiße Gasse 6, April bis Sept. tgl. 10–24 Uhr, Okt. bis März. 11–21 Uhr, ✆ 4843605.

Café Novelle 25 Café im dritten Stock der Thalia-Buchhandlung (ehemals „Haus des Buches"). Außer Kuchen gibt es kleine Speisen. Große Fenster, ein Buch neben der Kaffeetasse, ideal zum Ausspannen während des Einkaufstrips. Dr.-Külz-Ring 12, Mo–Sa 10–20 Uhr, ✆ 4973650.

Gelati Eis Caffè, Altmarkt-Galerie 8 Italienisches Eiscafé im oberen, hellen Stockwerk der Querhalle der Altmarkt-Galerie (neben Sport Scheck): kleine Gerichte wie Panini caldi (ab ca. 3,20 €), natürlich Eis, Kuchen und (ab 9 Uhr) Frühstück. Webergasse 1.

Restaurants, Gasthäuser

meatery 20 Wo bis 2015 das gediegene Weber's ebensolche Gäste fütterte, haben jetzt Style und Design das Regiment im Restaurant des 5-Sterne-Hotels Gewandhaus übernommen. Dry-aged Beef, verschiedene Tatare und Luxus-Burger (12–18 €) liefern gute, wenn auch teure Argumente fürs Nicht-Vegetarier-Werden im Hotel Gewandhaus, Ringstr. 1, tgl. 18–23 Uhr, Fr/Sa bis 24 Uhr. ✆ 494980.

Weiße Gasse und Kreuzstraße

Die meisten Lokale dieses Kneipenviertels haben sich zusammengetan und mit www.

weisse-gasse.de eine ganz ordentliche Website auf die Beine gestellt. Im Prinzip adressiert man in dieser Gasse jeden touristischen Geschmack, von Tapas über Steak, vom Irish Pub zum Mexikaner … Dabei sind die Lokale richtig gut gemachte Convenience-Food-Lokale (ausgenommen das Vollwertrestaurant), in denen der Bär steppt, man für die Essensqualität eindeutig zu viel zahlt und trotzdem einen schönen Abend verbringt.

Restaurant Förster 10 Mit starken Rot-Schwarz-Kontrasten aufgemöbelt. Für die Küche (bis 23 Uhr) sollte man nicht unbedingt hierher, für den Drink und das Frühstück ist es ganz nett, allerdings scheint das Personal öfter etwas überfordert. Weiße Gasse 5, Mo–So 11–24 Uhr, Fr–So 8.30–1 Uhr, ✆ 4848701.

Rauschenbach Deli 15 Das helle Eckhaus mit der Glasfront zur Kreuzkirche ist lagemäßig ein Knüller, das Bistro-Angebot groß bei gemäßigten Preisen, das Frühstück mit (u. a.) acht Rühreizubereitungen recht vielfältig (und das bis 15 Uhr!), und bei 85 Cocktails – ohne Longdrinks und Non-Alcoholics – mit Preisen zwischen 6,50 und 9,60 € bringt man gut und gern den ganzen Abend hin. Nachmittags ist Kuchenzeit. Gut also für Bistro Food morgens und mittags, abends Cocktailbar. Weiße Gasse 2, tgl. ab 9 Uhr, Küche bis 24 Uhr, ✆ 8212760.

„aha" Vollwertrestaurant 13 Vollwertküche mit Zutaten aus fairem Handel, die Speisen in Bio-Qualität, die Preise überraschend niedrig – im Viertel Weiße Gasse/Kreuzgasse die absolute Ausnahme. Mittags gibt es ein einfaches Gericht für 4,80 € (!) wie z. B. Backkartoffel mit Quark. Sehr fein die Spinatlasagne (ca. 11 €) oder der karamellisierte Fenchel mit Ziegenkäse (10,60 €) – es gibt auch einige Fleischgerichte. Richtig top sind die halben Portionen für Kinder (u. a. gibt's auch „nacksche" Nudeln mit Ketchup für 2,90 €). Der (nicht immer wohlschmeckende) Fairtrade-Kaffee ist aus eigener Röstung. Kreuzstr. 7, tgl. 9–24 Uhr, ✆ 4960637, www.ladencafe.de. ■

Mamma Mia 17 Eher eine Disneyland-Trattoria, aber die Kopie ist wahnsinnig beliebt. Denn: Das Personal ist nett und die Pasta (9,50–14,50 € für nicht übermäßig große Portionen) in Ordnung. „Italienisches" wie das Schweinefilet mit Gorgonzolasauce und Birnen oder die Tomatensuppe mit

164   Tour 3

Crème fraîche muss man ja nicht bestellen. Kreuzstr. 1–3, tgl. ab 11 Uhr bis spät, ✆ 4976600, www.widmann-gastronomie.de.

Altmarkt

Café Central 🔢 Ein alter Dresdner Kaffeehausstandort, großzügige Raumproportionen drinnen, nicht zu eng die Terrasse draußen unter den einzigen Bäumen auf dem Altmarkt. Höflich-freundliches Personal, etwas aufdringliche Endlosschleifen-Musik, gute Bistroküche (Tagesgericht mit Pasta 5,90 €, mit Fleisch 6,70 €, und das am Altmarkt!), heißer Klasse-Cappuccino. Tgl. ab 9 Uhr. Altmarkt 5/6, ✆ 4976124, www.central-dresden.de.

Café mit Nachtbar Happening 🔢 Wer trotz Kulturprogramm auf die Bundesliga nicht verzichten will oder mit den Jungs unterwegs ist, ist hier richtig. Das Café mit Nachtbar bietet u. a. 27 verschiedene Biersorten und mehrere 140-cm-HD-Bildschirme (Sky). Snacks gibt's (Hackepeterbrötchen 1,20 €!) bis 4 Uhr früh, und geraucht wird auch. Dr.-Külz-Ring 15, tgl. 10–5 Uhr.

Prager Straße

Restaurant im Kaufhaus Karstadt 🔢 Das Selbstbedienungsrestaurant im 5. Stock des Kaufhauses Karstadt ist ein solider Betrieb mit generösem Platzangebot, großer Glasfront zum Dr.-Külz-Ring und Terrasse nach Osten über dem Ferdinandplatz mit Blick auf das Rathaus. Das Essen ist ebenfalls solide: Bistroküche, Pasta (nach Gewicht, ein Teller als Hauptgericht um die 8 €), gute Auswahl an Fleisch- und Fischgerichten (mit Beilagen ab ca. 9 €), dazu Kuchen (professionelle Konditorware), eine Eistheke, große Salatbar und eine Asia-Theke mit im Wok zubereiteten Speisen. Im Kellergeschoss gibt es am Rand der Feinkostabteilung diverse, eher edle Fast-Food-Garküchen, z. B. den noblen Perfetto Treff (gr. Fischgericht 17,90 €, Auster ab 3 €) oder den Sushi Circle. Prager Str. 12, Mo–Sa 9.30–20 Uhr.

Achterbahn-Restaurant Schwerelos 🔢 Womit belohnt man seine Kinder, die den ganzen Tag brav Dresden besichtigt haben? Mit einem spektakulär und vollautomatisch auf Schienen servierten Essen, das einen nach einem Looping vor die Nase rauscht. Das Lokal passt ganz formidabel ins oberste Geschoss des futuristischen Kugelhauses gegenüber dem Hauptbahnhof. Das Essen ist nicht wirklich der Hit und fürs Gebotene zu teuer, aber das ganze Drum und Dran ist für verspielte technikbegeisterte Naturen eine Wonne. Eher kleine Portion Sauerbraten 14,88 €, 5 Chicken Nuggets mit Pommes 4,93 €, 0,33-l-Softdrink ca. 3 €. Wiener Platz 10, tgl. (außer Di) 11–23 Uhr, www.rollercoaster-dresden.de, Reservierung empfiehlt sich unter ✆ 82127900.

Marché im Hauptbahnhof Dresden 🔢 Die frischebetonte Küche im modern und den Umständen entsprechend hell eingerichteten Selbstbedienungsrestaurant ist ein wohltuender Kontrast zu den verräucherten Bahnhofsgaststätten, wie sie einmal üblich waren. Komplettes Essen, Imbiss oder eine Tasse Kaffee, das Marché bietet das entsprechende Angebot, und wer beim Frühstücksbuffet (15,50 € inkl. Heißgetränken und eines Saftes) von 8–11 Uhr zu schlemmen versteht, wird kaum noch was zum Mittagessen brauchen; großer Sonntagsbrunch (So/Fei 11–15 Uhr) 19,90 €; jeden Fr 18–21 Uhr Familienabend für 2 Erwachsene und 2 Kinder bis 14 Jahren für 25 €. Wiener Platz 4, Hausbäckerei tgl. 5.30–21 Uhr, Restaurant tgl. 8–21 Uhr, ✆ 43899010, www.marche-restaurants.com.

Imbisse, Schnellrestaurants

Untergeschoss der Altmarkt-Galerie 🔢 Mit Bäcker, Feinkostläden, Käsetheke, Tapas-Bar, chinesischem Imbiss, Lebensmittelladen etc., die meisten mit Stehtischen, in der Mitte der Halle auch Sitzgelegenheiten.

≫ Tipp: Café Prag 🔢 Was für eine Überraschung! Man kann sich gar nicht satt sehen am alten Kaffeehaus im Stil der neokubistischen 50er-Jahre-Ost-Avantgarde. An der Altmarkt-Flanke der Altmarkt-Galerie, erst im Dezember 2013 frisch renoviert wiedereröffnet. Das Markthallenkonzept bietet mehrere Theken mit Fast Food aus aller Herren Länder. Eine Empfehlung ist der **russische Imbiss** im Erdgeschoss. Seestr. 10, tgl. (außer So/Fei) 10–21 Uhr, Fr/Sa bis 23 Uhr. **≪**

Untergeschoss der Centrum-Galerie 🔢 Mehrere Schnellimbisse vor allem internationaler Ketten, nach ebenso internationalem Beispiel gemeinsamer Verzehr-Bereich. Nicht zum Verweilen gedacht. Siehe auch Kapitel Einkaufen, S. 91.

Play off American Sports Bar 🔢 Mit ein paar Versatzstücken wie Coca-Cola-Werbung gibt sich dieses Lokal im Oberge-

Vom Altmarkt zum Wiener Platz

schoss der Altmarkt-Galerie amerikanisch, bis zur Karte ist das allerdings nicht vorgedrungen. Nicht sehr originelle Burger, Steaks und Chicken Wings und vom Ambiente einer „Sports Bar" ist nichts zu spüren. Aber: Montag ab 17 Uhr *Spare ribs all you can eat* für 11 € ist eine Wucht, und das Frühstücksbuffet für 8 € inkl. Kaffee (9–11.30 Uhr) ist auch nicht zu verachten. Webergasse 1 (Altmarkt-Galerie), ✆ 4824633.

Las Tapas rápido 9 Tapas vom Tresen, appetitlich angerichtet, zum Mitnehmen oder Hieressen (im Untergeschoss der Altmarktgalerie – Stehtische). Magenfüllender als die Tapas (ab 2,10 €) sind die Montaditos (belegte Brötchen zu 1–2,40 €). Das zugehörige Restaurant findet man in der Münzgasse 4 (Las Tapas). Webergasse 1 (Altmarkt-Galerie), ✆ 4865905.

Einkaufen

Musik Schubert 6 Die Traditionsmusikalienhandlung (1910 als Seiferts Musikhaus gegründet) am Postplatz ist ein echtes Fachgeschäft und führt gefühlt alles, was klingt. Gute Mitbringsel, u. a. Defa-DVDs. Wallstr. 5–7, tgl. (außer So) 10–19, Sa bis 18 Uhr.

Musikhaus Opus 61 Dresden 19 Klassik in großer Auswahl mit bester Beratung, gelegentliche Veranstaltungen. Wallstr. 17–19, ✆ 4861748, www.opusweb.de.

Altmarkt-Galerie 9 Ein guter Tipp ist das Schuhhaus Zumnorde mit toller Markenauswahl. Mo–Sa 9.30–21 Uhr. Siehe auch Kapitel Einkaufen, S. 90.

Centrum-Galerie 29 Mo–Sa 9.30–20 Uhr. Siehe auch Kapitel Einkaufen, S. 91.

Kaufhaus Karstadt 27 Mit Feinkostabteilung im Untergeschoss, Tiefgarage sowie **Meissen-Shop**. Prager Str. 12, Mo–Sa 9.30–20 Uhr, ✆ 8610-8612480, www.karstadt.de. Siehe auch Kapitel Einkaufen, S. 91.

Globetrotter 28 Sportgeräte, Bekleidung und Zubehör samt Reisebüro auf vier Etagen in der „Erlebnisfiliale", wirbt mit Sachsens größter Reisebuchabteilung. Prager Str. 10, Mo–Sa 10–20 Uhr, ✆ 4952116, www.globetrotter.de.

Dresdener Antiquariat 2 Zwei Stockwerke antiquarische Bücher in peinlicher alphabetischer Ordnung nach Sujets, eine Fundgrube für Fans, vor allem was Saxonica angeht. Wilsdruffer Str. 14, Mo–Sa 10–18 Uhr, ✆ 4904582, www.zentralantiquariat.de.

Russisches Fast Food im Café Prag

Laden des Landesverbandes Sächsischer Heimatschutz 5 Im Gebäude des Landhauses gibt es einen Laden des Sächsischen Heimatschutzes, was sich bedenklich anhört, aber eine politisch unschuldige Benennung aus dem Jahr 1908 ist. Hier bekommt man eine große Auswahl an Büchern, DVDs und Broschüren über Dresden und Sachsen. Dazu kommen Porzellan, Steingut, Holzobjekte des sächsischen Kunsthandwerks, etwa erzgebirgische Figuren und Geschirr. Landhausstraße/Ecke Friesengasse, Mo, Di, Do/Fr 9–17, Mi 9–18 Uhr, ✆ 4818755.

🌿 **Ullmann's Laden** 1 Wir haben den Laden schon vorher (→ Tour 2/Einkaufen) gelobt wegen seiner originellen und nachhaltigen Souvenirs aus Borsten, Filz, Holz oder Leder. Hier auf dieser Tour kommen wir gleich direkt an ihm vorbei. Landhausstr. 6 (im British Hôtel, rechts), tgl. 11–20, So bis 18 Uhr, ✆ 20660643. ∎

Thalia Buchhandlung 25 Früher war hier auf 5 Etagen das „Haus der Buches" zu finden, trotzdem noch eine umfangreiche Buchhandlung. Nicht zu verachten das Café Novelle (→ Essen & Trinken) im 3. Obergeschoss. Dr.-Külz-Ring 12, Mo–Fr 9.30–20 Uhr, Sa 10–18 Uhr, ✆ 497360, www.haus-des-buches.com.

Hugendubel 9 Der Münchner Riese hat auch hier eine Filiale und führt bemerkenswerterweise ein Riesenangebot an Produkten der Marke **Dresdner Essenz** (Badezusätze & Co.), die sich prima als kleine Mitbringsel eignen. Altmarkt-Galerie, Webergasse 1.

Japanisches Palais – Ausgangspunkt der barocken Neustadt

Tour 4:
Die barocke Innere Neustadt

Nichts gegen die Rekonstruktionen von Neumarkt oder Rampischer Straße, aber barockes Barock ist schon was anderes als die Potemkinschen Dörfer, die heute konstruiert werden, um ein heiles barockes Dresden darzustellen. Dieses echte barocke Dresden findet man nur noch in der Neustadt jenseits der Augustusbrücke und dort auch nur recht rar.

„Alden Dresden" war sicher so alt wie der Ort auf der anderen Seite der Elbe, dass hier das ursprüngliche Dresden lag, wird heute jedoch nicht mehr angenommen. 1403 bekam der Ort Stadtrecht, eine eigene Pfarrkirche entstand mit der gotischen Dreikönigskirche. 1549 wurde Altendresden zu Dresden eingemeindet und verlor seinen separaten Status. Ein Stadtbrand, der 1685 nur Jägerhof, Rathaus und ein paar Bürgerhäuser verschonte, gab dem Kurfürsten die Chance, hier nach den neuesten städtebaulichen Grundsätzen des Barock eine neue Stadt zu bauen. Eine Schneise wurde durch die Brandruinen gelegt, die heutige Hauptstraße, ein Stadtplan erstellt und Regeln zu Geschosshöhen und Ausrichtung der Häuser festgelegt. Letzteres war vor allem ab 1715 von Bedeutung, als der Bau am Japanischen Palais begann, in dem August der Starke seine Porzellansammlung unterzubringen gedachte (was nie in die Realität umgesetzt wurde). Die Königstraße entstand als Prachtstraße mit freiem Blick vom Japanischen Palais bis zum damaligen Stadtrand am heutigen Albertplatz. Obwohl die Neustadt weniger betroffen war als die Altstadt

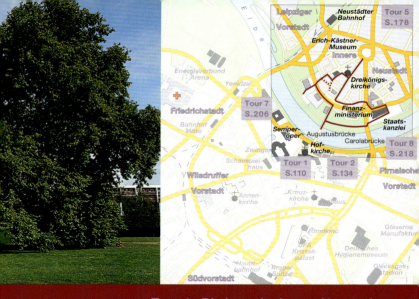

Tour 4: Die barocke Innere Neustadt

jenseits der Elbe, hinterließ auch hier der Krieg zahllose Ruinen. Ein Teil wurde noch zu DDR-Zeiten wieder aufgebaut, der Rest nach 1990 rekonstruiert. „Echten" Barock findet man nur noch vereinzelt, so in der Königstraße, in den Häusern 9 bis 18 der Hauptstraße, in der Heinrichstraße 1, in der Rähnitzgasse, in der Großen Meißner Str. 15 (Hotel Westin Bellevue) und in der Dreikönigskirche.

Das Viertel ist heute wieder ein attraktives Wohnquartier, man zieht hierher in die renovierten und rekonstruierten Altbauten (obwohl die Preise keineswegs niedrig sind). Hinzu kommen Restaurants und Bars, die meisten mit gehobenem Niveau, schicke Boutiquen sowie zahlreiche kleine spezialisierte Läden. Zu den wichtigsten Sehenswürdigkeiten gehört das → **Japanische Palais** am Elbufer, von dessen Park aus man den berühmten „Canalettoblick" auf die Altstadt hat. Der → **Jägerhof**, ehemals kurfürstlicher Standort für Jagden in der Dresdner Heide, beherbergt heute das Museum für Sächsische Volkskunst sowie eine Puppentheatersammlung. Auch das → **Kügelgenhaus,** früher Wohnhaus des Malers Gerhard von Kügelgen, hat ein Museum zu bieten (zur Frühromantik), besticht jedoch vor allem durch seine barocke Fassade. Ein weiteres barockes Juwel ist die → **Dreikönigskirche.** Trotz Kriegszerstörung und Umgestaltungen zu DDR-Zeiten konnte u. a. der barocke Altar konserviert werden.

Spaziergang

Ein Spaziergang durch die Innere Neustadt bietet eine attraktive Mischung aus Kunst und Kultur auf der einen und schicken Geschäften, Cafés und Restaurants auf der anderen Seite. Er dauert kaum mehr als zwei bis drei Stunden. Quert man die → **Augustusbrücke,** sieht man sich zunächst mit dem eher strengen Barockbau des Blockhauses konfrontiert, dann erst fällt der Blick auf den → **Neustädter Markt** mit seinem in der Sonne strahlenden Standbild, dem

Goldenen Reiter. Die Häuser dahinter sind zumeist reinste DDR-Bauten, das Alte Rathaus, ein Renaissancebau, wurde leider 1950 gesprengt. Über die Große Meißner Straße – hier hat sich ein einziges Barockhaus erhalten (Nr. 15), es wurde in den Bau des Hotels Westin Bellevue einbezogen und das schon zu DDR-Zeiten – erreicht man den **Palaisplatz** mit dem → **Japanischen Palais**. Durch den schönen Garten des Palais, der bis zur Elbpromenade reicht, gelangt man an die Stelle, von der aus Bernardo Bellotto, genannt Canaletto, sein berühmtes Bild „Dresden vom rechten Elbufer unterhalb der Augustusbrücke" gemalt hat. Das „Japanische Glockenspiel", ein Pavillon mit Glockenspiel auf dem Dach, lädt hier zum Verweilen ein. Am Nordende des Palaisplatzes steht etwas verloren im Verkehrstrubel das **Leipziger Tor**, einer der wenigen Bauten des Klassizismus, die in Dresden errichtet wurden (und sich erhalten haben). Ursprünglich standen hier zwei Tore (beide 1827–1829), dasjenige auf der anderen Straßenseite wurde jedoch zu DDR-Zeiten zwecks Straßenerweiterung abgerissen.

Anschließend bummelt man vis-à-vis vom Palais die gut erhaltene barocke Königstraße und die Nebengassen mit ihren Boutiquen entlang. Bei der →

Dreikönigskirche biegt man rechts ab Richtung Hauptstraße. An der Ecke Nieritzstraße/Hauptstraße liegt das → **Kügelgenhaus**. Interessant ist ein Abstecher in nördlicher Richtung der Hauptstraße an der Markthalle vorbei fast bis zum **Albertplatz**, wo zwei Brunnen besonders bei Sonnenschein sehr reizvolle Bilder abgeben. Der westliche stellt „Stürmische Wogen" dar, der östliche „Stilles Wasser", beide sind mit ihren vom Wasser überspülten Bronzefiguren in großen Granitbecken sehr eindrucksvoll (sie sind Werke von Robert Diez, 1894). Zurück am Neustädter Markt, biegt man in die Köpckestraße ein, auf deren linker Seite die drei Renaissance-Türme des → **Jägerhofs** auffallen, hier befindet sich das Museum für Sächsische Volkskunst. Auf dem Carolaplatz hinter dem Jägerhof, dem Zentrum des Regierungsviertels, verbirgt sich am Plattenbau zur Linken ein hübscher kleiner Brunnen, an dessen Rand sich eine Reihe von Elefanten am Schwanz halten. Er erinnert an den festen **Sarrasani-Zirkusbau** in Form eines Rundtheaters, der sich hier von 1911 bis 1945 befand (Gedenktafel im Wartehäuschen der Haltestelle). Ein reizvoller Abschluss wäre ein Spaziergang durch die Gartenanlagen am Königsufer, bevor man über die Augustusbrücke zum Ausgangspunkt zurückkehrt.

Sehenswertes

Augustusbrücke

Die älteste Elbbrücke überspannt den Fluss zwischen dem Eingang des Residenzschlosses, des Nachfolgebaus der mittelalterlichen Burg, und Dresden Neustadt. Bis 1852 war sie die einzige Elbbrücke in Dresden und dessen Umgebung und damit die einzige feste Flussquerung der großen Handelsstraße, die nördlich des sächsisch-böhmischen Randgebirges Thüringen, Sachsen,

Schlesien und Südpolen verband. Die erste steinerne Brücke entstand im Mittelalter (vor 1287), wann genau und wie sie aussah, ist nicht bekannt. Dagegen ist über die barocke Brückenerweiterung durch Augusts des Starken Architekten Matthäus Daniel Pöppelmann zwischen 1727 und 1731 eine Menge bekannt, zumal das Aussehen der Brücke durch Bilder überliefert ist. Wer Canalettos berühmtes Gemälde der Dresdner Silhouette mit der Augustus-

Wie eh und je: Augustusbrücke und Hofkirche

brücke genau betrachtet und es mit der heutigen Brücke vergleicht, erkennt sofort den Unterschied: Die heutige Brücke hat weniger Pfeiler (9 statt 25), um die größeren Elbdampfer durchlassen zu können, und sie ist wesentlich breiter, um neben den beiden Straßenbahnschienen noch Platz für zwei Fahrbahnen und breite Fußgängerstreifen zu schaffen. Der Bau entstand ab 1907 und hat trotz dieser Unterschiede den Geist der barocken Brücke bewahrt.

Neustädter Markt, Goldener Reiter und Blockhaus

Ein absolutistischer Herrscher wie August der Starke fühlte sich in der Nachfolge römischer Imperatoren, so sehen wir denn in der Mitte des Neustädter Marktes den sächsischen Kurfürsten hoch zu Ross und in römischer Feldherrenrüstung auf hohem Postament wie weiland Kaiser Konstantin in reinem Gold schimmern – und das seit 1736, als Jean-Joseph Vinache das Denkmal entwarf. Die Lage im Schnittpunkt mehrerer auf den Neustädter Brückenkopf der Augustusbrücke zulaufender Straßen garantierte, dass man wirklich von überall her sah, wer denn der Herrscher dieser Gegend war (die Straßen haben sich nicht alle bis heute erhalten). Ebenfalls auf dem Platz befinden sich zwei bronzene Sockel (1893) mit üppigem Reliefschmuck, eine Erinnerung an den Besuch Kaiser Wilhelms I. (dessen Porträt und das des Gastgebers König Albert man in den Medaillons findet). Die beiden Brunnen (von 1742) stammen vom gesprengten Rathaus. Um die Brücke abzusichern, entstand 1730 das schlichte barocke **Blockhaus.** Der quadratische Bau diente lange als Neustädter Wache, nachdem ein Komplementärbau auf der anderen Seite des Brücken-Widerlagers nicht zur Ausführung gelangte.

Japanisches Palais

Das noch ein wenig vernachlässigt wirkende Gebäude des Japanischen Palais war ein Renommé-Projekt Augusts des Starken, das er für seine in gigantischem Tempo wachsende Porzellansammlung auserwählt hatte (es wurde übrigens nichts draus). Er kaufte zu diesem

Zweck 1717 das gerade erst fertiggestellte Holländische Palais am Elbufer und ließ es als elbseitigen Trakt in einen vierflügeligen Palast einbeziehen. Man ging freizügig mit einigen japanischen Anregungen um (der Bau sollte schließlich eine Menge japanisches Porzellan beherbergen), was sich in den geschwungenen und getreppten Dächern und den „Japanern" des Figurenschmucks zeigt, vor allem aber in den 24 „japanischen" (eigentlich chinesischen) Hermen im Innenhof (entlang der Balustrade des auf drei Seiten umlaufenden Altans). Der Baumeister war wieder einmal Pöppelmann, der seinem Herrn den Bau 1733 als fertiggestellt melden konnte – da hatte August der Starke nur noch kurze Zeit zu leben. Statt der Porzellansammlung kam (nach Umbau durch Gottfried Semper) die Skulpturensammlung ins Palais. Palais und zugehöriger großer Park wurden 1945 zerstört. Das Palais wurde notdürftig restauriert und in den 1950er-Jahren zum Museum umfunktioniert. Der zerstörte Park wurde nur in sehr kleinem Rahmen wieder bepflanzt. Dennoch ist er einen Besuch wert, denn hier ist die Stelle, von der Bernardo Bellotto sein berühmtestes Dresdenbild malte, jener **Canalettoblick,** der hunderttausendfach auf Post-

karten und Souvenirbüchlein abgebildet ist und der in der Gemäldegalerie Alte Meister (Raum 102) zu bewundern ist. Die Statue im Park stellt Sachsens ersten König dar, Friedrich August I. (als Kurfürst war er Friedrich August III.), und ist ein Werk von Ernst Rietschel (1843).

Die Museen im Japanischen Palais sind weniger besucht als die meisten anderen Museen Dresdens, dabei beschäftigten sich ihre Ausstellungen immer wieder mit interessanten Themen. Das **Museum für Völkerkunde** wird voraussichtlich erst wieder im Frühjahr 2016 eröffnen. Bis dahin soll auch das prächtig ausgestattete Zimmer eines Damaszener Kaufmanns, das „Dresdner Damaskuszimmer" wieder in altem Glanz neu erstrahlen. Das **Senckenberg Museum Dresden** zeigt in Sonderausstellungen Aspekte der Biodiversität der Erde (derzeit: Saurier), es ist eines von dreien der Senckenberg-Gesellschaft (die beiden anderen in Frankfurt/Main und Görlitz).

Palaisplatz 11, Di–So 10–18 Uhr. **Museum für Völkerkunde Dresden:** ✆ 8144860, www.voelkerkunde-dresden.de. **Senckenberg Museum Dresden:** ✆ 795841-4403, www.senckenberg.de, Eintritt 6 €.

Königstraße und Barockviertel

Die barocke Achse zwischen Palaisplatz mit Japanischem Palais und Albertplatz nennt sich Königstraße, war es doch ein (polnischer!) König, der die Neuplanung und Umgestaltung Altendresdens zu einer großzügigen Adels- und Bürgerstadt befohlen hatte. Das Feuer, das Altdresden 1685 zerstört hatte, gab dem Oberlandbaumeister Kurfürst Johann Georgs II. und Lehrer Augusts des Starken, *Wolf Caspar von Klengel*, die nötige *tabula rasa* für einen kompletten Neuanfang. Die Achse vom Schloss stand von Anfang an fest, Klengel schätzte französische Stadtpläne zu sehr,

Pavillon mit Blick zur Kongresshalle

um andere Varianten in Erwägung zu ziehen. Zuerst entstand das „Porzellanschloss", das wir heute als Japanisches Palais kennen, dann der repräsentative Palaisplatz davor, wofür sechs Häuser, die bereits nach dem Brand errichtet worden waren, wieder weggerissen werden mussten. Eine Lindenallee, flankiert von prächtigen Bauten, vor allem Stadtpalais, wurde in der Blickrichtung zwischen Schloss und nördlichem Stadttor (Schwarzes Tor, heute Albertplatz) angelegt. Die Geschosshöhen und Fassadenausführungen waren genau festgelegt, der Bau wurde streng überwacht. Klar, dass solch eine Straße nur Königstraße genannt werden konnte.

Die Königstraße und ihre Nebenstraßen haben 1945 weniger gelitten als der Rest Alt-Dresdens. Zahlreiche barocke Häuser und Stadtpaläste haben sich erhalten. Heinrichstraße, Rähnitzgasse und Obergraben sind neben der Königstraße die am besten erhaltenen. In der Königstraße sind Haus Nr. 5 mit barockem Treppenhaus und 5 a besonders sehenswert, in der Rähnitzgasse Nr. 19, ein Stadtpalais von Johann Gottfried Fehre (1730), das heute vom Hotel Bülow Residenz eingenommen wird. Das ehemalige Hotel Stadt Leipzig in der Heinrichstraße 7 verfällt leider immer mehr – das Gerüst vor der Fassade ist nur zum Auffangen herabfallender Ruinenteile da (dieser Umstand ist auch bei der Neuauflage für 2016 noch ein trauriges Faktum).

Im **Kunsthaus Dresden** in der Rähnitzgasse 8 finden Ausstellungen moderner Kunst statt.

Kunsthaus Dresden, Städtische Galerie für Gegenwartskunst, Rähnitzgasse 8, Di–Do 14–19, Fr–So 11–19 Uhr, Eintritt 4 €, Fr frei, ✆ 8041456, www.kunsthausdresden.de.

Dreikönigskirche

Als 1685 die Neustadt abbrannte, wurde auch die gotische Dreikönigskirche zerstört. Noch im selben Jahr entstand ein barocker Neubau (Architekten Johann Benedikt Knöffel und Johann Andreas Voigt), der 1732 wieder abgerissen wurde, weil er zu weit in die Hauptstraße ragte, die in durchgehender Chaussee-Breite gebaut werden sollte. Wieder wurde im selben Jahr der Neubau begonnen, Architekt war diesmal Matthäus Daniel Pöppelmann, der den Bau bis 1739 leitete. Der scheinbar gleichzeitig entstandene, 87,5 m hohe Turm wurde erst Mitte des 19. Jh. errichtet.

Man betritt die Kirche von der Hauptstraße her, durchquert die ehemalige Vorhalle, die zu DDR-Zeiten zum „Haus der Kirche" umfunktioniert wurde (und diese Funktion heute noch innehat). Im zweiten Obergeschoss, dem Festsaal,

Blumen im Hinterhof (Königstraße)

Die barocke Innere Neustadt

fand übrigens 1990 die konstituierende Sitzung des neuen Sächsischen Landtages statt.

Das eigentliche Kirchenschiff ist ein hoher, elliptischer Raum, der von einem gewaltigen Sandsteinaltar dominiert wird. Der 7 m breite und 10 m hohe Altar ist ein Werk von Johann Benjamin Thomae (1738), die sonstige Ausstattung stammt im Wesentlichen von George Bähr. Der Altar zeigt Christus und die Klugen Jungfrauen, im Relief dahinter erkennt man die Törichten Jungfrauen. Im Weltkrieg stark beschädigt und zum Teil verwittert, konnte der Torso doch konserviert werden. Das zweite bedeutende Kunstwerk des an sich schlichten Raumes (kein Prunk wie bei der ebenfalls evangelischen, aber stark von katholischem Barockgefühl erfüllten Frauenkirche) ist ein 12 m langer und 1,2 m hoher Fries aus der Renaissancezeit (1535), der den **Totentanz** darstellt. Dem auf der Schalmei spielenden Tod folgen alle Stände und Lebensalter, vom Kaiser bis zum Bettler, vom Greis bis zum Kleinkind.

Hauptstr. 23, tgl. 9–18 Uhr, Sa 10–18 Uhr, So 11–16 Uhr. Turmbesteigung (3 €) Mi–Sa 11–17 Uhr, So/Fei 11.30–17 Uhr, im Winter kürzer, Gottesdienst So 10 Uhr.

Kügelgenhaus und Handwerkerpassagen

Eines der schönsten barocken Häuser Dresdens ist das Kügelgenhaus, Hauptstraße 13. Von den barocken und klassizistischen Häusern, die sich hier nebeneinander erhalten haben (Nr. 9–19), hebt es sich durch seine edle, frühklassizistische Fassade ab. Die Häuser 9–13 haben heute öffentliche Durchgänge, die „Kunsthandwerkerpassagen", in denen Goldschmiede, Juweliere, Kunstschmiede, Seifenhersteller, Galerien und einige Cafés und Restaurants ihren Standort gefunden haben.

Die Wohnung des Künstlers *Gerhard von Kügelgen* (1772–1820) beherbergt

Kügelgenhaus

heute das **Museum der Dresdner Romantik**. Hier wird in zahlreichen Bildern, Dokumenten und Texten die Dresdner Kulturgeschichte von 1785 bis 1830 aufbereitet und damit ein erheblicher Teil der Frühromantik präsentiert. Im Haus des Künstlers verkehrten Zeitgenossen und Kollegen wie Caspar David Friedrich, Philipp Otto Runge und Anton Graff, von dem die Portraits des Ehepaares Körner (Eltern des Freiheitsdichters Theodor Körner) zu bewundern sind. Seit 2007 ist eine von Gerhard von Kügelgen gemalte Kopie der Sixtinischen Madonna in seinem rekonstruierten Atelier zu sehen.

Museum zur Dresdner Frühromantik, Hauptstr. 13 (2. OG.), Mi–So 10–18 Uhr, Eintritt 4 €, Fr ab 12 Uhr frei, ✆ 8044760, www.stadtmuseum-dresden.de.

Jägerhof und Museum für Sächsische Volkskunst mit Puppentheatersammlung

Über den Neustädter Markt und die Köpckestraße erreicht man den ehemaligen kurfürstlichen Jagdhof, der von 1568 bis 1617 als Basis für alle möglichen Jagden in der Dresdner Heide diente. Der Renaissancebau war nicht sonderlich aufwendig ausgestattet, kein Vergleich mit der später entstandenen Moritzburg, denn im Jägerhof stand noch die Jagd im Vordergrund. Mit der Stadterweiterung und dem Bau von Moritzburg kam der Jägerhof außer Betrieb, man riss einen Teil der Gebäude ab, widmete die Funktion der anderen um. 1913 zog das neue Museum für Sächsische Volkskunst hier ein, eine ganz private Sammlung zunächst, die eine Zeit lang auch den Namen des Sammlers trug. 1945 wurde fast alles zerstört, was noch die Zeiten überdauert hatte, die Sammlung selbst war jedoch rechtzeitig entfernt worden. Nach dem Zweiten Weltkrieg zog die Sammlung wieder ein, nun anders geordnet (und ganz anders kommentiert) – man musste schließlich einen Beitrag zum Klassenkampf leisten). Ab 1990 wurde wieder anders geordnet (und weniger kommentiert), 2005 kam – im obersten Stockwerk – die Puppentheatersammlung hinzu.

Auf zwei Stockwerken zeigt das **Museum für Sächsische Volkskunst** die dank erzgebirgischer Heimarbeit besonders facettenreiche Volkskunst Sachsens. Im unteren Stockwerk findet man Möbel, schöne alte bemalte Schränke, Hausrat, Tuche und Kleidung, Spitzen- und Klöppelarbeiten, Steingut und vieles mehr zur Volkskunst von Bienenbeuten (Kästen für Bienenstöcke) in Form von bemalten Holzfiguren bis hin zu Scherenschnitten. 2006 eingerichtet wurde das obere Stockwerk mit Trachten, vor allem aber einer unglaublich reichhaltigen Sammlung von Spielzeug und aus Holz geschnitztem Weihnachtsschmuck aus dem Erzgebirge, wie er für Deutschland prototypisch mit der Advents- und Weihnachtszeit verknüpft ist: Leuchterengel, Pyramiden, Nussknacker, „Räuchermännl", Krippen, Christbaumschmuck. Für die **Puppentheatersammlung,** die ebenfalls im Jägerhof beheimatet ist, sollte man sich unbedingt Zeit und Atem aufheben!

Jägerhof, Köpckestr. 1, Museum für Sächsische Volkskunst, Eintritt 5 €, unter 17 Jahren frei. Di–So 10–18 Uhr, ✆ 49142000, www.skd.museum.

Brunnen am Albertplatz

Die barocke Innere Neustadt   175

Praktische Infos   → Karte S. 171

Information

www.barockviertel.de ist eine kommerzielle Seite, die viele, aber keineswegs alle Lokale, Läden und Werkstätten vorstellt.

Verbindungen

Straba 4, 8, 9 Neustädter Markt/Kügelgenhaus; Parken zwischen Jägerhof und Carolaplatz oder im Parkhaus Metzer Straße (Markthalle).

Essen & Trinken

Restaurants, Gasthäuser

Restaurant Caroussel im Hotel Bülow Palais **6** In Dresdens (und Sachsens) eher mittelmäßiger Gastronomie ist ein Michelin-Stern eine ganz große Ausnahme, zumal dieser Stern seit 1997 stabil leuchtet und selbst von Chefkochwechseln nicht berührt wurde, was selten vorkommt. Feinschmecker-Leser wissen jetzt: Küchenchef ist Benjamin Biedlingmaier, „Aufsteiger des Jahres 2013". Leichte Cross-over-Tendenzen werden vom Sterneküche gewöhnten Publikum toleriert, allzu Wagemutiges kommt hier nicht auf den Tisch, dafür ist alles aus besten Zutaten bereitet und auf den Punkt gegart, schon die Amuses geules („Gruß aus der Küche") zeigen das. Ellenlange Weinkarte, Meißner Porzellan, Menü ab ca. 80 €. Königstr. 14, Di–Sa 12–14 ab 18.30 Uhr, So/Mo nur Hotelgäste. ✆ 800-30, www.buelow-hotels.de.

Bülow's Bistro **6** Wer eher casual speist, kann das edle Bistro im selben Haus aufsuchen: Bistro-Klassiker (Bruschetta, Lachs, Steak und Nudeln) in bester Qualität, Hauptgerichte 16–42 €. Tgl. ab 11.30 Uhr, Kontakt s. o.

Canaletto **25** Das Lokal im Westin Bellevue Hotel ist ein Tempel feiner Küche klassisch französischen Zuschnitts in internationaler Manier, und mit seinem Standort nahe dem berühmten Canalettoblick – und der Terrasse – besitzt es einen weiteren Trumpf. Erstklassige Zubereitung, ob Ossobuco oder Zander, auch Vegetarisches auf hohem Niveau, sehr aufmerksamer und flinker Service. Hauptgericht ca. 20–29 €, Menü ohne Wein ca. 41 € (3 Gänge) bis 47 € (4 Gänge).

Große Meißner Str. 15, Di–Sa ab 18 Uhr, ✆ 8050, www.westin-dresden.de.

L'art de vie **13** Das Restaurant-Café im Societaetstheater mit Gastgarten im ruhigidyllischen Hinterhof bietet Fisch- und Fleischgerichte mit feinen Soßen und hervorragende Crêpes, auch italienisch klingende, aber eher deutsch gewürzte Pastagerichte. Am Wochenende Brunch. Hauptgericht ca. 11–19 €, günstige Mittagsangebote. An der Dreikönigskirche 1 a, tgl. 9–24, Sa/So ab 10 Uhr, ✆ 8027300, www.l-art-de-vie.de.

Klara im Kleinen Haus **3** Das Bistro ist gleichzeitig Theaterkantine und lässt einen so wirklich ein bisschen Bühnenluft schnuppern. Hauptgericht ab ca. 11,60 €, gutes Angebot an kleinen Snacks und Häppchen. Glacisstr. 28, tgl. (an Vorführungstagen) 9–23, Sa/So ab 15 Uhr, ✆ 4913615.

Tapas Tapas **5** Der Spanier versteckt sich im Hof hinter dem Blumenladen und bietet gleich dort lauschige Plätzchen zum Draußensitzen. Leckere Hauptgerichte (z. B. Knoblauchkaninchen), aber nicht unbedingt billig, richtig ärgerlich sind die 1,90 € für ein eher mickriges Brotkörbchen. Hauptgerichte ca. 7–22 €. Königstr. 3, Mo–Fr 17–23, Sa bis 24 Uhr, ✆ 5635725.

Bierstuben, Biergärten, Pubs, Imbisse

Wenzel Prager Bierstuben **7** Mit dem Motto „lustíć mácht hungríc!" machen die Prager Bierstuben gute Laune mit böhmischer Küche und böhmischem Bier (Krušovice, Budvar und Staropramen). Nicht sehr originell, aber schön rustikal und auf jeden Fall deftig. Mehrere dunkle Säle und Extrazimmer, hell und luftig die Tische in der hohen, vom Glasdach überdeckten Halle. Hauptgericht ab ca. 11 €. Mittagsangebote wie „Kleine böhmische Rauchhaxe in Altbiersoße mit Sauerkraut und Böhmischen Knödeln" zu 7,90 € mehr als sättigend. Königstr. 1, tgl. 11–22, Fr/Sa bis 23 Uhr, ✆ 8042010, www.wenzel-prager-bierstuben.de.

Watzke Brauereiausschank **23** Unter Brauereiausschank stellt man sich einen ganz bestimmten Typ rustikaler Gastlichkeit vor. Watzke am Goldenen Reiter – großartiger Ausblick auf den Reiter und im Hintergrund die Frauenkirche von Teilen der Terrasse –

bietet exakte Erfüllung des Klischees: Zu den brauereieigenen Bieren (unfiltriertes „Dresdner Stadtbier": Watzke Pils und Altpieschner Spezial) kann man sogar Weißwürste mit süßem Senf und ausgezeichneten (hausgebackenen) Brezen bekommen. Natürlich Sächsischer Sauerbraten mit Apfelrotkohl und Kloß, Brauer-Biergulasch mit Semmelknödel und Krautsalat und als Nachtisch die für Sachsen unverzichtbaren Quarkkäulchen mit Apfelmus (Mittagsgericht mit Bier ca. 11 €). Sehr touristisch – na und? Hauptstr. 1, ✆ 8106820, www.watzke.de.

The Red Rooster [20] Dresdens „ältester Pub" (?) winkt in der Rähnitzgasse mit traditionellem Pub-Flair und Biergarten im Arkadenhof (ab 17 Uhr). Üppige Snacks und Deftiges bis 1 Uhr, ca. 7–14 € (Backkartoffel mit Kräuter-Sauerrahm, im Winter Grünkohl und Gänsebraten), Whisk(e)y-Karte. Rähnitzgasse 10, tgl. 17 bis (mind.) 3 Uhr, ✆ 2721850, www.redrooster-pub.de.

Elbsegler [26] „Biergarten" des Hotels Westin Bellevue, die Segel sind Dekor, aber machen Atmosphäre. Wegen der Gastronomie (Cuba Libre & Brezel, Salate und Bratwurst) kommt man nicht hierher, aber der Blick …! Große Meißner Str. 15, direkt an der Augustusbrücke, tgl. (außer Mo) ab 14, Di ab 17, Sa/So ab 12 Uhr.

»» Tipp: Pastamanufaktur [9] Beste hausgemachte Pasta aus Hartweizengrieß zum Mitnehmen oder zum Gleichessen, täglich wechselnde, auch vegane Tagesgerichte (Nudel-Hauptgericht 5,90–14,90 €). Ein paar Tische vorne zur Dreikönigskirche, zwei eher spartanische Räume drinnen mit Bar, kleiner Gastgarten und wirklich frisches, wohlschmeckendes Essen (Pasta im Gegensatz zu fast allen anderen Dresdner Lokalen noch einigermaßen al dente). Am Tresen bestellen und bezahlen, das Essen wird gebracht. An der Dreikönigskirche 3 (eine Dependance gibt es mittlerweile auch im Festspielhaus Hellerau), tgl. 10–22 Uhr, ✆ 3237799, www.diepastamanufaktur.de. **«««**

Cafés

Schwarzmarktcafé [12] Echtes Kaffeehaus in der Neustädter Markthalle, da dürfen die Zeitungen nicht fehlen. Es gibt neben diversen Kaffee-Zubereitungen und – sehr guten – Kuchen auch eine Frühstückskarte (bis 16 Uhr) und kleine Speisen im Bistrostil. Große Fenster, vorne Terrasse zur Hauptstraße, man muss ja nicht Zeitung lesen, Leute betrachten ist vielleicht spannender. Hauptstr. 36, tgl. 8–21 Uhr, ✆ 8010833.

Eiscafé Venezia [24] Großes, vielbesuchtes Eiscafé in toller Lage direkt beim Goldenen Reiter, außen und innen viel Platz, gutes echt italienisches Eis, Teekarte. Die Auffrischung und Modernisierung des bisher etwas plüschigen Ladens hat dem Interieur ausgesprochen gut getan. Hauptstr. 2 a, ✆ 8054458.

Der „Elbsegler" ist an Sommertagen gerade richtig

Die barocke Innere Neustadt 177

Einkaufen

Die Neustadt ist wohl die beste Ecke in Dresden, um hochwertige und originelle Dinge einzukaufen. Anders als auf der linkselbischen Seite dominiert hier der geschmackvolle und gut sortierte Einzelhandel – egal, ob Design, Bekleidung, Schmuck oder Antiquitäten. Nur billig, billig ist es woanders.

Neustädter Markthalle 🔟 Metzer Str. 1, Mo–Sa 8–20 Uhr, ✆ 8105445, www.markthalle-dresden.de. Siehe auch Kapitel Einkaufen, S. 91.

Kunst und Antiquitäten Noack 🎟 Kunst, Möbel und alle möglichen Stand- und Hängeuhren in der Galerie an der Königstraße (Antiquitätenpassage). Königstr. 5, Do/Fr 15–19, Sa 10–14 Uhr, ✆ 8106644, ✆ 0171-1508350, www.antiquitaeten-noack.de.

≫ Tipp: Dorothea Michalk 🔟 Couture vom Feinsten, seit 2006 in Dresden, seit 2009 in der Neustadt. Allerschönste Kleider, die sich am schmeichelnden Schönheitsideal der Antike orientieren: Abendkleider, Ballkleider, Brautkleider, Cocktailkleider, Lieblingskleider und evtl. noch ein kleines Cape – alle unglaublich schön, feminin und oft aus fließenden Stoffen. Die Seide kommt aus England, Kaschmir aus Österreich, und geschneidert wird im Atelier nebenan sowie in der näheren Umgebung der Stadt. Dabei ist der Laden kein versnobter Betrieb, es wird maßgeschneidert, die Konfektion (ab 190 €) wird auf die Kundin angepasst, die aus Bautzen stammende jeanstragende Designerin (→ Foto S. 89) ist überaus sympathisch, und auch mit Größe 44 wird man noch glücklich. Rähnitzgasse 18, Mo–Fr 10–19 Uhr, Sa 11–16 Uhr, ✆ 8106101, www.dorothea-michalk.de. ≪

Galerie F Dresden 🎟 Glasobjekte zwischen „sehr, sehr schön" und „sehr, sehr merkwürdig", vor allem der Moderne und aus Tschechien. Königstr. 5 (in der Passage), Mo 10–14, Di/Mi 15–18, Do/Fr 15–19, Sa 10–14 Uhr, ✆ 8040060, www.galerie-f-dresden.de.

Antik & Design Dermann 🔟 Ein Gemischtwarenladen in Sachen Design, und das kühne Sortiment verdient ein Lob: sinnvolle und schöne Wohnaccessoires, super Schuhe (Fausto Santini, Gadea …) und Taschen, originelle Lampen. Und das Beste: Die Inhaberin liebt Herausforderungen, versteht sich aufs Kombinieren von Neu und Alt und hat gleich sowohl eine Schreinerin als auch einen Polsterer bei der Hand. Königstr. 6, Mo 12–20, Di–Fr 10–20, Sa 10–18 Uhr, ✆ 8025307.

Galerie Himmel 🔟 Ausstellung und Verkauf von Gemälden, Aquarellen, Plastiken und viel Druckgraphik ab 1900, vor allem auch Dresdner und sächsische Künstler. Obergraben 8, Mo–Fr 10–19, Sa bis 16 Uhr, ✆ 4843578, www.galerie-himmel.de.

≫ Tipp: Atelier für Einzelstücke Sandra Coym 🔟 Wow, so muss moderner Schmuck sein! Die studierte Designerin und gelernte Goldschmiedin macht unglaublich gute Sachen: modern, originell und witzig, aber nie aufdringlich, schmeichelhaft, aber nicht selbstverliebt. Daneben gibt's auch „Konfektion" von Kollegen, und Millionärin muss man auch nicht sein. Toll ist z. B. ein Ring, den man selbst mit Nagellack verändern kann, und 2015 hat die mehrfach Prämierte für ihren Hörschmuck auch noch ganz verdient einen Bayerischen Staatspreis erhalten. Obergraben 15, Di/Mi 10.30–15, Do/Fr bis 19, Sa 10–15 Uhr, ✆ 3231706, www.sandracoym.de. ≪

Historica Antiquariat 🔟 Heinrichstr. 2, Mo–Fr 10–19, Sa 10–12 Uhr, ✆ 8028819, www.historica-dresden.de.

Second Season 🔟 Erstklassige Mode zum Secondhand-Preis von Dolce & Gabbana bis Jil Sander, sehr freundlicher Service. Hauptstr. 5 a/Heinrichstr., Mo–Fr 10–19, Sa 10–16 Uhr, ✆ 8011432.

Goldschmiedewerkstatt Barbara Öhlke 🔟 Handwerklich und künstlerisch hochwertige Schmuckstücke aus Gold und anderen Edelmetallen. Hauptstr. 15, Di–Fr 10–19, Sa 10–16 Uhr, ✆ 8024774.

Kunststube am Goldenen Reiter 🔟 Holzkunst aus dem Erzgebirge in der Kunsthandwerkerpassage: Das sind Weihnachtspyramiden, Leuchterengel und Räuchermänner, Originale – also nicht so billig. Hauptstr. 17, Mo–Fr 10–19, Sa 10–16 Uhr, ✆ 42681103.

Chirel Chocolade & Caffee 🔟 Tafelschokoladen, Schokofiguren und gute Auswahl an Pralinen (u. a. von der Sächsischen Schokoladenmanufaktur im nahen Heidenau, www.schokoklick.com) sowie 14 Sorten Kaffee in der barocken Neustadt. Königstr. 4 (Ecke Heinrichstr.), Mo–Mi 10–18, Do/Fr bis 19, Sa bis 16 Uhr, ✆ 4266697, www.chirel.de.

Typisch Neustadt: Görlitzer Straße | Jugendstil in der Katharinenstraße

Tour 5: Äußere Neustadt, Dresdner Heide und Hellerau

Jenseits des Albertplatzes dominiert in der Äußeren Neustadt die Alternativkultur. Herrscht in der barocken Inneren Neustadt (meist) Ruhe nach 22 Uhr, geht's in der Äußeren Neustadt erst richtig los. Die angrenzende Dresdner Heide ist Naherholungsgebiet und Hellerau Zentrum des modernen Tanzes und des Möbeldesigns.

Schon vor der Wende gab es in der Äußeren Neustadt eine soziale Avantgarde, danach entstanden die ersten Kneipen, Pubs und Discos. 1990 blühten für kurze Zeit die sozialpolitischen Fantasien, und die jungen und kreativen Neustädter gründeten die „Mikronation" **Bunte Republik Neustadt** mit dem Symbol der Mickymaus im Ährenkranz. Heute beklagen viele der eingefleischten „Republikaner" die Veränderung zur reinen Partymeile und die Gentrifizierung. Die am Anfang des Jahrtausends hier noch dominierenden Studenten können sich das Viertel fast nicht mehr leisten, gehen aber nach wie vor alle hier aus. So bunt, international und unkonventionell wie hier lebt und feiert man in Dresden sonst nirgendwo.

Das Szeneviertel in der Neustadt (wie sie umgangssprachlich meist abgekürzt wird) umfasst vor allem die → **Alaunstraße**, Louisenstraße und Görlitzer Straße, aber auch die Durchzugsroute nach Norden, die Königsbrücker Straße, und das frühere Industriegebiet, das man in Richtung Flughafen passiert. Vor allem Mietshäuser mit riesigen (oft grünen) Hinterhöfen, heute großenteils, aber keineswegs vollständig ausgeräumt und saniert, bestimmen das Bild. Kneipen- und Boutiquenschilder (lauter individuelle Shops, keine Ketten!), Biergärten und -gärtchen, wo immer der ge-

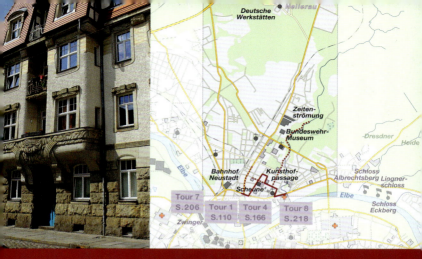

Tour 5: Äußere Neustadt, Dresdner Heide und Hellerau

ringe Platz es zulässt, beherrschen den Blick in Augenhöhe.

Wer die Kneipenszene kennenlernen möchte, sollte nicht vor 22 Uhr kommen, erst dann beginnt hier so richtig das Leben. Große „Sights" gibt es in der Äußeren Neustadt nicht, es geht eher darum, einen Gesamteindruck von diesem lebendigen und vor allem von jungen Menschen bewohnten und besuchten Viertel zu gewinnen. Als größte Kneipe und Bermudadreieck gilt die Straßenkreuzung Louisen- und Görlitzer Straße, die immer für eine verkehrsgefährdende Spontanparty mit Flaschenbier und Gitarre gut ist. Ein Höhepunkt im Veranstaltungskalender des Stadtteils ist das Fest „Bunte Republik Neustadt" am dritten Juniwochenende. Dann feiert das Viertel seine anarchischen Anfänge nach der Wende, heute leider reglementierter und viel leiser, aber immer mit viel Energie und in einer ständig wachsenden Zahl von Kneipen und an diversen Standorten der Alternativszene vom Esoterik-Buchladen bis zum Grufti-Treff.

Als in der Nacht vom 13. auf den 14. Februar 1945 die Bomben auf Dresden fielen, war ein Viertel fast nicht betroffen: die Äußere Neustadt. Dieser Stadtteil gehörte nicht zum barocken Dresden, sondern war, damals noch unter den Namen Antonstadt und Albertstadt, ein dicht bebautes gründerzeitliches Wohngebiet, eines der größten geschlossenen (wenn nicht überhaupt das größte) in Deutschland, und das ist es bis heute geblieben. 1835 begann die dichte Verbauung der „Antonstadt" zwischen Albertplatz und dem damaligen Rand der Dresdner Heide da, wo heute der Bischofsweg verläuft. Sehr eng gefasste Bauordnungen regelten Höhe und Aussehen von Fassaden. Fünf- und sechsstöckige Mietshäuser entstanden, ohne Lift, Toiletten auf dem Gang, nur im ersten Stock (der Nobeletage) war man mit allen Neuerungen der Zivilisation gesegnet, denn dort residierte der Hausherr. Je höher oben, desto niedriger Miete und sozialer Status. Zu den bekanntesten Bewohnern des Viertels zählte Erich Kästner, der hier aufwuchs (→ Kasten S. 186).

Ab 1871 kam dann noch etwas weiter nördlich, jenseits des Bischofsweges und des Alaunplatzes (heute ein grüner

180   Tour 5

Park, damals Exerzierplatz) die → **Albertstadt** dazu. Die Albertstadt war in erster Linie Militärgelände und ist es bis heute zum Teil geblieben, die Offiziersschule der Bundeswehr und andere heute noch vom Militär genutzte Bauten erinnern daran. Der architektonisch interessante „Keil" des Architekten Daniel Libeskind hat das **Militärhistorische Museum** der Bundeswehr zu einer der großen modernen Attraktionen der Stadt gemacht.

Nordöstlich an die Albertstadt grenzt die → **Dresdner Heide,** ein hügeliges und bewaldetes Landschaftsschutzgebiet. Kilometerweit kann man entlang der Prießnitz oder auf vielen anderen Wegen das Areal durchwandern, das im Süden bis zu den Elbhängen der Radeberger Vorstadt und dem Viertel Weißer Hirsch reicht.

Westlich der Königsbrücker Straße verläuft die Bahnlinie von Dresden nach Görlitz (und – früher sehr bedeutend – Breslau/Wrocław) auf einem zwei Stockwerke hohen Damm – die massive Barriere wird nur von wenigen Straßen unterquert. Das Viertel auf der anderen Seite der Bahnlinie sieht nicht anders aus als der Rest der Äußeren Neustadt (offiziell: „Leipziger Vorstadt"), hat aber einen eigenen Namen, **Hechtviertel,** nach seiner Hauptachse, der Hechtstraße. Die Bausubstanz war recht gut, und es wurde und wird viel saniert, zahlreiche Kneipen haben in den letzten Jahren aufgemacht. Die St.-Pauli-Kirchenruine ist ein beliebter Sommertheaterschauplatz und das Hechtviertel-Straßenfest ein kleiner und familiärer Ableger des Neustadtfestes – vom Standort Hechtviertel wird man in Zukunft wohl öfter hören.

Jenseits der Äußeren Neustadt an der nördlichen Stadtgrenze Dresdens liegt die → **Hellerau,** um die Jahrhundertwende Ort verschiedener Reformprojekte. Dazu gehörten vor allem die Errichtung einer Gartenstadtsiedlung für Arbeiter und die Eröffnung der → **Deutschen Werkstätten** für schlichtes, funktionelles Möbeldesign. Beides existiert noch heute und kann besichtigt werden. Besonders viele Besucher kommen außerdem in die Hellerau, um Tanzaufführungen der berühmten Forsythe Company, die sich ab der Spielzeit 2015/16 Dresden Frankfurt Dance Company nennt, im → **Festspielhaus** zu besuchen.

Spaziergang

Die hier beschriebene Tour umfasst ein weitläufiges Gebiet im Norden Dresdens. Für alle im Folgenden ausführlicher genannten Sehenswürdigkeiten benötigt man mindestens einen halben Tag. Die Äußere Neustadt inklusive Albertstadt und Dresdner Heide kann noch zu Fuß erlaufen werden, doch zumindest für Hellerau empfiehlt sich die Benutzung von öffentlichen Verkehrsmitteln.

Die Tour beginnt am → **Albertplatz.** An der Westseite befindet sich in der Antonstraße Nr. 1 das kleine → **Erich Kästner Museum.** Weiter geht es an der Ostseite des Albertplatzes in die Bautzner Straße und dann links in die Alaunstraße mit ihren vielen Secondhand-Läden, eine der zentralen Achsen des Kneipen- und Einkaufsviertels. Auf Höhe der Görlitzer Straße erreicht man die → **Kunsthofpassage** mit zahlreichen Kneipen und Boutiquen. Nun geht es wieder ein Stück zurück auf der Alaunstraße und dann links in die Louisenstraße, der man fast bis zum Ende folgt. Hier befindet sich an der Ecke Pulsnitzer Straße der → **Alte Jüdische Friedhof,** der mithilfe des Vereins HATiKVA besichtigt werden kann. Noch ein Stück weiter die Pulsnitzer Straße erreicht man erneut die Bautzner Straße, dort gelangt man links zu → **Pfund's Molkerei,** dem „schönsten Milchgeschäft der Welt" mit seinen bunten Steingutfliesen.

Der nächste Programmpunkt unserer Tour, die **Albertstadt,** erfordert nun einen etwas weiteren Fußweg, am besten weiter auf der Bautzner Straße bis zur Forststraße, dieser links folgen. Sie geht schließlich in die Marienallee über, die zur Stauffenbergallee führt. Dort biegt man links ab und folgt der Stauffenbergallee. Man trifft zunächst auf die König-Georg-Kaserne, dann auf die Garnisonskirche **St. Martin**. Am Ende der Allee, kurz vor der großen Ausfallstraße gen Norden, der Königsbrücker Straße, steht das faszinierend neu gestaltete **Militärhistorische Museum**. Von der Stauffenbergallee kann man auch einen kleinen Abstecher in die Dresdner Heide unternehmen. Noch vor der Garnisonskirche beginnt ein schöner Wanderpfad, der an der Prießnitz entlang nach Norden führt. Läuft man dagegen die Königsbrücker Straße weiter geradeaus, stößt man bald hinter dem Militärmuseum auf Höhe der einstigen Heeresbäckerei auf das Areal der → **Zeitenströmung.** Das umgewidmete Industriegelände mit ebenfalls militärischen Wurzeln ist ein gutes Beispiel für die gewerbliche Architektur der letzten 130 Jahre sowie für den aktuellen Gründergeist der Stadt.

Wer nun noch Zeit und Interesse für eine Besichtigung von **Hellerau** hat, besteigt an der Königsbrücker Straße/ Ecke Stauffenbergallee die Straßenbahn Nr. 8, die bis zum Festspielhaus Hellerau (Karl-Liebknecht-Str. 56) fährt. Auch die Siedlungshäuser der Gartenstadt liegen rechts und links von der Karl-Liebknecht-Straße, die Deutschen Werkstätten befinden sich dagegen am Moritzburger Weg, am besten zu erreichen über den bei der Straßenbahnhaltestelle „Festspielhaus Hellerau" beginnenden Heideweg. Zurück geht es in die Innenstadt wieder mit der Straßenbahn Nr. 8, die u. a. an Albertplatz, Postplatz und Hauptbahnhof hält.

Sehenswertes

Erich Kästner Museum

An der Westseite des Albertplatzes steht in einem kleinen Park die Villa Augustin (Antonstraße 1), in der das Museum untergebracht ist. Der Bronzejunge auf der Gartenmauer stellt den berühmten Dresdner Schriftsteller dar – so mag der junge Erich Kästner im Hause seines Onkels auf den Platz geschaut haben. „Micromuseum" nennt sich dieses wirklich winzige Museum für Dresdens bekanntesten Sohn – neben August dem Starken. Auf engstem Raum sind die nach Themen geordneten Objekte, Bücher, CDs, Zeitungsausschnitte, Fotos etc. in dreizehn verschiebbaren Kästen („Pfeilern") untergebracht. Der Besucher sucht sich seine Informationen nach Interessen selbst zusammen. Da kommt ein Foto des jungen Erich Kästner aus der einen Schublade, ein gesprochener Text oder eine Filmsequenz auf Knopfdruck aus der anderen. Am PC ist die übersichtlich gegliederte und sehr inhaltsreiche,

Verkehrsumspültes Museumsidyll

E ssen & Trinken
(s. S. 192–195)
2 Schmidt's Restaurant
7 Elements DELI & Restaurant
12 Bio-Restaurant/Café Saite
16 Café Europa
23 Villandry
24 Lila Soße
32 Planwirtschaft
35 Dampfschwein Burger
38 Studiobar (s. S. 86)
40 Katy's Garage
44 Devil's Kitchen
45 Scheunecafé
51 Suppenbar
54 Habibi
55 Zaffaran
57 England (komma) England
61 Raskolnikoff (s. S. 85)
64 Pfund's Molkerei

N achtleben
3 Tante Ju (s. S. 81)
4 Industriegelände (Straße E) (s. S. 83)
6 Club Paula (s. S. 84)
19 Boys Bar (s. S. 87)
20 Valentino (s. S. 87)
22 Frank's Bar (s. S. 85)
25 Wohnzimmer (s. S. 86)
29 Bunker Lederclub (s. S. 87)
31 Lebowski (s. S. 85)
33 Ballhaus Watzke (s. S. 82)
37 Blue Note (s. S. 85)
38 Studiobar (s. S. 86)
39 Alter Schlachthof (s. S. 82)
40 Katy's Garage (s. S. 83)
41 Groove Station/Down Town (s. S. 82)
43 Kiezclub (s. S. 83)
45 Scheune (s. S. 81)
46 Pier 15 und Purobeach (s. S. 84 und 86)
47 Schwupps (s. S. 87)
48 Café Blumenau (s. S. 85)
49 Showboxx und City-Beach (s. S. 84)
54 Shisha-Bar Habibi (s. S. 193)
60 Carte Blanche (s. S. 87)
61 Raskolnikoff (s. S. 85)

Ü bernachten
1 Novalis (s. S. 52)
8 Quality Hotel Plaza (s. S. 52)
9 Holiday Inn Dresden (s. S. 51)
10 Best Western Macrander (s. S. 51)
11 Bergwirtschaft Wilder Mann (s. S. 54)
13 Amadeus (s. S. 51)
14 Hotel NH Dresden (s. S. 51)
17 Mezcalero (s. S. 56)
21 Lollis Homestay (s. S. 56)
27 Hotel Privat (s. S. 51)
34 Louise 20 (s. S. 57)
50 Mondpalast (s. S. 56)
56 Kangaroo Stop (s. S. 57)
58 Mitwohnzentrale und Home Company (s. S. 55)
59 Backstage Hotel (s. S. 51)
63 Rothenburger Hof (s. S. 50)

E inkaufen (s. S. 194/195)
15 Bio-Sphäre
26 Bio Company
36 Zentralohrgan
42 Reisebuchladen
53 Touch of Nature Naturkosmetik (s. S. 96)
55 Zaffaran Gewürze
64 Pfund's Molkerei
65 Der Senfladen
66 Dresdner Bürstenmanufaktur
67 Phoenix Coffee Roasters
68 Dresdner Schokoladenmanufaktur
70 Japée Hutatelier

S onstiges
5 Schwimmhalle Klotzsche (s. S. 93)
18 Augustus Tours (s. S. 95)
28 Sexshop (s. S. 185)
52 Nordbad (s. S. 93)
53 Touch of Nature (s. S. 96)

C afés (s. S. 194)
30 Mimi's Eismanufaktur
48 Café Blumenau
62 Lloyd's
69 Café Neustadt

Tour 5: Äußere Neustadt
100 m

ebenfalls nach Themen geordnete Webseite verfügbar. Sehr effizient, aber manches etwas abgegriffen und nicht unbedingt was für Leute, denen Erich Kästner kein Begriff ist (zu Erich Kästner → Kasten, S. 186).

Auf der anderen Seite des Platzes an der Ecke Bautzner Straße/Alaunstraße steht übrigens ein weiteres Denkmal für Erich Kästner, ein Bücherstapel aus Bronze mit einer Bronzeplakette, die eine Abbildung des Jungen zeigt. So klein und bescheiden ist dieses Denkmal, dass es gerne übersehen wird. Wer in Dresden auf Erich Kästners Spuren wandelt, wird auch sehen wollen, wo er geboren wurde und wo die Familie wohnte. Dazu geht man die Königsbrücker Straße bis zur Nr. 66, seinem Geburtshaus, und zur Nr. 38, wo die Familie lebte, als es ihr etwas besser ging (zwischendurch wohnten sie in Nr. 48). Die Hinterhöfe, Spielplätze des jungen Erich Kästner, sind spätestens seit der Wende verschwunden. Tröstlich, dass es auf der Königsbrücker Straße 32 im Eckhaus der Bäckerei Rißmann noch die Eierschecke gibt, die er am allerliebsten mochte.

Antonstr. 1, tgl. (außer Sa) 10–18 Uhr. Eintritt 4 €, erm. 3 €, unter 6 Jahren frei, Familien 10 €, ✆ 8045086, info@erich-kaestner-museum.de, www.literaturweltdresden.de.

Albertplatz, Alaunstraße und Kunsthofpassage

Das Straßennetz der Äußeren Neustadt ist auf den **Albertplatz** bezogen, der gleichzeitig mit der Hauptstraße und der Königstraße in der barocken Neustadt verbindet. Am Albertplatz mündet die wichtigste Straße der Äußeren Neustadt, die Alaunstraße, in die alte Verbindung nach Bautzen und Schlesien, die Bautzner Straße. Hier beginnt auch die Königsbrücker Straße, die wichtigste Ausfallstraße in Richtung Norden – der Albertplatz ist dementsprechend ein bedeutender Verkehrsknoten. Doch trotz seiner Größe bildet er dank seiner parkähnlichen Gestaltung und vor allem dank der beiden großen Brunnen (→ Foto S. 174) eine städtebauliche Einheit.

Das Tempelchen auf der Nordseite des Albertplatzes hat nicht nur dekorative Funktion. An dieser Stelle wurde schon 1836 ein artesischer Brunnen gebohrt, Dresdens berühmter Stadtbaumeister Hans Erlwein ließ dann 1906 den Rundtempel errichten. Gegenüber stand ehedem das Alberttheater, wichtiger Standort der Dresdner und deutschen Theatergeschichte, heute befindet sich hier ein Park. Die an der Bautzner Straße beginnende **Alaunstraße** ist vor allem im unteren Teil eine Einkaufsstraße mit sehr jugendlich-alternativem Sortiment, weiter oben mischen sich immer mehr Kneipen, Restaurants und Cafés

Artesischer Brunnen

darunter, bis bei der Kreuzung mit der Louisenstraße die Abendlokale und Imbisse dominieren. Wer kurz nach links in die Louisenstraße hineinspitzt, findet in der Nr. 13 einen 08/15-Sexshop (28 → Karte S. 182/183). Das ist er nur heute! Zu DDR-Zeiten war das der einzige erotische Versandhandel des Landes, von dem im Prinzip alle Kondome bezogen wurden.

Jenseits der Louisenstraße winkt in der **Kunsthofpassage** (zwischen Alaunstraße 70 und Görlitzer Straße 23–25) ein attraktiver Mix aus Kneipen und Boutiquen, die Hinterhöfe wurden dort zu einer Einkaufs-, Unterhaltungs- und Kneipenkette verbunden. Im Hof der Fabelwesen beleben zwei- und vierfüßige Mosaik-Wesen (die Künstlerin war Viola Schöpe) die bunten Wände, im Hof der Elemente zieht eine blaue Hauswand mit vorgesetzten Regenrinnen, deren weite Öffnungen an Posaunen erinnern, die Blicke auf sich, bei Regen (und im Sommer auch bei Schönwetter alle halbe Stunde) rauscht und gluckst eine wahre Wasseroper.

Alter Jüdischer Friedhof

Jahrhundertelang durften in Dresden keine Juden wohnen, ihre Anwesenheit im Mittelalter und in der Frühen Neuzeit ist jedoch belegt und spiegelt sich beispielsweise in der Bezeichnung „Jüdenhof" in der Altstadt wider. Dennoch lebten immer wieder einzelne Juden und jüdische Familien in der Stadt, geduldet nur, weil sie gebraucht wurden. Ihre Toten mussten sie ins Ausland schaffen, bis nach Teplitz im Böhmischen. Erst mit zwei Gesetzen von 1746 und 1772 wurde Juden wieder offiziell der Aufenthalt ermöglicht, unter harten Auflagen zwar, aber immerhin. Sie durften nun in der Neustadt sogar einen eigenen Friedhof anlegen. Er entstand 1751 und wurde 1869 offiziell geschlossen, da in der Johannstadt ein neuer Friedhof entstanden war.

Dekorative Fassaden …

… in der Kunsthofpassage

Wo Erich Kästner ein kleiner Junge war

Erich Kästner (1899–1974), einer der bekanntesten und meistgelesenen Schriftsteller deutscher Sprache des 20. Jh. („Emil und die Detektive", „Das doppelte Lottchen", „Der kleine Grenzverkehr", „Fabian") war Dresdner. Zwar lebte er länger in Berlin und in München als in seiner Heimatstadt, aber mit Dresden fühlte er sich besonders verbunden. Seine Autobiographie über seine Kindheit in Dresden „Als ich ein kleiner Junge war" zeugt davon.

Erich Kästner wurde in der Königsbrücker Straße 66 in einer Kleinwohnung unter dem Dach geboren (am Eingang heute eine Erinnerungsplakette, die noch aus DDR-Zeiten stammt). Die Familie zog später mit dem Jungen um in das Haus Nr. 48 in derselben Straße, dritter Stock, dann in die Nr. 38. Das war ein großer sozialer Sprung! Je niedriger das Stockwerk, in dem man wohnte (das galt aber nur bis zum ersten Stock, dem „Nobelstock"), desto feiner wurde es. Erich Kästner besuchte die Vierte Bürgerschule in der Tieckstraße (zwischen Bautzner Straße und Elbe), seine ersten Theatererfahrungen machte er am Albertplatz im (heute verschwundenen) Alberttheater, und die Turnhalle seines Turnvereins, wo er sich begeistert an Reck und Barren profilierte, stand an der Ecke Alaunstraße/Louisenstraße.

Der „Kleine Junge" Erich Kästner

Doch Kästner hielt es nicht lange in Dresden, nach Kriegsdienst (und Herzleiden) sowie Studium in Leipzig zog es ihn in das Berlin der Zwischenkriegszeit, wo er von 1927 bis zum Kriegsende lebte. Vor dem Hintergrund Berlins spielen sowohl der Roman „Fabian" (1931) als auch seine Kinderromane, allen voran „Emil und die Detektive" (1929). Nach der Machtergreifung der Nationalsozialisten 1933 wurden seine Bücher verboten und verbrannt, in unsicherer Duldung durch das Propagandaministerium erschienen in der Schweiz bis 1938 weitere Romane. Mehrfach durch die Gestapo verhaftet und wieder freigelassen durfte Erich Kästner 1942 unter einem Pseudonym das Drehbuch für einen der größten Filmrenner Nazideutschlands schreiben, für „Münchhausen" mit Hans Albers, um anschließend totales Schreibverbot zu erhalten.

Nach dem Krieg ging Kästner nach München (seine Berliner Wohnung war ausgebombt), wo er nach vielen Auszeichnungen und Preisen, aber relativ wenigen Veröffentlichungen 1974 im Alter von 75 Jahren starb. Unter den in München entstandenen Werken ist auch die literarische Autobiographie seiner Kindheit in Dresden „Als ich ein kleiner Junge war" (Zürich 1957). Die DDR konnte mit dem kritischen Geist wenig anfangen, sein Werk wurde nur sehr selektiv veröffentlicht, wie etwa die Gedichtsammlung „Kennst Du das Land, wo die Kanonen blühn?", die 1967 im Eulenspiegel Verlag in Berlin erschien (mit beigelegter Schallplatte 45 U/Min.!).

Buchtipp: „Als ich ein kleiner Junge war" gibt es in einer besonderen Ausgabe mit Zeichnungen von Katrin Feist, erschienen im Hellerau-Verlag Dresden, erhältlich im Buchhandel. „Kennst Du das Land, wo die Kanonen blühn?" ist nur noch antiquarisch erhältlich.

Äußere Neustadt, Dresdner Heide und Hellerau 187

Wie durch ein Wunder hat sich der alte Friedhof erhalten und ist trotz großer Schäden an den Grabsteinen (durch Verwitterung des Sandsteins, nicht durch mutwillige Zerstörungen, wie man vermuten könnte) noch in gutem Zustand. Die Grabsteine haben in der Regel eine West-Ost-Ausrichtung, die Westseiten sind deutsch, die Ostseiten hebräisch beschriftet. Hohe Bäume beschatten den Friedhof, Efeu überwuchert die Wege.

Pulsnitzer Str. 12. Den Besuch des verschlossenen Friedhofs ermöglicht der Verein „HATiKVA – die Hoffnung" nebenan nach persönlicher Vorstellung: HATiKVA, Pulsnitzer Str. 10, Mo–Fr 10–16 Uhr, ✆ 8020489, www.hatikva.de.

Pfund's Molkerei

In der Bautzner Straße 79 lädt das „schönste Milchgeschäft der Welt" zum Käsekauf ein, denn was 1891 als Milchladen errichtet wurde, ist heute ein Käsegeschäft mit gehobenem Angebot. Bunte Steingutfliesen von Villeroy & Boch (kein Porzellan, wie oft behauptet wird) überziehen Decken, Wände und sogar den Fußboden. Theke und Wandschränke, Spiele und Säulen sind alle noch im Original erhalten. Auf den Fliesen sieht man alle Phasen der Milchproduktion, spielende Kinder sind die Akteure, auf Friesen sind weidende Kühe dargestellt, Grotesken überziehen andere Teile der insgesamt überwältigenden Ausstattung dieses Geschäfts.

Paul Pfund war ein kenntnisreicher Molkereibesitzer, dessen Erfindungen die Molkereiindustrie seiner Zeit wesentlich revolutionierten. Für seinen großen Betrieb entstanden ab 1880 die Anlagen in der Bautzner Straße 73 bis 81, die heute fast alle abgerissen sind. Was erhalten blieb, ist sein repräsentativer Milchladen, der 1891 entstand und damals wie heute die Besucher anzieht, die heute schwallweise aus den Tourbussen den Laden überfluten. Nett ist es, mit einem Glas Buttermilch in der Hand die Pracht zu bestaunen.

Bautzner Str. 79, Laden Mo–Sa 10–18, So 10–15 Uhr, grandiose Mitbringsel von der Milchseife zum Milchgrappa. Restaurant im 1. Stock und bei Weitem nicht so attraktiv wie das Erdgeschoss – 10–19 (im Winter 18) Uhr, ✆ 8105948, www.pfunds.de.

Albertstadt und Militärhistorisches Museum

In der nördlich an die Äußere Neustadt angrenzenden **Albertstadt** wurden seit der Zeit des Königreiches Sachsen Kasernen und andere Militäreinrichtungen erbaut wie der ehemalige Exerzierplatz und heutige Park Alaunplatz. Die meisten Gebäude waren im Verfall begriffen, als noch zu retten stellte sich die König-Georg-Kaserne für das 4. Feldartillerieregiment heraus, errichtet 1900/01 im Tudorstil (Stauffenbergallee Nr. 24, westlich jenseits der Bahnlinie). Andere werden zumindest teilweise weiter genutzt wie die ehemalige **Garnisonskirche St. Martin** mit ihrem auffälligen, 91 m hohen Turm (An der Martinskirche/Stauffenbergallee 9). Das Besondere ist, dass sie als Simultankirche für die zwei Konfessionen errichtet wurde und im Inneren zweigeteilt ist (der katholische Teil ist noch immer „im Dienst"). Die meisten Gebäude kamen in den Besitz der Bundeswehr, die in der Albertstadt heute eine Offiziersschule unterhält, oder stehen als zukünftige Wohnblocks in den Grundbüchern.

Auch das **Militärhistorische Museum** der Bundeswehr befindet sich hier, es wurde im Herbst 2011 eröffnet. Es ist ein von *Daniel Libeskind* konzipierter Bau für das wichtigste heeresgeschichtliche Museum der Bundesrepublik – und architektonisch genauso wie inhaltlich ein Vorzeigemuseum. Naturen, die idealisierende, martialische Waffenschauen lieben, werden dieses Haus äußerst unbefriedigt verlassen.

→ Karte S. 182/183 Äußere Neustadt, Dresdner Heide und Hellerau

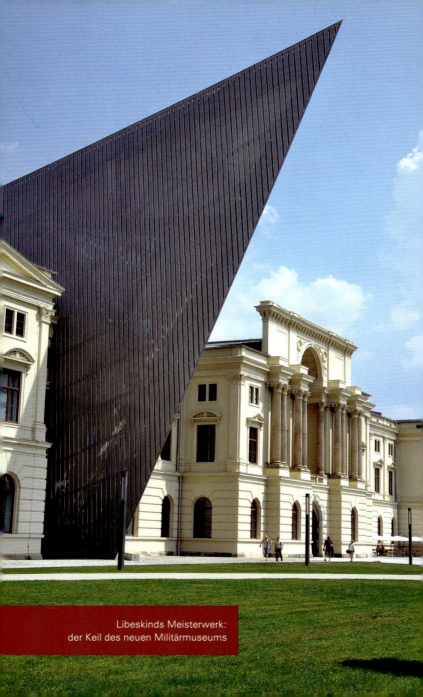

Libeskinds Meisterwerk:
der Keil des neuen Militärmuseums

Der neue Trakt aus Stahl und Glas durchbricht wie ein gewaltiger Keil die ältere Gebäudefront und auch den gesamten Grundriss des Gründerzeitbaus. Dieser Keil spielt schon von außen her auf die Gebrochenheit der Militärtradition in Deutschland an. Spektakulär spielen die Ausstellungen auf vier Stockwerken im Inneren ebenfalls auf Gebrochenheit an, so hängen mehrere Kinderkarussells an der Wand, deren üblicherweise als Tiere oder Fahrzeuge geformte Sitze in Zeiten des Kalten Krieges als Panzer oder Raketenwerfer gestaltet wurden. Vielleicht am eindrucksvollsten ist das oberste Stockwerk (mit Aussichtskanzel), wo drei Objektinstallationen an die Brutalität der Zerstörungen im Zweiten Weltkrieg erinnern. Für die Zerstörung von Dresden steht ein an mehreren Stellen durchlöchertes Stück Straßenpflasterung: Die Löcher entstanden durch Brandbomben, die diese Pflasterung durchschlugen.

Militärhistorisches Museum, Olbrichtplatz 2, tgl. (außer Mi) 10–18 Uhr, Mo sogar bis 21 Uhr. Eintritt 5 €, erm. 3 €, Mo ab 18 Uhr kostenlos. ✆ 8232803, www.mhmbundeswehr. de. Straba 7, 8 Stauffenbergallee.

Zeitenströmung

Der obere Abschnitt der Königsbrücker Straße hat militärische Wurzeln, das merkt man spätestens an der Straßenbahnhaltestelle „Heeresbäckerei". Ab 1875 befand sich an der östlichen Straßenseite das Artilleriedepot der königlich-sächsischen Armee. Nach dem Ersten Weltkrieg zog Industrie hier ein, u. a. die Turbinenfabrik Carl Kaiser, die die Antriebe für Schiffe, die Luftwaffe oder Kraftwerke baute. In der jungen DDR folgte der VEB Turbinenfabrik Dresden, auf die Turbinen folgten bis 1994 – erst als VEB, dann als GmbH – Strömungsmaschinen. 2004 erwarb ein privater Investor das Areal und wollte es eigentlich komplett dem Thema „Oldtimer" widmen (das sieht man dem Logo deutlich an). Alte und noble Autos

gibt es heute auch hier, sie können sogar repariert werden, daneben gibt es aber auch eine ganze Fülle von innovativen technologischen Start-ups. Zur eigenwilligen Kombination gesellen sich außerdem eine kulinarische Solitäre wie eine Kaffeerösterei und das Sterne-Restaurant Elements, ein Niagarafallbrunnen und eine der größten und v. a. höchsten Veranstaltungshallen der Stadt. Das Gelände kann frei betreten werden, Architekturfreunde sollten hier unbedingt mal durchlaufen.

Königsbrucker Str. 96, www.zeitenstroemung. de. Straba 7, 8 Heeresbäckerei. Siehe auch Kapitel Kulturszene Dresden, S. 77. Restaurant Elements → Essen & Trinken.

Die Dresdner Heide

Wer aus der Äußeren Neustadt mit ihren engen Gründerzeitstraßen hinaus auf der Kamenzer Straße und der darauf folgenden Straße „An der Prießnitz" spaziert, sieht sich nach dem letzten Haus unvermittelt in einem romantischen Bachtal. Die Prießnitz ist das längste (24 km) und größte Gewässer der Dresdner Heide, eines um die 50 km² großen Landschaftsschutzgebietes unmittelbar vor den Toren der Stadt. Mischwald dominiert das hügelige, von teilweise steilen Tälern durchzogene und über viele Wege und einige Straßen erschlossene Gebiet. Bereits im Spätmittelalter gab es ein Markierungssystem durch dieses Waldareal, in den letzten Jahren wurde es wieder durch eine Privatinitiative aufgefrischt: rote Zeichen auf weißem Grund. Daneben gibt es ein modernes Markierungssystem, sodass man sich mit einer guten Landkarte kaum verirren kann. Ohne Landkarte und Vorkenntnisse ist man in diesem riesigen Gebiet jedoch schnell desorientiert! Die meisten Wege sind übrigens auch für Radfahrer zu machen – wenn sie gute Kondition haben.

Die beste Wanderkarte für die Dresdner Heide ist die Karte 1:25.000, Blatt 36 „Dresdner Heide, Laußnitzer Heide" (2012)

Zeitenströmung: erst Turbinen, heute Oldtimer und Sterneküche

des Landesvermessungsamtes Sachsen, die es in guten Buchhandlungen in Dresden gibt. Mitten in der Heide liegen die beiden Gaststätten „Heidemühle" (℡ 81078036, Radeberger Landstr. 100) und „Einkehr an der Heidemühle" (℡ 8019821, Radeberger Landstr. 101), beide sind an Wochenenden und Feiertagen, im Sommer auch während der Woche geöffnet, einfache Gerichte wie Linseneintopf mit Bockwurst, Schnitzel, Sülze und Bratkartoffeln.

Hellerau

Die britische Arts-and-Crafts-Bewegung, der Jugendstil, de Stijl und Art nouveau, der deutsche Werkbund und die Gartenstadtbewegung sind verschiedene Facetten der Reformideen, die im späten 19. und frühen 20. Jh. in Europa kursierten. Weg vom beliebigen, aus vielen alten Stilen zusammengewürfelten gründerzeitlichen Schwulst war der gemeinsame Ausgangspunkt. Klarheit, Sachlichkeit – bis hin zur späteren Neuen Sachlichkeit – und Verzicht auf überflüssiges Dekor waren die Ziele. In der Gartenstadt Hellerau, die als eine der ersten im deutschen Sprachraum diesen Ideen verpflichtet war, sollten sie in die Praxis umgesetzt werden.

Die Gartenstadtgesellschaft Hellerau wurde 1908 unter der Ägide des Unternehmers *Karl Schmidt* (1873–1948) ins Leben gerufen, der auch gleich noch eine Baugenossenschaft gründete. Bereits 1909 entstand die Gartenstadt Hellerau, nachdem die Genossenschaft ein 140 Hektar großes, sandiges Terrain erworben hatte. Es wurden zunächst Siedlungshäuser mit insgesamt 345 Kleinwohnungen für Arbeiter der gleichzeitig eröffneten Deutschen Werkstätten gebaut. Fast alle Häuser haben sich zu beiden Seiten der Karl-Liebknecht-Straße erhalten, viele von ihnen liebevoll renoviert und trotz der relativen Enge begehrte Dresdner Wohnstandorte. 1911 folgte dann der Bau des von Heinrich Tessenow entworfenen Festspielhauses mit der Bildungsanstalt für rhythmische Gymnastik von Émile Jaques-Dalcroze, die bis 1927 bestand. Das Festspielhaus sollte im Bereich von Musik und Theater die Entschlackung und Reinigung fortsetzen, die man sich im Bereich der Architektur und der Innenausstattung vorgenommen hatte.

Von 1933 bis zur Wende herrschte in Hellerau Funkstille, erst 1992 fand wieder ein Kunstfest statt – die Rote Armee war eben erst abgezogen, aber das Festspielhaus war offiziell noch in sowjetischem Besitz. Heute hat sich ein Europäisches Zentrum der Künste Hellerau konstituiert, die renommierte Balletttruppe Forsythe Company – die seit 2015/16 Dresden Frankfurt Dance Company heißt – hat hier einen ihrer zwei Sitze, und ein reichhaltiges, oft alternatives Kulturprogramm bringt wieder Menschen nach Hellerau und ins Festspielhaus.

Festspielhaus Hellerau

Die durch vier quadratische Säulen getragene hohe Tempelfront des Festspielhauses Hellerau ist ein Zugeständnis seines Architekten *Heinrich Tessenow* an die Zeit, in der dieser zukunftsweisende Bau entstand. Aber Tessenow zitierte nur – was an die Postmoderne erinnert –, er baute keinen Tempel für die Kunst (wie das Schlüter und andere in Berlin getan haben), sondern eine Mehrzweckhalle. Der Bühnenbildner *Alphonse Appia* setzte darin bei den ersten Festspielen 1912 seine sensationellen minimalistischen Szenenbilder für Glucks „Orpheus und Eurydike" um. Wer heute das Haus betritt, kann sich den Schock, den viele damals erlitten, nicht mehr vorstellen. Wir sind kahle, minimalistische Räume und Ausstattungen gewöhnt, Tessenow und Appia waren jedoch Vorreiter, vor ihnen hatte das niemand gewagt.

Karl-Liebknecht-Str. 56, ✆ 2646211, www.hellerau.org. Das Festspielhaus ist zu den zahlreichen öffentlichen Veranstaltungen des Europäischen Zentrums für Künste Hellerau für das Publikum geöffnet. Karten und Auskunft → Kulturszene Dresden.

Deutsche Werkstätten Hellerau

Der eigentliche Kern von Hellerau sind die Deutschen Werkstätten, die heute noch ganz ähnlich aussehen wie Anfang der 1920er-Jahre, als man sie nach ersten Anfängen vor dem Ersten Weltkrieg nochmals ausbaute. Die ursprüngliche und gleichzeitig auch die heutige Aufgabe der Deutschen Werkstätten waren Entwurf und Produktion funktionsgerechten Mobiliars aus hochwertigen Materialien in bester Verarbeitung. Ein Beispiel ist der konstruktivistisch-schlichte „Bertsch-Stuhl", der in den

Frisch renoviert und engagiert für Flüchtlinge: das Festspielhaus

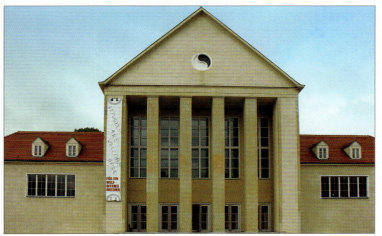

Im Hof der Deutschen Werkstätten

Dreißigerjahren erstmals gebaut und heute mit großem Erfolg nachgebaut wird. Eine eigene, große und modernst ausgestattete Projektwerkstatt ist für den Entwurf zuständig. Dass sie im Wesentlichen auf PC-Programme zurückgreift, ist natürlich ein wenig anders als damals vor über hundert Jahren, als man hier erstmals Möbel entwarf. Die Kunden sind meist staatliche oder/und Großunternehmen, das war schon zu DDR-Zeiten so, als eine Abteilung die Ausstattung von Semperoper und Leipziger Gewandhaus übernahm. So haben die Deutschen Werkstätten die Innenräume im Willy-Brandt-Haus in Berlin, im Hotel Taschenbergpalais Kempinski in Dresden, im Brandenburger Landtag und der Tate Britain in London mitgestaltet.

Deutsche Werkstätten Hellerau, Moritzburger Weg 68, ✆ 21590-0, www.dwh.de.

Praktische Infos

→ Karte S. 182/183

Die Kneipenszene der Neustadt lässt sich nur in Ausschnitten andeuten, zumal viele Lokale tagsüber als Café oder Bistro fungieren, um sich abends in eine Bar oder Szenekneipe mit Live-Musik zu verwandeln. Zu diesen siehe auch und vor allem im Kapitel Nachtleben!

Essen & Trinken

Restaurants, Gaststätten, Fast Food

In der Äußeren Neustadt

Villandry 23 Das bekannte Restaurant mixt mediterrane und regionaldeutsche Elemente zu interessanten Gerichten, die dem regionalen Marktangebot und dem Angebot der Bio-Bauern folgen, also häufig und auf jeden Fall nach Jahreszeit wechseln. Beliebt als Dessert und immer wieder gerühmt die Crème brulée (6,50 €). Ebenfalls nach dem Hauptgang empfehlenswert: Sächsischer Rohmilchkäse mit Chutney und Früchtebrot! Hauptgericht ca. 12–20 €, eher mittiger Service, netter Sommergarten. Jordanstr. 8, Mo–Sa ab 18 Uhr (Küche bis 23 Uhr), ✆ 8996724, www.villandry.de. ■

Lila Soße 24 Das Szenelokal in der Kunsthauspassage erfreute sich vom Start an großen Zulaufs: zu Recht, das wirkt sich leider jetzt auf die Wartezeit aus. Nicht nur schick (die „deutschen Tapas" werden im Glas mit Löffelchen serviert), sondern auch schmackhaft, wenn auch nicht immer per-

Äußere Neustadt, Dresdner Heide und Hellerau   193

fekt (beim Grünen Spargel zu hervorragenden Rinderbäckchen mit Rosmarinkartoffeln blieben die harten weißen Enden dran). Sei's drum: Die Location macht's! Warmes Weckgläschen 3,90–9,50 €, kaltes 3,80–4,59 €. Alaunstr. 70, tgl. 16–23 Uhr, Sa/So ab 12 Uhr, ✆ 8036723, www.lilasosse.de.

Saite 🔟 Bio-zertifiziertes Restaurant im Hechtviertel. Freundliches Interieur, jedes Jahr schöner werdender Garten, ab und an Veranstaltungen. Zeitgenössische Bistro-Küche, vegetarisch und mit Fleisch, allerdings arbeitet man nicht immer konzentriert (beim letzten Besuch war tatsächlich der Reis noch nicht gar!). Formidables Frühstücksbuffet (14 €) am So. Vegetarische Hauptgerichte 9,60 €. Seitenstr. 4 b, tgl. (außer So) ab 18, So nur 10–15 Uhr, ✆ 89960075, www.cafe-saite.de.

Habibi 🔢 Syrische Shisha-Bar auf zwei Stockwerken, aber auch Restaurant mit Speisen des Vorderen Orients – leider wenige der zahllosen syrischen Mezze (Vorspeisen, ab 4,80 €). Martin-Luther-Str. 37, So–Do 17–2, Fr/Sa 17–3 Uhr, ✆ 4045415, www.habibicafe.de.

Devil's Kitchen 🔢 Nein, keine scharf gewürzten Speisen, sondern Fast-Food-Gerichte mit wirklich frischen Zutaten. So geht's also auch: Frühlingsrollen und Tortillas mit frisch zubereitetem Hack, frische Brötchen und ebensolche Zucchini und Auberginen für den delikaten Gemüse-Burger – wunderbar! Ambiente à la Diner in Knallrot. Sandwiches, überdimensionierte Burger sowie vegetarische und vegane Gerichte, Burger 7,70–11,90 €. Alaunstr. 39, tgl. ab 12 Uhr.

≫ Tipp: **Suppenbar** 🔢 Suppenküchen neueren Zuschnitts sind natürlich keine Seltenheit mehr, aber selten wird in einer so gut gekocht und so fantastisch gebacken wie hier (das Lob gebührt dem Brot genauso wie den Muffins). Stehtische und Sitzgelegenheiten. Deftig-Deutsches bis International-Vegetarisches, sogar süße Suppen (Schwarzwälder-Kirsch-Vanille-Suppe mit Schoko), der Teller ca. 4–6 €. Rothenburger Str. 37 (Ecke Bautzner Straße), Mo–Fr 11.30–22, Sa 11.30–16 Uhr. ≪

Dampfschwein 🔢 Schweinefleisch war ja so was von uncool. Eine neue Renaissance erlebt es als Pulled Pork: laaange Stunden im sog. Smoker – in etwa ein geschlossener Grill – gegartes Fleisch, das dabei so

zart wird, das es zerrupft werden kann und im Burger (ab 5,50 €) serviert wird. Wobei in diesem Fall die meisten Zutaten ausdrücklich aus der Region kommen und selbst ein Keinschwein-Burger zu haben ist. Der hippe Laden mit der sympathischen Crew ist zur Zeit der Renner, trotz Selbstbedienung, leidlich bequemer Möblierung aus Europaletten und Papier als Essunterlage. Louisenstr. 26, Mo–Do 11.30–22, Sa/Sa ab 11.30 bzw. 12 Uhr bis in die Nacht, So 14–22 Uhr, www.dampfschwein.de.

Elements Restaurant und Deli 🔢 Auf dem Gelände der „Zeitenströmung" glänzt der neuste Stern am Dresdner Kulinarikfirmament, 2015 vom Guide Michelin dekoriert und eigentlich ein zweieiiges Zwillingspärchen: im vorderen Teil des behutsam restaurierten, lichtdurchfluteten Werkstattgebäudes ein nicht zu großes und ziemlich unsteifes Nobelrestaurant mit wirklich grandioser Küche und im hinteren Teil eine sehr schicke „Kantine" mit 1-a-Terrasse vor dem Wasserfall – schnelle und gesunde Küche für die in der Umgebung beschäftigten Hipster und Start-upper. Ach ja, eine Cigar-Lounge für die Dresdner Steve Jobs gibt's auch noch. Im Deli Sandwich ab 5 €, Hauptgerichte ab 14 €, im Restaurant Vorspeisen ab 15 €, Hauptgerichte 28/29 €. Königsbrücker Str. 96, Haus 25/26, tgl. (außer So) 11–23 Uhr (Restaurant erst ab 18 Uhr), ✆ 2721696, www.restaurant-elements.de.

In Hellerau

≫ Tipp: **Schmidt's Restaurant** 🔢 Ein Küchenchef mit solidem Handwerkskönnen und mediterran orientierter Speisekarte mit wechselndem Angebot, die besondere Atmosphäre eines lichtdurchfluteten Restaurants in der Remise der Deutschen Werkstätten und der sommerliche Hof haben das „Schmidt's" zu einem Lieblingslokal der Dresdner gemacht. Olaf Kranz geizt nicht mit Überraschungen, Düfte, Blüten und Geschmacksnuancen werden oft ungewöhnlich kombiniert, und genau das macht – neben dem freundlichen Service – die Qualität dieses fast krawattenlosen Feinschmeckerlokals aus. Toll sind die Mittagsmenüs aus mehreren kleinen Gängen (5 Gänge 39 €, 8 Gänge 49 €), Pasta 14 €, Hauptgerichte abends ab 20 €. Hellerau, Moritzburger Weg 67 (Deutsche Werkstätten), Mo–Fr 11.30–14.30/17.30–23, Sa 17–23 Uhr, ✆ 8044883, www.schmidts-dresden.de. ≪

Cafés, Bars und Kneipen

Scheunecafé 45 Alteingesessene Kneipe (mit indischer Küche – passt!), die das hat, womit man allzu oft Allerweltsphänomene bezeichnet sieht, nämlich „Kultstatus" – und das ist auch nach der Renovierung geblieben. In der Kneipe, im fast schon idyllischen Biergarten und – für Nachbarn in der Alaunstraße mit zweifelhaftem Effekt – auf der Straße vor der Tür läuft die Szene auf Hochtouren, bis das Café schließt und andere Kneipen aufgesucht werden (müssen). An Wochenenden und Feiertagen beliebtes Brunchbuffet 10–16 Uhr (15,80 €), unbedingt reservieren! Alaunstr. 36, Mo–Do 16–24, Fr 16–1, Sa 10–1, So 10–24 Uhr, ✆ 8026619, www.scheunecafe.de.

Lloyd's 62 Auch wenn das edel gestylte (Kronleuchter!) Bistro-Café mit kulinarischen Ambitionen für die Äußere Neustadt eher untypisch fein ist, hat es zahllose Gäste verdient. Die Hauptargumente sind das Frühstück (2,50–12,90 €) – das „Sächsische Frühstück" ist nach Auswahl und Menge kaum zu bewältigen – sowie der unglaublich freundliche Service. Martin-Luther-Str. 17, Mo–Fr 8–24, Sa/So erst ab 9 Uhr geöffnet, So ab 19 Uhr geschlossen, ✆ 5018774, www.lloyds-cafe-bar.de.

≫ Tipp Mimi's Eismanufaktur 30 Das beste Eis des Viertels, einmal nicht vom Italiener, sondern von sächsischen Autodidakten, die sich wirklich reinhängen. Nix Aroma, nur home-made, viel bio und fair trade. Wie wär's mit Caramel au Beurre Salé oder „Ceylon Zimt mit Honig-Zimtkaramell" oder einem Mangosorbet? Alaunstr. 57, tgl. 13–19 Uhr, www.mimis-eis.de. ≪

England, England 57 Very british und authentisch im putzigen Wohnzimmerstil eines Tearooms eingerichtet (mit Souvenirverkauf und britischen Journalen). Hier hält schon mal ein Literaturclub stilgerecht sein Damenkränzchen ab, und man trifft sich, um „Last Night Of The Proms" zu zelebrieren. Sandwiches, Cream & High Tea, Cider and Carrot Cake (delicious!). Martin-Luther-Str. 25, tgl. (außer Mo) 12–19, Sa ab 10 Uhr, ✆ 32950150, www.englandengland.de.

Café Neustadt 69 Nettes, trubeliges Bistro-Café im Kaffeehausstil an der Ecke Pulsnitzer Straße, wenige gute, sorgfältig zubereitete Gerichte, nicht immer flotter, aber sehr freundlicher Service. Frühstück bis 16 Uhr,

Hauptgerichte ca. 8–17 € (gut: Gnocchi mit Gorgonzola und Salat), Tageskarte (ca. 5–7 €), gute Tee- und Weinauswahl, abends/nachts Cocktailbar – und Frühstück Mo–Fr bereits ab 7.30 Uhr (Sa/So ab 9 Uhr)! Geöffnet bis 23 Uhr. Bautzner Str. 63, ✆ 8996649.

Katy's Garage 40 Biergarten genau an der zweitbeliebtesten Kreuzung des Szeneviertels, Gartengarnituren und Strandkörbe, mehrere Biersorten. Alaunstr. 48 (Ecke Louisenstraße), tgl. ab 11 Uhr bis spät (Biergartenausschank bis 22 Uhr), ✆ 6567701, www.katysgarage.de.

Café Europa 16 In einem Kneipenviertel wie der Äußeren Neustadt hat ein Café keine Mühe, zu allen 24 Stunden des Tages Gäste anzuziehen. Das Europa bietet den Kaffee oder das Bier, den Imbiss, die internationale Zeitung dazu, WLAN und den Internetanschluss (beides gratis) zu allen Stunden an und fährt gut damit. Königsbrücker Str. 68, ✆ 8044810, **tgl. 24 Std. geöffnet**, www.cafe-europa-dresden.de.

Planwirtschaft 32 Die „Plane" zählt zu den alternativen Zentralgestirnen in der Neustadt (gute Idee: 2015 wurde sämtliches Sanitäres saniert). Platz hat man nicht fürs Essen, aber da es hier neben sächsischen Leibgerichten (nicht nur) mit ökobewusster Auswahl der Zutaten auch Kleinbrauerbiere und eine ausgezeichnete Stimmung gibt, ficht das niemanden an. Und außerdem kann man sich ja in den Gastgarten setzen. Louisenstr. 20, tgl. 7.30–1 Uhr, ✆ 8013187, www.planwirtschaft-dresden.de.

Blumenau Caffè & Bar 48 Tagsüber Café, abends Bar, das unterscheidet das poppig bunte Blumenau kaum von den anderen Treffs der Szene in der Äußeren Neustadt. Übrigens kann man im Blumenau auch gut essen, die Pastagerichte sind frisch zubereitet. Louisenstr. 67, Mo–Do 8.30–24, Fr bis 2, Sa 9–2, So bis 24 Uhr, ✆ 8026502, www.cafe-blumenau.de.

Einkaufen

Bio Company 26 Richtig großer Bio-Supermarkt (450 m²) der bekannten Ladenkette mit toller Auswahl im Frischebereich und mittags umlagertem Bio-Imbiss. Königsbrücker Str. 34, Eingang auch von der Louisenstraße, www.biocompany.de. ■

Bio-Sphäre 15 Bio-Supermarkt mit Neustädter und Hechtviertel-Kunden, sehr gute

Äußere Neustadt, Dresdner Heide und Hellerau 195

Fleischabteilung. Königsbrücker Str. 76, Eingang Bischofsweg, www.bio-sphaere.de. ∎

Zentralohrgan 36 Sowohl Pop als auch Klassik auf Vinyl in großer Auswahl ohne den Muff der meisten Secondhander. Louisenstr. 22, Mo–Fr 11–20, Sa 10–16 Uhr, ✆ 8010075, www.zentralohrgan.de.

Der Reisebuchladen 42 Reiseführer als Buch, Karte, Broschüre und Bildband in der Louisenstr. 38, Mo–Fr 11–19, Sa 11–15 Uhr, ✆ 8996560, www.der-reisebuchladen.de.

Zaffaran Gewürzatelier und Café 55 Gewürze sind doch eigentlich die idealen Souvenirs – klein und leicht, originell und etwas für jeden Geldbeutel. Dresdens subjektiv beste Auswahl gibt es hier: über 200 Gewürze, Currys und Salze, und vor jeder Sorte steht ein Fläschchen, in das man hineinschnuppern darf oder gar in Schälchen mit einer Zubereitung zum Kosten. Mein Favorit ist der Timorpfeffer aus Nepal. Martin-Luther-Str. 20, Di–Fr 11–18, Sa 10–14 Uhr, ✆ 89964040.

》》 Tipp: Dresdner Schokoladenmanufaktur 68 Der gefährlichste Laden in der Neustadt, Amina Kühnl (die übrigens aus Marokko stammt) fabriziert optische und geschmackliche Schokoladenkunstwerke (Stück ab 0,60 €), die alle unvergleichlich frisch schmecken. Bautzner Str. 75, Mo–Fr 11–18, Sa 11–15 Uhr, ✆ 30966131, www.dresdner-schokoladenhandwerk.de. 《《《

Phoenix Coffee Roasters 67 Die kleine Kaffeerösterei bietet gerade mal fünf Röstkaffees an, deren Herkunft, Röstgrad, Ernte- und Röstzeitpunkt dokumentiert sind. Die professionelle Beratung gibt's gratis dazu. Den Kaffee der Firma können Sie beispielsweise im Café „Charlottes Enkel" in Striesen probieren (→ S. 243). Bautzner Str. 75, Do–Sa 10–18 Uhr, ✆ 6568699, www.phoenix-coffeeroasters.de. ∎

Bürstenmanufaktur Dresden 66 Im übersichtlichen Geschäft des Blindenhilfswerks gibt's mit die besten Mitbringsel des Viertels. Bürsten und Besen aller Preisklassen (ab 2 € bis über 120 €) zur Pflege von Haushalt und Körper, das meiste aus der eigenen Manufaktur. Super fachkundige Beratung. Bautzner Str. 77, Mo–Sa 10–18 Uhr, ✆ 20611540, www.buerstenmanufaktur-dresden.de.

Pfund's Molkerei 64 Käse und noch mal Käse gibt's im schönsten Molkereiladen der Welt, der Stehimbiss und das angeschlossene Restaurant verstärken den Betrieb. Massig Busse mit Touristen, es kann voll werden (Fotos nicht erlaubt!). Bautzner Str. 79, Mo–Sa 10–18, So 10–15 Uhr, Restaurant tgl. 10–19 Uhr, ✆ 8105948, www.pfunds.de.

Der Senfladen 65 Wenn Sie Ihren Lieblingssenf hier unter 300 zur Auswahl stehenden – alle stammen aus Altenburg – nicht finden, sind Sie selbst schuld. Dazu jede Menge Gewürze. Bautzner Str. 79, tgl. 9.30–18, So bis 15 Uhr, www.senf.de.

Hutatelier Japée 70 Die gelernte Kostümbildnerin Jaqueline Peevski nennt die Hüte, die sie entwirft, „ihre Gebilde", was bedeutet, dass sie nicht unbedingt auf Standardhüte setzt. Schicke, freche, individuelle und trotzdem sehr tragbare Hutmode. Bautzner Str. 6 (hinter dem Grünstreifen), Di–Fr 12–19, Sa 10–14 Uhr, ✆ 8108200, www.hutkunst-japee.de.

Perfekte Mitbringsel aus der „Bürstenmanufaktur"

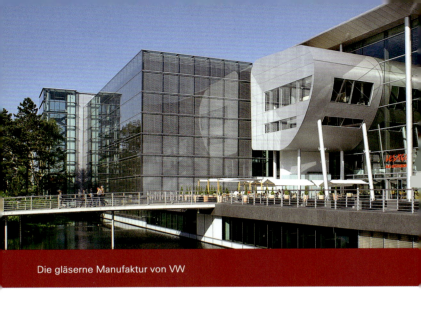

Die gläserne Manufaktur von VW

Tour 6: Rund um den Großen Garten

Von der Altstadt aus kann man fast 3 km weit durch Parks und Gärten spazieren. Bürgerwiese und Großer Garten schaffen einen grünen Gürtel mit Wiesen zum Picknicken, einer Parkeisenbahn (nicht nur) für Kinder sowie einem Barockpalais mit See. Hinzu kommen Sehenswürdigkeiten wie das Deutsche Hygiene-Museum. Unverzichtbar!

Das Viertel südöstlich der Altstadt wird von dem fast 2 km² umfassenden → **Großen Garten** dominiert. Ursprünglich im 17. Jh. als Jagdgarten angelegt und wenig später zum Barockgarten umgestaltet, hat er heute eher parkähnlichen Charakter. Deutlich erinnern noch das Palais, die geraden Hauptalleen und die zahlreichen Statuen an seine royale Vergangenheit. Die Dresdner nutzen ihn gerne für jede Art der Entspannung. Kinder und Erwachsene freuen sich über die parkeigene Eisenbahn. Außerdem befinden sich hier der → **Zoologische Garten** der Stadt sowie der → **Botanische Garten**, der zur Technischen Universität gehört. Am Nordwestende des Großen Gartens steht seit 2001 die → **Gläserne Manufaktur** von VW. Hier kann man die Produktion des Luxusmodells „Phaeton" verfolgen oder im Restaurant des Hauses ausgezeichnet essen.

Westlich des Großen Gartens schließt sich gleich die → **Bürgerwiese** an, beide sind nur durch die breite Lennéstraße und das Glücksgas-Stadion voneinander getrennt. Dahinter breitet sich der **Blüherpark** aus mit dem → **Deutschen Hygiene-Museum**, das museumspädagogisch bestens aufbereitet alles Wissens- und Sehenswerte rund um den Menschen präsentiert. Das Museum ist auch für Kinder geeignet und

Tour 6: Rund um den Großen Garten

bietet sogar zusätzlich noch ein eigenes Kindermuseum.

Spaziergang

Die folgende Tour bietet eine Mischung aus Natur und Kultur und ist auch für Kinder interessant. Am besten plant man dafür einen ganzen Tag ein. So kann man etwas Zeit im sehr sehenswerten, aber weitläufigen Deutschen Hygiene-Museum verbringen. Der Rundgang startet am Altstadtrand südlich des Rathauses am Georgplatz (nächste Straba-Haltestelle ist der nördlich davon gelegene Pirnaische Platz). Zunächst überquert man die St.-Petersburger-Straße in Richtung → **Bürgerwiese** (so heißen Straße *und* Park!), sie ist bereits als grüne Lücke zwischen den Gebäuden auszumachen. Die lang gestreckte Bürgerwiese kann man auf mehreren Wegen durchmessen, das golden leuchtende Mozartdenkmal wird man kaum übersehen, auch wenn man nicht den direkt daran vorbeiführenden Weg benutzt. Bei der zweiten Straßenquerung (Blüherstraße) hält man sich links und erreicht durch den **Blüherpark** hindurch das → **Deutsche Hygiene-Museum** mit seiner ebenso schlichten wie eindrucksvollen Fassade.

Das Museum wurde in der Achse des Großen Gartens errichtet. Steht man vor seinem Eingang, blickt man direkt auf dessen Hauptallee und erkennt das etwa einen Kilometer entfernte Gartenpalais in der Mitte. Nach einem Besuch im Hygiene-Museum spaziert man die Hauptallee entlang in Richtung Gartenpalais (hat keine besucherfreundlichen Öffnungszeiten und öffnet in der Saison Mi–Sa erst um 14 Uhr, So ab 11 Uhr, Details → **Großer Garten**). Besser man besucht zunächst den → **Zoologischen Garten**. Dafür biegt man bereits nach 200 m auf der Hauptallee nach rechts ab und schlängelt sich auf Parkwegen, am Mosaikbrunnen vorbei, zum Zoo durch, der nur von der Südseite (Tiergartenstraße) zu betreten ist.

Mittagszeit? Der Zoologische Garten hat ein Restaurant, aber auch im Café-Restaurant Carolaschlösschen am **Carolasee** kann man gut essen und an schönen Tagen ein Ruderboot mieten, um auf dem See zu schaukeln. Daneben hält die **Parkeisenbahn** (die ältere Dresdner als Pioniereisenbahn kennen)

198   Tour 6

am Bahnhof Carolasee, was Fußfaule verführen könnte, mit der Bahn zum Palais zu fahren (Bahnhof Palaisteich). Nun zur Hauptallee mit dem Palaisteich und Springbrunnen (und dem einladenden, aber oft völlig überfüllten Biergarten auf der anderen Alleeseite ...), ein Blick ins Parktheater und – mittlerweile hat es vielleicht schon geöffnet – ins Große Palais. Das lohnt sich aber fast nur wegen der Barockskulpturenausstellung, denn nur die Fassade dieses ersten großen Barockbaus in Dresden wurde in ihrer ganzen Aufwendigkeit rekonstruiert, das Innere ist nach wie vor nacktes Gemäuer.

Durch den im Hoch- und Spätsommer bunt leuchtenden Dahliengarten schlendert man anschließend zur Stübelallee (sie begrenzt den Großen Garten auf seiner Nordseite) und zum Eingang des → **Botanischen Gartens,** der bis zum Einbruch der Dämmerung geöffnet hat. Ein kurzer Weg und man steht am Gebäude der → **Gläsernen Manufaktur,** der Besuch mit Führung ist am Mittwoch und Donnerstag sogar bis 21 Uhr möglich. Dort kann man im „Lesage" auch ausgezeichnet essen!

Direkt gegenüber der Manufaktur liegt die schlichte Grünfläche, die nur mehr

als **Cockerwiese** bekannt ist. Joe „Unchain My Heart" Cocker (1944–2014) hielt hier am 2. Juni 1988 sein legendäres Dresdner Konzert vor über 85.000 Zuschauern.

Abstecher: Etwas abseits dieser Rundtour liegen der → **Asisi-Panometer** im Stadtteil Reick, in dem wechselnde Panoramabilder gezeigt werden, sowie die von Reformarchitektur à la Gartenstadt Hellerau geprägte → **Christuskirche** in Strehlen. Letztere integriert man am besten in die obige Tour, indem man am Zoologischen Garten und auf Höhe des Carolasees in die rechts von der Tiergartenstraße abzweigende Oskarstraße einbiegt. Dieser folgt man bis zum Wasaplatz. Dort hält man sich links und erreicht die Kirche geradeaus über Kreischaer Straße sowie Altstrehlen. Weiter zum Panometer in Reick gelangt man mit der S-Bahn (S 1, S 2) vom Bahnhof Strehlen (eine Station bis Reick). Von dort sind es nur wenige Minuten zu laufen (Gasanstaltstraße beginnt am Bahnhof). Nach der Besichtigung entweder mit der S-Bahn zurück nach Strehlen und zu Fuß zum Großen Garten oder gleich weiter bis zum Hauptbahnhof und in die Altstadt.

Sehenswertes

Bürgerwiese

Wiesen gab es entlang des idyllischen Kaitzbaches schon im Mittelalter, von 1859 bis 1869 machte der Gartenarchitekt *Peter Joseph Lenné* einen Park daraus. Er erhielt den Namen, den diese Wiesen schon mindestens seit 1460 trugen: Bürgerwiese, das war passend, war er doch der erste bürgerliche Park der Stadt. 900 m lang und nur um die 50 m breit, verbindet er Altstadt und Großen Garten, fast wie eine grüne Schneise zur größeren Spielwiese. Sogar ein Teich mit Fontäne hatte Platz im

langen, grünen Schlauch. Vier alte Sandsteinfiguren (von 1785) hat man in den Garten gesetzt, aber das Prunkstück ist ein Denkmal von 1907, das Wolfgang Amadeus Mozart gewidmet ist. Keinen historischen Mozart hat der Berliner Bildhauer *Hermann Hosaeus* dargestellt, sondern die graziöse Personifikation von Ernst, Anmut und Heiterkeit, die leuchtend golden und mit androgynen Reizen ausgestattet einen Reigen um eine Säulentrommel tanzen, auf der ganz schlicht nur ein Name steht: Mozart.

Neue Sachlichkeit: das Deutsche Hygiene-Museum

Deutsches Hygiene-Museum

Im an die Bürgerwiese angrenzenden Blüherpark liegt das Deutsche Hygiene-Museum. So etwas hatte es noch nicht gegeben, was der Dresdner Industrielle („Odol") und Kämpfer für die Verbesserung der Volksgesundheit *Karl August Lingner* (1861–1916) als seinen Traum zu realisieren versuchte, was aber erst Jahre nach seinem Tod umgesetzt wurde: ein Museum, in dem der Mensch gewissermaßen durchsichtig gemacht wird. Die Funktionen der Körperteile und der physischen Substanz, aus der wir Menschen bestehen, Haut und Muskelmasse, Nerven und Sinnesorgane, Bewegungsmechanismus und Alterungsprozess, alles sollte dargestellt werden und der Aufklärung der Menschen, der besseren Körperhygiene und damit letztlich der Volksgesundheit dienen. Der schwerreiche Produzent des Odol-Mundwassers (das er nicht selbst erfand, aber so benannte) hinterließ in der Lingner-Stiftung genug Geld, um ein zu seiner Zeit aufsehenerregendes und heute nach wie vor außergewöhnliches Museum zu gründen und den Betrieb zu finanzieren.

Der Bau des Deutschen Hygiene-Museums wurde 1928 bis 1930 von Wilhelm Kreis errichtet, rechtzeitig für die 2. Internationale Hygiene-Ausstellung, die wie die erste (1911) in Dresden stattfand. Die kühlen, klaren Formen der Neuen Sachlichkeit prägen den Bau, der sich innen schlicht und hell präsentiert – das Foyer zur Nordwestseite ist ein einziger Glaskörper.

Der erste große Publikums- und Medienerfolg ist heute noch zu sehen, denn die **Gläserne Frau** von 1930 mit ihrer transparenten Haut, unter der Nerven und Blutgefäße zu erkennen sind, bildet den idealen Mittelpunkt der heutigen Dauerausstellung, die sich „Der gläserne Mensch" nennt. Während des Museums-Rundganges, zu dem häufig noch interessante Sonderausstellungen hinzukommen, wird man durch die verschiedenen Bereiche menschlicher Existenz geleitet, die vielfach interaktiv erfahrbar sind: Sinne, Bewegungsorgane, Gehirn und Lernen, Haar und Haut, Alterungsprozess.

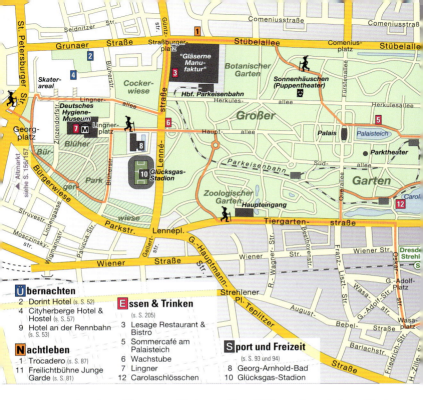

Übernachten
2 Dorint Hotel (s. S. 52)
4 Cityherberge Hotel & Hostel (s. S. 57)
9 Hotel an der Rennbahn (s. S. 53)

Nachtleben
1 Trocadero (s. S. 87)
11 Freilichtbühne Junge Garde (s. S. 81)

Essen & Trinken
(s. S. 205)
3 Lesage Restaurant & Bistro
5 Sommercafé am Palaisteich
6 Wachstube
7 Lingner
12 Carolaschlösschen

Sport und Freizeit
(s. S. 93 und 94)
8 Georg-Arnhold-Bad
10 Glücksgas-Stadion

Historische Entwicklung von Hygiene und Gesundheitspflege werden anschaulich und auch in groben Zügen für Kinder zugänglich vorgestellt und erklärt.

Im angeschlossenen **Kindermuseum** werden die Themen des Museums für 4- bis 12-Jährige aufbereitet und auf ca. 500 m^2 ertast- und erfahrbar gemacht, vor allem interaktive Tätigkeit wird angeboten. An Wochenenden gibt es eine Entdeckertour unter Anleitung.

Lingnerplatz 1, Di–So/Fei 10–18 Uhr, Eintritt 7 €, erm. 3 €. Infos ☎ 4846400, www.dhmd.de. Die Museums-Broschüre (2 €) „Mensch-Körper-Gesundheit" ist voller Infos zu den Themen Gläserner Mensch, Leben und Sterben, Essen und Trinken und Sexualität, erhältlich im Museums-Shop.

Das Museum hat ein ausgezeichnetes **Café-Restaurant**, das Lingner, das auch nach den Museums-Öffnungszeiten geöffnet bleibt (→ Essen & Trinken).

Der **Blüherpark** zwischen Hygiene-Museum und Bürgerwiese, ehemals Park eines 1945 zerstörten Palais, wurde erst 2005 wieder auf Hochglanz gebracht. Der alte Brunnen sprudelt wieder, die Fundamente des Palais wurden aufgedeckt und konserviert, barocke Statuen restauriert und an den alten Platz gestellt.

Großer Garten

Dresdens größte „Grüne Lunge" umfasst eine Fläche von fast 2 km^2 (1,9 km x 0,9–1 km), das garantiert auch an den schönsten Sommer-Spätnachmittagen, wenn nach Büroschluss Massen in den Park stürmen, private Ecken und ruhige Schattenplätze. Skaten, Radeln, Spazierengehen, Picknicken, Biergartenbesuch, Pilzesammeln (jawohl – im Juni gibt es oft massenhaft Wiesencham-

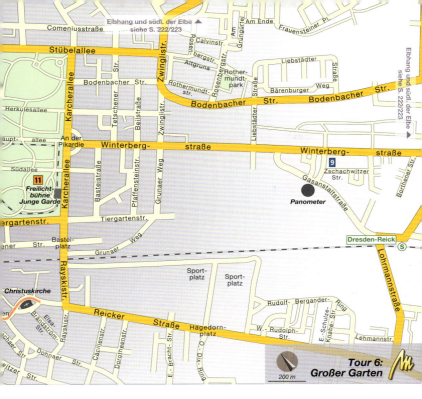

pignons), Bahnfahren (Miniatureisenbahn), Rudern auf dem Carolasee und der Kulturtrip zu Dresdens erstem Barockschloss und zu den über den ganzen Park verteilten barocken Skulpturen – alles ist möglich. Im Sommer finden in der Freilichtbühne „Junge Garde" im äußersten Südosten des Parks häufig Konzerte statt (→ Kulturszene Dresden) – vorwiegend solche mit starkem Bass-Einsatz, was dem einen oder anderen Anwohner schon mal die gute Laune verdorben haben soll.

Der **Park** entstand ab 1676 als Jagdgarten im kurfürstlichen Auftrag, gleichzeitig wurde mit dem Bau des Palais genau im Zentrum der den Park längs und quer schneidenden Alleen begonnen. Der Architekt war *Johann Georg Starcke*, der auch nach der Umgestaltung des Parks als französischer Garten (ab 1683) die acht (heute fünf) „Kavaliershäuschen" entwarf. Diesen strengen, geometrischen Barockgarten kann man heute nur noch erahnen, etwa im hübschen Dahliengarten nahe dem Palais, denn im 19. Jh. (ab 1873) wurde der Große Garten wieder umgestaltet, dieses Mal als englischer Park, wie er sich heute noch präsentiert. Dem außen und innen aufwendig mit Sandsteinskulpturen geschmückten barocken Palais folgten Sandsteinstatuen, einige von Balthasar Permoser und seinen Schülern (die Originale sind heute zum Teil im Palais zu bewundern), und prachtvolle Marmorvasen von Antonio Corradini, die August der Starke in Venedig erwerben ließ. 161 Marmorskulpturen befanden sich zuletzt im Großen Garten, aber der Zahn der Zeit nagte an ihnen. 1760 wüteten die Truppen des

Mitten im Großen Garten: erstes Barockpalais der Stadt

Preußenkönigs Friedrich II. im Park und die Zerstörungen des Jahres 1945 schlugen gewaltige Lücken. Das Palais brannte aus, die Fassaden konnten gerettet werden. Erst 1994 waren sie äußerlich wieder hergestellt, innen ist heute noch nur nackte Wand zu sehen.

Das **Palais** hat einen H-förmigen Grundriss und entspricht in vielen Zügen venezianischen Villen: Die Freitreppen führen vom Garten direkt in die Prunkräume des Erdgeschosses, die ohne Vorräume direkt zugänglich sind, klar Elemente eines Gartenpalastes, einer Villa, wie man sie in der Terra ferma Venedigs errichtete. Die dreigeschossige Fassade ist äußerst aufwendig mit Skulpturenschmuck aus sächsischem Sandstein versehen – übrigens fast ausnahmslos rekonstruiert, also erst nach dem Zweiten Weltkrieg entstanden. Im Inneren sind im Erdgeschoss in der Ausstellung „Permoser im Palais" Originale der Skulpturen *Balthasar Permosers* und seiner Schüler und Mitarbeiter wie Gottfried Knöffler zu besichtigen, die sie für den Großen Garten schufen, aber auch Originale aus dem Zwinger und von anderen sächsischen Standorten, wo sie ebenfalls durch Kopien ersetzt wurden.

Von den vielen **Statuen, Figurengruppen und Vasen,** die früher den Großen Garten schmückten, sind wenige erhalten geblieben, die Kavaliershäuschen und die Torhäuschen zur Lennéstraße sind sämtlich rekonstruiert. An den beiden Eingängen der Herkulesallee haben sich je zwei Herkulesgruppen aus der Permoserwerkstatt erhalten (Lennéstraße: Herkules und die Lernäische Schlange, Ruhender Herkules; Karcherallee: Herkules mit Busiris, Herkules erschlägt den Drachen im Garten der Hesperiden), weitere Gruppen stehen entlang der Hauptallee. Originale Corradini-Vasen findet man am Eingang der Hauptallee von der Lennéstraße (Vier Jahreszeiten und Vier Kontinente jeweils als Flachrelief). Von Corradini stammt auch die „Üppigkeitsvase" beim Palastteich (auf der stadtabgewandten Seite).

5,6 km lang ist die Trasse der **Parkeisenbahn** (ehedem Pioniereisenbahn),

Rund um den Großen Garten 203

einer mit allen Eigenschaften einer normalen Bahn ausgestatteten Miniaturbahn. Am Bahnhof (Lennéstraße, am Beginn der Herkulesallee) gibt es einen Bahnhofsvorsteher, und Abfahrten wie Ankünfte werden angesagt („Bitte von der Bahnsteinkante zurücktreten"). Kinder dürfen Schaffner spielen und vor den unbeschrankten Bahnübergängen im Park wird heftig getutet. Eine Fahrt ist auch für Erwachsene herrlich, nie wird einem sonst so enthusiastisch gewunken und nie wird man so begeistert angestrahlt.

Öffnungszeiten/Führungen: Der Park ist rund um die Uhr geöffnet und gratis. www.grosser-garten-dresden.de, Führungstermine über die Großer Garten Geschäftsstelle, Kavaliershaus G, Hauptallee 5, ✆ 4456600, 1:30 Std., 6 €.

Parkeisenbahn: 1. Aprilwochenende bis Okt. tgl. (außer Mo) 10–18 Uhr, im Juli/Aug. auch Mo 13–18 Uhr. Rundfahrt 6 €, erm. 3 €, Familienkarte 15 €, ✆ 4456795, www.park eisenbahn-dresden.de.

Zoologischer Garten

1861 wurde Dresdens Zoo im südlichen Teil des Großen Gartens gegründet, er war der vierte in Deutschland. Auf 13 Hektar finden sich u. a. Freigehege für Zebras und Pandas, ein paar klassische Raubtierkäfige, Vogelanlagen, ein Aquarium, ein Primatenhaus und das Menschenaffenhaus mit moderner Außenanlage für zwei Orang-Utan-Gruppen sowie Teichanlagen für Flamingos und Wasservögel. Im seit 1998 bestehenden Afrikahaus, man passiert es gleich zu Anfang, sieht man Elefanten. Die große Südamerika-Anlage zeigt Nandus, Maras und Vikunjas. Die Pinguine haben bereits eine neuere, naturnah gestaltete Außenanlage, und auch das Löwen- und Karakalgehege, die „Löwensavanne", ist besonders abwechslungsreich gestaltet und bietet Versteckmöglichkeiten für Tiere sowie einen Besucherfelsen. In der neuen Giraffenanlage kann man

die Langhälse gemeinsam mit den Zebras bewundern. Im Sommer öffnet das großzügig innen und außen gestaltete Prof.-Brandes-Haus, in dem neben Bartaffen und weiteren Affenarten auch Gürteltiere zu sehen sind.

Zoo Dresden, Tiergartenstr. 1 (Haupteingang), ✆ 478060, www.zoo-dresden.de. Im Sommer tgl. 8.30–18.30 Uhr, im Winter bis 16.30 Uhr, im Frühjahr und Herbst bis 17.30 Uhr; Eintritt 12 € (Mo nur 8 €), Familie 30 €. Café, Kioske, Biergarten, Restaurant. Achtung: Der Eingang vom Bahnhof der Parkeisenbahn ist nur an Wochenenden und Feiertagen von Ostern bis Okt. geöffnet, der Zoo-Ausgang ist aber immer möglich!

Botanischer Garten

Mehr als 3 Hektar umfasst der 1889 im nordwestlichen Bereich des Großen Gartens gegründete Botanische Garten der TU (Eingang von der Stübelallee). Relativ nüchtern ist er nach Herkunftsgebieten der Pflanzen gegliedert (rechts neuweltliche und links altweltliche Sukkulenten – so streng geht es hier zu). Tische, Bänke und ein überdachter Ruheplatz im hinteren Teil (den man erreicht, wenn man den Düften der Kräuter aus dem Küchengarten und den Farben unserer europäischen Sommerblüten folgt) laden zum Ausruhen ein, und manche Dresdner Familie kommt mit dem Picknickkorb hierher. Interessantes Tropenhaus!

Stübelallee 2, April bis Sept. 8–18 Uhr, sonst ab 10 Uhr mit Ende zwischen 15.30 und 17 Uhr. Eintritt frei.

Gläserne Manufaktur

Der gemäßigt futuristische Glas- und Metallbau am Nordwestende des Großen Gartens ist die Gläserne Manufaktur – seine Wirkung bezieht er nicht zuletzt von seiner Lage als Solitär auf weiter Fläche. Hier lässt VW seit 2001 sein Luxusmodell „Phaeton" in Handarbeit fertigen, was nicht nur die Kunden, sondern auch Besucher beobachten dürfen (nur mit Führung sinnvoll). Der vom Dresdner Architekten Gunter Henn entworfene Bau erhebt sich über einer erhöhten, von Wasserflächen mit attraktiver Bepflanzung durchbrochenen Plattform. Das Restaurant des Hauses, das „Lesage" (→ Essen & Trinken), passt zum gehobenen Stil des hier hergestellten Fahrzeuges, wobei es auch preiswerter im gleichnamigen Bistro geht.

Lennéstr. 1. Besuch mit Führung jeweils zur vollen Stunde: Mo–Fr 8.30–19, Sa/So 9–18 Uhr, Dauer 75 Min., 7/4,50 €, Familie 15 €; auch Kinder- und Architekturführungen: Information ✆ 4204411, www.glaeserne manufaktur.de.

Christuskirche (in Strehlen)

Der Dresdener Stadtteil Strehlen befindet sich südlich des Großen Gartens. Die weitum sichtbare Doppelturmfassade der Christuskirche zitiert gotische Kathedralen, ist aber eines der ersten Beispiele der Reformarchitektur im Dresden des frühen 20. Jh. (1902–1905), ähnlich wie die Gartenstadt Hellerau, die nur wenig später entstand. Oft als „Jugendstil" bezeichnet wird diese Zuordnung dem Werk der Architekten Rudolf Schilling und Julius Wilhelm Graebner nicht gerecht. Es fehlt die typische Jugendstil-Ornamentik, denn den Architekten kam es viel mehr darauf an, die gegebene Form von allem Dekor zu entschlacken und auf Grundformen zurückzuführen. Nur wenige Vorsprünge und Fenster gliedern die strenge, 66 m hohe Doppelturmfassade. Im Inneren darf es allerdings schon mal ornamental sein (vor den Kriegszerstörungen noch mehr als heute): Man beachte das an irische und altnordische Vorbilder angelehnte Schlangenmuster in einem Fenster der Apsis! Als erste moderne Kirche Dresdens ist die Strehlener Christuskirche auf jeden Fall einen Umweg wert.

Die Kirche ist von Ostern bis Erntedank tgl. 17–18 Uhr sowie zu den Gottesdiensten geöffnet; www.christuskirche-dresden.de. Wer mehr über die Reformarchitektur in Dresden und die Kirche erfahren will, greife

zu Cornelia Reimanns Buch „Die Christuskirche in Dresden-Strehlen", Dresden 2007 (Verlag der Kunst).

Straba 9, 13 Wasaplatz oder S 1, S 2 Strehlen.

Asisi-Panometer (in Reick)

Solche Ideen muss man erst mal haben. Der ungenutzte, leerstehende Gasometer im südöstlich an Strehlen grenzenden Ortsteil Reick inspirierte einen Professor der Technischen Fachhochschule Berlin namens *Yadegar Asisi* (*1955), der schon in Leipzig und Berlin Gasometer in riesige Panoramen verwandelt hat – Panometer sozusagen, und so heißt denn auch dieser Bau. In die zylinderartige Form des Gasometers mit dem Flachkuppeldach hat Asisi inzwischen schon mehrere 360°-Bilder (106 m lang und 27 m hoch) von Dresden gebannt, die jeweils mehrere Monate lang zu sehen sind.

Zum Beispiel **Dresden im Barock**, das bis Anfang 2016 gezeigt wird. Nach den Bildern Bernardo Bellottos und Vedutenmalereien, nach alten Ansichten und heutigen Bildern von den Türmen der Stadt sowie seinen eigenen, akribischen Rekonstruktionen hat er dieses riesige Gemälde geplant und mit PC-Hilfe erstellt. Was man hier sieht, ist äußerst eindrucksvoll: Man hat die vollkommene Illusion, auf dem Turm der Hofkirche zu stehen und die Stadt mit Blick bis in die Sächsische Schweiz zu überschauen. Der Tagesablauf wird mit wechselnder Beleuchtung und der entsprechenden akustischen Begleitung simuliert. Die Frauenkirche, der Zwinger, das sehr lebensecht wirkende Italienische Dörfchen (das damals wirklich noch ein Dörfchen war), das alles ist so lebendig, als ob man wirklich auf dem Turm stünde.

Danach steht **Dresden 1945** auf dem Ausstellungsplan. Die zerstörte Stadt, wie sie unmittelbar nach den Luftangriffen im Februar ausgesehen hat – gesehen aus der Perspektive vom Rathaussturm und im Zeitraffer eines Tages. Sound- und Lichteffekte zerren dabei wirklich an den Nerven und bedrücken alle Sinne. Die Zerstörungen werden dabei in einen gesamteuropäischen Kontext gestellt (Coventry, Rotterdam u. a.). Dieses Programm ist für den nichtortskundigen Besucher schwieriger zugänglich als die barocke Stadt, weil er sich schwerer tut, die Ruinen zu lokalisieren. Hier helfen eine Führung oder die akribische Lektüre der Infotafeln oder die Broschüren!

Gasanstaltstr. 8 b, ✆ 0341/3555340, www. asisi.de. Di–Fr 10–17, Sa/So/Fei 10–18 Uhr, Eintritt 11,50 €, erm. 10 €, 6–16 Jahre 6 €, Familie 29 €; sehr gut sind die Führungen (45 Min. zu 3 €). Am Ausgang gibt es ein kleines Café, Toiletten im Nebengebäude. Straba 1, 2 Liebstädter Straße, dann 10 Min. über Liebstädter, Winterberg- bis Gasanstaltstraße; S-Bahn 1, 2 Dresden-Reick, dann 10 Min. Fußweg; Bus 64 Nätherstraße.

Praktische Infos

→ Karte S. 200/201

Verbindungen

Bis Pirnaischer Platz Straba 1, 2, 4, 7, 12, von der Gläsernen Manufaktur zurück Straba 1, 2, 4, 12 ab Straßburger Platz.

Essen & Trinken

Café-Restaurant Lingner **7** Ein Café erwartet man ja mittlerweile in jedem einigermaßen anständigen Museum, aber ein veritables Restaurant? Das Lingner im Deutschen Hygiene-Museum ist genau das und ein Tagescafé für Museumsbesucher dazu. Der Raum mit seinen knallroten Wänden und der schlichten Einrichtung hat Bistro-Charakter. Das Angebot reicht vom gebratenen Tofu mit Zitronengras und Basmatireis über Kartoffelrösti bis zum delikaten orientalischen Sauerbraten mit Mandeln und getrockneten Früchten. Leider wechselnde Qualität der Zubereitung. Hauptgericht ca. 9–16 €, Lingnerplatz 1, im Deutschen Hygiene-Museum, Di–So 10.30–24 Uhr, ✆ 4846600, www.restaurant-lingner.de.

Restaurant Lesage **3** Die „Gläserne Manufaktur" von VW hat auch ein Restaurant. Beileibe kein Betriebsrestaurant, sondern eines, das vom Kempinski (Hotel Taschenbergpalais) aus betrieben wird und zu den besten der Stadt zählt. Also: Doradenfilet mit Zuckerschoten und Tomatencannelloni, gebackene Pralinen vom Stubenküken (Köche müssen nichts von Rechtschreibung verstehen) und Nougatmousse. Hauptgericht ca. 24–30 €. Günstiger und deftiger geht's im vorderen Bar-Bistro-Bereich zu, wo auch Upgrades von Burger und Currywurst serviert werden. Lennéstr. 1, tgl. 12–15 und 18–22 Uhr, Mo nur mittags und So nur Brunch 11–15 Uhr. Bar-/Bistrobetrieb tgl. bis 22 Uhr, So/Mo nur bis 18 Uhr, ✆ 4204250, www.lesage.de.

Grand Café Carolaschlösschen **12** Das Café-Restaurant ist ein beliebtes Ziel der Dresdner, kein Wunder bei der Lage im Großen Garten und der schönen Terrasse auf zwei Ebenen direkt über dem Carolateich (pardon -See). Lauschig, romantisch, die Fontäne im See plätschert – und das Essen im Erdgeschoss und auf der Terrasse im Grand-Café ist okay: bürgerlich in reichlichen Portionen, von Sülze mit Bratkartoffeln bis zu Kalbsrückensteak mit Beilagen. Hauptgericht 13–22 €. Zweites Restaurant „Galerie" im oberen Stockwerk, feiner, teurer. Querallee 7, tgl. ab 11 Uhr, am Wochenende ab 10 Uhr, ✆ 2506000, www.carolaschloesschen.de.

Wachstube **6** Das rustikale Restaurant im Pavillon im Großen Garten gleich neben dem Bahnhof der Parkeisenbahn bietet anständige bürgerliche Küche. Restaurant tgl. ab 11 Uhr, Biergarten bei gutem bis passablem Wetter von März bis Nov. ab 16 Uhr, Sa/So ab 11 Uhr. Lennéstr. 9 (am Eingang zum Großen Garten), ✆ 4466975, www. torwirtschaft-dresden.de.

Sommercafé am Palaisteich **5** Der Biergarten im Großen Garten liegt an der Palaisteich-Fontäne und direkt an der Hauptallee, das ist ein Standort, an dem an schönen Wochenenden halb Dresden vorbeizieht. Klassische Biergartengarnituren und Liegestühle, Selbstbedienung an den Kiosken für Getränke, Eis und kalte wie warme Gerichte sowie Gegrilltes. Hauptallee 9, April bis Okt. tgl. ab 11 Uhr, ✆ 8618483.

Palais Brühl-Marcolini | World Trade Center (WTC)

Tour 7: Wilsdruffer Vorstadt und Friedrichstadt

Wenige Besucher zieht es in den Nordwesten Dresdens, denn die Perlen der Wilsdruffer Vorstadt liegen verstreut zwischen Zwinger, Musikhochschule und orientalisch anmutender Yenidze in den Wohngebieten. Doch abseits der Touristenpfade finden sich in der Friedrichstadt einige schöne barocke Bauten wie der unglaublich gelungene Neptunbrunnen. Im ehemaligen DDR-Wohnviertel liegt die einzige nicht zerstörte Barockkirche Dresdens, die Annenkirche, im Dornröschenschlaf. Doch nicht mehr lange! Mit dem bereits begonnenen Umbau des Kraftwerks Mitte gönnt sich Dresden ein neues kulturelles Zentrum.

Diese Tour abseits der Altstadt empfiehlt sich für alle, die das Dresden-Pflichtprogramm schon hinter sich haben und sich außerhalb der gängigen Touristenstrecken bewegen wollen. Steht man jedoch auf dem weiträumigen und nach wie vor unfertigen → **Postplatz** direkt am Zwinger, kann man nur ahnen, dass es hinter diesen DDR-Fassaden, den nicht immer gelungenen Neubauten und Baustellen noch Sehenswertes gibt. In der → **Friedrichstadt,** einem barocken Stadtteil Dresdens, haben sich trotz schwerer Kriegsschäden einige interessante Bauten erhalten, darunter ein ganzes Schloss, das → **Palais Brühl-Marcolini.** Gegenüber auf dem Alten Katholischen Friedhof, dem ersten in Sachsen nach der Reformation, liegt u. a. der große Kom-

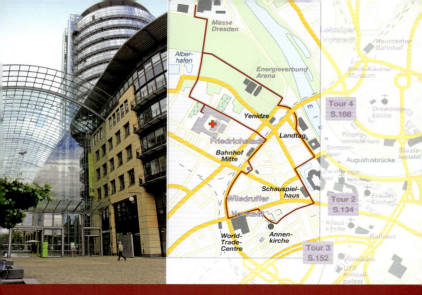

Tour 7: Wilsdruffer Vorstadt und Friedrichstadt

ponist der Romantik Carl Maria von Weber begraben.

Spaziergang

Auf dem Weg vom Postplatz in die Friedrichstadt lohnen sich einige Abstecher. Auf dem Hinweg sollte man entlang der Elbe gehen und nicht nur das → **Schauspielhaus** am Postplatz „mitnehmen", sondern auch die modernen Gebäude am Fluss wie den → **Sächsischen Landtag**. Und dann natürlich die „Tabakmoschee" → **Yenidze**, bei der jeder Dresden-Besucher zunächst ins Rätseln kommt. Einen Abstecher wäre für Sportbegeisterte der Sportpark im → **Ostragehege** wert, und wenn auf dem → **Messegelände** was los ist, bleibt man einfach in der Straßenbahn (Linie 10) bis zur Endhaltestelle sitzen.

Auf dem Rückweg von der Friedrichstadt passiert man den → **Wettiner Platz** mit der Musikhochschule. Gleich daneben schlägt auch das „grüne" Herz der Stadt mit dem Umweltzentrum, dem dahinterliegenden **wilden Gartenparadies** und gleich zwei super Möglichkeiten zur Bio-Einkehr (→ Essen & Trinken). Die westliche Flanke des Wettiner Platzes dominiert das im Aufbau begriffene → **Kulturzentrum Kraftwerk Mitte** (die neue Spielstätte der Staatsoperette). Ums Eck firmiert unter demselben Namen auch das Dresdner Energie-Museum → **KraftWerk**, das einmal ganz andere Aspekte der Stadt beleuchtet. Ein etwas weiterer Schlenker könnte über das sehr vollmundig so bezeichnete → **World Trade Center (WTC)** führen.

Der letzte Besichtigungspunkt dieser Tour liegt nur ein paar Minuten vom WTC entfernt in der Seevorstadt, im Südwesten der früheren Altstadt, die heute von drögen Wohnbauten gekennzeichnet ist. Mitten unter ihnen steht ein Barockjuwel mit Jugendstilfassade, die → **Annenkirche**. Sie ist die einzige Barockkirche Dresdens, die nicht zerstört wurde.

Sehenswertes

Postplatz

Was sich gleich neben dem Zwinger als nur teilweise städtische Fläche präsentiert, ist einer der wichtigsten Plätze und Verkehrsknotenpunkte von Dresdens Altstadt. Die massiv erweiterte Altmarkt-Galerie, die 4 m hohe und 12 m lange Wasserwand (ein Kunstwerk von 2007, die der berüchtigte Dresdner Volksmund als „Panzerdusche" tituliert) mitten auf der großen Freifläche sowie das aufgefrischte Schauspielhaus haben das vorher ästhetisch mehr als unbefriedigende Bild des Platzes aufgewertet. Der sogenannte „Fresswürfel", die Operngaststätte aus DDR-Zeiten, wurde abgerissen zugunsten des mit Sicherheit zu wuchtig geratenen Bürogebäudes „Wilsdruffer Kubus". Bis 1963 stand an seiner Stelle die Ruine der **Sophienkirche**, der einzigen gotischen Kirche, die sich bis zum Krieg in Dresden erhalten hatte. Zur Erinnerung daran wurde ein kleines Stück dieser Kirche rekonstruiert, die **Busmannkapelle**. Sie wird von einer Glaskuppel überdacht und erhält Originalteile in einer Betonrekonstruktion, so insbesondere die gotischen Fenster mit ihren dekorativen Maßwerkelementen.

Zwischen Schauspielhaus und Freiberger Straße eröffnete 2013 das wesentlich gelungenere „Zwinger Forum" (Motel-One-Hotel), dessen zwei auf Arkaden aufgebockte Baukörper erheblich leichtfüßiger daherkommen und dem Platz sowie dem historischen Nachbarn im Wortsinn Platz machen. Zwischen Hotel und Altmarkt-Galerie dominieren zurzeit noch die (Um-)Baustelle (z. B. bei der ehemaligen Oberpostdirektion) und ein unsäglicher Parkplatz – man darf schon gespannt sein, ob aus dem Postplatz schließlich eine runde städtebauliche Sache wird.

Schauspielhaus

Wer aus dem Zwingerhof das Kronentor aufnehmen wollte, wird sich möglicherweise darüber geärgert haben, dass eine direkt dahinter stehende Fassade verhindert, dass man das Tor ohne störenden Hintergrund fotografieren kann. Diese Fassade gehört zum Schauspielhaus, das 1911–1913 von den Architekten Lossow, Kühn und Dulfer errichtet, 1946–1948 nach Zerstörungen wieder aufgebaut und 1993–1995 generalsaniert wurde. Der neue Anstrich des technisch 2007 komplett erneuerten Baus stellt die Situation von 1913 wieder her: strahlendes Weiß mit gelber Sandstein-Gliederung, das Dach aus Biberschwanz-Dachziegeln ist dunkelrot, Kupfer an Außenrohren und Dachrinnen akzentuiert diesen Farb-Zusammenklang. Im Zuschauerraum sind Ausmalung und Stuck ein Mix aus Jugendstil und Neoklassizismus mit barocken Zügen. Ein fantastisches Schauspiel bietet der Sternenhimmel über der Bühne, der auf Knopfdruck eingeschaltet werden kann. Mithilfe der Sternwarte Radebeul wurde der Nachthimmel über Dresden zum Zeitpunkt der Beendigung der Generalsanierung 1995 rekonstruiert und mit mehr als 800 kurzen Strängen Glasfaserkabel simuliert. Und es ist nicht das erste Mal, dass der Sternenhimmel über der Bühne erstrahlt, 1913 gab es das schon mal – auf gemaltem Prospekt.

Karten für Aufführungen im Schauspielhaus → Kulturszene Dresden.

An der Herzogin Garten

An der Ostra-Allee folgte auf der Seite gegenüber dem Zwingerteich ein riesiges, brachliegendes Grundstück, das „an der Herzogin Garten" genannt wird und auf dem mittlerweile luxuriöse

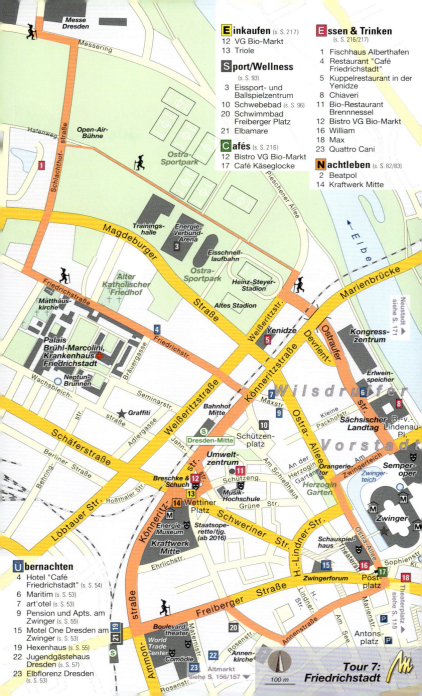

Dresdner Schauspielhaus am Postplatz

Wohnanlagen stehen hinter einem kleinen Streifchen Grün – ein eher schäbiger Abklatsch des anfangs geplanten öffentlichen Parks. Einzig das **Tor zur Orangerie** erinnert an die frühere Nutzung. 1837 war das ein 114 m langer und 8 m hoher Bau nach Plänen Gottfried Sempers. Hier wurden die Orangenbäume aus dem Zwinger im Winter untergebracht. Das Gelände ringsum, der Herzogin Garten, war genau das, ein Pflanzgarten für den Adel, also im 19. Jh. für das sächsische Königshaus. Den Namen hat das Gelände aus der Gründungszeit: Kurfürst Christian I. ließ den Garten 1591 für seine Frau Sophie anlegen – die Herzogin von Sachsen.

Sächsischer Landtag und Erlweinspeicher

Biegt man hinter dem Zwingerteich rechts ab zur Elbe und folgt dem Uferweg ein Stück flussabwärts, dann erreicht man nach wenigen Minuten den **Sächsischen Landtag.** Das Gebäude ist eine geglückte Kombination aus einem unauffälligen Altbau, der 1928 bis 1931 errichtet wurde (Rekonstruktion bis 1997), und einem klar gegliederten und kühl-funktionellem, zur Elbe und Altstadt durchsichtigen Neubau, der von 1991 bis 1994 entstand. Der Architekt des Neubaus und der Rekonstruktion des Altbaus (ehemals Landesfinanzamt) war der Dresdner *Peter Kulka* (*1937), der mit seinem Team beim Wettbewerb 1991 den ersten Preis gewann. Die lichte Lobby ist für Besucher geöffnet, der Plenarsaal ist von der Zuschauertribüne aus zu sehen. Im dritten Stock befindet sich das Restaurant Chiaveri (→ Essen & Trinken), das an einen anderen großen Architekten erinnert (Hofkirche!).

Einzelbesucher können auch ohne Anmeldung Mo–Fr 10–18 Uhr ins Foyer sowie auf die Zuschauertribüne des Plenarsaals. Besucherdienst ℡ 4935131, www.landtag.sachsen.de (mit Sitzungskalender).

Auf dem Platz vor dem Landtag steht nahe der Elbe ein Bronze-Torso, die **Nike 89** von Wieland Forster. Sie ist den Wendetagen 1989 gewidmet und soll mit ihrem Torsocharakter signalisieren, dass Siege nicht ohne Opfer erreicht werden können. Geht man auf

Wilsdruffer Vorstadt und Friedrichstadt

der vor dem Landtag querenden Devrientstraße nach rechts, passiert man den ehemaligen städtischen Speicher, **Erlweinspeicher** genannt. Heute ist hier nach großzügigem Umbau das Hotel Maritim untergebracht. Der Bau ist einer von vielen, die Dresdens Stadtbaumeister *Hans Erlwein* entwarf (der große, leer stehende Gasbehälter neben dem Panometer in Reick und der Pavillon auf dem Albertplatz gehören auch dazu). Er entstand 1913/14. Das moderne **Kongresszentrum** nebenan wird vom Hotel Maritim gemeinsam mit der Stadt Dresden betrieben.

Yenidze

Schon von der Devrientstraße aus fällt der Blick in der Ferne auf ein Bauwerk, das man eher in Edirne oder Istanbul ansiedeln würde. Jenseits von Marienbrücke und Eisenbahnlinie ragt linker Hand eine riesige Moschee mit gewaltiger Kuppel und jeder Menge Minaretten aus dem Stadtbild heraus und bildet einen reizvollen Kontrast zur bekannten Elbsilhouette. Eine Fata Morgana? Nein, eine stillgelegte Tabakfabrik, die heute als Bürohaus genauso frappiert wie 1912, als sie fertiggestellt war. Die Konstruktion als Beton-Stahlskelett war das Werk eines Dresdner Baumeisters und damals technisch sensationell. Die 18 m hohe Glaskuppel leuchtet vielfarbig, wenn sie von innen beleuchtet wird. Das geschieht, wenn gerade wieder eine Märchenlesung stattfindet (→ Kulturszene Dresden) und natürlich wenn das Restaurant in Betrieb ist (→ Essen & Trinken). Auch der höchste Biergarten Dresdens befindet sich hier oben. Und wenn Sie auf geschichtliche Treppenwitze stehen: Der Yenidze-Baumeister Hermann Martin Hammitzsch wurde seinerzeit wegen undeutschen Bauens aus der Architektenkammer ausgeschlossen. Die Ächtung dauerte nicht allzu lang, 1936 heiratete der überzeugte NSDAPler Hitlers Halbschwester Angela.

Friedrichstadt

Noch etwas weiter westlich befindet sich rund um die Friedrichstraße das Stadtviertel Friedrichstadt. Die frühere kleine Ackerbürgervorstadt, die sich in einem Vorwerk der Stadtbefestigungen Dresdens entwickelt hatte, wurde 1670 zum zukünftigen Standort von Manufakturen bestimmt. Der Kurfürst (Johann Georg II.) ließ einen Stadtplan entwerfen, die Hauptstraße – heute Friedrichstraße – wurde zur Hauptachse. Aus dem Plan eines Manufakturstandortes wurde jedoch nichts. Statt der Handwerker und der Manufakturen kamen Adelige und Bürger, die sich hier ansiedelten, es entstand eine geschlossene

Yenidze: Tabakfabrik anno 1902

Siedlung mit barocken Stadthäusern und Palais. Nördlich der Siedlung, die ab 1734 den Namen Friedrichstadt trug, wurde 1686 ein großer Hirschgarten zur Jagd angelegt, er bewahrte den früheren Namen der Siedlung, Ostragehege. Im 19. Jh. entstanden in der Friedrichstadt Industrieanlagen und Verkehrsbauten, der Wohnstandort verlor an Wert, die feine Gesellschaft zog anderswohin. Nach Kriegsende war der Stadtteil fast komplett zerstört, der Wiederaufbau wurde nicht in Angriff genommen.

Zwei **barocke Häuser** auf der linken Seite der Friedrichstraße (Nr. 29 und Nr. 33) sind nach umfassender Restaurierung wieder schön anzusehen und gute Beispiele für die frühere Bebauung der Straße. Das größte und einzig erhaltene Palais der Friedrichstadt ist das ehemalige **Palais Brühl-Marcolini**, heute städtisches Krankenhaus Friedrichstadt. 1727 wurde an dieser Stelle ein erstes Stadtpalais errichtet, dem nach 1736 der heutige Bau folgte, dessen Pläne von Johann Christoph Knöffel stammten. Graf Brühl, später Graf Camillo Marcolini, ließ eine auch innen großzügig eingerichtete Anlage mit betontem Mitteltrakt, Orangerie und großem Park errichten. Seit 1849 wurden die Gebäude zum Krankenhaus umgebaut und in den Park hinein wurden weitere Bauten gesetzt, was der Anlage weder im Detail noch im Ganzen gut getan hat. Von der Friedrichstraße her fallen vor der 200 m langen Fassade die steinernen Löwen auf, die wohl chinesisch beeinflusst sind, sowie der Ehrenhof und der Delphinbrunnen (Gottfried Knöffler). Die Gartenfassade mit Flügelbauten und Orangerie wirkt recht schlicht, fast streng, mehr von klassizistischer Kühle als von barockem Überschwang geprägt. Im Inneren sind der barocke Festsaal und mehrere Zimmer in Originalausstattung erhalten, darunter das mit attraktiven Chinoiserien gestaltete Chinesische Zimmer. Im Park sollte man sich den liebenswürdigen Winzerbrunnen (am Fässchen zu erkennen) vor der Orangerie ansehen, vor allem aber den mehr als 40 m breiten **Neptunbrunnen** an der Südwand. Er ist heute vom Schloss aus

Einer der schönsten Barockbrunnen Europas vor profaner Kulisse

wegen eines im 19. Jh. in der Blickachse errichteten Gebäudes (Haus N) nicht zu sehen. Die „großartigste Brunnenanlage Dresdens" wird mit jenen im Park von Schloss Schönbrunn (Wien) und jener im königlichen Park von Caserta bei Neapel verglichen. Dem könnte man uneingeschränkt zustimmen, würden nicht ausgerechnet die unattraktiven Wohnhäuser den Hintergrund ausmachen. Wir konzentrieren uns also auf die Details: Neptun selbst, Flussgötter, Tritonen und Nereiden bevölkern diese wunderbare Barockskulptur (Entwurf Zacharias Longuelune, Ausführung Lorenzo Mattielli nach 1741). Wer hinter dem Brunnen links in die Wachsbleichstraße spitzt, macht einen kunsthistorisch riesigen Sprung und entdeckt wirklich gute Graffitis. Die Matthäuskirche vorne neben dem Schloss hat zwar eine ellenlange Baugeschichte, ist aber tatsächlich ein Produkt der Nachkriegszeit.

Außenbesichtigung von Palais und Park jederzeit möglich, innen nur auf Anfrage und nach Rückbestätigung, ☎ 4803104. Die Wasserspiele des Neptunbrunnens sind nur stundenweise in Aktion: Mo–Fr 11.30–13.30/16–18, Sa/So/Fei 10–12.30/15–18 Uhr.

Gegenüber vom Krankenhaus-Palais auf der anderen Seite der Friedrichstraße befindet sich der **Alte Katholische Friedhof**, Sachsens ältester, 1720 angelegt. Hier liegen viele prominente Katholiken begraben, darunter Balthasar Permoser, dessen von ihm selbst geschaffene Kreuzigungsgruppe heute in der Friedhofskapelle steht. Außerdem Generalfeldmarschall Johann Georg Chevalier de Saxe, Sohn Augusts des Starken und der Gräfin Lubomirska, sowie Johann Baptist Casanova, der brave Bruder des wesentlich bekannteren Abenteurers und Memoirenschreibers. Auch der Bleisarg des 1826 in London gestorbenen Carl Maria von Webers wurde 18 Jahre später hierher überführt, und sein Kollege Richard Wagner hielt bei der Beisetzung eine

Rede, die den Weber-Mythos vom Nationalkomponisten erst so richtig ins Rollen brachte.

Der Friedhof ist tagsüber geöffnet, am Eingang Übersichtsplan der Friedhofsanlage.

Ostragehege und Messegelände

Jenseits der Weißeritzstraße, an der die Yenidze steht, dehnt sich ein großes Grüngelände mit zahlreichen Sportanlagen aus, das Ostragehege. Gehen Sie die Weißeritzstraße nach rechts – jenseits steht der teilweise abgerissene Sanierungsfall Heinz-Steyer-Stadion – bis zur **Pieschener Allee,** der Sie in ihrer ganzen Länge nach links folgen. Diese schöne, vierreihige Lindenallee wurde bereits um 1720 angelegt, sie war wie einige anderen Alleen dieser Zeit (Maille-Bahn in Pillnitz, S. 231!) auf das Residenzschloss ausgerichtet. Kaum zu glauben: 35 Linden stammen noch aus der Gründungsphase! Man passiert die Eislaufschnellbahn, die **Eis- und Ballsporthalle,** den Sportpark Ostra mit mehreren Spielfeldern und erreicht den **Alberthafen.** Hier an diesem von der Elbe abgezweigten Becken wirkt Dresden tatsächlich ganz hanseatisch.

Weiter führt uns die Schlachthofstraße zur **Messe Dresden.** Ab 1910 existierte hier der größte und modernste Schlachthof Europas, geplant von Stadtbaurat Hans Erlwein (→ Sächsischer Landtag und Erlweinspeicher). Der **Städtische Vieh- und Schlachthof** (nicht zu verwechseln mit seinem Vorgänger, dem „Alten Schlachthof" auf der anderen Elbseite) wurde ins bisherige Überschwemmungsgebiet gebaut, dazu musste eine neue Flutrinne für die Elbe gegraben werden. Wie es vor dem Bau des Schlachthofs hier aussah, zeigt ein Gemälde Caspar David Friedrichs im Albertinum: „Das Große Ostragehege" (um 1832 entstanden). Der Schlachthof, der von 1910 bis 1995 in Betrieb war, umfasste 68 Einzelgebäude.

Und er hat Eingang in die Weltliteratur gefunden: *Kurt Vonneguts* autobiographischer Roman „Slaughterhouse-Five" (→ S. 106) ist genau der ehemalige Schlachthof, in dem der amerikanische Schriftsteller als Kriegsgefangener den Bombenangriff auf Dresden am 13./14. Februar 1945 überlebt hat.

In einem Teil dieses riesigen Areals (36,1 ha) entstand nach 1995 die Messe Dresden, andere Bauten durften vor sich hin verfallen und wurden abgerissen.

Wettiner Platz und Kraftwerk Mitte

Man kann es allerorten sehen: In nächster Zukunft wird der vorher etwas vernachlässigte **Wettiner Platz** im Westen der Innenstadt zu einem kulturellen Knotenpunkt werden. Schon heute ist die nahe **Musikhochschule Carl Maria von Weber** mit ihrem architektonisch und akustisch modernen Konzertsaal eine Attraktion, das **Dresdner Kabarett Breschke & Schuch** lädt ein (am Beginn der Jahnstraße), und wenige Schritte weiter ist (in der Schützenstraße) das Umweltzentrum ein Treff – nicht nur der Grünen und Alternativen. **Das wilde Gartenparadies** versteckt sich direkt dahinter, ist öffentlich zugänglich und ist genau so, wie sein Name verspricht. Ein herrlicher Flecken zum Ausruhen mit wilder Wiese, Obstbäumen und Bänken und wegen der Spielmöglichkeiten super, wenn man mit Kindern unterwegs ist.

Auf das große Areal des ehemaligen **Kraftwerks Mitte** auf der anderen (westlichen) Platzseite konzentrieren sich weitere Hoffnungen: Bisher am Wochenende für Mega-Discos genutzt, wurde der verfallende ziegelrote Industriekomplex umgebaut. Ende 2016 sollen die bislang am Stadtrand agierende **Staatsoperette** sowie das **tjg. (theater junge generation)** hier ihre Vorstellungen geben. Daneben hofft man auf eine lebendige Mieter-Mischung aus Kultur und Gewerbe. Man darf also gespannt sein. Einer der Träger ist übrigens der Dresdner Versorger DREWAG, der schon jetzt ein Museum auf dem Areal betreibt (s. rechts: „KraftWerk").

Der Stand der Dinge ist auf www.kraftwerk-mitte-dresden.de abrufbar. Bisher gibt es im Kraftwerk Mitte nur eine ständige Veranstaltung, die Club Session am Freitag, Infos auf www.kraftwerk-club.de.

Transparenz bestimmt die große Halle des World Trade Centers

KraftWerk (Dresdner Energie-Museum)

Was hat aus der Barockstadt Dresden eine moderne Stadt gemacht? Die öffentliche Versorgung mit Gas, Strom und Wasser. Wer mehr über die Grundpfeiler des urbanen Lebens wissen möchte, ist hier in unmittelbarer Nachbarschaft des Bahnhofs Mitte genau richtig. Kinder und Jugendliche fühlen sich hier meist mehr „zu Hause" als in den Kunstsammlungen der Stadt.

Besuchereingang in der Könneritzstraße. Mi 10–17 (ganzjährig) und Sa 13–17 Uhr (nur Nov. bis März) oder nach Voranmeldung unter ✆ 8604180. Eintritt frei!

World Trade Center (WTC)

Das „WTC", wie es meist abkürzend genannt wird, ist ein zeitgenössischer Glas- und Betonbau mit hoher, heller Wandelhalle mit zahlreichen Imbissen und einem riesigen Stadtmodell (Mo–Fr 8–18 Uhr). Jeden Donnerstag findet ein Bauernmarkt statt (Ammonstraße/Ecke Freiberger Straße, gegenüber vom S-Bahnhof). Auffällig ist der spiegelverglaste, sechzehnstöckige Rundturm an der Nordseite der Passage.

Annenkirche

Weil sie von Wohnbauten der Nachkriegszeit umgeben ist, wird diese Kirche in der westlichen Altstadt sehr viel seltener besucht als andere Altstadtkirchen. Dabei kann sie mit ihrem Barockbau von 1769, dem klassizistischen Turm und dem Jugendstil des

Annenkirche: vom Krieg unversehrt

Innenraums durchaus auftrumpfen. Als einzige Kirche der Innenstadt ist sie nicht ausgebrannt. Doch nicht nur die Orgel von 1784 überstand das Februar-Bombardement unversehrt, auch 1000 Menschen fanden Zuflucht in der Annenkirche.

Die Annenkirche hat keine festen Öffnungszeiten, Gottesdienst meist So 11 Uhr, Pfarramt ✆ 4961966.

Praktische Infos → Karte S. 209

Verbindungen

Der **Postplatz** gehört zu den wichtigsten Knotenpunkten des öffentlichen Verkehrs in Dresden und wird von diversen Bus- und den meisten Straßenbahnlinien angefahren.

Zur **Friedrichstadt** und zur **Messe Dresden**: Straba 10 fährt Hauptbahnhof – Bahnhof Mitte – Friedrichstadt – Alberthafen – Messe Dresden. Wer vom Postplatz kommt, nimmt entweder den Bus Nr. 94 oder die Straba 1 bzw. 2 (Haltestelle auf der Südseite des Platzes) bis Bahnhof Mitte und steigt dann in die Straba 10 um.

Dresden kann auch hanseatisch: das Fischhaus am Alberthafen

Essen & Trinken

Café Käseglocke 17 Mitten auf dem Postplatz thront ein auffälliges rundes Döschen – 1927 als Wartehäuschen errichtet, dann Bedürfnisanstalt, DVB-Servicepoint und Kaffeerösterei – und lädt seit 2014 auf einen günstigen Kaffee (ab 1,90 €) bzw. Imbiss ein. Postplatz, tgl. 11–18 Uhr.

Max 18 Der dunkel glänzende Glaswürfel beim Postplatz bietet dem aus der Neustadt hierher expandierten Café-Restaurant ein gehobenes, modernes wie dekoratives Ambiente. Recht bequemes Mobiliar, locker-effizientes Personal, Bistro-Karte (Penne mit Gorgonzola und Blattspinat, wirklich frisch zubereitet, die Pasta al dente), gute Kuchen – zu jeder Tageszeit einladend. Pasta ab ca. 9 €. Wilsdruffer Str. 24, ✆ 48433870, www.max-dresden.de.

William 16 Das neue Restaurant mit Lounge-Bar im Schauspielhaus ist der kleine Bruder des Sternerestaurants Bean & Beluga. Das verpflichtet geschmacklich, ist aber wesentlich niedrigschwelliger (2-Gang-Theatermenü für Theaterbesucher nur 18 €; Mi–Fr 3-Gang-Business-Lunch 24 €). Klasse ist schon der Raum selbst mit seinem theatralisch goldenen Dekor. Einfach gute Küche, die Regionales gekonnt und neu inszeniert (mein Tipp ist der Dresdner Sauerbraten, für den hier Kalbsbäckchen verwendet werden), und einfach netter Service. Theaterstr. 2 (im Schauspielhaus), tgl. 11–23, Sa/So ab 10 Uhr, ✆ 65298220, www.restaurant-william.de.

Brennnessel 11 Wer einen Platz im hübschen, ruhig-idyllischen Innenhof des Umweltzentrums haben will, sollte mittags reservieren, ansonsten sitzt man auch in den rustikal-schlichten Gasträumen sehr gut. Vegetarische Küche mit schmackhaften Aufläufen und Nudelgerichten (z. B. Gnocchi) ab ca. 11 €, auch Veganes und mehrere Bio-Biere, freundliche Bedienung, nettes Publikum, nur die Küche ist nicht die schnellste. Schützengasse 18 (im Umweltzentrum), tgl. 11–24 Uhr, ✆ 4943319, www.brennnessel-dresden.de. ■

Bistro VG Bio-Markt 12 Im Hof neben dem Kabarett Breschke + Schuch versteckt sich nicht nur der größte Laden der Dresdner Bio-Einkaufsgenossenschaft, unmittelbar daneben gibt es auch noch ein Bistro sowie ein Bäckereicafé. Nichtmitglieder sind willkommen, zahlen allerdings einen höheren Preis, der aber für die gesunden kleinen Mahlzeiten immer noch sehr freundlich ist. Jahnstr. 5 a, Mo 13–19, Di–Fr 8.30–19, Sa 8.30–14 Uhr, ✆ 43831912, www.vg-dresden.de. ■

Wilsdruffer Vorstadt und Friedrichstadt

Chiaveri 8 Das Restaurant im Sächsischen Landtag punktet mit Lage, Service und Speisenqualität. Durch die Glasfront im dritten Stock sieht man auf Elbe und Neustädter Ufer (ein wenig Ozeandampfer-Feeling), von der Schmalseite auch auf die Semperoper und die Altstadt, im Sommer kann man draußen auf der Terrasse sitzen. Das zurückhaltend schlicht-edel eingerichtete Lokal hat einen aufmerksamen Service. Die Speisekarte hat Bistro-Charakter (Zanderfilet auf Grünem Spargel mit Kartoffelrisotto), es gibt auch Vegetarisches und ein interessantes Tagesangebot (in der Saison z. B. Pfifferlings-Karte mit u. a. Tortellini-Pfifferling-Auflauf). Hauptgang ca. 11–15 €. Leider nur kleine Auswahl offener Weine, der Merlot keine Offenbarung – dafür gratis WLAN! Bernhard-von-Lindenau-Platz 1, tgl. 11–23 Uhr, ✆ 4960399, www.chiaveri.de.

Kuppelrestaurant in der Yenidze 5 Im obersten Stockwerk der Tabak-Moschee lockt das Restaurant Yenidze mit großartiger Aussicht, zwei Stock tiefer Dresdens „höchster Biergarten". Dass hier die Aussicht über das Essen dominiert, versteht sich, die bürgerliche Küche ist aber durchaus anständig wenn auch etwas einfallslos und von wechselnder Qualität. Weißeritzstr. 3, tgl. 11–24 Uhr, ✆ 4905990, www.kuppelrestaurant.de.

Café Hotel Friedrichstadt 4 Das Café-Restaurant im gleichnamigen Hotel bietet bürgerliche Küche zu vernünftigen Preisen (Suppe, Hauptgang, 1 Glas Wein unter 20 €), gepflegtes Ambiente und einen aufmerksamen Service. Und natürlich Kaffee & (sehr gut) Kuchen bei klassischer Musik. Friedrichstr. 38–40, tgl. ab 11, So/Mo nur bis 18 Uhr, ✆ 49278810.

Fischhaus Alberthafen 1 Das Fischrestaurant und die benachbarte öffentliche Kantine empfehle ich vor allem Familien mit Kindern. Das liegt nicht nur am Essen und dem „Spielzimmer", sondern auch an der besonderen Dekoration aus echten Seefahrtsutensilien und den riesigen, bunt bestückten Aquarien. Magdeburger Str. 58, tgl. 11–23 Uhr, ✆ 4982110.

Quattro Cani 23 Das Restaurant des Hotels Elbflorenz ist wieder da – und ein ästhetischer wie kulinarischer Renner. Rustikale Einrichtung mit Fliesenboden, Holz und rotweißen Tischdecken. Gehobene italienische Bistroküche, viele Krawattenträger. Die Klassiker werden leicht und fein, aber manchmal ziemlich verfremdet präsentiert (Saltimbocca mit Rote-Bete-Risotto). Pasta ab ca. 9 €, Fleisch/Fisch ca. 15 €. Rosenstr. 36 (direkt hinterm WTC), Mi–Sa 17–23 Uhr, ✆ 8640700.

Einkaufen

Triole 13 Die Nähe zur Musikhochschule macht sich in der Nachbarschaft beim Wettiner Platz bemerkbar. Hier z. B. ein Fachgeschäft für Blasinstrumente. Schweriner Str. 50, tgl. (außer So) 10–19, Sa bis 14 Uhr.

VG Bio-Markt 12 Im Nachbarhaus von Bistro und Bäckereicafé (→ Essen & Trinken) kann man das gesamte Bio-Sortiment shoppen, und zwar einschließlich Drogeriebedarf und Textilien. Mitglieder der Verbraucherkooperative zahlen übrigens deutlich weniger. Eine Überlegung wert, wenn man länger in der Stadt bleibt. Tgl. (außer So) 9–20, Mo erst ab 13, Sa nur bis 14 Uhr. ∎

Lecker und gesund im VG-Bistro

Vom Blauen Wunder elbaufwärts

Tour 8: Der Elbhang zwischen der Neustadt und Pillnitz

Dresden ist in eine Landschaft gebettet, die es an Schönheit mit der Stadt aufnehmen kann. Flussaufwärts bieten Steilhänge alten und neuen Villen großartige Aussichtsstandorte und noch ein Stück weiter stehen die barocken Kleinode der beiden Pillnitzer Schlösser mit ihrem ausgedehnten Schlosspark. Dazwischen erlebt man sein „Blaues Wunder".

Zwischen der Neustadt und Pillnitz bildet das rechte, nordöstliche Ufer der Elbe einen steilen Hang, der, so lange es an der Elbe Wein gibt, für den Weinbau genutzt wurde, also mindestens seit dem 12. Jh. Früher war der Wein sehr viel weiter verbreitet als heute, aber billigere Konkurrenz machten ihm seit Beginn des Industriezeitalters arg zu schaffen. Die Reblaus vernichtete zudem ganze Weinberge und das Desinteresse der DDR-Bonzen am Weinbau tat das Übrige. Geblieben ist wenig, zumal die Nähe zum kurfürstlichen und später königlichen Dresden die Oberkanten der Steilhänge, aber auch flussnahe Stellen zu begehrten Standorten für Schlösser, Schlösschen und Villen machte. Was sich bis heute nicht geändert hat: Nirgends zahlt man in Dresden höhere Quadratmeterpreise als an den Hängen in Loschwitz und Weißer Hirsch.

Die beste Lage am Strom wurde schon in der Frühen Neuzeit Standort eines Schlosses, dem Vorläufer des kurfürstlichen und später königlichen → **Schlosses und Parks in Pillnitz.** Auch Bürgerliche suchten in den Weinbergen Erholung und richteten sich dort kleine Wochenendhäuschen ein. So auch die Familie Körner, die häufiger Besuch von ihrem Freund, dem Dichter Friedrich Schiller, erhielt. In ihrem Gartenpavillon, heute → **Schillerhäuschen,** arbei-

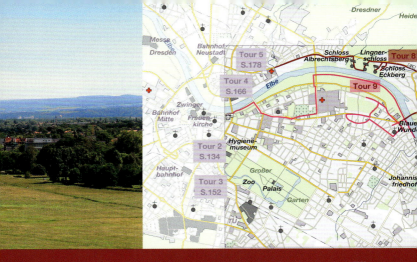

Tour 8: Der Elbhang ■ Tour 9: Entlang der Elbe

tete er an seinen Werken. Die stadtnahen Weinberge wurden im 19. Jh. schließlich aufgeteilt und es entstanden schlossähnliche Ansitze wie die sogenannten → **Elbschlösser** oder Villen wie im Ortsteil → **Weißer Hirsch** und in → **Loschwitz.**

Um die neuen Villenviertel an Dresden anzubinden, wurde eine Brücke gebaut, die den anschaulichen Namen → **Blaues Wunder** trägt und bei der es seit Jahrzehnten fraglich ist, ob und wie sie saniert werden kann. Für etwas Entlastung hat tatsächlich die stark umstrittene Brücke beim → **Waldschlösschenblick** gesorgt, die etwa auf halbem Wege ins Zentrum liegt und architektonisch eigentlich viel zu blass geraten ist. Ihr Standort befindet sich genau dort, wo das bis dato als UNESCO-Welterbe geschützte Elbtal am breitesten ist. Dresden wurde wegen dieses Baus im Jahr 2009 der Welterbetitel aberkannt. Die Fledermausart Kleine Hufeisennase, die kurzfristig als Argument für einen Baustopp diente, hat immerhin für eine nächtliche Geschwindigkeitsbegrenzung auf der optisch ziemlich diskreten Waldschlösschenbrücke gesorgt.

Stadtauswärts zwischen Loschwitz und Pillnitz trifft man immer wieder auf Weinberge und alte Weinbauernhäuser, → **Hosterwitz** war ein fast reines Weinbauerndorf. Der **Fernsehturm von Wachwitz**, den man immer wieder im Osten der Stadt sieht, hatte mal ein Turmcafé auf 145 m Höhe unterhalb einer Aussichtsplattform, der Besitzer, die Deutsche Funkturm GmbH (eine 100%ige Telekom-Tochter) plant keine Reaktivierung. Allerdings hat im Mai 2015 der Verein „Fernsehturm Dresden" 22.875 Unterschriften an die sächsische Landesregierung übergeben, damit Einheimische und Touristen bald wieder Kaffee und Eierschecke ganz oben genießen können.

Die Route

Die Tour kann in der unten beschriebenen Reihenfolge sowohl mit öffentlichen Verkehrsmitteln als auch mit dem eigenen Auto gut an einem Tag bewältigt werden. Mit dem Auto nimmt man die Bautzner Straße (B 6) stadtauswärts. Der Waldschlösschenpavillon steht rechts direkt an der Straße (Parkmöglichkeit), die Elbschlösser wenige Kilometer weit er unterhalb der Straße (zentraler Parkplatz für alle Schlösser). Anschließend folgt man zunächst weiter der Bautzner Straße bis ins Villenviertel Weißer Hirsch. Einige sehenswerte Villen befinden sich in der Nähe der Bergstation der Standseilbahn (Weg ausgeschildert). Um weiter nach Loschwitz, Hosterwitz und Pillnitz zu gelangen, fährt man die Bautzner Straße wieder ein Stück zurück und biegt links in die Schillerstraße ein, die auf Höhe des Blauen Wunders am Körnerplatz in die Pillnitzer Landstraße übergeht. Alle genannten Orte liegen entlang dieser Straße. Von Pillnitz zurück nach Dresden geht es schneller auf der anderen Elbeseite (Autofähre nach Kleinzschachwitz).

Mit öffentlichen Verkehrsmitteln startet man am Bahnhof Neustadt oder Albertplatz mit der Straßenbahnlinie 11 in Richtung Bühlau und steigt bei der Haltestelle Elbschlösser aus. Nach den Besichtigungen fährt man weiter bis Weißer Hirsch und spaziert durch das Villenviertel zur Bergstation der Loschwitzer Standseilbahn, mit der man hinunter nach Loschwitz fährt – zum → **Schillerhäuschen** muss man dann wieder ein Stück bergauf gehen. Das → **Leonhardi-Museum** dagegen findet man vom Körnerplatz aus nach knapp 200 m auf der Grundstraße.

Weiter geht es mit Bus 63 nach Pillnitz (und Graupa), wo man am Pillnitzer Platz aussteigt. Zurück entweder mit der Fähre nach Kleinzschachwitz und von dort mit der Straßenbahn 2 in die Stadtmitte (Umsteigen zum Albertplatz am Pirnaischen Platz in die Linie 3 oder 7). Oder – sehr viel schöner, weil man die Elbschlösser jetzt von der Flussseite aus sieht – mit dem Schiff zurück zur Anlegestelle Terrassenufer vor der Altstadt.

Sehenswertes

Waldschlösschenblick

Ein 1939 (!) entstandener Rundpavillon am Beginn des Anstiegs zur Elbterrasse markiert den weltberühmten „Waldschlösschenblick" auf das Elbtal bei Dresden. Das Tal darunter ist nicht verbaut, nur Fußwege begleiten die Elbe, im Hintergrund sind die Frauenkirche und das Panorama der Altstadt zu sehen. Nicht zufällig wurde dieses Fleckchen mit dem herrlichen, einmaligen Blick von der UNESCO zum Welterbe gekürt.

Die Welterberegion „Dresdner Elbtal" umfasste insgesamt 19,3 km² Fläche beidseitig der Elbufer zwischen Schloss Pillnitz im Osten und Schloss Übigau im Westen: „… eine hervorragende Kulturlandschaft, ein Ensemble, das die berühmte Barock-Silhouette und die vorstädtische Gartenstadt in ein künstlerisches Ganzes integriert", so lautete das Gutachten für die Verleihung des Welterbeprädikats durch die UNESCO. Der Bau der Waldschlösschenbrücke hat nach Meinung des UNESCO-Komitees diese vorher unzerstörte Landschaft unwiederbringlich beeinträchtigt, sodass Dresden 2009 der Welterbetitel entzogen wurde.

Elbschlösser

Alle drei Elbschlösser wurden auf dem Gelände des Findlater'schen Weinberges errichtet, seit 1805 im Besitz eines in Dresden ansässigen englischen Lords. Alle drei liegen in unmittelbarer Nähe zueinander hoch über dem Elbtal mit Blick auf die Stadt. Der Besuch des zusammenhängenden Parks ist bei Tag jederzeit möglich. Man geht (oder fährt mit dem Rad) unterhalb von Schloss Albrechtsberg in den von einem hohen

Der Elbhang zwischen der Neustadt und Pillnitz

Traum-Immobilie der Gründerzeit: Schloss Albrechtsberg mit Römischem Bad

Zaun umgebenen Park hinein und verlässt ihn wieder bei Schloss Eckberg. Eine wirklich großartige Aussicht genießt man von der Terrasse unterhalb des Schlosses Albrechtsberg!

Schloss Albrechtsberg ist ein spätklassizistischer Bau (1851–1854, Architekt Adolf Lohse), der mit seinen Ecktürmen und dem vorgeschobenen Mittelbau wie eine römische Renaissancevilla sehr imposant über dem früheren Weinberg thront. Besonders gut sieht man das von der anderen Elbseite aus, also vom Elberadweg (→ Tour 9). Eine Etage tiefer ließ der Bauherr Prinz Albrecht von Preußen ein „Römisches Bad" anlegen, ein Halbrund korinthischer Säulen und ein großes ovales Becken, heute romantischer Standort für lauschige Sommerabendveranstaltungen. Auch eine dritte, unterste Terrasse wurde planiert und in die Gesamtanlage mit dem großen Park integriert. Im östlichen Torbau ist eine kleine Ausstellung zur Geschichte des Schlosses und des Prinzen Albrecht von Preußen zu sehen (tgl. 10–18 Uhr, Eintritt frei).

Besonders aufwendig wurde das Schlossinnere ausgestattet. Im Gartensaal des Erdgeschosses mit seinen Stuckmarmorsäulen, im Kronensaal des Obergeschosses, im Ballsaal mit Kassettendecke und original venezianischem Kronleuchter sowie im „Türkischen Bad", wo mit Stuckfliesen und Stalaktitenwölbung ein arabisch-türkisches Dampfbad nachempfunden wird, ist das am deutlichsten zu sehen.

Bautzner Str. 130. Das Schloss ist heute eine private Hotel- und Gaststättenfachschule sowie Sitz der städtischen Jugendkunstschule Dresden. Besucht werden kann es innen nur im Rahmen von Veranstaltungen oder Führungen (s. u.). Der Kronensaal ist einer der beliebtesten Säle für Kammermusik (u. a. von der Dresdner Philharmonie). An Sonntagen (v. a. in den Wintermonaten) gibt es immer mal wieder **öffentliche 50-Min.-Schlossführungen** um 13, 14.30 und 16 Uhr (6 €, ohne Anmeldung, Termine auf der Website www.schlossalbrechtsberg.de, ✆ 8119821). Der Park und damit auch das Römische Bad sind frei zugänglich.

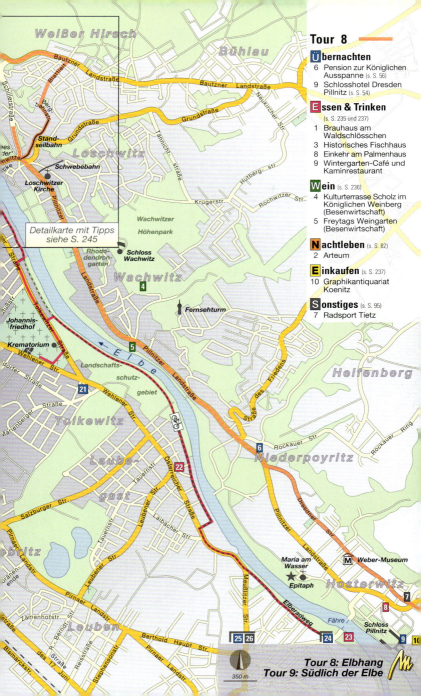

Das **Lingnerschloss (Villa Stockhausen)** entstand in der gleichen Zeit wie Schloss Albrechtsberg und wurde vom gleichen Architekten geplant. Auch der Stil ist ähnlich: Das Lingnerschloss besitzt Ecktürme, die zur elbabgewandten Seite weisen, und einen Weinberg, der direkt unterhalb ansetzt und sich bis hinunter zur Elbe erstreckt. Das Schloss gehört einem Förderverein, der bis 2014 den größten Teil des Schlosses saniert hat. Hier wird zu verschiedensten Veranstaltungen geladen, von einem Abend mit Blues und Jazz über Lesungen und Kammermusik bis zu einem geführten Spaziergang durch den Weinberg oder einem Trödelmarkt. Das Restaurant und der große Biergarten gehören ohne Frage zu den Plätzen mit den schönsten Aussichten über Dresden.

Am Bergfuß steht das **Mausoleum** des Industriellen Karl August Lingner (1861–1916), dem das Schloss ab 1906 gehörte und nach dem es heute meist benannt wird. Das schlichte Bauwerk von 1921/22 ist mit Reliefs von Georg Kolbe geschmückt. Auch wenn Ihnen der Namen Lingner nichts sagt, mit seinem Hauptprodukt sind Sie höchstwahrscheinlich schon mal körpernah in Berührung gekommen: „Odol", eine der ersten großen industriellen Marken und Prototyp für die moderne Werbung.

Bautzner Str. 132, tgl. 12–18 Uhr, Zugang zur Dachterrasse mit Ausstellung 3 € (bis 12 Jahre frei). Reguläre Führung immer Mi um 15 Uhr (5 €, bis 12 Jahre frei, Treffpunkt am Schlosseingang an der Parkseite). Sonderführungen, Veranstaltungsprogramm und Kartenvorverkauf im Torhaus bzw. unter ☏ 6465382, www.lingnerschloss.de sowie an den üblichen Vorverkaufsstellen (→ Kulturszene Dresden). Die Terrasse des Schlosses teilen sich ein einfacher Biergarten (Kiosk, Biergarnituren, Selbstbedienung) sowie die Außenplätze des feinen Restaurants Lingnerterrassen, das auch innen im Schloss serviert.

Schloss Eckberg entstand etwas später als die beiden anderen Elbschlösser (1859–1861) und wurde im neugotischen Neo-Tudorstil errichtet. Heute ist es ein Hotel (→ Übernachten) mit gutem Restaurant, das wirklich das Beste aus diesem Schlösschen macht. Besonders eindrucksvoll im Inneren sind die doppelläufige Treppe und die Treppenhalle

Ambitionierter Weinbau zwischen Lingnerschloss und Elbe

selbst. Wie es sich für die Bauzeit gehört, sind die schönen Kreuzrippengewölbe nur Fake, die Rippen sind aufgelegt und haben keine tragende Funktion.
Bautzner Str. 134, ℡ 80990, www.hotel-schloss-eckberg.de.

Weißer Hirsch

Die Straße nach Bautzen, die heute noch Bautzner Straße heißt, führt am Stadtrand, dort wo die Elbterrasse plötzlich ansteigt, an einem großen Wald vorbei, der Dresdner Heide. In diesem Wald gab es früher ein Lokal namens „Weißer Hirsch", nach dem heute noch der hier gelegene Ortsteil Dresdens benannt ist. 1888 kam ein *Dr. Heinrich Lahmann* in den Ort und errichtete hier ein Sanatorium. Das Haus unter seinem Namen hatte unmittelbar Erfolg und verschrieb sich einer schon damals modernen alternativen Medizin, die Medikamente ablehnte und auf eine vorwiegend vegetarische Ernährung, Abhärtung, Heilgymnastik und Hydrotherapie setzte. Prominente, aber vor allem zahlungskräftige Patienten kamen aus ganz Deutschland und Österreich-Ungarn (Franz Kafka, Rainer Maria Rilke, Oskar Kokoschka) und erhofften sich die Wiederherstellung ihrer Gesundheit. Dass die Standseilbahn von Loschwitz herauf gebaut wurde, ist diesem Erfolg zuzuschreiben, auch wenn der Chef selbst schon 45-jährig an den Folgen einer Grippe verstorben war. Mehr und mehr Villen entstanden, die schönsten und teuersten an der Hangkante mit Blick auf Dresden und das Elbtal – das hat sich bis heute nicht geändert, und derzeit werden auch die allerletzten Lücken mit Neubauten „Marke unerschwinglich" zugepflastert.

1914 war der Trubel im Sanatorium vorüber, weil die Gäste wegen des Krieges ausblieben. Das noble Parkhotel nebenan siechte dahin, nur die Villen florierten. Das Sanatorium (Bautzner Landstr. 1–5) und die repräsentative

Villa Heinrichshof (Stechgrundstr. 1, direkt nebenan) blieben lange ungenutzt, zuletzt waren russische Soldaten dort stationiert, 2015 fanden noch letzte Arbeiten statt. Das Parkhotel (Bautzner Landstr. 7, im Dezember 1914 eröffnet) blieb bestehen und wurde umgebaut. Die legendären DDR-Zeiten seiner Kakadu-Bar und des Blauen Salons sind zwar schon vorüber, aber immer wieder steigen hier Events und Partys, die den noblen, etwas überkandidelten Rahmen mögen.

Ein paar Meter nach dem Parkhotel – hinter der Grünanlage zwischen Commerzbank und Sparkasse – versteckt sich ein einzigartiges Baudenkmal, das einzige chinesische Original weit und breit: der **Chinesische Pavillon.** Der Pavillon war 1911 aus Anlass der 1. Internationalen Hygieneausstellung errichtet worden, Bauherr war die kaiserliche Regierung in Peking. Später hierher verpflanzt, verfiel der Pavillon und brannte im August 1997 aus. Bis Herbst 2015 wurde er restauriert – u. a. mithilfe

Auch die Volkssternwarte gehört zum Inventar im Roman „Der Turm"

einer Delegation der Stadtregierung von Hangzhou, die einen ähnlichen Pavillon besitzt. Dank einem Verein (www.chinesischer-pavillon.de) blitzt der Bau heute wieder wie damals, doch man träumt bereits von einem chinesischen Garten und einer Begegnungsstätte für den Stadtteil.

Uwe Tellkamps Bestseller „Der Turm" (→ Wissenswertes von A bis Z/Literaturtipps) hat die Villen auf dem Weißen Hirsch und unten in Loschwitz ins breite Licht der – literarischen – Öffentlichkeit gerückt. Schließlich sind die nur dürftig veränderten, oft sehr realen Häuser über weite Strecken fast so etwas wie die Hauptfiguren des Romans.

Unter den Villen in Oberloschwitz seien vor allem die 1890 entstandene Villa San Remo mit ihren Türmchen erwähnt, sie steht etwas unterhalb der Bergstation der Seilbahn, und die Villa Ardenne (Zeppelinstr. 7), die *Manfred von Ardenne* von 1960 bis zu seinem Tod 1997 bewohnte (Ardenne wurde bekannt, als er nach 1945 am Kernwaffenprogramm der UdSSR teilnahm und dann 1955 in der DDR ein privates Forschungsinstitut eröffnen durfte). Die **Volkssternwarte Manfred von Ardenne** im Garten (Zugang Plattleite 27) ist seit Ende 2007 aus Anlass ihres hundertsten Geburtstags wieder öffentlich zugänglich. Allein für die Restaurierung des 1907 entstandenen, historischen Zeiss-Refraktors hat die Von Ardenne GmbH für Anlagentechnik 78.000 € ausgegeben.

Termine zur Teleskopvorführung sowie Beobachtung des Sternenhimmels auf der Website www.sternwarte-dresden.de sowie unter ✆ 2637120, Anmeldung erbeten, 4 €, Schüler 2 €. Zu Sternwarten in Sachsen: www.astronomie-sachsen.de.

Loschwitz mit Standseilbahn und Schwebebahn

Loschwitz ist ein alter Weinbauernort, der den Dresdnern schon im 18. Jh. als Sommerfrische diente. So hatte die Familie Körner dort einen Garten, in dessen Gartenhäuschen Friedrich Schiller zu arbeiten pflegte (→ Schillerhäuschen). Im 19. Jh. entstanden dann Vil-

Der Elbhang zwischen der Neustadt und Pillnitz

len, und heute ist der Ort (neben Weißer Hirsch) der kompakteste und teuerste Villenvorort Dresdens. Die hübsche barocke Pfarrkirche wurde 1705 bis 1708 errichtet, der Entwurf stammt von keinem Geringeren als George Bähr, der damit seine erste Kirche plante. Die **Loschwitzer Kirche** ist deshalb auch unter dem Namen „kleine Frauenkirche" bekannt. 1945 ist sie ausgebrannt, wurde aber komplett rekonstruiert. In der Kirche befindet sich der sechs Meter hohe Marmoraltar aus der abgerissenen Sophienkirche in Dresden, ein großartiger Renaissancealtar von Giovanni Maria Nosseni.

1895 war es an der Zeit, die Villen am Weißen Hirsch mit Loschwitz durch ein modernes Verkehrsmittel zu verbinden, das den beträchtlichen Höhenunterschied flott überwinden sollte. Eine **Standseilbahn** war die Lösung, wobei die Wagen von einem Kettenschleppantrieb gezogen werden – dieser Antrieb funktioniert übrigens heute noch. Auf 547 m Länge werden so 95 m Höhenunterschied in wenigen Minuten überwunden, zwei Tunnel machen die Fahrt amüsanter – die Ausblicke von unterwegs sind jedoch leider nur mäßig.

Weitaus besser sind die Panoramen dagegen in der benachbarten, sechs Jahre jüngeren **Schwebebahn,** die sich auf der Fahrt über die Dächer und durch die Weinberge seit ihrer Renovierung 2013 viel mehr Zeit lässt. Selbst wer „oben" nichts zu tun hat, sollte hier einfach aus Lust und Laune rauf und runter fahren und sich am Blauen Wunder satt sehen. Oben natürlich aussteigen und von einer der Panoramaterrassen die Aussicht genießen, im Café Schwebebahn einen Kaffee trinken, das Maschinenhaus oder das kleine, aber außerordentlich feine Schwebebahnmuseum besuchen. Hier erfährt man in erstaunlicher Ausführlichkeit viel zur Geschichte der Dresdner Schwebebahn, die streng genommen nicht wirklich schwebt, sondern durch ein Zugseil angetrieben wird und korrekt „Einschienenhängebahn" heißen müsste. Nicht nur für Kinder einer der Höhepunkte bei einem Dresden-Besuch.

Bester Blick aus der Schwebebahn aufs Blaue Wunder

Loschwitzer Kirche: derzeit tagsüber offene Kirche, Gottesdienst So 9.45 Uhr. **Standseilbahn**: April bis Okt. Mo–Fr ca. 6.30–21.30 Uhr, im Winter bis 20.30 Uhr, Sa/So/Fei ca. 9.10–21.20 Uhr. **Schwebebahn**: April bis 1. Nov. 9.30–20 Uhr, im Winter bis 18 Uhr, letzte Besichtigung des Maschinenhauses um 18.45 Uhr. **Beide Bergbahnen** sind im März und Nov. meist ein bis zwei Wochen wegen Revision geschlossen, jedoch nicht gleichzeitig. **Preise**: einfach 4 € (erm. 2,50 €), hin/zurück 5 € (erm. 3 €), Familien 12,50 €, Wochen- und Monatskarten des VVO werden anerkannt, Tageskartenbenutzer zahlen den erm. Preis. Maschinenhaus kostet extra (2,50 bzw. 1 €), Infos ✆ 8572410.

Blaues Wunder

1891 war es so weit, die Elbe bekam zwischen Blasewitz und Loschwitz einen neuen Übergang, eine Hängebrücke ohne Strompfeiler – man musste auf die Elbschifffahrt Rücksicht nehmen. Es handelte sich um eine Stahlkonstruktion, wobei die eigentliche Brücke 141,5 m lang ist, mit Brückenlagern 260 m. Die Architekten Hans Manfred Krüger und Claus Köpcke brachten die Arbeiten 1893 zum Abschluss. Anschließend erhielt die neue Brücke einen blauen Anstrich und einen Spitznamen, den sie bis heute behielt: Blaues Wunder (derzeit eher ein ausgewaschenes Blau). Der Bau ist heute kein Wunder mehr, aber immer noch ein ästhetisches Vergnügen und vor allem sehr, sehr wichtig für Dresdens Verkehr (die Geh- und Fahrradbahnen wurden erst 1935 angehängt).

Zwei Dresdner Bürger verhinderten zu Kriegsende unabhängig voneinander durch ihr beherztes Eingreifen die bereits von der SS angesetzte Sprengung der Brücke. Eine Gedenktafel auf der Blasewitzer Seite der Brücke erinnert daran.

Heute bedrohen der Zahn der Zeit und der enorme Verkehr die Brücke. Der TÜV hat den Betrieb des Wahrzeichens nur noch bis 2025 genehmigt, und 2015 stand noch kein Erhaltungskonzept.

Schillerhäuschen

Im Gartenpavillon des Körnerschen Weinberges, etwas oberhalb der Loschwitzer Brücke an der heutigen Schillerstraße, hielt sich der Freund der Familie, Friedrich Schiller, häufig auf, vor allem zwischen 1785 und 1787 schrieb er hier an seinen Werken (in erster Linie am Don Carlos). Im Haus der Familie des Oberkonsistorialrates Christian Gottfried Körner am Neustädter Palaisplatz war damals das Zentrum des literarischen und philosophischen Dresden. Als Amateurmusiker wagte er sich an eine erste Vertonung der Ode „Freude schöner Götterfunken" seines Freundes Friedrich Schiller heran

Das Schiller-Körner-Denkmal

Der Elbhang zwischen der Neustadt und Pillnitz 229

Leonhardi-Museum: einfach umwerfendes Gebäude

(Beethoven schuf dann die etwas bekanntere Version). In seinem Haus verkehrten auch die Dichter und Maler der Romantik wie Ludwig Tieck, die Gebrüder Schlegel, Heinrich von Kleist und Caspar David Friedrich. Sein Sohn, der früh in der Schlacht gefallene Theodor Körner, wurde zum viel verehrten Freiheitsdichter. Schiller scheint Dresden sonst wenig gefallen zu haben, oder wie anders soll man seinen Spruch deuten, dass die Dresdner ein „unleidliches Volk" seien?

Schillerhäuschen, Schillerstr. 19, ✆ 4887370, Sa/So/Fei 10–17 Uhr von Ostern bis Ende Sept., Eintritt frei.

Gegenüber vom Eingang ist in die Stützmauer der Schillerstraße ein Jugendstil-Denkmal (1912/13) in Form eines großen Doppelreliefs über einem leider nicht mehr Wasser spendenden Brunnen eingelassen, das **Schiller-Körner-Denkmal.** Man sieht Schillers Abschied von der Familie Körner im Jahre 1801 und den Abschied Theodor Körners von seiner Familie vor seinem Tod in der Schlacht 1813.

Leonhardi-Museum

Die vielbefahrene, fast 3 km lange **Grundstraße** windet sich von Loschwitz den Hang hinauf nach Bühlau und ist alles andere als eine Touri-Magistrale. Dabei beherbergt sie noch im unteren, flachen Loschwitzer Teil ein kleines städtisches Museum, das einen schon von außen umhaut. Der in der stolzen Industriestadt der Gründerzeit so beliebte Historismus wurde hier auf die Spitze getrieben: in einer ländlichen bunten Fachwerkfassade mit unzähligen aufgemalten altdeutschen Sinnsprüchen. Emil August Eduard Leonhardi, einziger Sohn eines Tintenfabrikanten und akademischer ganzspätromantischer Maler („Der Maler des deutschen Waldes"), ließ sich hier 1879 das Wohnhaus der stillgelegten Hentzschelmühle zum Ateliergebäude umbauen mit dem schönen Namen die „Rothe Amsel". Heute ist der Kontrast zwischen dem Haus, den überdimensionierten Waldschinken des Gründers und den gezeigten hochklassigen Wechselausstellungen zeitgenössischer Bilder

Der Elbhang → Karte S. 222/223

und Fotografien überaus herausfordernd und eine echte Bereicherung im barockgesättigten Dresden. Von den 60er-Jahren bis zur Wende gab es hier legendäre Ausstellungen von DDR-Künstlern, die einzigen, die selbstorganisiert waren und außerhalb des offiziellen Kunstbetriebs liefen.

Grundstr. 26, tgl. (außer Mo) 14–18, Sa/So bereits ab 10 Uhr, ✆ 2683513, 4 €, erm. 2,50 €, Familie 6 €, Fr ab 12 Uhr frei.

Hosterwitz

Das Dorf hat mit einigen Sehenswürdigkeiten aufzuwarten. Im Zentrum von Hosterwitz befindet sich an der alten Verbindungsstraße nach Pillnitz das **Carl-Maria-von-Weber-Museum.** Es erinnert daran, dass der Komponist hier seinen Sommersitz hatte und seine drei Opern komponierte („Freischütz", „Euryanthe", „Oberon"). Seit 1816 war er Direktor der Deutschen Oper in Dresden, sein „Freischütz" wurde jedoch nicht hier uraufgeführt, sondern in Berlin, „Euryanthe" in Wien und „Oberon" in London.

Etwas ganz Besonderes ist auch die einsam am Elbfluss stehende Kirche **Maria am Wasser.** Man muss sie vom Wasser aus sehen, vom Schiff oder von der anderen Seite der Elbe, erst dann wird man dieser kleinen ehemaligen Wallfahrtskirche der Elbschiffer gerecht. Sie steht nah am Wasser – daher ihr Beiname. Eine Hochwassermauer umgibt sie und den alten Friedhof und lässt sie fast wie eine kleine Wehranlage wirken. Die spätgotische Kirche wurde zweimal barockisiert, 1704 und 1774, dabei wurde die Erinnerung an alte Wallfahrten fast vollständig ausgelöscht. Die malerisch überwucherten Grabsteine vom 18. bis zum frühen 20. Jh. stammen ebenfalls nur aus protestantischer, wallfahrtsloser Zeit. Wer neugierig auf dem Trampelpfad hinter der Mauer entlangläuft, findet hier das Epitaph von „Schnuff Weber, Freund aus der Neuen Welt". Gewidmet ist es dem zahmen Kapuzineräffchen des Komponisten Carl Maria von Weber, der in Dresden nicht nur mit seinen Opern Furore machte, sondern auch mit eben diesem Haustier.

Carl-Maria-von-Weber-Museum: Dresdner Str. 44, Mi–So 13–18 Uhr, Eintritt 4 €, erm. 3 €, ✆ 2618234. **Maria am Wasser** ist nur an Sommerwochenenden geöffnet.

Schloss und Park Pillnitz

Das Profil der wie bei chinesischen Pagoden geschwungenen Dächer des Wasserpalais in Pillnitz gehört zu den unvergesslichen Eindrücken eines Besuches in Dresden. Ob mit dem Elbdampfer, mit der Fähre, mit Straßenbahn und Bus oder auf dem Elberadweg vom gegenüberliegenden Kleinzschachwitz her, wie auch immer man sich nähert, besticht und erfreut der Anblick des Barockschlosses über dem Elbufer. Dass ein zweites barockes Schloss, das Bergpalais, sowie ein neueres Schloss, zwei Museen und vor allem der ausge-

Schnuff Weber, Komponistentier

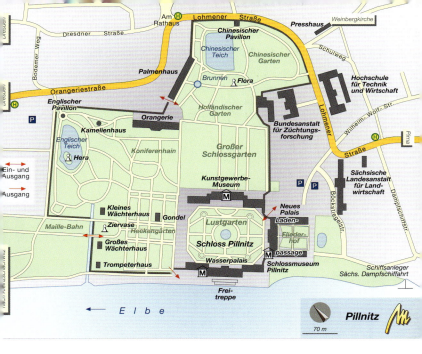

dehnte Park mit altem Baumbestand und einem chinesischen Pavillon weitere Höhepunkte eines Besuches der Anlage bilden, erhöht noch die Anziehung auf Dresdner und Gäste der Stadt.

Bereits in der Renaissance entstand an dieser Stelle ein Schloss, das 1694 in kurfürstlichen Besitz kam und 1706 von August dem Starken seiner Mätresse, der Gräfin Cosel, geschenkt wurde. 1718 – die Cosel hatte ihren unrühmlichen Abgang hinter sich – war das Schloss wieder kurfürstlich, und nun ging es erst richtig los (Merke: Die Gräfin Cosel kann keines der heutigen Gebäude gekannt haben!). Der viel beschäftigte Matthäus Daniel Pöppelmann entwarf dem von Chinoiserien begeisterten König und Kurfürsten (man denke auch an das Japanische Palais in der Stadt!) ab 1721 ein chinesisches Wasserpalais mit den Pagoden abgeschauten geschwungenen Dächern und Chinoiserien als Fresken und Tapeten an den Wänden. Was müssen die Dresdner gestaunt haben! Zwei Jahre später wurde etwas weiter vom Fluss entfernt ein neues, ebenfalls in chinesischer Manier gestaltetes Palais errichtet, das Bergpalais. Die Gartenanlage wurde dafür erweitert und der erste Teil einer langen Allee gepflanzt, die bis zum neuen Schloss in der Neustadt (Japanisches Palais) reichen sollte! Diese Allee ist auf ca. 500 m Länge erhalten und nennt sich heute Maille-Bahn, nach einem dem Golf ähnelnden Spiel, das auf ihr betrieben wurde.

Unter Friedrich August II., dem Sohn Augusts des Starken, wurde Pillnitz zur Sommerresidenz der Wettiner, ab 1778 wurde der bisher französische Park zu einem englischen Garten umgeformt. Der Kurfürst hatte botanische Interessen und ließ im Nordwesten des Parks einen holländischen Garten anlegen. Dort wurde auch im Jahr 1801 eine Kamelie gepflanzt, die heute noch steht

Der Chinesische Pavillon

und damit die älteste Europas ist. 1818 brannte das bis dahin etwas vernachlässigte Renaissanceschloss ab und das Neue Palais wurde errichtet, 1859 kam noch das gusseiserne Palmenhaus hinzu. Dann folgte eine lange Phase der Kriegszerstörungen, Vernachlässigung und langsamer Verfall. Doch schon vor der Wende war der größte Teil der Wiederherstellungsarbeit geleistet. Heute strahlen die Schlösser allesamt wieder und der Spaziergang durch den gepflegten Park ist ein einziger Genuss.

Zum **Wasserpalais** steigt man auf geschwungenen Treppen vom Wasser herauf, hier legten die festlichen Boote an, die den Hofstaat von Dresden nach Pillnitz brachten. Sphinxe flankierten diese Inszenierung aus Natur und Architektur (die heutigen Anleger – für die Fähre stromabwärts, für die Dampfer stromaufwärts – sind dagegen komplett nüchtern). Im Untergeschoss sind die Wasserstände der Elbhochwasser gekennzeichnet, 2002 hängt alle anderen ab. Das einer Folge dreier Pavillons gleichende Palais ist in den Hohlkehlen unterhalb der geschwungenen Dächer mit Chinoiserien bemalt. Ein Fernglas hilft, die aparten Szenen besser zu erkennen und sich darüber zu amüsieren, wie europäische Künstler des Barock sich so ihr Ostasien zusammenfantasierten. Im Wasserpalais Pöppelmanns ist der Großteil des Kunstgewerbemuseums untergebracht, ein kleinerer Teil befindet sich im Bergpalais.

Im **Kunstgewerbemuseum** ist in einer Folge original eingerichteter Räume die prunkvolle Inneneinrichtung von Schlössern aus der Zeit Augusts des Starken zu bewundern. Daneben sollte man aber die handwerklich perfekten Möbel aus den Dresdner Werkstätten in Hellerau nicht übersehen. Im Wasserpalais ist vor allem Kunsthandwerk des 17. und 18. Jh. ausgestellt, im Bergpalais das Kunsthandwerk und Handwerk des Bürgertums bis in die Gegenwart.

Durch den von hübschen Rabatten und Wasserflächen gegliederten Garten geht man hinüber zum **Bergpalais**, das ebenfalls „à la chinoise" angelegt wurde, innen jedoch erst im späten 19. Jh.

Der Elbhang zwischen der Neustadt und Pillnitz

chinoisisierend ausgemalt wurde. Auch beim Bergpalais besticht die markante Schornsteinsilhouette, die den Eindruck des „Chinesischen" verstärkt. Der Hauptsaal mit seinen Chinoiserien und die Weinlig-Zimmer mit kostbaren intarsierten Möbeln und Original-Wandgestaltung des 18. Jh. sind die wichtigsten Räume.

Neben den originalen Innenräumen des Kunstgewerbemuseums im Wasserpalais ist der Garten zwischen den beiden Palais der wohl authentischste Eindruck, den von man von der Gesamtanlage mit nach Hause nehmen kann.

Der Spaziergang durch den **Schlosspark** sollte auf jeden Fall den beiden Pavillons (Chinesischem und Englischem), weiters dem Palmenhaus sowie dem Kamelienhaus gelten. Das **Palmenhaus** ist in seiner ganzen Länge modern bepflanzt worden und zeigt im nördlichen (hinteren) Teil ein erstaunlich naturgetreues Trockental mit Grundwasser in Nordaustralien – nur die Schwärme von Sittichen fehlen. Das **Kamelienhaus** steht auf Schienen, wird es richtig warm, wird es weg geschoben und die riesige Pflanze steht im Freien – das ist bei der Blüte eher selten der Fall.

> **Tipp**: Im Hof des Neuen Palais stehen vierzig Fliederbäume einer Rasse chinesischen Flieders, die sehr selten ist und ihre Stämme rechts dreht. Die Bäume sind mehr als hundert Jahre alt. Ihre Blüte beginnt meist noch in den letzten Apriltagen, manchmal bereits Mitte April. Das Dunkellila des Flieders gibt den prächtigsten Vordergrund für die Schlossfassaden ab, den man sich denken kann.

Das **Neue Palais** an der Stelle des abgebrannten Renaissanceschlosses wurde im klassizistischen Stil errichtet und war das eigentliche Wohnschloss der Wettiner bis zum Ende ihrer Herrschaft im November 1918. Bis auf die Katholische Schlosskapelle mit ihrer Ausmalung im Stil der Nazarener und den Kuppelsaal ist von der Innenausstattung fast

Lustgarten und Bergpalais von Schloss Pillnitz

nichts erhalten. Der Besuch des heute als **Schlossmuseum Pillnitz** fungierenden Neuen Palais lohnt sich jedoch wegen der interessanten Ausstellungen über die Geschichte der Schlösser von Pillnitz und der Wettiner und wegen der Königlichen Hofküche im Souterrain, die ihre Vorratskammern, Herde und Öfen, Warmhalteeinrichtungen und Arbeitstische behalten hat und durch zusätzliche Kochutensilien ganz lebendig gestaltet wurde.

Öffnungszeiten

Park ganzjährig von 6 Uhr bis zum Einbruch der Dunkelheit, Räder müssen außerhalb abgestellt werden. **Schlossmuseum und Kunstgewerbemuseum** Mai bis 1. Nov., **Palmenhaus** April bis Okt. 10–18 Uhr, Nov. bis März 10–16 Uhr. Die Museen (also alle drei Schlösser) sind im Winter geschlossen, allerdings gibt es an den Wochenenden im Schlossmuseum Führungen, und das **Kamelienhaus** ist während der Blütezeit Mitte Febr. bis Mitte April tgl. 10–17 Uhr geöffnet.

Eintritt

Etwas komplizierter: Im **Museumsticket** sind Park, Pflanzenhäuser und Museen inbegriffen, es kostet 8 €, erm. 6 €, bis 16 Jahre frei. Das **Parkticket** kostet 2 € (1 €), Jahreskarte 8 €, es berechtigt zum Besuch des Parks und der Pflanzenhäuser. Der **Parkeintritt** ist jedoch **nur kostenpflichtig** von April bis 1. Nov. zwischen 9 und 18 Uhr.

Wer eine Jahreskarte der Staatlichen Kunstsammlungen Dresden hat, zahlt generell keinen Eintritt, dies gilt auch für die Schlösserlandkarte. Informationen gibt es im Besucherzentrum Alte Wache, ✆ 2613260.

Verbindungen/Parken

Straba 2 von der Stadtmitte (z. B. Pirnaischer Platz) bis Endstation, kurzer Fußweg bis zur Elbfähre, Übersetzen zum Schlosspark. Oder Straba 6, 12 bis Schillerplatz, weiter mit Bus 63 bis Pillnitzer Platz oder Leonardo-da-Vinci-Straße. Oder Dampfschiff ab Terrassenufer bis Anlegestelle Pillnitz (von dort 5 Gehminuten stromabwärts).

Parken auf dem Besucherparkplatz an der Leonardo-da-Vinci-Straße ist gebühren-

pflichtig (an Sommerwochenenden oft lange Warteschlangen).

Pillnitzer Weinberg und Weinbergkirche

„Großer Berg" von Pillnitz nennen sich die Rebanlagen aus der Zeit Augusts des Starken. Der **Weinberg** war noch in den 1970er-Jahren verwahrlost, die Aufforstung durch den Staatlichen Forstwirtschaftsbetrieb wäre zu teuer gekommen. So überließ man einen kleinen Teil drei Freizeitwinzern, darunter der Böttchermeister Rolf Götze aus Dresden-Leubnitz. 1980 gründete er mit mehreren anderen die Weinbaugenossenschaft Pillnitz – und hatte Erfolg. Heute gibt es 6 ha denkmalgeschützten Weinberg, der von ca. 70 Freizeitwinzern bewirtschaftet wird.

Die **Weinbergkirche „Zum heiligen Geist"** ist ein idyllischer Ort, eine barocke Kirche mitten in den Weinbergen. Nur über ein autofreies altes Sträßchen mit Kopfsteinpflaster kommt man zu ihr hinauf. 1723 bis 1725 wurde sie nach einem Plan von Matthäus Daniel Pöppelmann errichtet. Besonders eindrucksvoll ist der Sandsteinaltar mit einem Abendmahlrelief in der Mitte. Er wurde 1648 vollendet und stammt aus dem Vorgängerbau – dieser befand sich jedoch nicht hier, sondern dort, wo heute das Neue Palais steht. Auch die Holzkanzel stammt aus der früheren Kirche ebenso wie die Grabsteine, die bis auf das 16. Jh. zurückgehen. Die Weinbergkirche ist nur an Sommerwochenenden geöffnet. Am Ersten Mai findet neben der Kirche ein Winzermarkt statt, auf dem Pillnitzer Nebenerwerbswinzer ihre Weine anbieten.

An der Abzweigung von der Pillnitzer Straße am Fuß des Borsberges steht das **Pillnitzer Presshaus.** Mit seinem bunten Spät-Empire (oder Biedermeier)-Giebelfries von 1827 ist es nicht zu übersehen.

Der Elbhang zwischen der Neustadt und Pillnitz

Praktische Infos → Karten S. 222/223 und S. 245

Verbindungen

Mit öffentlichen Verkehrsmitteln

Vom Bahnhof Neustadt oder Albertplatz mit der Straßenbahnlinie 11 (Richtung Bühlau), Haltestelle an den Elbschlössern und im Viertel Weißer Hirsch. Von Loschwitz fährt der Bus Nr. 63 nach Pillnitz (Haltestelle Pillnitzer Platz). Zurück entweder mit der Fähre nach Kleinzschachwitz und von dort Straba 2 in die Stadtmitte (Umsteigen zum Albertplatz am Pirnaischen Platz in die Linie 3 oder 7). Oder – sehr viel schöner und bequemer – mit dem Schiff zurück zur Anlegestelle Terrassenufer vor der Altstadt.

Mit dem Auto

Über die Bautzner Straße stadtauswärts bis Weißer Hirsch. Nach Loschwitz, Hosterwitz und Pillnitz den Abzweig Schillerstraße (später Pillnitzer Landstraße) nehmen. Für den Rückweg in Pillnitz mit der Fähre übersetzen, so ist man schneller am Ausgangspunkt zurück als über das Blaue Wunder.

Mit dem Rad

Die Bautzner Straße ist zwar recht stark befahren, aber vom Waldschlösschen bis knapp vor der Abzweigung der Schillerstraße gibt es einen Fahrradweg. Vor Weißer Hirsch zuletzt starke Steigung! Man fährt in Weißer Hirsch am besten bis zur Bergstation der Schwebebahn (nicht zu verwechseln mit der Standseilbahn), dann wieder zurück und über die Schillerstraße zur Talstation. Auf der Pillnitzer Straße nach Pillnitz und sinnvollerweise mit der Fähre über die Elbe und auf dem Elberadweg (→ Tour 9) zurück.

Essen & Trinken

Brauhaus am Waldschlösschen **1** → Karte S. 222/223. Das Brauhaus der ältesten heute noch brauenden Aktienbrauerei Deutschlands und sein Biergarten mit Elbtal- und Dresdenblick sind populäre Plätze für rustikales Essen und Trinken (Mo Haxentag, Mi Schnitzeltag, So Maßbiertag mit Musik), oft sind ganze Kollegen- oder Kumpelsgruppen hier. Hauptgericht 9–15,50 €. Am Brauhaus 8 b, tgl. 11–24 Uhr, ☎ 6523900, www.waldschloesschen.de.

Historisches Fischhaus **3** → Karte S. 222/223. Schon im Waldgebiet der Dresdner Heide steht eines der ältesten Gasthäuser Dresdens. Seine Historie lässt sich seit 1573 verfolgen. Bestechend idyllische Lage und bürgerliche Küche (die jedoch in der Ausführung manche Mängel aufweist). Stimmungsvoll sommerliche Essen im Gartenhaus mit Holzbackofen, im Winter das Kaminrestaurant. Hauptgang ab ca. 7 €. Fischhausstr. 14, tgl. außer Mo 12–24, Sa/So ab 11 Uhr, ☎ 899100, www.historisches-fischhaus.de.

Lingnerterrassen **29** → Karte S. 245. Seit dem Sommer 2010 kann man wieder essen im Lingnerschloss (draußen im Biergarten hat man schon länger was bekommen). Ausblick und Location übertreffen noch etwas die Qualität der Speisen (Hauptgerichte 10–22 €). Der Service ist wirklich freundlich. Wegen der vielen geschlossenen Veranstaltungen besser vorher anrufen. So 10–13 Uhr Brunch. Kein Ruhetag. Küche 12–22

Sommer auf den Lingnerterrassen

Uhr, Jan. bis März nur bis 17 Uhr. Bautzner Str. 132, ☎ 4568510, www.lingnerterrassen.de.

≫ Tipp: Bean & Beluga **32** → Karte S. 245. In dem früheren Café an der Straße von der Neustadt zum Weißen Hirsch residiert seit 2010 die Weinbar (mit Feinkostlädchen) und das Restaurant des Sternekochs Stefan Hermann. Außer dem Michelin-Stern, den 17 Punkten im Gault Millau und der Auszeichnung „Restaurant des Jahres 2013" der Zeitschrift „Feinschmecker" gibt's auch von uns eine Eins mit Stern sowie die bedingungslose Empfehlung. Besonders schön ist, dass das Essen und der Wein gnadenlos im Mittelpunkt stehen und snobistische Inszenierungen hier wenig Platz haben. Dazu passt der perfekte, freundliche Service. Auch als Vegetarier wird man auf höchstem Niveau satt und zufrieden. Bean & Beluga ist auch für die Buffets in der Semperoper zuständig, und das William im Staatstheater (→ Tour 7) gehört ebenfalls dazu. Bei den Menüs (100–150 €) ist man in der Anzahl der Gänge ziemlich frei; Hauptgang in der Weinbar 24 €. Bautzner Landstr. 32, Di–Sa 18.30–22 Uhr, Tagesbar Di–Fr 15–23, Sa ab 10 Uhr, ☎ 44008800, www.bean-and-beluga.de. **≪**

Körnergarten 40 → Karte S. 245. Einer der bekanntesten Biergärten Dresdens liegt direkt an der Elbe in Loschwitz. Selbst von innen hat man einen guten Blick auf das Blaue Wunder. Sehr idyllisch, vor allem vor Sonnenuntergang, bürgerliche Küche, gute Steaks, Hauptgang ca. 9–19 €. Friedrich-Wieck-Str. 26 (zeitweise problematische Parksituation, besser mit dem Bus kommen), Loschwitz, tgl. 11–24 Uhr, ☎ 2683620, www.koernergarten.de.

Elbegarten 38 → Karte S. 245. Gleich neben dem Körnergarten liegt der momentane Nur-Biergarten, der von Mai bis Sept. bei schönem Wetter bis 23 Uhr geöffnet ist. Sehr gut geeignet für Familien, wesentlich weniger Rummel als im Schillergarten auf der gegenüberliegenden Elbseite. Diverse Biere sowie Cider, Bistro-Gerichte und Kleinigkeiten. Friedrich-Wieck-Str. 18, ☎ 2106443, www.elbegarten-dresden.de.

Café Schwebebahn 33 → Karte S. 245. Kiosk mit Außenplätzen direkt an der Bergstation der Loschwitzer Schwebebahn. Definitiv die beste Aussicht zu Kaffee und Kuchen und ideal für einen romantischen Sommernachmittag. Nur April bis Okt., 10–19 Uhr, Sierksstr. 2, ☎ 0172-7987336.

≫ Tipp: Die charmantesten „Biergärten" der Stadt sind die Besenwirtschaften der Winzer. Hier lernt man die Stadt noch mal von einer gänzlich anderen, fast schon mediterranen Seite kennen – „Elbflorenz" meint nicht nur Baukunst! – und kommt ganz unverkrampft mit den Dresdnern ins Gespräch.

Weinberg am Schloss Albrechtsberg 28 → Karte S. 245. Wer zu Fuß am rechten Elbufer von Loschwitz aus Richtung Zentrum läuft, wird bald vom vielversprechenden Schild durch die dicke Mauer und hoch in den Weinberg gelockt. Geben Sie unbedingt nach. Der Winzer Lutz Müller schenkt hier auf seiner Open-Air-Weinbergterrasse u. a. sehr guten Riesling und Grauburgunder aus (Wein ab 2 €) und serviert einen vor Ort gebackenen delikaten Flammkuchen (ab 5 €). Den traumhaften Blick über die Silhouette der Stadt gibt's gratis dazu. März bis Nov. So/Fei 11–19, April bis Sept. auch Sa. ☎ 3289217 (keine Reservierungen), www.winzer-lutz-mueller.de.

Freytags Weingarten 5 → Karte S. 222/223. So privat sitzt und trinkt man in ganz Dresden nicht wie hier im alten Winzerort Wachwitz, auf halber Strecke zwischen Blauem Wunder und Pillnitz. Der sympathische Hobbywinzer Wolf Freytag schenkt hier in der schlichten Besenwirtschaft den einfachen Wein der lokalen Winzergenossenschaft aus und weiß viel zu erzählen: über den Wein, das alte Fischerhaus, in dem er lebt und ausschenkt, und über seine Wanderschaft auf dem Jakobsweg nach Compostela. Schoppen 3–4,50 €, Fettbemme mit Gänseschmalz 1,50 €. Altwachwitz 4 (an der Bushaltestelle der Linie 63), Mai sowie Mitte Juli bis Mitte Okt. Do–So ab 14 Uhr, ☎ 2684496, www.freytags-weingarten.de.

Kulturterrasse Scholz im Königlichen Weinberg 4 → Karte S. 222/223. Der Musiker, Schauspieler und Selfmade-Winzer Reinhard Scholz hat hier im Königlichen Weinberg der Wettiner mit viel Arbeit und erworbener Geduld ein kostbares Idyll geschaffen (mit eigenen Worten: eine Begegnungsstätte für alle Liebhaber des Leitsatzes „Wein, Weib & Gesang"). Es gibt an Sommersonntagen allerlei interessante musikalische Veranstaltungen und noch häufiger mittlerweile mehr als anständigen Wein. Von der Pillnitzer Str. (Haltestelle Altwachwitz) auf die Josef-Herrmann-Str., an deren Ende Einstieg zum Weinberg. Nur So/Fei von Anfang April bis Mai, zum Elb-

Der Elbhang zwischen der Neustadt und Pillnitz

hangfest sowie von Ende Aug. bis Okt. ℡ 2591030 bzw. 0160-6124582. «

Wintergarten-Café und Kaminrestaurant 9 → Karte S. 222/223. Die ehemalige Schlossschänke in Pillnitz ist ein großes, auf den Ansturm mehrerer Touristengruppen eingestelltes Lokal des Schlosshotels mit Bistroküche (Hauptgerichte ab 10,50 €) und Gastgarten, dagegen deckt das Kaminrestaurant (Kamin, Pianomusik, erinnert etwas an großbürgerliche Speisesäle der Gründerzeit) gehobene kulinarische Bedürfnisse ab. Schön ist es v. a. in den Abendstunden auf der Terrasse. Menü im Kaminrestaurant ab 42 € (3 Gänge) bis 72 € (5 Gänge). August-Böckstiegel-Str. 10, Schlossschänke tgl. 10–24 Uhr, Kaminrestaurant Di–Sa ab 18 Uhr (im Jan./Febr. zu), ℡ 26140, www.schlosshotel-pillnitz.de.

Einkehr am Palmenhaus 8 → Karte S. 222/223. Das Lokal der Familie Hesse bietet Mittagstisch, Abendessen sowie Kaffee und Kuchen, und das trotz 1 a touristischer Lage im Dorf mit der typischen Freundlichkeit eines Familienbetriebes. Auch Jahreszeitenküche: In der Pfifferlingszeit gab es Nudelgerichte und Schnitzel mit Pfifferlingen, die Pilze ausgezeichnet zubereitet und frisch. Hauptgericht ca. 10–15 €. Orangeriestr. 5, tgl. (außer Mo) ab 11.30 Uhr, ℡ 2610188, www.einkehrampalmenhaus.de.

Einkaufen

Buchhaus Loschwitz 36 → Karte S. 245. Die kleine, aber sehr engagierte Buchhandlung ist auch für das Kulturhaus Loschwitz nebenan und dessen Pogramm verantwortlich. Neben der Belletristik ist vor allem die Regionalliteratur gut sortiert. 2008 wurde das Haus als Buchhandlung des Jahres ausgezeichnet. Friedrich-Wieck-Str. 6, Loschwitz, Di–Fr 10–18, Sa 10–14, sogar So 11–16 Uhr, buchhaus_loschwitz@t-online.de.

LOOP 34 → Karte S. 245. Was am Körnerplatz in Loschwitz angeboten wird, sind originelle Objekte der Wohnungsausstattung vom Kerzenhalter über Karaffen, Keramikgeschirr, Designerlampen, extravagante Schüsselchen, Butter- und Zuckerbehälter bis zu Kleinmöbeln und praktischen Objekten wie Küchenhängern. Daneben gibt es auch ein ordentliches Sortiment an Fashion und Schmuck. Dammstr. 1 (Körnerplatz, Loschwitz), Mo–Fr 11–18.30, Sa 10–14 Uhr, ℡ 2654960, www.loop-dresden.de.

Graphikantiquariat Koenitz 10 → Karte S. 222/223. Graphiken, (gute) antiquarische Bücher, Saxonica, Dresden-Ansichten …, hier kann man die Zeit vergessen beim Stöbern. August-Böckstiegel-Str. 2 (Schloss Pillnitz, im Durchgang vom Neuen Palais zur Elbe), Mo–Sa 10–17, So 11–17 Uhr, ℡ 2613274.

Loschwitz hat dörflichen Charme und gute Geschäfte

Eindrucksvolle Ruine: die Trinitatiskirche in der Johannstadt

Tour 9: Entlang der Elbe von der Altstadt bis zur Pillnitzer Fähre

Das Elbtal zwischen Dresden und Pillnitz wird auf der rechten Flussseite vom steil aufsteigenden Elbhang begleitet, dessen Schlösser und Villen man vom Elberadweg viel besser sieht als vom Elbhang selbst. Am besten leiht man sich einen Drahtesel und radelt von Dresden an der Elbe entlang, nur so oder zu Fuß kann man die herrlichen Perspektiven würdigen.

Immer entlang der Elbe zieht sich der **Elberadweg,** der in Dresden von der Altstadt unterhalb der Augustusbrücke bis zur Pillnitzer Fähre verläuft. Auf dem etwa 11 km langen Teilstück des längsten deutschen Radweges – das auch für Fußgänger freigegeben ist und von ihnen fleißig benützt wird – hat man die besten Ausblicke auf die steilen Hänge des Elbknies. Man blickt auf die Elbschlösser mit ihren früheren und heutigen Weinbergen, auf das Blaue Wunder mit den Villen am Weißen Hirsch oben an der Hangkante, auf das Wachwitzer und Pappritzer Ufer mit dem Fernsehturm, dann auf die Hosterwitzer Kirche Maria am Wasser und schließlich auf Schloss und Park Pillnitz. Alles schon gesehen, wie in Tour 8 beschrieben? Aber eben nicht aus dieser Perspektive, nicht in dieser Folge von Bildern, die sich von einem Weg aus ergeben, der fast ab dem Rand der Altstadt durch unberührte Wiesenlandschaft verläuft.

Doch auch entlang des Elberadwegs gibt es einiges Interessantes zu entdecken. Zunächst lohnt sich ein Abstecher zur → **Trinitatiskirche** mit Friedhof und dem direkt daneben liegenden → **Jüdischen Friedhof.** Auf dem → **Trinitatisfriedhof** sind einige der

Entlang der Elbe **239**

bekanntesten Dresdner Persönlichkeiten begraben, u. a. der Maler Caspar David Friedrich.

Anschließend passiert der Elberadweg den Dresdner Stadtteil → **Blasewitz,** der rund um den nahe zur Elbe gelegenen Schillerplatz zahlreiche sehenswerte Villen zu bieten hat und das auf europäischem Niveau. Und auch der → **Johannisfriedhof,** dessen Krematorium zu den wichtigsten Jugendstilbauten in Deutschland gehört, befindet sich in unmittelbarer Nähe des Radweges. Etwas weiter ab liegen die → **Technischen Sammlungen Dresden,** die in den alten Räumlichkeiten der DDR-Firma Pentacon vor allem alte Kameras und Rechner zeigen. Sie lassen sich am besten auf dem Rückweg über den Elberadweg mit dem Fahrrad integrieren, sonst ist man doch mehr auf Straßen als auf dem eigentlichen Radweg unterwegs.

Die Route

Die im Folgenden beschriebene Tour verläuft über den Elberadweg von der Carolabrücke bis nach Kleinzschachwitz. Sie nimmt als Radtour 1–1:30 Stunden (hin und zurück) in Anspruch,

als Spaziergang 3–4 Stunden (Rückfahrt mit der Straba 2 ab Kleinzschachwitz), jeweils reine Wegzeit ohne Besichtigungen und Pausen. Gestartet wird an der Carolabrücke, wo man bei der Synagoge zum Fluss hinuntergeht oder fährt, die Uferstraße (Terrassenufer) quert und sich rechts hält, knapp nach Unterquerung der Brücke biegt der Rad- und Fußweg links ab in die Auwiesen.

Das war's, denn ab sofort kann man eigentlich nicht mehr falsch fahren oder gehen, solange man sich nahe der Elbe hält. Fußgänger sollten lieber auf Abstecher zur Trinitatiskirche mit ihrem großen Friedhof und dem Jüdischen Friedhof sowie zu den Technischen Sammlungen verzichten und diese von der Altstadt aus mit der Straßenbahn besuchen (→ Verbindungen, S. 243). Radfahrer biegen für die Besichtigung des Trinitatisfriedhofs und des Jüdischen Friedhofs kurz vor der Waldschlösschenbrücke vom Weg ab, queren die Straße Käthe-Kollwitz-Ufer und folgen der Neubertstraße bis zu ihrem Ende. Die Friedhöfe liegen nun direkt vor ihnen.

Auf gleichem Weg zurück zur Elbe bleibt man nun einfach bis zum Blauen Wun-

Elberadweg

Zwischen der Carolabrücke und Kleinzschachwitz führt unsere Route den Elberadweg entlang oder für Spaziergänger oft auf parallelen Wegen. Dieser Rad-Weitwanderweg verläuft im Prinzip von Prag bis zur Elbemündung bei Cuxhaven. Gerade das Dresdner Teilstück ist jedoch der Höhepunkt des Elberadweges: Zuerst fährt man ab der tschechischen Grenze immer an der Elbe entlang durch die Sächsische Schweiz, erreicht dann bei Pirna das Dresdner Becken und fährt von dort fast unter den Weinbergen hindurch nach Meißen. Auch wer wenig Erfahrung mit dem Radfahren hat, kann sich dieses Teilstück zumuten, denn es gibt sehr wenige Steigungen. Und die Bahn (bzw. der VVO) transportiert Rad, Gepäck und Radler stündlich zwischen Meißen und Bad Schandau hin und her – mit verschiedenen Ein- und Ausstiegsmöglichkeiten.

Infos: Genauere Informationen findet man unter www.elberadweg.de, in den Radwanderführern der Buchhandlungen sowie in den städtischen Informationen Dresdens. Außerdem ist eine kostenlose Broschüre „Elberadweg" mit kurzen Etappenbeschreibungen und Übernachtungsadressen in den Tourismus-Informationsstellen entlang des Radweges zu haben.

240   Tour 9

der auf dem Radweg und genießt die Ausblicke – Waldschlösschen, Schloss Albrechtsberg, Lingnerschloss und Schloss Eckberg kommen nacheinander ins Bild, danach blinzeln die Jugendstilvillen vom Weißen Hirsch herunter.

Direkt vor der Brücke Blaues Wunder geht man rechts rauf, oder man geht unter dem Blauen Wunder durch und passiert den populären Schillergarten. In beiden Fällen kommt man zum **Schillerplatz**, dem Zentrum des alten Ortes Blasewitz, in dem eine Menge repräsentativer Villen aus der späten Gründerzeit stehen.

Dann weiter auf dem Elberadweg bis zur Helfenberger Straße, wer zum Krematorium will, muss hier rechts abbiegen und weiter auf der Tolkewitzer Straße fahren. Von dieser Seite aus ist der Eingang des Urnenfriedhofs nur eine Tür im Gitter (Schild), durch den Friedhof flaniert man zum Krematorium, einem eindrucksvollen Jugendstilbau.

Nach Kleinzschachwitz folgt man bis zum nächsten Ortsteil Tolkewitz der Wehlener Straße, wo man links in die Niederpoyritzer Straße und in die Elbauen abbiegt und auf dem Elberadweg weiterfährt – oder -geht. Man kommt fast direkt am Fähranleger Kleinzschachwitz an, unterhalb des auffallenden Fährhauses, einer Gaststätte.

Übersetzen nach Pillnitz? Auf dem Rad- und Fußweg zurück? Interessierte Radfahrer können auf dem Rückweg noch die Technischen Sammlungen in Striesen besichtigen. Dazu verlässt man dieses Mal den Radweg noch vor dem Schillergarten knapp vor dem Blauen Wunder und folgt der Kretschmerstraße, dann in gleicher Richtung der anschließenden Dornblüthstraße. Diese mündet in die Schandauer Straße, genau gegenüber stehen die Gebäude der Technischen Sammlungen. Fußgänger fahren von Kleinzschachwitz mit der Straßenbahnlinie 2 zurück in die Innenstadt.

Sehenswertes

Trinitatiskirche, Trinitatisfriedhof und Neuer Jüdischer Friedhof

Die **Trinitatiskirche** in der Johannstadt-Nord wurde 1891 bis 1894 im Stil der italienischen Neorenaissance errichtet und 1945 teilweise zerstört. Nur der 65 m hohe Turm blieb komplett verschont, überragt heute noch die Plattenbauten der Umgebung und dient einem Jugendtreff.

Der **Trinitatisfriedhof** wurde nach den Napoleonischen Kriegen 1815 angelegt und ist heute noch in Betrieb, deshalb kann man ihn auch problemlos besichtigen. Auf dem weitläufigen Gelände sind viele Dresdner Berühmtheiten der Romantik und der Gründerzeit begraben. Unter ihnen sind die Maler Caspar

David Friedrich und Carl Gustav Carus sowie die Schauspielerin Wilhelmine Schröder-Devrient.

Nebenan liegt der **Neue Jüdische Friedhof**, neu, weil er den 1868 geschlossenen Alten Jüdischen Friedhof in der Neustadt ablöste, aber heute so neu nun auch wieder nicht mehr. Nach der Zerstörung der Semper-Synagoge 1938 wurde auf diesem Friedhof die erste Dresdner Synagoge der Nachkriegszeit eröffnet. Sie behielt diese Funktion bis zur Eröffnung der Neuen Synagoge im Jahr 2001 am traditionsreichen Standort am Rand der Altstadt. Vor dem Gebäude erinnert ein Denkmal an die Dresdner Gefallenen jüdischen Glaubens des Ersten Weltkrieges.

Anfahrt mit Straba 6 Trinitatisplatz, Blasewitzer Straße/Fetscherstraße. Während der Sommersaison finden in der Ruine der

Entlang der Elbe 241

Trinitatiskirche Gottesdienste unter freiem Himmel statt. Der Trinitatisfriedhof ist im Sommer tgl. 8–20, im Winter mind. 8–16.30 Uhr geöffnet. Der Neue Jüdische Friedhof ist Mo–Do 8–17 Uhr geöffnet (für Männer nur mit Kopfbedeckung).

Blasewitz

Der Name Blasewitz kommt Ihnen aus der Schulzeit bekannt vor? Sehr brav, da haben Sie bei Schillers „Wallenstein" gut aufgepasst, in dem von einer Gustl aus Blasewitz die Rede ist. Diese Gustl, eine Wirtstochter aus Blasewitz, lebte wirklich, Friedrich Schiller nahm immer wieder die Fähre von Loschwitz herüber, um in Blasewitz einen zu heben (damals gab es noch keine Brücke). Aus dem Dorf Blasewitz wurde erst im späten 19. Jh. ein Dresdner Stadtteil, aber dann gleich ein besonders feiner. Das alte Dorfzentrum war bald nicht mehr wieder zu erkennen, der heutige **Schillerplatz** am linken Brückenkopf des Blauen Wunders hat wirklich nichts Dörfliches mehr an sich – nur wenn man die Gasse hinuntergeht zum Schillergarten mit seinem beliebten Ausflugslokal, kann man noch etwas von der früheren ländlichen Atmosphäre erahnen.

Die vom **Schillerplatz** aus sternförmig ausstrahlenden Straßen und die Querstraßen wurden Wohnstandort für die feinen Leute jener Zeit. Um 1900 waren von 774 Häusern im Ort 714 Villen. Das hat sich kaum geändert und dank geringer Verluste im Zweiten Weltkrieg können wir viele dieser Villen noch heute bewundern.

Johannisfriedhof und Krematorium

Der gründerzeitliche Johannisfriedhof in Tolkewitz hat einige üppige Grabmäler des Historismus zu bieten, aber dafür würde sich der Besuch kaum lohnen. Kunstfreunde werden jedoch wegen des benachbarten Krematoriums kommen: Es wurde 1909 bis 1912 von Fritz Schumacher im vollendeten Jugendstil errichtet, gehört zu den wichtigsten

Die Villen von Blasewitz

Statt einer langwierigen Wegbeschreibung hier einige der interessantesten Adressen, die insgesamt in dieser Reihenfolge einem Rundgang von weniger als einer Stunde reiner Wegzeit entsprechen – Besichtigungen nur von außen möglich!

Tolkewitzer Straße 47, **Villa von Borcken,** Neorenaissancevilla von Karl Emil Scherz,

Wägnerstraße 8, **Villa Günther,** Villa im „strengen" Jugendstil von Martin Pietzsch,

Wägnerstraße 18, **Jugendstilvilla,** ebenfalls von Martin Pietzsch,

Mendelssohnallee 34, **Villa Rothermund,** heute Musikschule, Villa im Stil der Neorenaissance für den Kaufmann und Sammler A. Rothermund von Karl Emil Scherz,

Loschwitzer Straße 37, **Villa Ilgen,** eine der prächtigsten Villen des Stadtteils im Stil eines griechischen Tempels von Richard Uebe,

Vogesenweg 4, **Villa** im Stil der Neorenaissance von Max Georg Poscharsky,

Goetheallee 55, **Villa Weigang,** besonders prächtige und auch innen aufwendig ausgestattete Villa im Stil der Neorenaissance von Max Georg Poscharsky.

Entlang der Elbe → Karte S. 222/223

Bauten dieses Stils in Deutschland und kam gänzlich ohne historisierende Elemente aus. Übrigens: 85 % aller Verstorbenen werden in Dresden heute eingeäschert, diese Tradition begann 1874 mit der weltweit ersten modernen Feuerbestattung (damals übrigens noch versuchsweise im Dresdner Glaswerk der Firma Siemens).

Das Krematorium am Johannisfriedhof liegt im Zwickel Tolkewitzer und Wehlener Straße, Straba 4, 6 Urnenhain.

Technische Sammlungen Dresden

1889 gründete *Heinrich Ernemann* eine kleine Kameratischlerei – damals waren die Rahmen noch aus Holz – und stellte bald eigene Kameras her. Diese begründeten den Ruhm der Ernemann Optik als eines der bedeutendsten optisch-feinmechanischen Unternehmen. Der heutige Gebäudekomplex entstand vor 1900 und wurde bis in DDR-Zeiten mehrmals erweitert und verändert. Der nach dem Gründer benannte **Ernemann-Turm** (1922/23) wurde als Pentacon-Logo weltweit bekannt. Selbstverständlich kann man ihn besteigen (sogar gratis ohne Museumseintritt) und findet oben nicht nur ein nettes Café, sondern auch eine superbe Aussicht.

Der Maler *Marcel Duchamp* und der Fotograf *Man Ray* verwendeten 1926 für ihren berühmten (einzigen) Experimentalfilm „Anémic cinéma" eine Ernemann-Filmkamera des Modells C II – Film und Kamera sind im Erdgeschoss im Ernemann selbst gewidmeten Raum zu bewundern. Im gleichen Jahr wurde die Firma Ernemann in die Zeiss Ikon AG integriert, deren DDR-Ableger nach 1945 als Pentacon weiterarbeitete.

In den alten Büroanlagen und Fertigungshallen samt Turm wurde ein technisches Museum eingerichtet, das sich vor allem der Optik und Feinmechanik widmet. Die Entwicklung der Kameras und der Rechner ist vielleicht am interessantesten zu verfolgen. In diesem Bereich gibt es die meisten Objekte – so besitzt das Museum den zweiten Prototyp der Schreibmaschine, wie die erste bis auf die Typen aus Holz, die ihr Erfinder Peter Mitterhofer auf dem Rücken zu Fuß von Südtirol nach Wien transportierte und die wie die anderen Prototypen in Wien belächelt wurde (der erste Prototyp ist heute in Wien zu besichtigen).

Die Abteilung „Experimentierfeld" wurde zu einem modernen Science Center ausgebaut, das Technik und Physik interaktiv vermitteln soll – eine gut betreute Spielwiese sowohl für Kinder und Jugendliche als auch für Erwachsene. Das „Erlebnisland Mathematik" bietet auf 1000 m^2 100 Experimente an, die Mathematikverständnis spielerisch vermitteln sollen.

Neben Naturwissenschaftlern in spe werden in den Gebäuden auch Cineasten und Freunde der Fotografie glücklich. So gibt es regelmäßige Ausstellungen zu

Der Ernemannturm der Technischen Sammlungen

Entlang der Elbe 243

Animationsfilmen und Fotografie, und im Museumskino werden Klassiker der (Stummfilm-)Leinwand gezeigt.
Junghansstr. 1–3, Di–Fr 9–17, Sa/So/Fei 10–18 Uhr, Eintritt 5 €, erm. 4 €, Familien 7–12 €, freitags ab 12 Uhr gratis, ✆ 4887272, www.tsd.de. Turmcafé (→ Essen & Trinken) in der 5. Etage, gleiche Öffnungszeiten wie das Museum; Museumskino → Kulturszene Dresden. Anfahrt mit Straba 4, 10 Pohlandplatz.

Praktische Infos
→ Karten S. 222/223 und S. 245

Verbindungen

Bei Verzicht auf den Elberadweg kann man diese Tour auch mit **öffentlichen Verkehrsmitteln** durchführen, was sie aber ziemlich langwierig macht: z. B. Straba 6 ab Bahnhof Neustadt bzw. Sachsenplatz (Albertbrücke) bis Trinitatisplatz (Trinitatiskirche und die beiden Friedhöfe), weiter mit der 6 bis Schillerplatz (Blasewitzer Villen) und anschließend weiter bis Urnenhain (Johannisfriedhof). Zurück von dieser Haltestelle mit der 4 bis Pohlandplatz (Technische Sammlungen) und weiter bis Pirnaischer Platz oder Neustädter Markt.

Essen & Trinken

Neben den unten erwähnten Lokalen gibt es vor allem am Elberadweg eine ganze Reihe weiterer, die vom Restaurant über den Biergarten bis zum gehobenen Imbiss reichen. Auf Laufkundschaft ausgerichtet, sind sie alle nicht im Sternebereich angesiedelt. So ist die Küche im Lokal Elbterrasse Laubegast am Kleinzschachwitzer Ufer zumindest dem Autor aufgestoßen und die Küche im Fährhaus Hesse, ebenfalls in Laubegast, nicht in bester Erinnerung geblieben, vom langen Warten auf das Essen mal ganz abgesehen.

Fährgarten Johannstadt **11** → Karte S. 222/223. Mit der Lage dieses Biergartens direkt am Ufergrün der Elbe kann kaum ein Lokal konkurrieren. Der Radweg verläuft direkt dahinter, die Personenfähre führt gleich unterhalb über den Fluss. Nur mit dem Pkw kann man es nicht direkt anfahren – eine Auspuffgase, kein Motorenlärm! Schatten unter Bäumen und Sonnensegeln, mehrere Biere vom Fass, Kinder tummeln sich auf dem Abenteuer-Spielplatz nebenan. Nur über das Essen sollte man schweigen. Käthe-Kollwitz-Ufer 23 b, April bis Okt. tgl. 10–1 Uhr, ✆ 4596262, www.faehrgarten.de.

Villa Marie **37** → Karte S. 245. Die Gründerzeitvilla am Blauen Wunder in Blasewitz bietet auf der Terrasse, im Garten oder in den historischen Räumen vorzügliche und vor allem authentische italienische Küche mit Blick auf die dekorative Brücke und den jenseitigen Elbhang. Auch bei Kaffee und (hausgebackenem) Kuchen kann man hier sehr angenehm sitzen. Hauptgerichte ab ca. 15 €, sehr gute Weinkarte unter Bevorzugung italienischer Kreszenzen. Fährgässchen 1, tgl. 11.30–1 Uhr, So/Fei bis 1 Uhr, ✆ 315440, www.villa-marie.com.

Schillergarten **42** → Karte S. 245. Neben dem Blauen Wunder ist der Schillergarten zwar nicht die einzige Restauration, aber bei Weitem die größte, bekannteste und auch beliebteste. Großer, schattiger Gastgarten mit Blick auf Elbtal, Loschwitzer Elbhang und Blaues Wunder, im Erdgeschoss des Neo-Fachwerkhauses auch schöne Gasträume mit Wintergarten. Bodenständiges: Sauerbraten mit Klößen und Rotkohl, dazu ein Bier, Hauptgerichte ca. 9–19 €. Gelegentlich schleppender Service, bei fast 1250 Plätzen außen und innen ist das kein Wunder. Am Eisstand vor der Tür oft lange Schlangen – das Eis hier gehört zu den besten in Dresden. Am Schillerplatz 9 (Blasewitz), tgl. 11–1 Uhr, ✆ 8119902, www.schillergarten.de.

Curry & Co **45** → Karte S. 245. Außer in der Neustadt ist der angesagte Wurst-und-Fritten-Imbiss auch am Schillerplatz zu Hause und Schauplatz fürs Lokalfernsehen. Die Würste (ab 2,50 €; auch vegan) schmecken, die Pommes (ab 2 €) sind noch besser und wurden schon mal zu den besten Deutschlands gekürt. Loschwitzer Str. 56, tgl. 11–21 Uhr, www.curryundco.com.

»» Tipp: Espresso-Café Charlottes Enkel **46** → Karte S. 245. Ganze 15 m^2 misst dieses Café-chen am Schillerplatz, das 2010 eröffnet wurde und bereits Kultstatus hat. Ein Sofa, Barhocker, rechts neben dem Tresen eine Glasvitrine mit süßen Verlockungen wie Mini-Cupcakes in knalligen Farben und verschiedensten Geschmacksrichtungen (die Chefin ist Konditormeisterin) … Einfach Klasse! Loschwitzer Str. 58, Mo–Fr 8–18.30, Sa 9–16 Uhr, ✆ 30208031, www.charlottes enkel.com. **«**

Hüblers Café **47** → Karte S. 245. Die Traditionskonditorei am Blasewitzer Schillerplatz hat sich trendig in Weiß und Lila gekleidet und nennt sich „Lounge" – wem's gefällt. Außerordentlich sicher im Geschmack bzw. von hoher Qualität sind aber Gebäck – der berühmte Stollen – und die diversen Kaffeesorten. Hüblerstr. 2, tgl. 7–19, Sa/So bis 18 Uhr, ✆ 31905530, www.cafe-hueblers.de.

🌿 **Pasta Lucia** **49** → Karte S. 245. Die Nudelmanufaktur Sächsische Teigwaren aus Stadt Wehlen setzt auf Regionales: vom Hartweizengrieß bis zur Nudelmaschine stammt alles aus Sachsen. Natürlich können Sie in dem Feinkostladen auch einkaufen, aber der heiße Tipp ist die Nudeltheke mit den wöchentlich wechselnden Gerichten (z. B. Rigatoni mit Wildschwein-Hallimasch-Ragout für 6,50 €) aus regionalen Zutaten zum Gleichessen oder Mitnehmen. Tolkewitzer Str. 2, ✆ 32304434, Mo–Fr 9.30–18.30, Sa bis 14 Uhr. ■

Zum Gerücht **22** → Karte S. 222/223. Der Dreiseithof im ältesten Teil von Laubegast nahe der Elbe bezeichnet sich selbst liebevoll als „Kaschemme" und hat die Atmosphäre einer charmanten Nachbarschaftskneipe. Dienstags und sonntags gibt es Live-Musik, zu essen einfache Gerichte (Krautnudeln zu ca. 8,90 €), dazu eigenes Laubegaster Bier – good vibrations allemal. Altlaubegast 5, tgl. 19–1 Uhr, www.zumgeruecht.de.

Fährhaus anno 1860 **23** → Karte S. 222/223. Die neugotische Burg am Fähranleger Kleinzschachwitz sieht von Biergarten aus recht rustikal aus, dagegen hat die Terrasse zum Fluss, von der aus man auf Schloss Pillnitz blickt, deutlich bürgerliche Züge – auch von der Karte her. Neben dem eher zurückhaltend stilvollen Restaurant lockt der populäre Biergarten. Hauptgang ca. 9–18 €. Fährhaus Kleinzschachwitz, Berthold-Haupt-Str. 130, tgl. 11.30–24 Uhr, ✆ 25386853, www.faehrhaus-anno-1860.de.

Brunetti **17** → Karte S. 222/223. Der Name des Kommissars der Schriftstellerin Donna Leon signalisiert venezianische Küche, tatsächlich ist das Brunetti ein Restaurant mit normaler italienischer Küche inkl. Pizza (ab 9,50 €). Vorne ein paar Tische im Gastgar-

ten, drinnen im Speisesaal Gediegenheit à la Locanda. Auf den Punkt gegarte Nudeln, frisch zubereitete Speisen mit italienischem Touch und Duft. Pasta ab 9 €, Hauptgang ab 17,50 €, Commissario's Brunch jeden 2. und 4. So im Monat ab 23,50 €. Lauensteiner Str. 11 (Ecke Augsburger Str.), tgl. 17–23 Uhr, Sa/So/Fei bis Mitternacht, ✆ 4850818, www.brunetti-dresden.de.

Café Toscana **39** → Karte S. 245. Tolle Lage, in diesem Fall direkt am Blauen Wunder, das man vom verglasten Wintergarten oder der Terrasse aus bewundern kann, klassische Kaffeehausatmosphäre und eine große Auswahl an Kuchen, Torten, süßen Stückchen, Eis sowie kleinen Speisen. Schillerplatz 7 (Blasewitz), tgl. 9–19 Uhr, ✆ 3100744.

Kanzlei **51** → Karte S. 245. Slow Food der feinen Art inmitten der feinen Villen des feinen Striesens, wo man ebenfalls sehr fein auf zwei Etagen oder im angenehmen Vorgarten mit Blick auf den Hermann-Seidel-Park dinieren kann. Vorspeisen (8–12 €) wie warmer Linsensalat mit Jakobsmuschel und gebackener Bio-Blutwurst bzw. Räuchertofu und ein Hauptgang (9,50–21 €) à la Simmentaler Kalbsrücken „rosa" in Hummersoße mit Palmherzen und Blattspinat mit Steinpilz-Graupen-Risotto garantieren gehobene Geschmackserlebnisse. Pohlandstr. 18, tgl. 17–24 Uhr, ✆ 3161488, www. restaurant-kanzlei.de.

»» Tipp: WeinKulturBar **15** → Karte S. 222/223. Zur Weinbar umfunktionierter Eckladen mit kleinem Vorgarten im bei jungen Gutverdienern angesagten Striesen. Ellenlange Weinkarte, Käse zum Abfedern der geschmacklichen Gegensätze, ein seiner Sache sicherer Sommelier und ein wissbegierig bis weinseliges Publikum, das macht eine WeinKulturBar aus. Wittenberger Str. 86, Di–Sa 15–23 Uhr, ✆ 3157917, www. weinklang.com. **«**

»» Tipp: El Horst **16** → Karte S. 222/223. Weder hip noch schick und noch nicht mal bio. Der Biergarten (Bild S. 64) mit Sandkasten und Kneipe versteckt sich verkehrsgeschützt in einer Kleingartenanlage und ist v. a. für Leute mit Kindern oder Sightseeing-Koller eine in jeder Hinsicht einfache Insel der Glückseligkeit – ideal auch nach einem ausgedehnten Besuch der nahen Technischen Sammlungen. Bergmannstr. 39, Mai bis Sept. ab 14, sonst ab 17 Uhr, Sa/So/Fei ab 11.30 Uhr, ✆ 3360551, www.el-horst.de. **«**

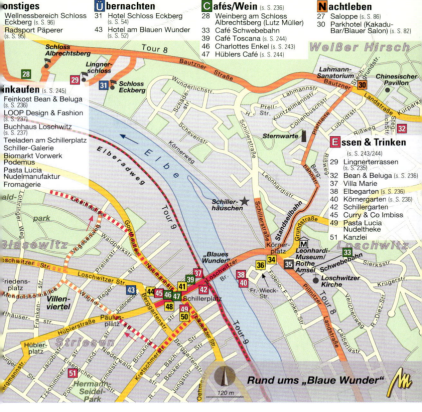

Sonstiges
Wellnessbereich Schloss Eckberg (s. S. 96)
Radsport Päperer (s. S. 95)

Übernachten
31 Hotel Schloss Eckberg (s. S. 54)
43 Hotel am Blauen Wunder (s. S. 52)

Cafés/Wein (s. S. 236)
28 Weinberg am Schloss Albrechtsberg (Lutz Müller)
33 Café Schwebebahn
39 Café Toscana (s. S. 244)
46 Charlottes Enkel (s. S. 243)
47 Hüblers Café (s. S. 244)

Nachtleben
27 Saloppe (s. S. 86)
30 Parkhotel (Kakadu-Bar/Blauer Salon) (s. S. 82)

Einkaufen (s. S. 245)
Feinkost Bean & Beluga (s. S. 236)
LOOP Design & Fashion (s. S. 237)
Buchhaus Loschwitz (s. S. 237)
Teeladen am Schillerplatz
Schiller-Galerie
Biomarkt Vorwerk Podemus
Pasta Lucia Nudelmanufaktur
Fromagerie

Essen & Trinken (s. S. 243/244)
29 Lingnerterrassen (s. S. 235)
32 Bean & Beluga (s. S. 236)
37 Villa Marie
38 Elbegarten (s. S. 236)
40 Körnergarten (s. S. 236)
42 Schillergarten
45 Curry & Co Imbiss
49 Pasta Lucia Nudeltheke
51 Kanzlei

Rund ums „Blaue Wunder"

Turmcafé in den Technischen Sammlungen 18 → Karte S. 222/223. Kaffee, Kuchen und Kleinigkeiten im 42 m hohen Ernemannturm. Man kann vom Lokal aus noch weiter nach oben und dort die überragende Aussicht genießen. Kein Eintritt fürs Café! Junghansstr. 1–3, Di–Fr 9–17, Sa/So/Fei 10–18 Uhr, ☏ 4887201, www.tsd.de.

Einkaufen

Rund um den Schillerplatz in Blasewitz lohnt es sich, nach interessanten Einkaufsmöglichkeiten Ausschau zu halten. Besonders lebendig wird es am Schillerplatz an **Markttagen**, die Stände sind Di/Do 9–18 und Sa 8–12 Uhr aufgebaut.

Teeladen am Schillerplatz 41 → Karte S. 245. Riesen-Teeauswahl, Teekannen und Teeservice aus Porzellan, Ton, Glas. Klein, aber umfassend und kundig geführt. Mo–Fr 9–13/14–18, Sa 9–13 Uhr. Schillerplatz 2, ☏ 3103040.

Pasta Lucia Nudelmanufaktur 49 → Karte S. 245 und bei Essen & Trinken.

Fromagerie 50 → Karte S. 245. *Der Käseladen am Schillerplatz*, 150 Sorten Rohmilchkäse (!), Schinken und Wein, qualifizierte Beratung. Tolkewitzer Str. 4, tgl. (außer So) 9.30–18.30, Sa bis 13 Uhr, ☏ 3129899, www.fromagerie-dresden.de.

Biomarkt Vorwerk Podemus 48 → Karte S. 245. Bioladen mit großer Fleisch- und Wursttheke, sehr beliebt, sehr gute Brotauswahl. Hüblerstr. 3 (am Schillerplatz), Mo–Fr 8–20, Sa 8–16 Uhr, ☏ 3124660, www.vorwerkpodemus.de.

Schiller-Galerie 44 → Karte S. 245 und im Kapitel Einkaufen, S. 91.

Weinbergsfest am Schloss Wackerbarth

Ausflug nach Radebeul und in die Weinberge

Als ein Hamburger Wochenmagazin die Stadt Radebeul bei Dresden leicht ironisch als „Sächsisches Nizza" bezeichnet hat, war das allemal einen Lacher wert. Zumal, wenn das einen Bericht einleitet, der die Eröffnung der ersten ostdeutschen Niederlassung von Rolls Royce in dieser Stadt zum Anlass hat.

Dabei ist wirklich was dran an dieser ungewöhnlichen Zuschreibung: Radebeul hat was von Riviera, mit den Weinbergen im Hintergrund, dem träge fließenden Elbstrom vor der Tür, den üppig dekorierten Villen aus der Gründerzeit, dem Sommerflieder und den verschiedenen Exoten an den Fassaden und in den Gärten. Und wenn eine für Sachsen ungewöhnlich hohe Zahl teurer Karossen auf ein überdurchschnittliches Einkommen der (Neu-) Radebeuler deutet, beißt sich das auch nicht mit der Bezeichnung „Nizza".

Wer von Dresden kommt, kann's theoretisch kurz machen: zu den beiden →

Karl-May-Villen pilgern (der weltberühmte Autor hatte hier seine endgültige Heimat gefunden), evtl. auch das → **DDR-Museum Zeitreise** besuchen und anschließend im → **Lößnitzer Weinberg** einen Blick ins Weinmuseum in Schloss Hoflößnitz werfen, dort ein Glas vom Hoflößnitzer Weißen genießen und zurück geht's. Zum ganzheitlichen Eindruck formt sich das Bild Radebeuls aber erst, wenn man sich die Zeit nimmt, durch die Weinberge zu streifen, die Blicke aus den steilen Weinterrassen auf das Elbtal zu genießen und den Duft einzuatmen, der aus den vielen Gärten aufsteigt, und sich

Ausflug nach Radebeul und in die Weinberge

schließlich zu einer Mahlzeit im Spitzhaus, im Restaurant von Schloss Wackerbarth oder in einer der anderen Schänken niederzulassen. Immer noch findet sich Ländliches in der erst 1935 aus zehn Dörfern samt dem hübschen, hervorragend restaurierten Altkötzschenbroda zusammengeschmiedeten Stadt. Man muss nur von den Durchgangsstraßen weg und in Richtung des Elbhanges gehen, dann duftet es bald nach Weintrester und an den Blumen, die aus alten Mauern wuchern, flattern die Schmetterlinge.

Nach Radebeul gelangt man vom Dresdner Hauptbahnhof entweder mit der S-Bahn (S 1 in Richtung Meißen) bis Radebeul-Ost oder eher in gemütlichem Tempo mit der Straßenbahn Nr. 4, dafür aber gleich fast bis vor die Tür des Karl-May-Museums (Haltestelle Schildenstraße), dem Ausgangspunkt der hier beschriebenen Tour, das DDR-Museum liegt unweit davon an der Wasastraße.

Nach der Besichtigung läuft man am besten über die Gutenbergstraße (Verlängerung der Schildenstraße) und die links abzweigende Nizzastraße langsam in Richtung Weinberge hoch. Über die Hoflößnitzstraße erreicht man schließlich das Weinmuseum in Schloss Hoflößnitz am Fuße der Weinberge. Über die Spitzhaustreppe gelangt man durch die Weinberge zum oberhalb liegenden Spitzhaus, dessen Gaststätte sich für eine Rast oder eine ausführliche Mittagspause anbietet. Zurück am Schloss kann man nun über die beschilderte Sächsische Weinstraße bzw. den Sächsischen Weinwanderweg zum Schloss Wackerbarth, dem heutigen Sächsischen Staatsweingut, laufen (ca. 2–2:30 Stunden reine Gehzeit). Alternativ fährt man mit der Straßenbahn Nr. 4 von der Haltestelle Weißes Ross bis Radebeul-West und erreicht nach kurzer Zeit über Moritzburger Straße und Am Bornberge das Schloss. Die Rückfahrt nach Dresden erfolgt dann entweder wieder mit der Straßenbahn 4 oder mit der S-Bahn S 1 ab Radebeul-West.

Sehenswertes

Karl-May-Museum Villa Shatterhand und Indianermuseum Villa Bärenfett

Der populäre Schriftsteller *Karl May* (1842–1912) gab 1888 seine Dresdner Mietwohnung auf und zog nach Radebeul, wo er bis zu seinem Tod 1912 lebte. Ab Ende 1895, Tantiemen aus dem Buchverkauf begannen üppig zu fließen, residierte er in einer neu erbauten, in nur zwei Jahren abbezahlten, herrschaftlichen Villa, heute Villa Shatterhand genannt. Sein Ruhm war damals im Wesentlichen auf den deutschen Sprachraum beschränkt, weitete sich aber noch zu seinen Lebzeiten auf fast die ganze Welt aus. Mit mehr als 200 Millionen verkauften Büchern und Übersetzungen in 40 Sprachen ist Karl May der auflagenstärkste Schriftsteller deutscher Sprache. Wer hat nicht zumindest den „Schatz im Silbersee" oder „Unter Geiern" gelesen? Wer kennt

Karl May

nicht Winnetou, Old Shatterhand, Old Surehand oder Kara ben Nemsi? Karl Mays Phantasiegestalten haben Generationen von Kindern, Heranwachsenden und Erwachsenen begeistert und – wie die Friedensnobelpreisträgerin Bertha von Suttner feststellte, die ihn verehrte – für das friedliche Zusammenleben der Menschen verschiedener Rassen und Kulturkreise geworben. Dass Karl May seine vorgeblichen Abenteuer (mit denen er sich gerne brüstete) nie erlebt hat, dass sie literarische Fiktion sind, kann man einem Schriftsteller kaum vorwerfen. Dennoch wurde immer wieder versucht, am Nimbus des Autors zu kratzen, indem man ihm seine persönliche Eitelkeit und Geltungssucht vorwarf.

In der **Villa Shatterhand** ist das Leben und Werk Karl Mays präsent: Möbel, seine Bibliothek, der „Henrystutzen" (den er Jahre nach der ersten Buch-Erwähnung aus den USA bezog und von einem lokalen Schmied zum vorgeblichen Erinnerungsstück an seine Indianerabenteuer umformen ließ), Dokumente, Bilder und sein Gästebuch sind zu sehen. Das Blockhaus **Villa Bärenfett** im Garten (wird normalerweise zuerst besichtigt) zeigt eine umfangreiche Sammlung zur Ethnographie nordamerikanischer Indianer. Besonders gut re-

präsentiert ist die Kultur der Prärieindianer, die Karl May ja vorwiegend beschrieb. Es gibt aber z. B. auch wertvolle Sammlungsstücke anderer nordamerikanischer Kulturen wie die beiden Chilkoot-Decken von der Nordwestküste. Der Bau entstand 1926 in der Form amerikanischer Blockhäuser und zwar speziell zur Aufnahme der heute gezeigten Exponate, einer Stiftung des Artisten Patty Frank, der sie bei vielen Nordamerikaaufenthalten zusammengetragen hatte.

Zu den **Karl-May-Festtagen** im Mai gibt es einen großen Pow-Wow nordamerikanischer Indianer. Die **Felsenbühne Rathen** (→ Kulturszene Dresden) führt seit 1938 im Sommer regelmäßig Stücke nach Karl May auf: 2007 war's (wie 1938!) der „Schatz im Silbersee", mittlerweile wird „Winnetou I" gegeben. Die Ausstattung der Aufführungen verdankt den Karl-May-Filmen der Sechzigerjahre eine Menge – so ist Winnetou meist ein optisches Double des unvergesslichen Pierre Brice.

Karl-May-Str. 5, März bis Okt. Di–So 9–18 Uhr, Nov. bis Febr. Di–So 10–16 Uhr, an Feiertagen auch Mo geöffnet, Eintritt 8 €, 4–16 Jahre 3 €, erm. 6 €, Familien 18 €. ☎ 8373010, www.karl-may-museum.de. Zu den Karl-May-Festtagen → www.karl-may-fest.de.

Ausflug nach Radebeul → Karte S. 248/249

DDR-Museum Zeitreise

Vier Stockwerke DDR-Alltag zwischen Plaste und Elaste, Trabi und Vopos, „Aktueller Kamera" in der Glotze und sparsamer Auswahl in der Kaufhalle: Das größte DDR-Museum Deutschlands bietet einen unreflektierten Rückblick auf eine gar nicht so ferne Vergangenheit.

Wasastr. 50, Di–So/Fei 10–18 Uhr, Eintritt 8,50 €, erm. 7,50 €. ✆ 8351780, www.ddr-museum-dresden.de.

Der Lößnitzer Weinberg

Die Weinberge über Radebeul tragen den Namen Lößnitz nach den alten Ortsteilen Ober- und Niederlößnitz, die schon im 19. Jh. in der rasch wachsenden Stadt aufgegangen sind.

Der durch den Lößnitzgrund zur Elbe eilende Lößnitzbach trennte früher Ober- und Niederlößnitz. Der Talgrund wird noch heute von der historischen Schmalspurbahn nach Moritzburg und Radeburg genutzt. An seinen Hängen wachsen in sonniger Südwestlage einige der besten Kreszenzen, die Sachsen zu produzieren im Stande ist. Mehrere kleinere Winzer und Hobbywinzer sowie das Sächsische Staatsweingut Wackerbarth teilen sich die Rebanlagen. Das **Spitzhaus** oberhalb der Weinberge ist heute eine Gaststätte, errichtet wurde das Gebäude um 1670 als Lusthaus im Weinberg. Wer nicht hinaufwandern will, erreicht die Gaststätte bequem von der anderen Seite auf einer Zufahrtsstraße.

Genau zwischen Ober- und Niederlößnitz zu Füßen der Weinberge steht das **Sächsische Weinbaumuseum im Schloss Hoflößnitz.** Es besteht aus mehreren Gebäuden wie dem Presshaus, dem Winzerhaus, der Weinstube, dem Lust- und Berghaus und dem Kavaliershaus. Eine eineinhalbstündige Führung durch den Weinberg – er hat den schönen Namen „Goldener Wagen" – schließt einen Gang über die 397 Stufen der Spitzhaustreppe und den Museumsbesuch mit ein. Im Sommer gibt es hier auch ein Weinfest (ein Wochenende Ende August). Das „Berghaus" wurde 1648 bis 1650 errichtet, das Presshaus stand damals schon, es ist das älteste Gebäude der Anlage. Im

Brasiliens Vogelwelt schmückt den Festsaal von Schloss Hoflößnitz

Ausflug nach Radebeul und in die Weinberge 251

Berghaus ist vor allem das im 17. Jh. ausgemalte Obergeschoss mit seinen repräsentativen Räumen sehenswert. Der Festsaal im Zentrum des Gebäudes hat an der Decke eine kulturhistorische Kostbarkeit: Dort hat der Maler Albert van den Eyckhout 80 brasilianische Vögel dargestellt, die er auf einer mehrjährigen Expedition gesehen hatte (entstanden nach 1653).

Sächsisches Weinbaumuseum Hoflößnitz: Knohllweg 37, April bis Okt. Di–So 10–17 Uhr, Nov. bis März Di–Fr 12–16, Sa/So/Fei 11–17 Uhr, Führung 11 Uhr; Eintritt 3 €, erm. 2 €, mit Führung 5 € (dafür anmelden unter ☎ 8398350), www.hofloessnitz.de.

Das **Schloss Wackerbarth,** ein ganzes Stück westlich von Schloss Hoflößnitz gelegen, ist heute ein Sächsisches Staatsweingut, begann jedoch als Alterssitz des Grafen Wackerbarth, der sich dieses Schloss von Johann Chris-

toph Knöffel ab 1727 errichten ließ. Die Stuckarbeiten der Fassade wurden erst beim Umbau 1917 bis 1923 appliziert, sie sind noch ganz im Jugendstil gehalten. Auf der gestuften Terrasse oberhalb des Schlosses thront wie eine Kapelle das Belvedere mit kreisrundem Saal im Inneren. Die meisten Besucher wird das Schloss nicht weiter interessieren – die Angebote des Sächsischen Staatsweingutes alias „Europas erstes Erlebnisweingut" vom Sektempfang bis zu abendlichen Tanzereien mit Wein, Weib und Gesang schon wesentlich mehr!

Sächsisches Staatsweingut: Wackerbarthstr. 1, ☎ 89550, www.schloss-wackerbarth. de, tgl. 14 Uhr Wein-Tour, von Mai bis Dez auch um 12 Uhr, Sa/So/Fei immer 12, 14 und 16 Uhr; tgl. 17 Uhr Sekt-Tour, am Wochenende auch um 13 und 15 Uhr; jeweils 12 € inkl. 3er-Probe; diverse Themenverkostungen und -führungen. Der Weingut-Markt ist tgl. 9.30–20 Uhr geöffnet.

Praktische Infos
→ Karte S. 248/249

Information

Tourist-Information Radebeul, Meißner Str. 152, 01445 Radebeul, April bis Okt. Mo–Fr 10–18, Sa 9–13 Uhr, Nov. bis März Mo–Fr 10–16 Uhr, ☎ 0351-8954120, www.radebeul.de.

Verbindungen

Mit öffentlichen Verkehrsmitteln

Nach Radebeul Weintraube kommt man ab Dresden oder Meißen mit der **S 1** (Meißen – Bad Schandau); da von Dresden kommend eine Zonengrenze gequert wird (Radebeul gehört nicht zu Dresden, sondern ist eine eigenständige Gemeinde), müssen Fahrkarten der Preisstufe 2 gelöst werden. Die **Straßenbahn 4** fährt von Dresden (z. B. Postplatz) bis Radebeul Weißes Roß. Zur **Lößnitzgrundbahn** und zu den Sonderfahrten mit **Dampfloks** → Ausflug nach Moritzburg.

Mit dem Auto

Am besten nimmt man ab Dresden oder Meißen die „Sächsische Weinstraße" (also nicht die linkselbische B 6).

Essen & Trinken, Einkaufen

Restaurant Atelier Sanssouci **7** Der Gartensaal des Hotels Villa Sorgenfrei (→ Übernachten) ist ein prächtiger Standort für ein Dinner bei Kerzenlicht. Kommt dann aus der Küche auch noch stilvoll präsentiertes Essen von gehobener Qualität, kann der Abend nur ein Erfolg werden. Menüs (4 bis 7 Gänge) 66–99 €. Augustusweg 48, Mi–So 18.30–22 Uhr, ☎ 7956660, www.hotel-villa-sorgenfrei.de.

Weinstube mit Weinterrasse im Weinbaumuseum Hoflößnitz **5** Trotz – anscheinend mehrmaligen – Pächterwechsels ein empfehlenswertes Lokal mit rustikalem Charme und gehobener Küchenleistung, so sich aber zur Jungweinzeit auch auf einen Zwiebelkuchen einlässt. Aber vor allem eine Chance, mehrere der Hoflößnitzer Weine zu verkosten! Hauptgang ab ca. 14 €. Knohllweg 37, Lokal Di–So/Fei ab 11 Uhr, Weingut Di–So 10–17, Nov. bis März 12–15 Uhr, ☎ 8398355, www.hofloessnitz.de/Weinterrasse.html.

≫ Tipp: Weingut Karl Friedrich Aust **6** Erst seit Mitte der 1990er-Jahre wird hier wieder Wein angebaut, der junge Winzer gehört bereits nach dieser kurzen Zeit zu den großen Aufsteigern der Branche. 2014 tauchte er sowohl im „Feinschmecker Weinguide" als auch im „Gault & Millau Wein Guide Deutschland" auf. Probierstube im alten Gutshof, kleines Lokal (Di/Mi nur reduzierte Karte) mit wenigen, delikaten Speisen und Laden. Weinbergstr. 10 im Meinholdschen Turmhaus (mit goldener Fortuna auf dem Dach!), tgl. (außer Mo) 17–22, Fr–So ab 12 Uhr, ✆ 8338750 (Restaurant), ✆ 89390100 (Weingut), www.weingut-aust.de. «««

Straußwirtschaft Klaus Seifert 4 Der junge Winzer des Retzschgutes nahe dem Weingut Hoflößnitz betreibt eine ausgesprochen idyllische Straußwirtschaft. Weinbergstr. 20 a, Mai/Juni und Aug./Sept. jeweils ab 15 Uhr (Mi/Do Ruhetag), ✆ 8360400, www.retzschgut.de.

Restaurant Spitzhaus 2 Toller Blick vom großen Saal und der Gartenterrasse darunter, Ambiente zwischen Locanda und gutbürgerlich und ebensolche Küche, auf der Terrasse Selbstbedienung. Hauptgang ab 13 €. Spitzhausstr. 36, tgl. (außer Di) 11–23, So nur bis 22 Uhr, ✆ 8309305, www.spitzhaus-radebeul.de.

Gasthaus im Schloss Wackerbarth 3 Feines, modernes Restaurant des gleichnamigen Weingutes, das sich etwas tiefstapelnd „Gasthaus" nennt. Speisen à la Schweinefilet mit Kräuterfüllung auf Pfifferlingen und Kartoffel-Thymian-Gugelhupf. Hauptgang 15–25 €. Wackerbarthstr. 1, Mo-Fr 12–22, Sa/So/Fei 10–22 Uhr, ✆ 8955310, www.schloss-wackerbarth.de.

Sport, Freizeit, Wellness

Bilzbad 1 In Radebeul gründete der Unternehmer Alfred Bilz eine Naturheilanstalt mit Sanatorium und „Bilz Öffentlichem Licht-Luft-Bad 300.000 mtr. gross", deren Nachfolger das heutige Bilzbad ist. Mit 1000 m^2 Wasserfläche, Brandungswellen (mechanische Wellenmaschine!) und großem Freibereich ist es heute wie damals eines der beliebtesten Bäder der Region Dresden. Im ehemaligen Sanatorium befinden sich heute Luxuswohnungen. Zu erreichen mit der S 1 Radebeul-West oder Straba 4 Moritzburger Straße, dann Bus 400 bis Endhaltestelle (Sportplatz); oder Lößnitzgrundbahn ab Bahnhof Radebeul-Ost (S 1) bis Haltepunkt Lößnitzgrund, in beiden Fällen kurzer Fußweg. Meiereiweg 108, Mitte Mai bis Mitte Sept. tgl. 9–19 Uhr (Juni–Aug. bis 20 Uhr), ✆ 8387247.

Der sächsische Weinweg führt durchs Paradies

Was man als Kurfürst für die Jagd so braucht: Schloss Moritzburg

Ausflug nach Moritzburg

Ein Besuch in Dresden ist unvollständig ohne einen Ausflug nach Moritzburg. Das Jagdschloss im großen Schlossteich ist sicher das eindrucksvollste der zahlreichen Schlösser, die in der Umgebung der alten Wettinerresidenz liegen.

Das in der Renaissance entstandene Jagdschloss Moritzburg wurde unter August dem Starken erweitert und barockisiert und ist in dieser Form heute zu besichtigen. In der zweiten Hälfte des 18. Jh. entstand dann in dem ausgedehnten Park mit Teichen, dichten Wäldern und Wildgehege noch das Rokoko-Fasanenschlösschen. Stilvoll kann man auch heute noch mit der Dampfeisenbahn nach Moritzburg fahren, der „Lößnitzdackel" schafft's von Radebeul aus in einer guten halben Stunde.

Das sich im Wasser des Teiches spiegelnde Schloss ist unzählige Male fotografiert worden, doch da sich Beleuchtung und Stimmung von Mal zu Mal ändern, muss ein passionierter Fotograf immer wieder mit der Kamera anrücken, um die immer neuen Bilder festzuhalten. Das Doppelbild der prächtigen Fassade in Gelb und Weiß mit ihren Rundtürmen und Kuppeldächern in Karminrot vor den unterschiedlichen Blau- oder Grautönen von Wasser und Himmel ist immer wieder überwältigend schön.

Bauherr der Anlage war *Herzog Moritz*, der ab 1542 in einem der Teiche, die sich eine Reitstunde von Dresden entfernt in die sanft-wellige Landschaft schmiegen, ein → **Jagdschloss** errichten ließ. Die nach ihm benannte Moritzburg war ein quadratischer Bau mit vier runden Ecktürmen, wie wir sie heute noch sehen, aber alles war damals ein Stockwerk niedriger. Die felsige Halbinsel wurde durch einen Kanal zur Insel, eine Brücke bildete den einzigen Zugang. 1661 wurde dann der Bau der

Schlosskapelle (Wolf Caspar von Klengel) im Westen begonnen, die das Schloss asymmetrisch machte.

Matthäus Daniel Pöppelmann, der 1726 von August dem Starken mit der Barockisierung des Jagdschlosses beauftragt worden war, ließ schließlich an der Ostseite einen äußerlich gleichartigen Bau – einen riesigen, hohen Speisesaal – errichten, der die Symmetrie wieder herstellte. Außerdem wurde ein Stockwerk hinzugefügt, die Insel befestigt, verschönert und vergrößert sowie die Gesamtanlage des Parks vereinheitlicht und auf ein sternförmiges Wegenetz gebracht. Die Außenwände wurden illusionistisch mit einer einheitlichen Architektur versehen – wie's dahinter aussieht, ging niemanden etwas an. Unter Kurfürst Friedrich August III., einem Urenkel Augusts des Starken, kamen dann noch ein paar Spielzeuge hinzu wie ein Leuchtturm auf einer Mole im größten der Teiche, viel plastischer Schmuck und das zauberhafte → **Fasanenschlösschen** (ab 1769) mit seinen Chinoiserien.

Am schönsten kommt man nach Moritzburg mit der → **Lößnitzgrundbahn,** einer Schmalspurbahn, die in Radebeul-Ost startet und durch das hübsche Lößnitztal fährt. Im Sommer werden hier regelmäßig historische Züge eingesetzt. Für die Besichtigung von Moritzburg sollte man sich mindestens einen halben Tag Zeit nehmen. Das Jagdschloss und das Fasanenschlösschen liegen in einer weitläufigen Parkanlage, zu der auch noch ein **Wildgehege** samt Wölfen gehört. Auf einem → **Moritzburger Spaziergang** kann man das Gelände und seine Sehenswürdigkeiten am besten kennenlernen. Doch es stehen vor dem Jagdschloss auch Pferdekutschen bereit, die die Besucher auf Wunsch zu den einzelnen Sehenswürdigkeiten im Park bringen und so Distanzen von mehreren Kilometern überbrücken. Schön, wenn man nach der Besichtigung der Schlösser noch Zeit für einen Besuch im → **Käthe-Kollwitz-Haus** hat. Die Künstlerin verbrachte hier ihr letztes Lebensjahr.

Sehenswertes

Jagdschloss Moritzburg

Zwei kursächsische Post-Distanzsäulen markieren den südlichen Beginn der Schlossbrücke und den Beginn der (nie vollendeten) Allee hinunter nach Dresden. Zwei auf dem Jagdhorn blasende Piqueure (Jagdgehilfen; von Johann Christian Kirchner) flankieren den Treppenaufgang zum Schloss, den man erreicht, wenn man die Brücke über den Schlossteich passiert hat.

Im Erdgeschoss (links liegt der Museumsshop, wo man sich für den Besuch des Fasanenschlösschens (→ S. 257) eintragen lässt – max. 10 Besucher pro geführtem Rundgang!) ist die größte Attraktion das **Federzimmer,** eine jener kostspieligen Sinnlosigkeiten, die August der Starke so liebte. Es handelt sich um die Ausstattung eines Schlafzimmers mit Bett, Baldachin und Wandbehängen, deren Oberflächen aus weitaus mehr als einer Million (eher 2 Mio.) Vogelfedern zusammengefügt sind. Die Federn wurden in ein feinmaschiges Netz eingewebt. Wie das funktionierte, wird in einer gut dokumentierten Ausstellung im Vorzimmer gezeigt. Das Federzimmer wurde um 1720 in London angefertigt und kam 1723 ins Japanische Palais, seit 1820 befindet es sich in Moritzburg (aber nicht an dieser Stelle). Heute ist es wieder komplett zu sehen, die Restaurierung hat sechzehn Jahre in Anspruch genommen. Das Federzimmer von Moritzburg ist ohne Parallele, nichts auch nur annähernd Vergleichbares hat sich anderswo erhalten.

Im Obergeschoss ist eine Flucht von Sälen und Zimmern zu besichtigen, die teilweise mit Originalmöbeln ausgestattet sind. Man betritt diese Beletage im nicht besonders üppig mit einigen Rentier- und Elchgeweihen dekorierten **Steinsaal** und setzt den Rundgang mit einigen privaten Gemächern und dem **Monströsensaal** fort. Er hat seinen Namen von den Monstrositäten, die es dort zu sehen gibt, eine Sammlung abnormer Hirschgeweihe. In diesem Saal fallen zum ersten Mal die bedruckten und punzierten *Ledertapeten* auf. Sie entstanden um 1725 und sind ein besonderer Stolz von Schloss Moritzburg: es handelt sich weltweit um die größte Fläche, die sich am ursprünglichen Ort

Ausflüge in die Umgebung

Was man sich ebenfalls leisten sollte: einen Leuchtturm am künstlichen See …

erhalten hat. Vom Obergeschoss sieht man auch in die **Schlosskapelle** (von der Größe einer kleineren Kirche) hinein bzw. hinunter, die ihren frühbarocken Altar behalten hat. Dort befindet sich auch eine der Skulpturen des „Christus an der Martersäule" von Balthasar Permoser, deren rot-weiße Maserung aus Untersberger (Salzburger) Marmor blutendes Fleisch und menschliche Haut simuliert (die zweite Skulptur Permosers ist in der Skulpturensammlung, eine weitere in der Hofkirche zu sehen, beide → Tour 1). Im **Billardsaal** sind es wieder die venezianischen Ledertapeten, die den Blick auf sich ziehen, hier zeigen sie Jagdszenen. Der zweistöckige **Speisesaal** ist mit besonders großen Hirschgeweihen dekoriert, die lebensechten Hirschköpfe sind aus Lindenholz geschnitzt. Im Saal ist aufgedeckt, den langen Tisch ziert das berühmte, exklusiv für den Hof der Wettiner hergestellte Schwanenservice.

Nur mit Führung gelangt man in das für die 300-Jahrfeier des Meißner Porzellans neu eröffnete **Historische Porzellanquartier**. Im Jägerturm waren seit den 1920ern Porzellanobjekte, vorwiegend aus Meißen, präsentiert worden, die schöne Raumfolge wurde restauriert und mit dem alten Bestand sowie mit neu erworbenem Porzellan ausgestattet. Die Auswahl der präsentierten Porzellanobjekte erfolgte nach dem Kriterium der Bezüge zu Moritzburg: Solche mit Tier- und Jagdthemen wurden bevorzugt, der überwiegende Teil stammt aus dem 18. Jh.

Schlossmuseum: April bis Okt. tgl. 10–17.30 Uhr, im Winter nur bis 16.30 Uhr und Mo geschlossen; nach den Weihnachtsferien ca. 1 Monat geschlossen. Eintritt 7 €, erm. 3,50 €, Familie 14 €, Audioguide 2 €. Historisches Porzellanquartier nur im Rahmen einer **Führung** durch das Schloss (10.30, 12, 14 und 15.30 Uhr, im Winter nur 10.30 und 12 Uhr, zusätzlich zum Schlosseintritt 2 €).

Fasanenschlösschen 5,50 €, erm. 3,50 €. Nur im Rahmen einer Extra-Führung zu besichtigen (Anmeldung empfohlen, vor Ort oder telefonisch unter ✆ 035207-873610), nur Mai bis 1. Nov. stündlich zwischen 11 und 16 Uhr, Sa/So/Fei sowie in den Ferien halbstündlich bis 17 Uhr.

Leuchtturm nur von Mai bis 1. Nov. jeden So zw. 11 und 16 Uhr im Rahmen eines geführten Rundgangs. Eintritt 3 €, erm. 1 €.

Vom Schloss zum Fasanenschlösschen: Schloss Moritzburg und das Fasanen-

Ausflug nach Moritzburg

schlösschen sind knapp 3 km voneinander entfernt, man geht also etwa 40 Minuten. Die schönste Variante verläuft entlang des Großteichs und führt am Leuchtturm vorbei. Alternativ warten am Großparkplatz vor der Schlossbrücke **Pferdekutschen**, die den Fahrgast ganz ohne Anstrengung zum Fasanenschlösschen, zum Leuchtturm oder zum Wildgehege transportieren. Oder zum Hochseilgarten beim Mittelteichbad, einem Tummelplatz mutiger Balancierer 10 m über Bodenniveau (→ Praktische Infos).

Fasanenschlösschen

Gerade mal 14 m x 14 m ist das Rokoko-Kleinod groß, aber das zwischen 1996 und 2007 umfassend restaurierte, außen wie innen auf Hochglanz polierte Lustschlösschen mit seinen Chinoiserien ist so voller Schätze und Merkwürdigkeiten, dass man es viel größer in der Erinnerung behält. Dass Friedrich August III. samt Kurfürstin Maria Amalie Auguste die winzigen Zimmerchen bewohnt hat, wenn er hier jagte, kann man sich kaum vorstellen. Prächtig genug waren sie – aber diese Enge!

Der größte Raum ist der Speisesaal, durch das Fenster blickt man bis zum Schloss Moritzburg. Zwei Wandgemälde unterbrechen das Dekor ausgestopfter Vögel auf vergoldeten Konsolen; Tisch und Stühle sind Originale. Amüsante Details werden vom Führer gezeigt: Im Toilettenzimmer des Kurfürsten findet sich eine als Schreibschrank getarnte Tür, weitere Geheimtüren durchbrechen Bildtapeten mit Chinoiserien, Fliegenfänger mit der Büchse treiben sich auf Wanddekors herum, Chinesen und Türken lustwandeln in fremden Häfen (und beobachten mit dem Fernrohr ein sächsisches Handelsschiff – die sächsischen Wimpel flattern ihm voran) und als Dachreiter haben zwei weitere Chinesen einen großen Sonnenschirm aufgespannt, denn da oben kann es ganz schön heiß werden.

Moritzburger Spaziergang: Schlösser, Teiche und Alleen

Moritzburg besteht nicht nur aus Schloss und Fasanenschlösschen, sondern auch aus Schlosspark, Teich- und Waldlandschaft sowie einem sehenswerten **Wildgehege** (mehrere Hirscharten, Elch, Wolf, Wisent, Wildkatze u. a. heutige und frühere sächsische

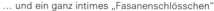

… und ein ganz intimes „Fasanenschlösschen"

258 Ausflüge in die Umgebung

Tierarten). Ein reizvoller Rundgang durch dieses Landschaftsschutzgebiet führt vom Schloss Moritzburg zum Zentrum des Sterns der unter August dem Starken angelegten Alleen, dann am Tiergehege vorbei zum Fasanenschlösschen und ab dem Leuchtturm – dort ist ein Imbiss möglich – entlang des Großteichs zurück zum Schloss, wobei man an der „Churfürstlichen Waldschänke" vorbeikommt, wo man sich ebenfalls stärken kann.

Die Länge der Strecke beträgt 7 km, das bedeutet etwa zwei Stunden Fußmarsch. Wer nicht nach Moritzburg zurück muss und mit dem Zug gekommen ist, sollte die Variante über den Bahnhof Cunnertswalde nehmen. Der Weg verkürzt sich dabei auf 5,5 km oder etwa 1:30 Stunden.

Wildgehege Moritzburg: Radeburger Str. 2, März bis Okt. tgl. 10–18 Uhr, Nov./Dez. tgl. 9–16 Uhr, Jan./Febr. Sa/So 9–16 Uhr, Fütterung tgl. 14.30 Uhr, Eintritt 4 €, Kinder (3 bis 17 Jahre) 2 €, Parkplatz 2 €. ☎ 035207-99790.

Die Lößnitzgrundbahn

Die 1884 eröffnete Lößnitzgrundbahn ist eine Schmalspurbahn, die Radebeul-Ost über Moritzburg mit Radeburg verbindet. Die Strecke ist 17 km lang und landschaftlich reizvoll, besonders im ersten Abschnitt, wenn die Bahn den steilen Elbhang bewältigen muss. Mindestens fünfmal täglich werden historische Garnituren eingesetzt, die bei Schönwetter auch offene Waggons ziehen. Im Sommer werden die Wagen zu besonderen Terminen von den Dampfloks aus der Frühzeit dieser Bahnstrecke gezogen, dann sind die „**Lößnitzdackel**" unterwegs. Es bietet sich geradezu an, die Besichtigung von Moritzburg mit einer Fahrt in der Lößnitzgrundbahn zu verbinden. Der Bahnhof Moritzburg liegt in Laufweite vom Schloss, der Halt Cunnertswalde liegt näher zum Fasanenschlösschen.

Einfache Fahrt zwischen Radebeul-Ost und Moritzburg oder Cunnertswalde 6,70 € (hin/zurück 12,70 €), erm. 3,40 € (6,40 €), Familien 15,10 € (28,70 €). Karten können nur an den Bahnhöfen der Schmalspurbahn in Radebeul-Ost und Moritzburg erworben werden, die Schaffner im Zug verkaufen Fahrkarten gegen Aufpreis; DB-Tickets gelten nicht. Weitere Infos und Fahrplan unter www. loessnitzgrundbahn.de.

Der Ort Moritzburg und das Käthe-Kollwitz-Haus

Weil Kurfürst Moritz für sein neues Jagdschloss Unterkünfte für Dienerschaft und Jäger brauchte, entstand vor dem Tor der Anlage noch ein Dorf, das bald den Namen des Schlosses annahm. Niedrige Häuser, wie sie für die Dienerschaft angemessen erschienen, kennzeichnen es noch heute. Einige der dem Schloss näheren Häuser sind recht alt, gehen aber nicht bis auf die Barockzeit zurück. Zu sehen gibt es allerdings nicht viel.

Das große Gebäude gegenüber dem Parkplatz an der „Landseite" der Schlossbrücke ist das **Sächsische Landesgestüt**. In den ersten Septemberwochen finden in Moritzburg traditionell die *Hengstparaden* des Landesgestüts statt. Höhepunkt sind die Fünferzüge, bei denen Kutschen von aus drei und zwei Hengsten bestehenden Gespannen gezogen werden. Die populäre Veranstaltung war ursprünglich eine reine Leistungsschau, aber statt Fachpublikum kommen heutzutage mehr und mehr staunende Pferdefans – 15.000 bis 20.000 pro Jahr (Tribünenkarten 20,90–37,40 €, Bestellung z. B. über www. saechsische-gestuetsverwaltung.de; nur vor Ort bekommt man die Stehplatzkarten à 8 €).

Am westlichen Ortsrand nahe dem Schlossteich steht das sogenannte **Käthe-Kollwitz-Haus**. Nur kurz lebte die Künstlerin in Moritzburg. Nach der Flucht aus Berlin, wo ihre Wohnung und ihr Werk zerstört wurden, fand sie im Juli 1944 Zuflucht im Rüdenhof, den ihr Prinz Ernst Heinrich von Sachsen zur Verfügung stellte. Sie starb hier am 22. 4. 1945, ohne ihre künstlerische Arbeit wieder aufgenommen zu haben. In ihrer Wohnung im oberen Stockwerk wurde eine kleine Gedenkausstellung eingerichtet, die auch einige ihrer graphischen Arbeiten zeigt. Die Wohnung im Rüdenhof ist der einzige erhaltene Aufenthaltsort der Künstlerin.

Käthe-Kollwitz-Haus: Meißner Str. 7, 01468 Moritzburg, April bis Okt. Mo–Fr 11–17, Sa/So 10–17 Uhr, Nov. bis März Di–Fr 12–16, Sa/So 11–16 Uhr, Eintritt 4 €, erm. 3 €. ✆ 035207-82818, www.kollwitz-moritzburg. de. In einem Nebengebäude befindet sich das Museumscafé, das Sa/So ab 14 Uhr geöffnet ist.

Praktische Infos

→ Karte S. 255

Verbindungen

Mit öffentlichen Verkehrsmitteln

Nach Moritzburg fahren relativ häufig **Busse** ab Dresden (Bushaltestelle vor dem Bahnhof Neustadt, Buslinien 326, 405, 457, 458).

Mit dem **Zug** fährt man zunächst bis Radebeul-Ost (RE Richtung Leipzig über Riesa oder S 1 Richtung Meißen). Von dort mit der **Lößnitzgrundbahn** nach Moritzburg bzw. Cunnertswalde. Der Bahnhof Moritzburg liegt etwa 1,3 km (10–15 Min. Gehzeit) südlich des Schlosses.

Infos zur Lößnitzgrundbahn → S. 258.

Mit dem Auto

Mit dem Pkw nimmt man ab Bahnhof Neustadt die Radeburger Straße (B 170) und biegt im Kurort Volkersdorf links nach Moritzburg ab. Alternativ nimmt man die unmittelbar nach der Bahnunterführung am Bahnhof Neustadt links abzweigende Großenhainer Straße (später Moritzburger Landstr.), die ebenfalls nach Moritzburg führt. Im Ort Parkplatz vor der Schlossbrücke und zwei weitere Parkplätze an der Straße, die rechts am Schlossteich entlangführt.

Essen & Trinken

Moritzburg lebt vom Tourismus, die wenigsten kommen ein zweites Mal. Das sollte man sich klarmachen, wenn man eines der Lokale im Ort besucht …

Churfürstliche Waldschänke 🟥 Das ehemalige Torwärterhaus des Schlossparks nahe beim Fasanenschlösschen gibt es seit 1728. Seit 1926 besteht die Waldschänke, heute ein veritables Restaurant mit mehreren Sälen und zwei Terrassen, die an schönen Sommerwochenenden doch nicht

alle Gäste fassen können und lange Wartezeiten beim Service verursachen. Regionalküche mit ein paar internationalen Klecksen: gebratenes Zanderfilet auf Tomatenpesto und Spinatpenne, Wildschweinmedaillons mit Preiselbeerbirne und Dauphinekartoffeln, und natürlich Quarkkäulchen mit Apfelkompott, auch Karpfen gibt es selbstverständlich, wofür sonst sind die Teiche der Umgebung? Hauptgang 9–21 €. Große Fasanenstraße, 01468 Moritzburg, tgl. 7–22 Uhr, ✆ 035207-8600, www.waldschaenke-moritzburg.de.

Sport und Freizeit

Hochseilgarten am Mittelteichbad Moritzburg 🟥 Kletterkünste für alle ab 12 Jahre, die über 1,50 m groß sind, eine Kletterwand führt bis auf 10 m Höhe über Niveau. Für Kleinere gibt es einen separaten Kinder-Hochseilgarten. April bis Okt. Fr 14–17, Sa/So/Fei 10–18 Uhr, Ferien 11–19 Uhr, Voranmeldung erwünscht! Erwachsene 3 Std. 22 €, Kinder gestaffelt (bis 10/16 Jahre) 10/13 €. Am Mittelteichbad, Kalkreuther Str. 3, ✆ 0172-3503372, www.hochseilgarten-moritzburg.de.

Waldhochseilgarten/Abenteuerpark 🟥 Im Wildgelände Moritzburg, Wildgehege und Hirschfütterung sind gut, dazu ein Hochseilgarten ist besser (auch wenn's im gleichen Ort einen zweiten gibt), in bis zu 13 m Höhe kann auf sieben Parcours von einfach bis schwierig gehangelt und geklettert werden. Wenn Sie dabei hoch oben zwischen zwei Bäumen einem Trabi im Leopardenlook begegnen – umso besser. Wildgelände Moritzburg, April bis Okt. tgl. 10–18 Uhr, Erwachsene 2:30 Std. 19 €, Kinder gestaffelt (ab 5/8/12 Jahre) 11/14/16 €, jeweils inkl. Wildgehege; www.abenteuerpark-moritzburg.de, ✆ 035207-28892.

Albrechtsburg und Dom in Meißen: Hier wurde Sachsen geboren

Ausflug nach Meißen

Von der Aussichtsplattform des Hausmannsturmes am Dresdner Residenzschloss sieht man an klaren Tagen den Burghügel der Albrechtsburg in Meißen sowie die beiden Türme des Domes. Es lohnt jedoch, genauer hinzuschauen. Sehenswert sind außerdem die bezaubernde Altstadt und natürlich die berühmte Porzellanmanufaktur.

Die deutsche Ostkolonisation erreichte das heutige Sachsen, damals mitten im Slawenland gelegen, im Jahr 929. In diesem Jahr ließ der ostfränkische König Heinrich I. auf dem Hügel *Misni* eine Burg errichten. 968 wurde dann das Bistum Meißen gegründet. Die Stadt fungierte jahrhundertelang als der Verwaltungsstandort und war das kulturelle Zentrum für ein Gebiet, das um ein Mehrfaches größer war als das heutige Sachsen. Von Dresden war damals noch keine Rede. 1089 übernahm ein Graf Heinrich von Eilenburg die Markgrafschaft Meißen und die Herrschaft auf der Burg – bis 1918 sollten seine Nachkommen, die „Wettiner", Sachsen regieren.

Die Stadt zu Füßen des Burghügels wuchs schnell, auf der Anhöhe wurde ein mächtiger gotischer → **Dom** errichtet (ab 1260) und die Burg Schritt für Schritt ausgebaut. Mitte des 15. Jh. war Meißen auf der Höhe seiner historischen Bedeutung, als Herzog Albrecht die Burg im spätgotischen Stil großzügig ausbauen ließ (ab 1470). Nach ihm wurde sie → **Albrechtsburg** benannt.

1485 war Meißens Glanzzeit vorbei. Die wettinischen Besitztümer wurden geteilt, die Linie der Albertiner verlegte ihre Residenz nach Dresden, die Ernestiner nach Torgau und Wittenberg. Während der Reformation verlor Meißen auch noch seinen Bischofssitz.

Ausflug nach Meißen

Die Stadt fiel daraufhin in einen Dornröschenschlaf, aus dem sie nur kurz erwachte, als Johann Friedrich Böttger nach langen Versuchen 1708 das Geheimnis der Porzellanherstellung entschlüsselte und in der Albrechtsburg die erste europäische → **Porzellanmanufaktur** eingerichtet wurde. Einige wenige barocke Bauten entstanden in der Stadt, doch Meißen blieb weiter im Schatten von Dresden. Dort flossen die Gelder hin und wurden mit vollen Händen ausgegeben. Dieser Tatsache haben wir es allerdings zu verdanken, dass Meißen heute im Kern eine mittelalterliche Stadt mit Renaissanceüberzug und ein paar barocken Accessoires ist – typisch und eines der ältesten Gebäude ist das Prälatenhaus (Rote Stufen 3), spätgotisch mit Renaissance-Erweiterungen, seit dem späten 18. Jh. heruntergekommen, weshalb es seit ein paar Jahren restauriert wird. Die Räume mit interessanten Fresken sind jedoch bereits zu besichtigen, und in der Halle im Erdgeschoss finden gelegentlich Vorträge und andere Veranstaltungen statt (Infos über städt. Tourismusbüro; Führungen unter ✆ 03435-928252).

Absolutes *must* in Meißen ist der Besuch von Albrechtsburg und Dom. Doch auch die Porzellanmanufaktur, in der heute wie seit 1708 das weltberühmte „Meissener Porzellan" hergestellt wird, sollte bei den Besichtigungen nicht fehlen.

Unser Tourenvorschlag ist ideal für Bahnfahrer, die mit der S 1 von Dresden nach Meißen kommen. Sie steigen am Haltepunkt „Meißen" aus und nach dem Bummel durch die Altstadt an der erst 2013 neu eröffneten Station „Meißen Altstadt" wieder ein. Von ersterem Bahnhof kommend, läuft man zunächst durch die Bahnhofstraße an der Elbe entlang, denn auf diesem Weg hat man die besten Blicke auf die stattliche Albrechtsburg. Wenn man nun die Elbe auf der nächsten Brücke quert, gelangt man über den Heinrichsplatz in das

Die Burgstraße führt direkt zum Dom

Zentrum der Altstadt. Am → **Marktplatz** lohnt sich ein Blick in die → **Frauenkirche**, bevor man den Hügel zu → **Albrechtsburg mit dem hervorragenden Museum** und dem → **Dom** hinaufsteigt. Anschließend geht es zurück über die westliche Altstadt und die **Sankt-Afra-Kirche** zur südlich gelegenen → **Porzellanmanufaktur.** Alle erwähnten Sehenswürdigkeiten werden von April bis Oktober auch von dem regelmäßig zwischen den Stationen pendelnden City-Bus verbunden.

Wer mit dem Pkw anreist, kann auf der Nordseite des Burgberges parken und seit 2011 den Panoramaaufzug zur Albrechtsburg nehmen (24 Std., von 9 bis 17 Uhr für Erwachsene hinauf 1 €, hinunter gratis). In diesem Fall muss man dann zur Stadt auf der Südseite hinunter und anschließend wieder hinauf gehen, spart sich also den Anstieg keineswegs. Oder man nimmt noch einmal den Wagen, versucht unterhalb der Altstadt einen Parkplatz zu bekommen und folgt dann unserem Besichtigungsvorschlag.

Sehenswertes

Markt und Frauenkirche

Schöne alte Häuser und vor allem das hervorragend restaurierte **Rathaus** mit seinem steilen Satteldach und den drei „Zwerchhäusern" (Gaube, giebelartiges Dachfenster) umgeben den Markt der Stadt Meißen. Das komplett renovierte Rathaus entstand noch im Mittelalter, aber es wurde barock umgestaltet und dann nochmals in der Gründerzeit verändert. Auch die anderen Häuser bekamen Fassaden vor die alte Bausubstanz gesetzt: Markt 2, das Hirschhaus, Markt 9, das Bennohaus, und Markt 4, die Marktapotheke, sind die besten Beispiele.

Die **Frauenkirche** an der Südwestseite des Marktes ist eine spätgotische Hallenkirche mit einem 1549 nach einem Brand neu errichteten Turm, den man besteigen kann. Das Porzellan-Glockenspiel entstand 1929 und war weltweit das Erste seiner Art – in der Porzellanstadt kein Wunder. (In der Porzellanmanufaktur gibt es sogar eine Orgel mit Pfeifen aus Porzellan zu sehen.) Sehr eindrucksvoll ist der um 1500 entstandene Schnitzaltar im Inneren. 2015 wurde die Kirche saniert und war nicht zu besichtigen.

Das Porzellan-Glockenspiel ist um 6.30, 8.30, 11.30, 14.30, 17.30 und 20.30 Uhr zu hören, Turmbesteigung (2 €) in der Regel Mai bis Okt. 10–12 und 13–17 Uhr.

Albrechtsburg

Seit 929 stand auf dem Burghügel eine Befestigung mit Namen Misni von König Heinrich I. gegründet, das ist urkundlich belegt. Aber von einer typischen Burg kann man wohl in dieser frühen Zeit noch nicht ausgehen, eher muss man an einen Fachwerkbau mit Holz- und Erdwerkpalisaden denken. Selbst beim ersten Dom, eine Generation später gegründet, ist man sich nicht sicher, ob es ein Bauwerk aus Stein war. Unter Herzog Albrecht und Kurfürst Ernst (das Land war noch nicht geteilt) begann 1471 dann der Bau einer standesgemäßen Residenz in den damals gültigen spätgotischen Formen und ohne Kosten und Mühen zu scheuen: Die Treppenkonstruktion des Großen Wendelsteins (es gibt auch einen Kleinen) ist ein Wunderwerk der Steinmetzkunst und Baumeistergeschicklichkeit. Wie schon erwähnt, verflog die Hochstimmung in Meißen mit der Teilung Sachsens und der Verlegung der Residenz. Heute dürfen wir diesen Schicksalsschlag für die Stadt als einen Glücksfall ansehen, hat er doch dafür gesorgt, dass eine ganze Reihe mittelalterlicher Bauten erhalten blieben, die sonst unweigerlich verändert oder abgetragen worden wären.

Angemessen aufwendig ist das Museum, das heute die Albrechtsburg bewohnt. Super modern natürlich, barrierefrei, interaktiv – wobei wirklich alles funktioniert – und didaktisch vorbildlich.

Wer wenig Zeit hat, sollte sich am besten eine der **fünf Ausstellungen** auf den 7000 m^2 der fünf Etagen aussuchen, denn wer sich festgelesen und -gesehen hat, bleibt mindestens zwei, drei Stunden hier. Besonders interessant ist die Abteilung „Geniestreich Albrechtsburg", die dem spätgotischen Bauen gewidmet ist; sogar die Dachkonstruktion wird dabei noch sichtbar gemacht. Mit

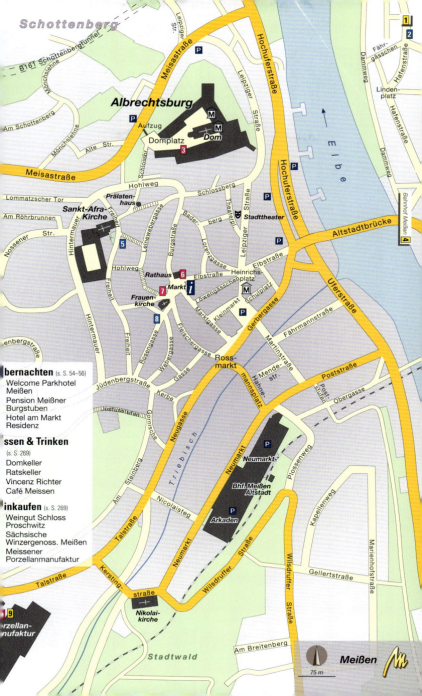

264   Ausflüge in die Umgebung

Treppenkunst: Großer Wendelstein

Kindern ist man hier sowie in der Ausstellung „Wohnen im Schloss" am besten aufgehoben. Daneben geht es auf der Etage „Im Zentrum der Macht" um die Geschichte und die Politik der Wettiner – wobei erfreulich weit über den sächsischen Tellerrand geschaut wird. Super präsentiert ist der Ausstellungsbereich „Experiment und Produktion", der die Albrechtsburg als erste Porzellanmanufaktur Europas beleuchtet. Bis 1766 arbeiten im Schloss nämlich über 700 Menschen in Sachen weißes Gold. Nach dem Umzug der Manufaktur in eine Fabrik wurde das Schloss im 19. Jh. ein Museum für die sächsische Landesgeschichte alias Wettiner-Dynastie. Schon damals mit einem starken Gesamtkonzept, das man im Bereich „gemaltes Bilderbuch" bestaunen kann.

Jedes Jahr komplettiert eine Sonderausstellung das Wissen über das Land. 2015 erfuhr man beispielsweise alles über 1000 Jahre Bier in Sachsen.

Für das spätgotische Kornhaus (beim Betreten des Domplatzes links), das derzeit leer steht, ist seit Jahren die Umwandlung in ein repräsentatives Fünfsternehotel im Gespräch; passiert ist jedoch noch immer nichts.

Domplatz 1, März bis Okt. tgl. 10–18 Uhr, Nov. bis Febr. bis 17 Uhr, Eintritt 8 €, erm. 4 €, Familie 18 €, Kombiticket (3 Tage gültig) mit Porzellanmanufaktur MEISSEN 14 €, erm. 7 €, Familie 30 €. ✆ 03521-47070, www.albrechtsburg-meissen.de.

Dom

Seit der Romantik wird der Dom zu Meißen als das reinste Beispiel gotischer Dome in Deutschland angesehen. Tatsächlich ist sein strenger Innenraum vor allem im Langhaus in reinem hochgotischen Stil erhalten geblieben und sein Äußeres auch dank der Nachschöpfung der beiden 81 m hohen Türme (1413 samt der Westfront eingestürzt, 1903–1908 neu errichtet) von anderswo in Deutschland kaum anzutreffender Einheitlichkeit.

Die Albrechtsburg umfasst den Dom wie ein Hufeisen, der Gesamteindruck des von Renaissancegebäuden flankierten Kirchenbaus mit seiner Doppelturmfront ist überwältigend. Der heutige Eingang liegt im alten Kreuzgang, man betritt zuerst den **Chor**. Die Portraitstatuen des Stifters Kaiser Otto I. und der – lieblich lächelnden – Kaiserin Adelheid stehen über dem Eingang links, rechts sind der Evangelist Johannes und der hl. Donatus zu sehen. Diese um 1265 entstandenen Figuren sind noch original mehrfarbig bemalt und gehören zum Bedeutendsten, was diese Zeit an Plastik geschaffen hat. Durch das Querhaus kommt man ins **Langschiff**, einen streng-edlen gotischen Raum mit zartem Maßwerk. Die außergewöhnliche Höhe dieses Raumes und damit seine besonders „gotische" Ausstrahlung entstanden durch ein zusätzliches Stockwerk, das ab 1477 aufgesetzt wurde (durch den Meister Arnold von Westfalen). In der **Johanneskapelle** links (Oktogon mit Wendeltreppe) befinden sich die sehenswerten Statuen Maria mit Kind und Johannes der Täufer, beide um 1270 und mehrfarbig bemalt.

Als die Westfront mit dem ersten Turmpaar 1413 einstürzte, ersetzte man sie nicht, sondern baute nach Westen eine **Fürstenkapelle** an. Der alte Westeingang wurde zu einer „Aposteltreppe" umfunktioniert, einer auf den Spitzbogen gesetzten Reihe von Apostelfiguren, über denen Fialen aufragen, die wiederum von musizierenden Engeln gekrönt werden. Eine Reihe von Konsolen an den Wänden der Kapelle trägt einen Figurenzyklus zum Haus Wettin. In der zentralen Bronzetumba ist Herzog Friedrich der Streitbare († 1428) beigesetzt. Übersehen Sie nicht die **Georgskapelle** (gleich beim Eingang links), sie beherbergt ein Triptychon Lucas Cranachs des Älteren von 1534 mit den Stifterportraits des Herzogs Georg und der Herzogin Barbara!

Mai bis Okt. tgl. 9–18 Uhr, April 10–18 Uhr und den Rest des Jahres bis 16 Uhr geöffnet, Dom und Museum 4 €, 7–17 Jahre 2,50 €, Familien zahlen nur für das 1. Kind. Turmführungen April bis Okt. tgl. 13, 14, 15 und 16 Uhr (6/4,50 €), Domführungen (6/4,50 €) April bis Okt. 10, 11, 12.30, 13.30, 14.30, 15.30 und 16.30 Uhr, im Winter 11 und 13.30 Uhr oder nach Anmeldung beim Hochstift Meißen, Domplatz 7, 01662 Meißen, ✆ 03521-452490, www.dom-zu-meissen.de.

Porzellanmanufaktur

Die Meißner Porzellanmanufaktur befindet sich seit 1863 südlich der Altstadt. Sie musste aus dem Traditionsstandort Albrechtsburg ausziehen, wo sie seit 1710 ihren Sitz gehabt hatte, weil es einfach zu eng wurde. Vor das neobarocke Schauhallengebäude wurde 2005 ein moderner Eingangstrakt gestellt, auf dessen 35 m langer und 9 m hoher Front die 300 Jahre lange Geschichte des Meißner Porzellans (als Handelsware und eingetragenes Markenzeichen **Meissener Porzellan**® geschrieben – das „ß" des Originals ist

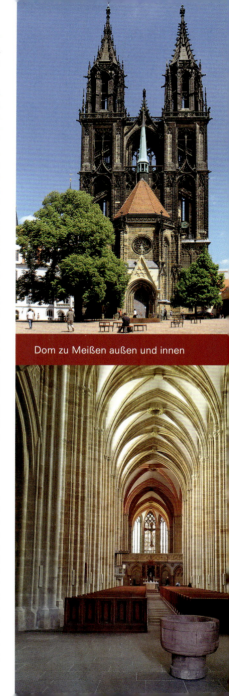

Dom zu Meißen außen und innen

international unbekannt) in den Werkstoffen Glas, Porzellan und Beton dargestellt wird. Für die 300-Jahrfeier wurde der öffentliche Bereich nochmals aufgepimpt und formiert jetzt als „Haus Meissen®", die Gesamtanlage als „Erlebniswelt Haus Meissen®". Deutlich wird: „Nur Geschirr" war gestern, der einstige Porzellanprimus will sich als Luxusartikel-Gesamtanbieter auch mit Schmuck, Sofakissen und Krawatten auf dem internationalen Markt etablieren. Wobei der immer mal wieder rote Zahlen schreibende Staatsbetrieb den Durchbruch noch lange nicht geschafft hat.

In den **Verkaufsräumen** im Erdgeschoss (Meissen Boutique) ist eine Fülle von eher konservativen Produkten der Manufaktur zu sehen – unglaublicher Kitsch und geschmackliche Merkwürdigkeiten dürfen ebenfalls nicht fehlen. Meist steht das in offensichtlichem Kontrast zu den Sonderausstellungen sowie dem „Meissen artCampus", der wirklich innovative moderne Kunst und Porzellan mal ganz, ganz anders zeigt.

In der **Schauhalle** im Obergeschoss („Museum of Meissen Art – All Nations are Welcome") kann man etwa 3000 der 20.000 Porzellanobjekte bewundern, die der Porzellanmanufaktur gehören. Stücke, wie sie in der Porzellansammlung in Dresden zu sehen sind, finden sich hier, aber auch Kopien berühmter Werke aus späteren Zeiten, aufwendigste Vasen und schlichtes Speiseporzellan sowie jede Menge Kunstwerke von Kaendler und Kirchner bis zur Gegenwart. In den verschiedenen Räumen der **Schauwerkstatt** werden die wichtigsten Phasen der Dekoration des Porzellans durch Angestellte vorgeführt. Insgesamt eine sehenswerte Angelegenheit, auch Leute, die eine Allergie gegen Sammeltassen und blasse Schäferinnen haben, werden Schönes und Fantastisches zu Gesicht bekommen.

Erlebniswelt Haus Meissen (Staatliche Porzellan-Manufaktur Meissen), Talstr. 9, 01662 Meißen, tgl. 9–18 Uhr, Nov. bis April bis 17 Uhr, Silvester und Neujahr 10–16 Uhr, 24.–26.12. geschl., Eintritt mit Schauwerkstatt 9 €, Familien 20 €, ✆ 03521-468208, www.meissen.com.

Meißner Porzellan ist Handarbeit – und teuer

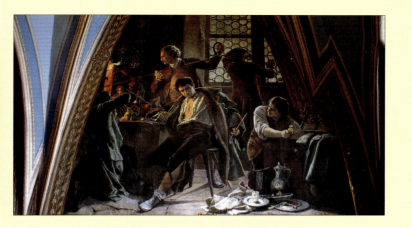

Böttger, Tschirnhaus und die Erfindung des europäischen Porzellans

Ein Jahrtausend lang war die Herstellung von Porzellan ein streng gehütetes Geheimnis. Außerhalb Chinas und Japans (das schon früh Industriespionage einsetzte, um an technische Neuerungen zu kommen) kannte niemand die Bestandteile dieses edlen Materials, das dem in Europa hergestellten Steingut um Klassen überlegen war. Dass es 1708 erstmals in Europa hergestellt wurde, ist dem Goldhunger Augusts des Starken zu verdanken. Dieser wollte eigentlich mithilfe von alchimistischen Gebräuen Gold herstellen lassen, und Porzellan war nur ein Nebenprodukt.

Als Goldmacher hatte sich August der Starke Johann Friedrich Böttger ausgesucht, eine ziemlich windige Persönlichkeit. 1701 hatte Böttger aus Brandenburg flüchten müssen, weil er für den Berliner Hof kein Gold erzeugt, sondern nur Schulden angehäuft hatte. Doch der damals 19-jährige Apothekergeselle muss irgendetwas an sich gehabt haben, dass man ihm immer wieder glaubte. August der Starke erlaubte ihm jedenfalls, in Sachsen zu bleiben – unter schärfster Bewachung auf der Albrechtsburg und mit dem Auftrag, unedle Metalle in Gold zu verwandeln oder am Galgen zu enden. 1707 wurden früher abgebrochene Versuche zur Porzellanherstellung wieder aufgenommen, diesmal in den Kasematten der Dresdner Jungfernbastei. Die technische Leitung des Unternehmens, dessen erklärtes Ziel die Herstellung von Porzellan war und für das ein eigenes Labor geschaffen wurde, lag bei dem Wissenschaftler Ehrenfried Walther von Tschirnhaus. Den ersten Schritt dazu hatte Tschirnhaus bereits hinter sich: Die Erzeugung einer porzellanähnlichen, aber nicht reinweißen Substanz war ihm schon vor Jahren gelungen, doch noch fehlte Erfahrung und ein Rohstoff. Böttger wurde für ihn als Gehilfe tätig und war für die Feuerung verantwortlich.

1708 gelang Tschirnhaus dann endlich das Brennen von reinweißem Porzellan, nachdem er erstmals Kaolinerde aus dem Erzgebirge verwendet hatte. Im selben Jahr starb jedoch Tschirnhaus und Böttger meldete wenig später dem Kurfürsten, dass er – Böttger – Porzellan herstellen könne. Der König ließ sich auf den Handel ein, Porzellan statt Gold herzustellen, und richtete Böttger eine große Porzellanmanufaktur ein, nunmehr auf der Meißner Albrechtsburg (1710), die Vorgängerin der heutigen. Böttger gilt noch heute weltweit als der Erfinder, Tschirnhaus wird dagegen kaum erwähnt.

Praktische Infos

→ Karte S. 263

Information

Tourist-Information Meißen, Markt 3, ℡ 03521-41940, gut sortiert in Sachen Broschüren, Buchung von Stadtführungen, Radverleih, vorbildlich freundliche Mitarbeiterinnen, tgl. 10–18, Sa/So/Fei bis 16 Uhr; Nov. bis März nur bis 17 Uhr, Sa bis 15 Uhr bzw. im Jan. ganz zu.

Verbindungen

Mit öffentlichen Verkehrsmitteln

Die **S 1** verkehrt zwischen Bad Schandau, Dresden, Meißen, Meißen Altstadt und Meißen Triebischtal. Für unseren Tourenvorschlag empfiehlt es sich, am Bahnhof Meißen aus- und am Bahnhof Meißen Altstadt wieder einzusteigen; wer aufs Albrechtsburg-Panorama verzichtet, steigt hier auch aus. Ab/nach Dresden alle halbe Stunde, Fahrzeit ca. 33 Minuten, Preis (3 Tarifzonen, einfach 6,20 €, erm. 4,30 €, ab zwei Personen ist die Familientageskarte Verbundraum zu 19 € billiger). Weitere Infos zu Preisen und Frequenzen → Unterwegs in Dresden.

Meißen wird ab Dresden nicht allzu oft von den **Schiffen der Sächsischen Dampfschiffahrt** angesteuert, Infos → Unterwegs in Dresden.

Mit dem Fahrrad

Meißen liegt direkt am **Elberadweg** – einem Ausflug ab Dresden (40 km hin und zurück) steht nichts im Wege. Bei der Tourist-Information gibt's einen Fahrradparkraum (1,50 €/Rad).

Mit dem Auto

Mit dem Auto nimmt man am besten die Straße, die von Dresden Neustadt entlang der Elbe über Radebeul und Brockwitz nach Meißen führt (erst Leipziger Str., dann Meißner Str.). Sie ist die landschaftlich reizvollere Variante, da sie die Weindörfer bei Meißen berührt – alternativ linkselbisch auf der B 6. In Meißen Parkplätze am Ufer unterhalb der Altstadtbrücke zu beiden Seiten der Elbe sowie nördlich der Albrechtsburg an der Abzweigung der alten B 101 in Richtung Westen zur Autobahn Leipzig – Dresden (die neue wird durch den 0,7 km langen Schottenbergtunnel geführt, durch

Und zum guten Schluss einen Meißner Wein bei Vincenz Richter

Ausflug nach Meißen 269

den man folglich ankommt, wenn man die Autobahn und den Zubringer B 101 benutzt). Von der Meisastraße (gebührenpflichtiges Parkhaus) führt seit 2011 der Panoramaaufzug zur Albrechtsburg (24 Stunden, 365 Tage, gratis außer 10–17 Uhr, dann Auffahrt 1 €).

In Meißen

Busse: Der Stadtrundfahrt-Bus pendelt von Anfang April bis Okt. tgl. 10–17.30 Uhr halbstündlich zwischen Porzellanmanufaktur, Markt und Dom bzw. Albrechtsburg sowie Bahnhof Meißen Altstadt. VVO-Zeitkarten gelten; ansonsten Tageskarten im Bus (unterbrechen möglich) zu 5 €, 6–14 Jahre 3,50 €, Familie 12 €. ☎ 03521-741631.

Leihräder: gibt's bei der Tourist-Information (→ Information).

Taxi: Sammeltaxi ☎ 03521-733441.

Essen & Trinken

Café Meissen 10 Feine Kuchen und Köstlichkeiten im Erdgeschoss der Porzellanmanufaktur, serviert auf Meißner Porzellan, 3-Gang-Menü ab ca. 23 €. Talstr. 9, von Mai bis Okt. tgl. 9.30–18 Uhr (sonst 10–17 Uhr) geöffnet, man kommt auch ohne Erlebniswelt-Eintrittskarte hinein, ☎ 03521-468730, www.meissen.com.

Vincenz Richter 7 Seit 1523 existiert das Weinhaus, seit 1873 gehört es der Familie Richter. Romantische Gaststube(n) in altem Fachwerkhaus, man fühlt sich fast wie in einem Heimatmuseum. Sehr gute „sächsische" Küche, Hauptgerichte ab ca. 11 €, ein Weinladen ist angeschlossen. An der Frauenkirche 12, Di–So ab 12 Uhr, unter der Woche von 14 bis 17 Uhr Pause, ☎ 03521-453285, www.vincenz-richter.de.

Ratskeller 6 Zu einem historischen Rathaus gehörte schon immer ein ordentlicher Ratskeller. Der hiesige stammt von 1475, wurde aber erst Ostern 2015 neu eröffnet, wirkt jedoch in jeder Hinsicht wie ein alter: rustikal, hohe Decken, deftige Gerichte. Freundliche, kompetente Bedienung, die mal keine Ammenmärchen über die sächsische Küche erzählt, sondern gleich von den böhmisch-schlesischen Anleihen berichtet. Serviert wird also ehrliches, schmackhaftes Essen (Hauptgerichte 12–20 €) – meist mit Zutaten aus der Region. Und vielleicht probieren Sie trotz der Weinlagen auch mal ein hiesiges Bier. Markt 1, im Rathaus, tgl. 11–23 Uhr, ☎ 03521-7274740.

Domkeller 8 Tagesgerichte sowie eine sächsische Speisekarte mit reichem Angebot („Dreesdner Sauerbradn midd sägg'schen Gardoffelgleesn, Abblrohdgohl inn Fäfferguchnrahmdiddsche unn Rosin" 13,60 €), diverse Stuben, teilweise sehr touristisch-plüschig, aber Terrasse (März bis Okt.) mit genialem Ausblick über Stadt und Elbe. Hauptgericht 10–18 €, Domplatz 9, tgl. ab 11 Uhr geöffnet, ☎ 03521-457676.

Einkaufen

Sächsische Winzergenossenschaft Meißen 4 Die Winzer der Großlagen zwischen Pillnitz, Radebeul und Meißen nennen sich mittlerweile „WINZER MEISSEN" und bieten in ihrer Vinothek eine große Auswahl an Goldriesling, Müller-Thurgau, Riesling, Weißburgunder und Traminer; es gibt auch Kellerführungen. Bennoweg 9, tgl. 9–18 Uhr (Sa/So ab 10 Uhr), Jan. bis März So geschlossen und Sa nur bis 16 Uhr. ☎ 03521-780970, www.winzer-meissen.de.

Weingut Schloss Proschwitz 1 Dr. Georg Prinz zur Lippe hat erst Ende der 1990er-Jahre alten Lippe'schen Besitz zurückgekauft und dieses Weingut übernommen (Ex-LPG „Wilhelm Pieck"). Heute zählt es zu den Spitzengütern der Region und zu den hundert besten in Deutschland (Süddeutsche Zeitung: „Sachsens bester Winzer"). Wenn das so weitergeht, kann man auf den internationalen Ruhm gespannt sein. Zuletzt gekostet: ein Riesling brut, Jahrgangssekt mit der Komplexität und eleganten Restsüße eines ganz großen Weines. Neben dem Weingut gibt es eine Vinothek zum Einkaufen, tgl. 10–18 Uhr, sowie ein Restaurant, das Lippe'sche Guthaus, ☎ 03521-767673, www.schloss-proschwitz.de. Zu finden in Zadel, einem kleinen Ort elbabwärts, nordwestlich von Meißen (im eigentlichen Schloss Proschwitz am Stadtrand von Meißen befindet sich nur eine Marketing-Agentur).

Meissener Porzellanmanufaktur 9 Verkaufsräume im Erdgeschoss der Porzellanmanufaktur, Adresse → S. 266. Außerdem das **einzige Meissen-Outlet** in Deutschland!

Prima Bastei-Blick neben dem Schiffsanleger zum Kurort Rathen

Ausflug in die Sächsische Schweiz

Nur 30 km sind es von Dresden in die Nationalparkregion Sächsisch-Böhmische Schweiz. Die Sandsteinbastionen und Tafelberge des kleinen Gebirges und das eindrucksvolle Durchbruchstal der Elbe wurden in der Zeit der Romantik „entdeckt".

Einen Tag sollte man sich mindestens Zeit nehmen, um die Sehenswürdigkeiten des deutsch-tschechischen Nationalparks kennenzulernen. Die Elbe hat sich dort in den letzten fünf Millionen Jahren durch eine Hunderte Meter hohe Sandsteinschicht gefräst und mit ihren Nebenflüssen diese in Türme und Spitzen, Bastionen und Tafelberge aufgelöst. Tief eingekerbte Bachtäler durchziehen das Elbsandsteingebirge, dichte Wälder breiten sich auf den Hängen aus, auf manchem Gipfel steht eine Burg, eine Ruine oder eine prähistorische Wallanlage. Dörfer mit Fachwerkhäusern säumen den Fluss und werden auf den Hochflächen von Feldern umgeben.

Das westliche „Tor zur Sächsischen Schweiz" ist → **Pirna**, eine sehenswerte Kleinstadt mit altem Stadtkern. Noch vor Pirna – von Dresden aus kommend – liegt in der Nähe der Ortschaft Heidenau der im Auftrag Augusts des Starken angelegte → **Barockgarten Großsedlitz**, der seine alte Form weitgehend behalten hat. Ein Abstecher nach Nordosten in die Nähe der Oberlausitz macht mit einem sehr bekannten Standort sächsischer Geschichte bekannt: Auf → **Burg Stolpen** verbrachte die *Gräfin Cosel*, verbannte Mätresse Augusts des Starken, die letzten 49 Jahre ihres langen Lebens.

Wer an einem einzigen Tag die landschaftlichen Höhepunkte der Sächsi-

Ausflug in die Sächsische Schweiz   271

schen Schweiz sehen möchte, allen voran die Felsformationen der → **Bastei** mit spektakulärem Blick über das Elbtal oder die riesige Anlage der → **Burg Königstein,** dem wird die Zeit knapp. Man muss sich für einige Stationen der hier vorgestellten Sehenswürdigkeiten (Reihung von West nach Ost) entscheiden. Die → **Stadt Wehlen** ist beispielsweise Ausgangspunkt für schöne Wanderungen in den Uttewalder Grund, von → **Bad Schandau** aus startet man u. a. ins Kirnitzschtal mit dem künstlich angelegten Lichtenhainer Wasserfall und auf → **Burg Hohnstein** gibt es ein interessantes Burgmuseum zu besichtigen. Da die Sächsische Schweiz vor allem als Wander- und Kletterparadies bekannt

ist, finden Sie im Folgenden auch einige Hinweise zu Wanderungen sowie unter „Praktische Infos" Adressen für Kletterinteressierte und Tipps zur Anreise mit den öffentlichen Verkehrsmitteln.

> Wer in der Sächsischen Schweiz richtig wandern möchte, findet eine gute Begleitung im **Wanderführer Sächsische Schweiz** vom Autor des vorliegenden Buches (Dietrich Höllhuber: Sächsische Schweiz; Wanderführer mit 35 Touren; Michael Müller Verlag Erlangen, 2. Aufl. 2016), sämtliche Touren sind mit GPS-Tracks und überprüften Wegpunkten versehen.

Sehenswertes

Barockgarten Großsedlitz

Etwa 15 km südöstlich von Dresden nahe dem Städtchen Heidenau befindet sich einer der wenigen vollständig erhaltenen Barockgärten Deutschlands, der vor allem mit seinem Skulpturenschmuck glänzt. Was Graf Wackerbarth ab 1719 als Landsitz errichten ließ, wurde bald von August dem Starken „erworben" und von drei seiner berühmtesten Künstler zu einem aufwendigen formalen Barockpark gestaltet, der allerdings unvollendet blieb. Wie auch in anderen Fällen ging dem Herrscher schlicht das Geld aus und die Pläne wurden nie ausgeführt (auch in Großsedlitz war eine Allee-Achse bis Dresden geplant). Es waren Matthäus Daniel Pöppelmann, Zacharias Longuelune und vor allem Johann Christoph Knöffel, die ab 1723 Orangerie, Park, Treppen, Wasserspiele und zahlreiche Skulpturen schufen, von denen sich einige erhalten haben. Die Lage auf dem leicht gewellten Plateau über dem Elbtal erlaubte ohne allzu großen Aufwand die Anlage von Parterres, eingesenkten

Rasen- und Gartenflächen. Im späten 18. und im 19. Jh. wurde der Park vernachlässigt, was einerseits den Verfall begünstigte, aber andererseits verhinderte, dass durch die modische Umwandlung zu einem englischen Garten (wie im Großen Garten in Dresden und im Park von Schloss Moritzburg sowie im Großteil des Parks von Schloss Pillnitz) der ursprüngliche Charakter eines Barockgartens verloren ging.

Das Friedrichschlösschen, das im rechten Winkel zur Anlage steht, wurde erst im 19. Jh. errichtet. Heute befindet sich dort ein Café-Restaurant.

Die Skulpturen stammen von Johann Christian Kirchner, Benjamin Thomae, François Loudray und Matthäus Daniel Pöppelmann, einzelne Zuschreibungen (so heißt es, Pöppelmann habe die „Stille Musik" geschaffen) sind allerdings umstritten. Bei wenigen herrscht ziemliche Eintracht über den Schöpfer, so bei den „Vier Jahreszeiten" auf der Balustrade links und rechts oberhalb der Stillen Musik, sie werden *Johann Christian Kirchner* zugeschrieben. Das glei-

Ausflug in die Sächsische Schweiz → Karte S. 275

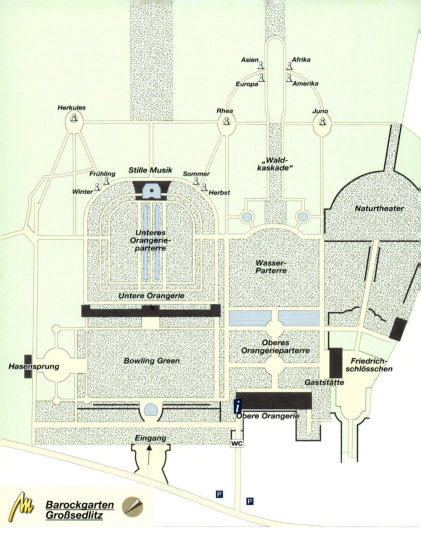

che gilt für die „Vier Kontinente" (Australien war noch nicht bekannt) desselben Künstlers, die sich neben dem (trockenen) Wasserbecken auf der höchsten Stelle der Achse vor der Oberen Orangerie befinden.

Parkstr. 85, 01809 Heidenau, tgl. geöffnet, April bis Okt. 8–18 Uhr, Nov. bis März bis 16 Uhr, Eintritt 4 €, erm. 2 € (bis Aug. 2015 reduzierter Eintritt wg. der Sanierung der Unteren Orangerie), Parkführungen an Sonn- und Feiertagen April bis Okt. jeweils 11 Uhr, Gebühr (zzgl. Parkeintritt) 2,50 €, ✆ 03529-56390, www.barockgarten-grosssedlitz.de.

>>> **Tipp:** Laden Sie sich **die kostenlose** „Schlösserland-Sachsen-App" für Ihr Android- oder iPhone herunter und lassen Sie sich damit durch Großsedlitz lotsen. <<<

Pirna

Noch etwas weiter südöstlich, ebenfalls auf der südlichen Elbseite, liegt das 45.000 Einwohner zählende Pirna, dessen historisches Stadtzentrum nicht während des Zweiten Weltkriegs zerstört wurde. Das mittelalterliche Pirna war eine Handelsstadt, die Dresdens Bedeutung weit übertraf. So besaß Pirna das Niederlagsrecht für Güter aus und nach Böhmen, was viel Geld in die Stadtkasse brachte. An der **Stadtkirche St. Marien** (1502–1546) kann man das heute noch ablesen. Die an der Stelle eines ohnehin schon großen Vorgängerbaus, von der noch der heutige Turm übrig blieb, errichtete Kirche ist ein dreischiffiger Bau mit gewaltigem Dach, zwölf achteckigen Säulen und einem ungemein komplizierten Rippengewölbe. Aber auch andere Gebäude der Stadt, die in der Neuzeit ins Abseits geriet, sind sehenswert, so die nahe dem Elbufer gelegene katholische Kirche **St. Heinrich**, das **Rathaus** am Marktplatz – berühmt durch ein Bild Bernardo Bellottos in der Dresdner Gemäldegalerie Alte Meister – und einige Bürgerhäuser.

Burg Stolpen

Basaltsäulen durchstoßen die Spitze einer Granitkuppe am Rand der westlichen Oberlausitz. Auf dem großartigen Aussichtspunkt hat man schon im Frühmittelalter eine Burg gebaut, die Meißener Bischöfe besaßen sie, 1222 wird sie erstmals urkundlich erwähnt. Später kam sie in die Hände der sächsischen Landesfürsten, wurde zur Festung ausgebaut und fünf Gebäudekomplexe mit verbindenden Höfen entstanden. Einiges hat sich bis heute erhalten, so die vier Türme. Warum viele Menschen heute die Burg Stolpen besuchen, lässt sich mit einem sächsischen Mythos erklären: In der Festung lebte von 1716 bis zu ihrem Tod 1765 **Anna**

In Pirna

Constantia Reichsgräfin von Cosel, Exmätresse Augusts des Starken.

Die junge (1680 geborene) Frau aus holsteinischer Adelsfamilie war 1705 an den sächsischen Hof gekommen, ein uneheliches Kind und eine geschiedene Ehe waren für den Kurfürsten kein Hindernis, sich für sie zu interessieren. Anna Constantia wurde zur Reichsfürstin von Cosel erhoben, als „Maitresse en titre" wurde sie vom Hof wie seine Ehefrau behandelt (die legitime Ehefrau, die nicht in Dresden residierte, wurde nicht gefragt). Einmischung in politische Angelegenheiten führte zu einer ersten Verbannung nach Schloss Pillnitz, der sie sich durch die Flucht nach Berlin entzog. Der Preußenkönig lieferte sie jedoch aus, und diese Flucht ins potenziell verfeindete Ausland wurde als Grund für ihre Verbannung nach Stolpen angegeben – vielleicht nutzte der Kurfürst aber auch nur die gute Gelegenheit, sich ihrer zu entledigen. In der Festung hielt sie weiterhin Hof, hatte einen Hofstaat, ihre Einnahmen wurden nicht beschnitten. 1741 wurde die Verbannung aufgehoben, doch statt nach Dresden zurückzukehren zog sie in den heute nach ihr benannten Festungsturm und verließ ihn nicht mehr bis zu ihrem Tod im Jahre 1765. Ihr Grab findet man in den Ruinen der Burgkapelle. Warum sie in Stolpen blieb? Niemand weiß es, was ihren Mythos bis heute nährt.

Heute ist die Burg ein Museum, das sich vor allem um die Anwesenheit der Gräfin Cosel dreht. Die Türme, vor allem der Johannisturm (Coselturm) sind museal (nicht original) ausgestattet, von den Fenstern bieten sich weite Ausblicke. Pünktlich zum Coseljahr 2016 (der 300. Jahrestag ihrer Gefangensetzung auf der Burg) erscheint sogar eine kostenlose App, mit der Sie sich über Ihr Smartphone „persönlich" von der Cosel oder einem Domestiken durch die Anlage führen lassen können.

April bis Okt. tgl. 9–18 Uhr, Nov. bis März witterungsabhängig tgl. 10–16 Uhr; Eintritt 6 €, erm. 3 €, Familie 14 €. Mit dem Pkw S 160 Dresdner Straße oder ab Pirna S 164 Pirnaer Landstraße, mit der Bahn RB 71 ab Pirna bis Stolpen, von dort 30 Min. zu Fuß (nicht eben flach!) durch den Ort Stolpen zur Burg. 01833 Stolpen, Schlossstr. 10, ✆ 035973-23410, www.burg-stolpen.org.

Stadt Wehlen

Das winzige Städtchen, 10 km östlich von Pirna auf der rechten (nördlichen) Seite des Elbtales gelegen, wird von den Ruinen einer mittelalterlichen Burg überragt. Mehrere Cafés und Gaststätten zeugen von den vielen Ausflüglern, darunter jede Menge Radler, die hier gerne eine Pause einlegen, statt gleich auf die Elbfähre zum Bahnhof auf der anderen Talseite zu eilen.

In Stadt Wehlen beginnen reizvolle Wanderwege. Durch das Uttewalder Tal gelangt man in den romantischen **Uttewalder Grund,** einem Lieblingsmotiv der Maler der Romantik. Jeder, der einigermaßen agil ist, sollte bei dieser Wanderung unbedingt einen Abstecher (nach links) zum Teufelsgrund und in die Teufelsschlüchte machen: Dort führt der Weg durch mehrere enge Schlupfstellen unter und zwischen Felsen hindurch – Kinder wie Erwachsene sind begeistert!

Wanderer über dem Marktplatz von Stadt Wehlen

Die Bastei

Eine der berühmtesten Felsengruppen in der Sächsischen Schweiz ist die Bastei, nahe der Elbe im Westen des Nationalparks gelegen. Mehrere Sandsteinmassive reihen sich hier neben- und hintereinander, manche wie Zähne spitz, andere mit flachen Plateaus über scheinbar unersteigbaren Wänden. Schon in der Mitte des 19. Jh. baute man zwischen zwei dieser Felsgruppen eine Steinbrücke über einen tiefen Einschnitt, sie ersetzte einen früheren, gefährlichen Holzsteg – die Brücke war die erste, die jemals nur für Touristen gebaut wurde! Auf der Bastei hat man im Mittelalter eine Burg errichtet und dabei die Möglichkeiten dieser Felsbastion voll ausgenutzt. Der mittlere Bereich der Burg Neurathen, die 1469 zerstört wurde, kann auf einem Rundweg besichtigt werden.

Man erreicht die Bastei (mit Gaststätte) in einer knappen Stunde auf einem ausgeschilderten, unverfehlbaren Wanderweg, der im **Kurort Rathen** startet, einem weitgehend autofreien Örtchen an der Elbe (Fähre vom Bahnhof auf der anderen Flussseite, Parkplatz dort am Ortseingang). Am Ziel wird man belohnt mit einer Traumaussicht auf das Elbtal, wo sich tief unten die Dampfer durch das Wasser der Elbe schaufeln, aber auch auf Freikletterer, die in den Wänden kleben oder auf den felsigen Nadelspitzen Rast machen. Alternativ kann man etwas weiter in den bei Rathen mündenden Amselgrund wandern und dann durch die Schwedenlöcher hinaufgehen, einen zwischen Felsgruppen geschlagenen und gebauten Treppenweg (Gehzeit 1:30–2 Std.). Die dritte Möglichkeit ist die von Pirna kommende Straße, die fast bis zur Bastei führt und auf der auch eine Buslinie ab Pirna verkehrt.

Der **Amselgrund** ist übrigens auch ein Ausflugsziel für sich. An seinem Ende lockt seit dem Biedermeier ein romantischer, künstlicher Wasserfall mit kleinem Gasthaus.

Unterhalb der Basteifelsen befindet sich die **Rathener Felsenbühne,** die eine wunderschöne Naturszenerie bietet. Besonders gerne werden hier Stücke Karl May aufgeführt, außerdem Märchen, und eine Oper ist auch immer auf dem Spielplan.

Hohnstein

Hohnstein, das seinen Namen zu Recht trägt – es liegt wirklich auf einem hohen Stein über dem Polenztal – ist ein winziger Ort im Norden des Nationalparks abseits des Elbtals. Das Ortsbild wird dominiert von einer recht großen Burg gleichen Namens, die seit dem 12. Jh. besteht und seit 1443 dem sächsischen Landesfürst gehörte. Nach dem Ende des Königreiches Sachsen erlebte die **Burg Hohnstein** eine bewegte Geschichte: zunächst als Jugendgefängnis und ab 1924 als Jugendherberge, dann als Schutzhaftlager der Nazis, ab 1935 wieder Jugendherberge, schließlich Gefängnis für Kriegsgefangene. 1948 wurde hier erneut eine Jugendherberge untergebracht, heute fungiert sie vor allem als „Ferienstätte" für Familien und heißt „Biker willkommen". Die einzelnen Baugruppen der ausgedehnten Burganlage und das Burgmuseum mit seinen historischen und naturkundlichen Sammlungen können besichtigt werden.

Burg Hohnstein: Markt 1, 01848 Hohnstein, ℘ 035975-81202, www.burg-hohnstein.info.

Pfaffenstein, Lilienstein und Königstein

Zwei von senkrechten Wänden umgebene Plateaus aus Sandstein liegen links (südlich) der Elbe, der Königstein mit der gleichnamigen Festung über dem Städtchen, das, um die Verwirrung voll zu machen, ebenfalls Königstein heißt, und der Pfaffenstein. Auf der anderen Uferseite steht in einer engen Flussschlinge der Elbe der gleich geformte Lilienstein. Auf den **Pfaffenstein** und den **Lilienstein** führen Wanderwege, beschwerlich vor allem beim Lilienstein. Auf beiden aber gibt es eine angenehme Überraschung, wenn man das Gipfelplateau erreicht hat: eine Gaststätte!

Auf dem **Königstein** stand schon früh eine Festung. Sie war zunächst böhmisch, kam aber wie das ganze Gebiet im Spätmittelalter in den Besitz der Wettiner. Die riesige Anlage, wie man sie heute besichtigen kann, wurde im 16. Jh. gleichzeitig mit der Dresdner Stadtbefestigung nach neuesten Erkenntnissen der Militärtechnik errichtet und später mehrfach umgebaut. Sie hat sich jedoch militärisch nie bewähren müssen – preußische und österreichische Heere zogen einfach daran vorbei. In der Festung Königstein saßen die gefährlichsten Staatsfeinde Sachsens ein, „unerwünschte Elemente" und alle diejenigen, denen man nicht traute (der Miterfinder des Porzellans Johann Friedrich Böttger und der Politiker August Bebel waren darunter). In unsicheren Zeiten zog sich auch die Kurfürstenfamilie – nebst Staatsschatz – dorthin zurück. Heute ist die bautenreiche Festung ein einziges Freilichtmuseum, das in Teilen vom Dresdner Militärhistorischen Museum (→ S. 187) als Ausstellungssaal genutzt wird.

Solche Leitern sind typisch

Ausflug in die Sächsische Schweiz

Die Schrammsteine fordern Wanderer und Kletterer

Festung Königstein: Das barrierefrei zugängliche Museum (Aufzüge!) ist geöffnet tgl. 9–18 Uhr, Nov. bis März bis 17 Uhr; Eintritt 10 €, erm. 7 €, Familien 25 €, Nov. bis März ermäßigt auf 8/6/21 €. Mit dem Pkw parkt man im neuen Parkhaus (6 €/Tag) direkt an der B 172, von dort geht's zu Fuß oder mit der Miniatureisenbahn alle 10 Min. nach oben. 01824 Königstein, ☎ 035021-64607, www.festung-koenigstein.de.

Bad Schandau, die Schrammsteine und das Kirnitzschtal

Bad Schandau ist der letzte größere Ort vor der böhmischen (tschechischen) Grenze, ein kleiner Luftkurort auf der rechten Elbseite. Auf dem riesigen Bahnhof mit hohem Beobachtungsturm auf der linken Elbseite wurden zu DDR-Zeiten die Gäste des „Vindobona"-Express gefilzt, der zwischen Berlin und Wien unterwegs war. Der Bahnhof erinnert heute nicht mehr an die DDR-Zeit, im Gegenteil, er wurde kürzlich als einer der angenehmsten Deutschlands ausgezeichnet. Bad Schandau ist ein guter Ausgangspunkt für Wanderungen in die Umgebung, vor allem das hier endende Kirnitzschtal und die nahe gelegenen Schrammsteine ziehen viele Besucher an. Nicht verpassen sollte man das modern gestaltete **Nationalparkzentrum Sächsische Schweiz** in Bad Schandau. Es ist eine Sehenswürdigkeit für sich: Modelle, Filme, Multivisionen, interaktive Spiele, Schautafeln sowie ein Ameisenzoo (!) bieten Erwachsenen wie Kindern unterhaltsame Informationen über Entstehung und Natur des Parks. Absolut spannend: eine Zeitrafferdarstellung der Entwicklung des Elbsandsteins!

Neben der Bastei sind die **Schrammsteine** die zweite große Felsbastion der Sächsischen Schweiz mit Traumaussicht, aber im Gegensatz zur Bastei sind sie nur auf Wanderwegen und einem steilen Treppensteig zu erreichen. Dass die Massen sich hier dennoch oft drängen, ist auf die schon erwähnte sächsische Wanderlust zurückzuführen. Man erreicht den Beginn des Wanderweges über die Straße nach Ostrau (zunächst durch das Kirnitzschtal, dann Abzweigung rechts), wo es einen

278 Ausflüge in die Umgebung

großen Wanderparkplatz gibt. Von der Schrammsteinaussicht blickt man bis nach Böhmen und weit elbabwärts, die drei „Steine" (Königstein, Lilienstein und Pfaffenstein) sind zu sehen und in unmittelbarer Nähe berühmte und für Wanderer unerreichbare Kletterfelsen, die an Wochenenden von Kletterern wimmeln.

Das **Kirnitzschtal** erreicht man von Bad Schandau aus in 30 Minuten mit einer historischen Straßenbahn, sie fährt bis zum Lichtenhainer Wasserfall (wie der Amselfall ist er künstlich und wird vom Wirt der benachbarten Gaststätte in Gang gesetzt). Vom großen Parkplatz am Straßenbahnende führt ein sehr be-

quemer Wanderweg zum Kuhstall hinauf. Der Kuhstall ist ein riesiger Felsblock mit senkrechten Wänden, durch die ein Spalt mit einem Treppenaufgang aufs Plateau führt, wo einmal die Burg Wildenstein stand. Trickreich windet sich der Treppenweg auf der anderen Seite wieder hinunter, und unten winkt die Ausflugsgaststätte.

Nationalparkzentrum Sächsische Schweiz: Dresdner Str. 2 b, 01814 Bad Schandau, geöffnet April bis Okt. tgl. 9–18 Uhr, sonst Di–So 9–17 Uhr (in den Ferien auch Mo), Eintritt 4 €, erm. (z. B. mit ÖPNV-Fahrkarte) 3 €, Familien 8,50 €, ✆ 035022-50240, www.lanu.de.

Praktische Infos

Infos zu Pirna und zur Nationalparkregion Sächsische Schweiz

Tourismusverband Sächsische Schweiz, Bahnhofstr. 21, 01796 Pirna, ✆ 03501-470147, www.saechsische-schweiz.de.

Nationalparkverwaltung Sächsische Schweiz, An der Elbe 4, 01814 Bad Schandau, ✆ 035022-900600, www.nationalparksaechsische-schweiz.de.

Verbindungen

Mit öffentlichen Verkehrsmitteln

S-Bahn ab Meißen und Dresden, häufig bis Pirna mit Halt in Heidenau-Großsedlitz, etwas seltener bis Schöna (Grenze) mit Halt u. a. in Stadt Wehlen, Kurort Rathen, Königstein und Bad Schandau. Von den Bahnhöfen Stadt Wehlen, Kurort Rathen und Bad Schandau **Fähren** zum Ort; vom Bad Schandauer Nationalparkbahnhof fahren auch **Busse** bzw. kann man über die Brücke laufen. **Straßenbahn** von Bad Schandau ins Kirnitzschtal. Für einen Tagesausflug ab Dresden nimmt man Einzelfahrkarten der Preisstufe 3, ab zwei Personen lohnt sich die Tageskarte für den Gesamtbereich des VVO. Wer von Dresden bis Bad Schandau fährt (und sonst kein öffentliches Verkehrsmittel nutzt!), kann auch den IC bzw. EC nehmen, das ist mit Bahncard 50 sogar billiger als mit dem VVO.

Mit dem Elbdampfer

Schiffe der Sächsischen Dampfschiffahrt ab Dresden oder Pirna bis Königstein oder Bad Schandau (→ S. 45 ff.). Von Pirna nach Hřensko (Tschechien) verkehren zwei Schiffe der Personenschifffahrt Oberelbe, ✆ 03501-528467, und von Bad Schandau nach Hřensko die „Zirkelstein" der Oberelbischen Verkehrsges. Pirna-Sebnitz (OVPS), ✆ 035022-5480, www.ovps.de.

Mit dem Auto

Von Dresden bis Pirna (hier gibt es eine Elbbrücke) kann man auf beiden Elbseiten fahren, von dort bis Bad Schandau (nächste Elbbrücke) nimmt man die B 172, von der Stichstraßen zu den Orten an der Elbe führen. Im Fall von Königstein führt die Bundesstraße durch den Ort. Das Parken auf neun Parkplätzen im Nationalpark Sächsische Schweiz ist gebührenpflichtig mit 4–5 € (Münzen!) pro Tag. Kein Parkplatz im Nationalpark darf zum Campen genutzt werden, das Parken ist zwischen 22 und 6 Uhr nicht gestattet.

Feste und Veranstaltungen

Festival Mitte Europa (Festival Uprostřed Evropy), ein Fest in der Dreiländerecke Bayern – Sachsen – Böhmen, Veranstaltungsorte des lose zusammenhängenden Musik- und Szene-Sommerprogramms sind

Ausflug in die Sächsische Schweiz

Gemütlicher kann man die Sächsische Schweiz kaum erkunden

u. a. Pirna und Großsedlitz. Programm auf www.festival-mitte-europa.com. Rathener Felsenbühne/Rathener Karl-May-Spiele → Kulturszene Dresden.

Sport und Freizeit

Klettern, Wandern

Das Kletterparadies Sächsische Schweiz liegt so nahe zu Dresden, dass man meint, es müsse völlig überlaufen sein, ist es doch nur ein kleines Gebiet, in dem sich Kletterfelsen befinden. Aber abgesehen von Hochsommerwochenenden und besonders beliebten Kletterfelsen ist es in der Sächsischen Schweiz überhaupt kein Problem, einen Felsen (bzw. einen Anstieg) für sich allein zu finden: Mehr als 1100 Felsen und mehr als 15.000 Routen ermöglichen das. Wissen muss man, dass hier eine spezielle Kletterethik gilt, die u. a. nur ganz bestimmte Sicherungsmittel bzw. Ausrüstungsgegenstände vorsieht. Auskunft können die beiden folgenden Anlaufstellen geben:

Bergsport Arnold, der Leiter des Sporthauses ist ein über die Region hinaus bekannter Kletterer, der u. a. Kletterkurse gibt und Führungen veranstaltet. Mehr in den Fachgeschäften „Bergsportladen", Obere Str. 25, 01848 Hohnstein, und „Der Insider", Marktstr. 4, 01814 Bad Schandau, ✆ 035975-81246, www.bergsport-arnold.de.

Kletterschule Lilienstein, Ebenheit 4, 01824 Königstein, z. B. „Schnuppertag Felsklettern" 60 € (ab 4 Pers. 45 €), ✆ 035022-91828, www.kletterschule-lilienstein.de.

Paddeln, Kanus, Bootstouren

Die Elbe ist auch im Durchbruchstal zwischen Böhmen und Pirna in der Sächsischen Schweiz erstaunlicherweise ein ruhiger Fluss. So kann man auch als Nicht-Geübter mit Kajak, Kanadier oder Schlauchboot flussabwärts schippern, wer Lust dazu hat, auch bis Dresden oder gar Meißen. Von der Grenze zu Tschechien sind es 10 km bis Bad Schandau, 16 bis Königstein, 33 bis Pirna, 49,5 bis zum Blauen Wunder in Dresden und 81 km bis Meißen. Mit Schlauchboot oder Kanadier schafft man das in zwei bis drei Tagen. Tagestouren empfehlen sich z. B. zwischen Königstein und Pirna (17,5 km) oder zwischen Schmilka und Königstein (14,5 km).

Bootsverleih und geführte Touren bietet z. B. **Kanu Aktiv Tours** in Königstein. Ein Kanadier für zwei Personen kostet pro Tag ab 36 €, ein Schlauchboot (bis zu fünf Personen) ab 50 €, auch geführte Touren für Gruppen. Infos und Buchungen bei Kanu Aktiv Tours, Elbpromenade/Schandauer Str. 17–19, 01824 Königstein, ✆ 035021-599960, www.kanu-aktiv-tours.de.

Abruzzen • Ägypten • Algarve • Allgäu • Allgäuer Alpen • Altmühltal & Fränk. Seenland • Amsterdam • Andalusien • Andalusien • Apulien • Australien – der Osten • Auvergne & Limousin • Azoren • Bali & Lombok • Barcelona • Bayerischer Wald • Bayerischer Wald • Berlin • Bodensee • Bornholm • Bretagne • Brüssel • Budapest • Chalkidiki • Chiemgauer Alpen • Chios • Cilento • Comer See • Cornwall & Devon • Costa Brava • Costa de la Luz • Côte d'Azur • Cuba • Dolomiten – Südtirol Ost • Dominikanische Republik • Dresden • Dublin • Ecuador • Eifel • Elba • Elsass • Elsass • England • Fehmarn • Föhr & Amrum • Franken • Fränkische Schweiz • Fränkische Schweiz • Friaul-Julisch Venetien • Gardasee • Gardasee • Genferseeregion • Golf von Neapel • Gomera • Gran Canaria • Graubünden • Hamburg • Harz • Haute-Provence • Ibiza • Irland • Island • Istanbul • Istrien • Italien • Span. Jakobsweg • Kalabrien & Basilikata • Kanada – Atlantische Provinzen • Karpathos • Kärnten • Katalonien • Kefalonia & Ithaka • Köln • Kopenhagen • Korfu • Korsika • Korsika Fernwanderwege • Korsika • Kos • Krakau • Kreta • Kreta • Kroatische Inseln & Küstenstädte • Kykladen • Lago Maggiore • La Palma • La Palma • Languedoc-Roussillon • Lanzarote • Lesbos • Ligurien – Italienische Riviera, Genua, Cinque Terre • Ligurien & Cinque Terre • Limnos • Liparische Inseln • Lissabon & Umgebung • Lissabon • London • Lübeck • Madeira • Madeira • Madrid • Mainfranken • Mainz • Mallorca • Mallorca • Malta, Gozo, Comino • Marken • Mecklenburgische Seenplatte • Mecklenburg-Vorpommern • Menorca • Rund um Meran • Midi-Pyrénées • Mittel- und Süddalmatien • Montenegro • Moskau • München • Münchner Ausflugsberge • Naxos • Neuseeland • New York • Niederlande • Norddalmatien • Norderney • Nord- u. Mittelengland • Nord- u. Mittelgriechenland • Nordkroatien – Zagreb & Kvarner Bucht • Nördliche Sporaden – Skiathos, Skopelos, Alonnisos, Skyros • Nordportugal • Nordspanien • Normandie • Norwegen • Nürnberg, Fürth, Erlangen • Oberbayerische Seen • Oberitalien • Oberitalienische Seen • Odenwald mit Bergstraße, Darmstadt, Heidelberg • Ostfriesland & Ostfriesische Inseln • Ostseeküste – Mecklenburg-Vorpommern • Ostseeküste – von Lübeck bis Kiel • Östliche Allgäuer Alpen • Paris • Peloponnes • Pfalz • Pfälzer Wald • Piemont & Aostatal • Piemont • Polnische Ostseeküste • Portugal • Prag • Provence & Côte d'Azur • Provence • Rhodos • Rom • Rügen, Stralsund, Hiddensee • Rumänien • Sächsische Schweiz • Salzburg & Salzkammergut • Samos • Santorini • Sardinien • Sardinien • Schottland • Schwarzwald Mitte/Nord • Schwarzwald Süd • Shanghai • Sinai & Rotes Meer • Sizilien • Sizilien • Slowakei • Slowenien • Spanien • St. Petersburg • Steiermark • Südböhmen • Südengland • Südfrankreich • Südmarokko • Südnorwegen • Südschwarzwald • Südschweden • Südtirol • Südtoscana • Südwestfrankreich • Sylt • Teneriffa • Teneriffa • Tessin • Thassos & Samothraki • Toscana • Toscana • Tschechien • Türkei • Türkei – Lykische Küste • Türkei – Mittelmeerküste • Türkei – Südägäis • Türkische Riviera – Kappadokien • Umbrien • Usedom • Venedig • Venetien • Wachau, Wald- u. Weinviertel • Wales • Warschau • Westböhmen & Bäderdreieck • Westliche Allgäuer Alpen und Kleinwalsertal • Wien • Zakynthos • Zentrale Allgäuer Alpen • Zypern

Reisehandbuch   MM-City   MM-Wandern

Register

Die in Klammern gesetzten Koordinaten verweisen auf die beigefügte Dresden-Karte.

Alaunstraße (D/E3) 90, 184
Albert, sächs. König 26
Albertinum (D6) 138
Albertplatz (D4) 168, 184
Albertstadt (E/F2) 187
Albrecht, Herzog 22
Albrechtsburg
 (Meißen) 262
Alte Meister
 (Gemäldegalerie) 126, 133
Alter Jüdischer Friedhof
 (A4) 185
Alter Katholischer
 Friedhof 213
Altmarkt (C6) 152, 154, 164
Altstadt 18
Amselgrund (Sächsische
 Schweiz) 275
An der Herzogin Garten
 (B5) 208
Annenkirche (B6) 215
Anreise 37
 Mit dem eigenen
  Fahrzeug 39
 Mit dem Fernbus 38
 Mit dem Flugzeug 39
 Mit der Bahn 37
Anton, sächs. König 25
Apartments 55
Apotheken 102
Appia, Alphonse 191
Architektur 30
Ardenne, Manfred von 226
Ärztliche Versorgung 102
Asisi, Yadegar 204
Asisi-Panometer
 (Reick) 204
Aufstand vom 17. Juni 28
August der Starke →
 Friedrich August I.,
 sächs. Kurfürst
August I., sächs. Kurfürst 23
August II., poln. König →
 Friedrich August I.,
 sächs. Kurfürst
August III., poln. König →
 Friedrich August II.,
 sächs. Kurfürst
Augusteisches Zeitalter 31
Augustusbrücke (C5) 168
Äußere Neustadt (E/F3) 178

Bad Schandau (Sächsische
 Schweiz) 277
Baden 92
Bahn 37
Bahnhöfe 38
Bähr, George 32, 143, 227
Ballett 67
Barock 31
Barockgarten Großsedlitz
 271
Barockviertel 170
Bars 85
Bastei, Felsengruppe
 (Sächsische Schweiz) 275
Bautzner Straße (D/E4) 90
Behinderte 102
Bellotto, Bernardo, gen.
 Canaletto 170
Bergpalais (Pillnitz) 232
Bertsch-Stuhl 191
Bibliotheken 103
Biedermeier 32
Bier 62
Biergärten 65
Bilzbad (Radebeul) 93, 252
Blasewitz 241
Blaues Wunder
 (Brücke) 228
Blockhaus (C5) 169
Blüherpark (D7) 200
Bombenangriffe vom 13./14.
 Februar 27, 97
Boote 46
Bootstouren 279
Botanischer Garten (E8) 203
Böttger, Johann Friedrich
 267
Bouldern 95
Boulevard Theater
 Dresden 74
British Hôtel 146
Brücke (Künstler-
 gemeinschaft) 36
Brühl, Heinrich
 Reichsgraf von 136
Brühlsche Gasse 149
Brühlsche Terrasse 134, 136
Brühlscher Garten
 (D5/6) 136
Buchmuseum (C10) 162
Bunte Republik Neustadt
 98, 179

Burg Stolpen 273
Burger, Eberhard 144
Bürgerwiese (D7/8) 198
Bus 41
Busmannkapelle 208

Camping 58
Campusparty der TU
 Dresden 99
Canaletto (Bernardo
 Bellotto) 170
Canalettoblick (C5) 167, 170
Carl-Maria-von-Weber-
 Museum (Hosterwitz) 230
Carus, Carl Gustav 34
Casinos 87
Centrum-Galerie 160
Chiaveri, Gaetano 32, 114
Chinesischer Pavillon 225
Chöre 69
Christian I.,
 sächs. Kurfürst 23
Christian II.,
 sächs. Kurfürst 23
Christuskirche
 (Strehlen) 204
Clubs 82
Cockerwiese (D/E7) 198
Comödie Dresden (B6) 73
Cosel, Gräfin (Anna
 Constantia von Brock-
 dorff) 23, 122, 231, 270, 273
Coselpalais 142, 149
Cristopher Street Day 98

Daphne (Statue) 120
DDR-Museum Zeitreise
 (Radebeul) 250
Denkmal der Trümmerfrau
 159
Deutsche Werkstätten
 Hellerau 191
Deutsches Hygiene-
 Museum (D7) 199
Dinglinger, Johann
 Melchior 32, 120
Diskotheken 82
Dix, Otto 36, 140
Dixielandfestival 98
Dom (Meißen) 264
Dominosteine 62
Dostojewski, Fjodor 161

282 Register

Dreikönigskirche (D4) 172
Dreißigjähriger Krieg 23
Dresden Frankfurt Dance Company 69
Dresden Welcome Card 103
Dresdner Brettl 75
Dresdner Eislöwen 94
Dresdner Essenz 165
Dresdner Heide 95, 178, 189
Dresdner Kabarett Breschke & Schuch (B5) 75, 214
Dresdner Musikfestspiele 98
Dresdner Orgelzyklus 77
Dresdner Philharmonie 70
Dresdner Sauerbraten 60
Dresdner Stadtfest 100
Dresdner Stadtmarathon 94, 101
Dresdner Stollen 61
Dresdner Totentanz (Relief) 31
Duchamp, Marcel 242
Dynamo Dresden 94

Eierschecke 61
Einkaufen 88
Einkaufsstraßen 89
Einkaufszentren 90
Einwohnerzahl 20
Eishockey 93
Eislaufen 93
Eissport- und Ballspielzentrum 93
Elbamare Dresden 93
Elbbrücken 20
Elbe 218, 238
Elberadweg 238 f.
Elbfähren 41, 46
Elbhang 19, 218
Elbhangfest 98
Elbschlösser 220
EnergieVerbund Arena 94
Erich Kästner Museum (D4) 181
Erlwein, Hans 113, 211
Erlweinspeicher (C5) 210
Ernemann, Heinrich 242
Ernst, sächs. Kurfürst 22
Essen und Trinken 59
Events 97
Expressionismus 36

Fähren 20
Fahrradmitnahme in der Bahn 38
Fahrradverleih 43

Fasanenschlösschen (Moritzburg) 257
Federweißerfest auf Schloss Wackerbarth 100
Feiertage 97
Felsenbühne Rathen 74, 249, 275
Ferienwohnungen 55
Fernbus 38
Feste 97
Festival Mitte Europa 99, 278
Festspielhaus Hellerau 76, 191
Festung Königstein (Sächsische Schweiz) 276
Filmfest Dresden 97
Filmnächte am Elbufer (D5) 79, 99
Fitness 96
FKK Strandbad Wostra 93
Flohmärkte 91
Floßfahrten 93
Flottenparade der Sächsischen Dampfschiffahrt 97
Flüge 39
Flughafen Dresden 39
Flut von 2002 29
Forsythe Company → Dresden Frankfurt Dance Company
Forsythe, William 69
Foster, Norman 160
Frauenkirche (C/D6) 32, 134, 142
Frauenkirche (Meißen) 262
Frieden von Hubertusburg 24
Friedrich August I., sächs. Kurfürst, als August II. poln. König (August der Starke) 23, 31, 114, 116, 119, 122, 125 f., 128, 169, 231, 254, 267, 271, 273
Friedrich August II., sächs. König 25
Friedrich August II., sächs. Kurfürst, als August III. poln. König 24, 31
Friedrich August III., sächs. König 26
Friedrich August III., sächs. Kurfürst 24
Friedrich der Streitbare, Markgraf 22
Friedrich, Caspar David 34, 139, 240

Friedrichstadt 206, 211
Frühbarock 31
Frühbeck de Burgos, Rafael 70
Fundbüro 103
Fürstengalerie 121
Fürstenzug 148
Fußball 94

Gartenparadies 214
Gauguin, Paul 140
Gemäldegalerie Alte Meister 126, 133
Gemäldegalerie Neue Meister 139
Georg, Herzog 22
Georg-Arnhold-Bad (D7) 93
Geschichte 21
Gesundheit 102
Gewandhaus (D6) 158
Gewandhausgasse 162
Gläserne Manufaktur (E7) 203, 205
Glockenspielpavillon 124
Glücksgas-Stadion (D7) 94
Goldener Reiter (C5) 169
Gotik 30
Graebner, Julius Wilhelm 204
Graff, Anton 34
Großer Garten (E–F/7–8) 196, 200
Großsedlitz 271
Gründerzeit 34
Grünes Gewölbe 119
Güttler, Ludwig 144

Handwerkerpassagen 173
Handyticket 42
Hauptbahnhof (B8) 38, 160
Hauptmann, Gerhart 27
Hauptstraße (D4) 89
Hausmannsturm 117
Hechtviertel (D1) 180
Heckel, Erich 36
Heidenau 271
Heinrich der Fromme, Herzog 23
Heinrich von Eilenburg, Markgraf 21
Heinrich-Schütz-Residenz 146
Hellerau 178, 190
Herbergen 56
Herbst- und Weinfest Radebeul-Altkötzschenbroda 101

Register 283

Herkuleskeule (B6) 75
Hilton (C5/6) 48, 85, 136
Historisches Grünes
 Gewölbe 120
Hochschule für Bildende
 Künste (Zitronenpresse)
 (D6) 137
Hochschule für Musik Carl
 Maria von Weber (B5) 76
Hochseilgärten 95, 259
Hochwasserschutz 29
Hofkirche (C5) 114
Hohnstein (Sächsische
 Schweiz) 276
Höroldt, Johann Gregorius
 32
Hosaeus, Hermann 198
Hostels 56
Hosterwitz 230
Hotels 47

Indianermuseum Villa
 Bärenfett (Radebeul) 247
Information 103
Initiative weltoffenes
 Dresden 72
Innere Neustadt 166
Internationale Tanzwoche
 Dresden 97
Internationales
 Dixielandfestival 98
Italienisches Dörfchen (C5)
 113, 133

Jagdschloss Moritzburg 254
Jägerhof (D5) 174
Japanisches Palais
 (C4) 169, 172
Jogging 94
Johann Georg I., sächs.
 Kurfürst 23
Johann Georg II., sächs.
 Kurfürst 23
Johann, sächs. König 26, 113
Johanneum 147
Johannisfriedhof 241
Juden in Dresden 27, 185
Jugendstil 35
Jugendtheater 74

Kabarett 75
Kaendler, Johann Joachim
 32
Kamelienhaus (Pillnitz) 233
Kanutouren 93, 279
Karcher, Johann Friedrich
 122

Karl V., Kaiser 23
Karl-May-Festtage
 Radebeul 98, 249
Karl-May-Museum
 Villa Shatterhand
 (Radebeul) 247
Karten-Vorverkaufsstellen
 79
Kasematten (Festung
 Dresden) 140
Kästner, Erich 181, 186
Käthe-Kollwitz-Haus
 (Moritzburg) 258
Kindertheater 74
Kino 77
Kino im Dach (kid) 78
Kino Im Kasten (KIK) 79
Kinokooperative
 Dresden 78
Kirchen
 Annenkirche (B6) 215
 Christuskirche (Strehlen)
 204
 Dom (Meißen) 264
 Dreikönigskirche (D4)
 172
 Frauenkirche (C/D6) 32,
 134, 142
 Frauenkirche
 (Meißen) 262
 Hofkirche (C5) 114
 Kreuzkirche (C6) 159
 Loschwitzer Kirche 227
 Maria am Wasser
 (Hosterwitz) 230
 Reformierte Kirche 140
 Russisch-orthodoxe
 Kirche (B9) 161
 Sankt Afra (Meißen) 261
 St. Martin (E/F2) 187
 Trinitatiskirche 240
 Weinbergkirche
 (Pillnitz) 234
Kirchner, Ernst Ludwig 36
Kirchner, Johann Christian
 32, 271
Kirnitzschtal (Sächsische
 Schweiz) 277
Klassizismus 32
Kleines Haus des
 Staatsschauspiels
 Dresden (D4) 73
Kleinkunstbühnen 75
Klemperer, Victor 27, 161
Klengel, Wolf Caspar von
 170

Klettern 95, 279
Klima 104
Knöffel, Johann Christoph
 142, 271
Kokoschka, Oskar 36
Kollwitz, Käthe 258
Kombiticket 103
Königsbrücker Straße
 (D/E3) 90
Königstein (Sächsische
 Schweiz) 276
Königstraße (C/D4) 89, 170
Konzertreihe
 Offenes Palais 77
Konzertreihen 76
Körner, Christian Gottfried
 228
Körner, Theodor 229
KraftWerk (Dresdner
 Energie-Museum) 215
Kraftwerk Mitte 214
Krankenhäuser 102
Kreditkartenverlust 106
Kreile, Roderich 71
Krematorium 241
Kreuz im Gebirge
 (Gemälde) 34, 139
Kreuzchor 71, 159
Kreuzkirche (C6) 159
Kreuzstraße (C6) 163
Kronentor (C6) 126
Kügelgen, Gerhard von 173
Kügelgenhaus (D4) 173
Kugelhaus 160
Kulka, Peter 210
Kultur 67
Kulturpalast (C6) 76, 155
Kunst 30
Kunstgewerbemuseum
 (Pillnitz) 232
Kunsthaus Dresden
 (D4) 172
Kunsthofpassage
 (E3) 184, 185
Kupferstichkabinett 121
Kurländer Palais (D6) 141

Lachnit, Wilhelm 36
Lahmann, Heinrich 225
Landesbühnen Sachsen 73
Landhaus mit
 Stadtmuseum (D6) 155
Lange Nacht der Museen
 (Museums-
 Sommernacht) 99
Lange Nacht der
 Wissenschaften 99

284   Register

Langer Gang (C6) 147
Leihfahrräder 43
Leipziger Vorstadt (D1) 180
Lenin-Denkmal,
    Prager Straße 36
Lenné, Peter Joseph 198
Leonhardi-Museum 229
Lesben 87, 106
Libeskind, Daniel 187
Lilienstein (Sächsische
    Schweiz) 276
Lingner, Karl August
    199, 224
Lingnerschloss (Villa
    Stockhausen) 224
Lipsiusbau (D6) 137
Literaturtipps 104
Longuelune, Zacharias
    32, 271
Loschwitz 226
Loschwitzer Kirche 227
Lößnitzer Weinberg
    (Radebeul) 250
Lößnitzgrundbahn 258
Luftbad Dölzschen 93

Maria am Wasser
    (Hosterwitz) 230
Märkte 91
Mathematisch-
    physikalischer Salon 130
May, Karl 247

Meißen 260
    Albrechtsburg 262
    Dom 264
    Frauenkirche 262
    Markt 262
    Porzellanmanufaktur
        265, 269
    Rathaus 262
    Sankt-Afra-Kieche 261

Meissener Porzellan 265
Mengs, Anton Raphael 115
Messegelände 213
Militärhistorisches
    Museum (F1) 187
Mitfahrbörsen für
    Bahnfahrer 38
Modell von Dresden 159
Moderne 35
Moritz, Herzog und sächs.
    Kurfürst 23, 117, 253

Moritzburg 253, 258
    Fasanenschlösschen 257
    Jagdschloss 254
    Käthe-Kollwitz-Haus 258

Sächsisches
    Landesgestüt 258
    Wildgehege 257

Moritzburg Festival 100
Moritzburger Hengstparade
    100, 258
Moritzburger Karpfen 61
Münzgasse 149
Münzkabinett 122

Museen
    Albertinum (D6) 138
    Buchmuseum (C10) 162
    Carl-Maria-von-Weber-
        Museum
        (Hosterwitz) 230
    DDR-Museum Zeitreise
        (Radebeul) 250
    Deutsches Hygiene-
        Museum (D7) 199
    Erich Kästner Museum
        (D4) 181
    Gemäldegalerie Alte
        Meister 126, 133
    Gemäldegalerie Neue
        Meister 139
    Grünes Gewölbe 119
    Historisches Grünes
        Gewölbe 120
    Indianermuseum
        Villa Bärenfett
        (Radebeul) 247
    Karl-May-Museum
        Villa Shatterhand
        (Radebeul) 247
    KraftWerk (Dresdner
        Energie-Museum) 215
    Kunstgewerbemuseum
        (Pillnitz) 232
    Kupferstichkabinett 121
    Leonhardi-Museum 229
    Mathematisch-physika-
        lischer Salon 130
    Militärhistorisches
        Museum (F1) 187
    Münzkabinett 122
    Museum der Dresdner
        Romantik 173
    Museum für Sächsische
        Volkskunst 174
    Museum für Völker-
        kunde Dresden 170
    Neues Grünes Gewölbe
        119
    Porzellansammlung 128
    Puppentheater-
        sammlung 174

Rüstkammer 121
Sächsisches
    Weinbaumuseum im
    Schloss Hoflößnitz
    (Radebeul) 250
Schlossmuseum Pillnitz
    234
Senckenberg Museum
    Dresden 170
Skulpturensammlung
    139
Stadtmuseum im
    Landhaus (D6) 155
Technische Sammlun-
    gen Dresden 242, 245
Türckische Cammer 121
Verkehrsmuseum 147

Museum der Dresdner
    Romantik 173
Museum für Sächsische
    Volkskunst 174
Museum für Völkerkunde
    Dresden 170
Museumseintritte 106
Museumskino 79
Museums-Sommernacht
    (Lange Nacht der
    Museen) 99
Musikkneipen 82
Musikveranstaltungen 81

Nachtleben 80

Nahverkehr 40
    Fahrradmitnahme 42
    Hundemitnahme 42
    Netz 41
    Tarife 41
    VVO (Verkehrsverbund
        Oberelbe) 40, 42

Nationalparkregion
    Sächsisch-Böhmische
    Schweiz 270, 278
Nationalparkzentrum
    Sächsische Schweiz 277
Nationalsozialisten 26
Naturbad Mockritz 93
Neobarock 35
Neogotik 35
Neorenaissance 35
Neptunbrunnen 212
Neue Meister
    (Gemäldegalerie) 139
Neue Sachlichkeit 36
Neue Synagoge (D6) 141
Neuer Jüdischer Friedhof
    240

Register 285

Neues Grünes Gewölbe 119
Neumarkt (C/D6) 134, 146
Neustadt 19, 166, 178
Neustädter Bahnhof (C3) 38
Neustädter Keramikmarkt
100
Neustädter Markt (C/D5)
169
Nike 89 210
Nordbad 93
Notfallpraxis 102
Notruf 106
Nymphenbad 125

Öffnungszeiten im
Einzelhandel 88
Open-Air-Veranstaltungen 86
Oper 67
Operette 67
Orchester 69
Ostragehege 213
Ostrale 99

Paddeln 279

Palais
Bergpalais (Pillnitz) 232
Coselpalais 142, 149
Japanisches Palais (C4)
169, 172
Kurländer Palais (D6) 141
Palais Brühl-Marcolini
(A5) 212
Palais im Großen Garten
(F8) 202
Taschenbergpalais (C6)
122, 133
Wasserpalais (Pillnitz)
232

Palmenhaus (Pillnitz) 233
Panometer (Reick) 204
Paranoia, Punk-Band 81
Park Pillnitz 230
Parkeisenbahn 202
Parken 43
Pegida 29
Pensionen 55
Permoser, Balthasar 32,
115, 125, 202, 213, 256
Pfaffenstein (Sächsische
Schweiz) 276
Pfund's Molkerei (F4) 187,
195
Pillnitz 218, 230, 234, 237
Pillnitzer Presshaus 234
Pillnitzer Weinberg 234
Pirna 273

Pöppelmann, Matthäus
Daniel 32, 122 f., 125, 168,
170, 172, 231, 254, 271
Porzellan 128, 151
Porzellanmanufaktur
(Meißen) 265, 269
Porzellansammlung 128
Postplatz (C6) 112, 208
Prager Spitze (C7) 160
Prager Straße (C7) 89, 159
Prasselkuchen 61
Privatzimmer 55
Programmkino Ost 78
Puppentheater im
Rundkino (C7) 75, 160
Puppentheatersammlung
174

Quarkkäulchen 59
Querner, Curt 36

Radeberg 62

Radebeul 246
Bilzbad 252
DDR-Museum
Zeitreise 250
Indianermuseum
Villa Bärenfett 247
Karl-May-Museum
Villa Shatterhand 247
Lößnitzer Weinberg 250
Sächsisches
Staatsweingut 251
Sächsisches
Weinbaumuseum im
Schloss Hoflößnitz 250
Schloss Wackerbarth
251

Radfahren 43, 94
Radverleih 94
Rathaus (C6) 158
Rathen (Sächsische
Schweiz) 275
Rauchverbot 106
Ray, Man 242
Reformierte Kirche 140
Regionalbahn 41
Regionalverkehr Dresden
(RVD) 40
Reisezeit 104
Renaissance 30

Residenzschloss (C6) 116
Georgenbau 117
Georgentor 117
Grünes Tor 118
Hausmannsturm 117

Restaurants 64
Restauranttipps 66
Richter, Adrian Ludwig 34,
140
Rokoko 31
Rundkino (C7) 77, 160
Russisch-orthodoxe Kirche
(B9) 161
Rüstkammer 121

Sachsenmarkt 91
Sächsisch-Böhmische
Schweiz (National-
parkregion) 270, 278
Sächsische Kartoffelsuppe
60
Sächsische Küche 59
Sächsische Landes-
bibliothek (C10) 161

Sächsische Schweiz 270
Amselgrund 275
Bad Schandau 277
Bastei,
Felsengruppe 275
Festung Königstein 276
Hohnstein 276
Kirnitzschtal 277
Königstein 276
Lilienstein 276
Pfaffenstein 276
Rathen 275
Schrammsteine 277
Stadt Wehlen 274
Uttewalder Grund 274

Sächsische Staatskapelle
Dresden 69
Sächsische Staatsoper
(Semperoper) (C5) 67
Sächsischer Landtag
(C5) 210, 217
Sächsisches Landesgestüt
(Moritzburg) 258
Sächsisches Staatsweingut
(Radebeul) 251
Sächsisches Weinbau-
museum im Schloss
Hoflößnitz (Radebeul) 250
Sankt-Afra-Kirche
(Meißen) 261
Sarrasani-Zirkusbau 168
S-Bahn 41
Schauburg-Kino (D2) 78
Schauspielhaus
(B/C6) 73, 208
Schifffahrt 45
Schiller, Friedrich 228, 241

286   Register

Schillerhäuschen 228
Schiller-Körner-Denkmal 229
Schilling, Rudolf 204
Schinkel, Karl Friedrich 113
Schinkelwache 113, 132
Schloss Albrechtsberg 221
Schloss Eckberg 224
Schloss Hoflößnitz (Radebeul) 250
Schloss Pillnitz 230
Schloss Wackerbarth (Radebeul) 100, 251
Schlossmuseum Pillnitz 234
Schlossplatz (C5) 112
Schmidt, Karl 190
Schmidt-Rottluff, Karl 36
Schrammsteine (Sächsische Schweiz) 277
Schröder-Devrient, Wilhelmine 25
Schubert, Manfred 75
Schütz, Heinrich 23, 69
Schwebebahn (Loschwitz) 226
Schwimmhalle Klotzsche 93
Schwimmsportkomplex Freiberger Platz 93
Schwule 87, 106
Sekundogenitur (C5) 136
Semper, Gottfried 32, 124, 130, 131
Semperoper (C5) 67, 130
SemperOper Ballett 69
Semperopernball 97
Senckenberg Museum Dresden 170
Shows 87
Silbermann, Gottfried 115
Sixtinische Madonna 32, 126
Skaten 95
Skulpturensammlung 139
Slawen 21
Societaetstheater (C4) 73
Soljanka 60
Sophienkirche 30 f., 208
Sozialistischer Realismus 36
Sperrnotruf für EC-, Kredit- und Handykarten 106
Spitzhaustreppenlauf 94
Sport 92
Sportboote 46
St. Martin (E/F2) 187
Staatsoperette 68, 214
Staatsschauspiel Dresden 72

Stadt Wehlen (Sächsische Schweiz) 274
Stadtfläche 20
Stadtführungen 44
Stadtgeschichte 21
Städtischer Vieh- und Schlachthof 213
Stadtmagazine 107
Stadtmarathon 94, 101
Stadtmuseum im Landhaus (D6) 155
Stadtrundfahrten 44
Stadtstrände 86
Stadtwappen 20
Stallhof 147
Ständehaus (Alter Landtag) (C5) 136
Standseilbahn (Loschwitz) 226
Starcke, Johann Georg 201
Stauseebad Cossebaude 93
Stolpen (Burg) 273
Straßenbahn 41
Striezelmarkt 101, 155
Szenekneipen 84

Tag des offenen Weingutes 100
Tageszeitungen 107
Tal der Ahnungslosen 28
Tanzen 82
Taschenbergpalais (C6) 122, 133
Taxi 43
Technische Sammlungen Dresden 242, 245
Telefonvorwahl 107
Tellkamp, Uwe 226
Terrassengasse 149
Tessenow, Heinrich 191
Thalia (Kino) 78
Theater 71
Theaterkahn Dresden (C5) 75
Theaterplatz (C5) 110, 113
Theaterruine St. Pauli (D2) 74
Thielemann, Christian 67, 70
Thomae, Johann Benjamin 32, 173
tjg. (theater junge generation) 74, 214
Tolkewitz 241
TonLagen (Dresdner Festival für zeitgenössische Musik) 101

Tourist-Information 104
Treppenmarathon 94
Trinitatisfriedhof 240
Trinitatiskirche 240
Trödelmärkte 91
Tschirnhaus, Ehrenfried Walther von 267
Türckische Cammer 121

Überfahrt am Schrecken-stein (Gemälde) 34, 140
Übernachten 47
UFA-Kristallpalast (C7) 77, 160
Uhrmacher 151
Ulbricht, Walter 27
Unity Dresden Night 101
Universitätsbibliothek der Technischen Universität (C10) 161

Unterwegs in Dresden 40
  Mit dem Bus 40
  Mit dem eigenen Fahrzeug 42
  Mit dem Fahrrad 43
  Mit dem Sportboot 46
  Mit dem Taxi 43
  Mit dem Velotaxi 43
  Mit den Schiffen der Sächsischen Dampfschiffahrt 45
  Mit der Bahn 40
  Mit der Elbfähre 46
  Mit der Straßenbahn 40

Uttewalder Grund (Sächsische Schweiz) 274

Velotaxi 43
Veranstaltungen 97
Verkehrsmuseum 147
Villen in Blasewitz 241
Volksläufe 94
Volkssternwarte Manfred von Ardenne 226
VVO (Verkehrsverbund Oberelbe) 40, 42

Wagner, Richard 25, 131, 213
Waldschlösschenblick 220
Wallot, Paul 136
Wallpavillon 125
Walter, Wilhelm 148
Wanderausstellungen 77
Wandern 95, 279
Warenhäuser 90

Register 287

Wasserpalais (Pillnitz) 232
Wassersport 92
Weber, Carl Maria von 207, 213, 230
Weihnachtsmärkte 101
Wein 62, 100 f.
Weinberge 246
Weinbergkirche (Pillnitz) 234
Weinfest in Meißen 101
Weiße Gasse (C6) 163
Weißer Hirsch 225
Welcome Card 103
Wellness 92, 96
Wettiner Platz 214
Wettiner, Adelsgeschlecht 21, 116

Wiener Platz (C7) 152, 160
Wildes Gartenparadies 214
Wildgehege Moritzburg 257
Wilsdruffer Kubus 208
Wilsdruffer Vorstadt 206
Windsurfen 93
Wochenmarkt am Schillerplatz 91
World Trade Center (A6) 215

Yenidze (B4) 75 f., 211, 217

Zeitenströmung (F1) 77, 189
Zeitungen 107

Zingg, Adrian 34
Zocken 87
Zoologischer Garten (E8) 203

Zwinger (C5) 32, 123
  Gemäldegalerie Alte Meister 126, 133
  Glockenspielpavillon 124
  Kronentor (C6) 126
  Mathematisch-physikalischer Salon 130
  Nymphenbad 125
  Porzellansammlung 128
  Semperbau 124
  Wallpavillon 125

Die in diesem Reisebuch enthaltenen Informationen wurden von den Autoren nach bestem Wissen erstellt und von ihnen und dem Verlag mit größtmöglicher Sorgfalt überprüft. Dennoch sind, wie wir im Sinne des Produkthaftungsrechts betonen müssen, inhaltliche Fehler nicht mit letzter Gewissheit auszuschließen. Daher erfolgen die Angaben ohne jegliche Verpflichtung oder Garantie der Autoren bzw. des Verlags. Autoren und Verlag übernehmen keinerlei Verantwortung bzw. Haftung für mögliche Unstimmigkeiten. Wir bitten um Verständnis und sind jederzeit für Anregungen und Verbesserungsvorschläge dankbar.

ISBN 978-3-89953-987-5

© Copyright Michael Müller Verlag GmbH, Erlangen 2008–2016. Alle Rechte vorbehalten. Alle Angaben ohne Gewähr. Druck: Westermann Druck Zwickau GmbH.

Aktuelle Infos zu unseren Titeln, Hintergrundgeschichten zu unseren Reisezielen sowie brandneue Tipps erhalten Sie in unserem regelmäßig erscheinenden Newsletter, den Sie im Internet unter www.michael-mueller-verlag.de kostenlos abonnieren können.

Klimaschutz geht uns alle an.

Der Michael Müller Verlag verweist in seinen Reiseführern auf Betriebe, die regionale und nachhaltig erzeugte Produkte bevorzugen. Ab Januar 2015 gehen wir noch einen großen Schritt weiter und produzieren unsere Bücher klimaneutral. Dies bedeutet: Alle Treibhausgasemissionen, die bei der Produktion der Bücher entstehen, werden durch die Ausgleichszahlung an ein Klimaprojekt von myclimate kompensiert.

Der Michael Müller Verlag unterstützt das Projekt »Kommunales Wiederaufforsten in Nicaragua«. Bis Ende 2016 wird der Verlag in einem 7 ha großen Gebiet (entspricht  ca. 10 Fußballfeldern) die Wiederaufforstung ermöglichen. Dadurch werden nicht nur dauerhaft über 2.000 t CO_2 gebunden. Vielmehr werden auch die Lebensbedingungen der lokalen Bevölkerung deutlich verbessert.

In diesem Projekt arbeiten kleinbäuerliche Familien zusammen und forsten ungenutzte Teile ihres Landes wieder auf. Eine vergrößerte Waldfläche wird Wasser durch die trockene Jahreszeit speichern und Überschwemmungen in der Regenzeit minimieren. Bodenerosion wird vorgebeugt, die Erde bleibt fruchtbarer. Mehr über das Projekt unter **www.myclimate.org**

myclimate ist einer der weltweit führenden Anbieter im Bereich der freiwilligen CO_2-Kompensation. myclimate Klimaschutzprojekte erfüllen höchste Qualitätsstandards und vermeiden Treibhausgase, indem fossile Treibstoffe durch alternative Energiequellen ersetzt werden. Das Projekt »Kommunales Wiederaufforsten in Nicaragua« ist zertifiziert von Plan Vivo, einer gemeinnützigen Stiftung, die schon seit über 20 Jahren im Bereich Walderhalt und Wiederaufforstung tätig ist und für höchste Qualitätsstandards sorgt.

www.michael-mueller-verlag.de/klima